会计理论
与会计研究方法概论

KUAIJI LILUN

YU KUAIJI YANJIU FANGFA GAILUN

姜永德◎著

西南财经大学出版社

图书在版编目(CIP)数据

会计理论与会计研究方法概论/ 姜永德著.—成都:西南财经大学出版社,2019.1(2021.1 重印)

ISBN 978-7-5504-3782-1

Ⅰ.①会… Ⅱ.①姜… Ⅲ.①会计理论—研究方法②会计学—研究方法 Ⅳ.①F230-3

中国版本图书馆 CIP 数据核字(2018)第 267760 号

会计理论与会计研究方法概论

姜永德 著

责任编辑:金欣蕾

封面设计:墨创文化

责任印制:朱曼丽

出版发行	西南财经大学出版社(四川省成都市光华村街 55 号)
网　　址	http://www.bookcj.com
电子邮件	bookcj@foxmail.com
邮政编码	610074
电　　话	028-87353785
照　　排	四川胜翔数码印务设计有限公司
印　　刷	郫县犀浦印刷厂
成品尺寸	185mm×260mm
印　　张	19.25
字　　数	467 千字
版　　次	2019 年 1 月第 1 版
印　　次	2021 年 1 月第 3 次印刷
印　　数	6001— 9000 册
书　　号	ISBN 978-7-5504-3782-1
定　　价	49.80 元

前言

一、会计理论的作用

所谓理论就是站在人类认识论的角度对有关命题的知识范围和适用性进行的研究并得出的成果。理论的意义在于说明问题和解释问题。理论的真实意义就是要研究清楚，假如怎样，将会怎样。也即理论并不一定都是为现实着想，但总的来讲，它必须与现实处处有关。

关于理论，我们经常会听到很多人说“理论不切实际”。这样的言论比比皆是，以至于很多理论学者也时常会怀疑自己苦苦钻研的理论对这个社会是否有用。也有人把理论当成说教，认为它没有多少实际用处。虽然现在有许多人把理论当成一种诠释，避免了把理论当成说教的那种空洞和言之无物倾向。但如果从另一方面来讲，真正违反理论原则的，是没有把理论放在一个应有的准确的位置上。而这样，实际就等于是既轻视理论，也忽略了理论对社会的发展和实践有着巨大的推动作用。

古希腊的科学家亚里士多德提出的自由落体理论①，不仅奠定了古老物理学的基础，而且影响了其后一两千年的研究。直到物理学家伽利略提出了相反的意见，通过不断逼近理想假设条件下的实验，才使人意识到物体自身就可以维持物体运动，这种属性叫惯性。而力是改变物体运动的原因。由此可见，欧洲人花了两千年的时间意识到了理论的重要性。他们还意识到将几个变量或因素从复杂的环境中剥离来看，便可以清晰地认识到世界原来如此简单。

英国著名的物理学家牛顿发现的“万有引力”和“三大运动定律”理论，直接奠定了现代物理学的基础，并进而影响了其后三个世纪的物理学研究，同时奠定了现代工程学的基础。

爱因斯坦的“相对论”对于现代物理学的发展和现代人类思想的发展都有巨大的影响。相对论从逻辑思想上统一了经典物理学，使经典物理学成为一个完美的科学体系。

---

① 物体下落的速度是由物体本身的重量决定的。物体越重，下落得越快；反之，则下落得越慢。

伽利略从实验中总结出自由落体定律、惯性定律和伽利略相对性原理等，从而推翻了亚里士多德物理学的许多臆断，奠定了经典力学的基础，反驳了托勒密的地心体系，有力地支持了哥白尼的日心学说，对自然科学和世界观的发展起了重大作用。

俄国化学家门捷列耶夫发现了元素周期性，制作了元素周期表。它可以预见未发现的新元素，对近代化学的发展起到了巨大的推动作用。

英国博物学家达尔文，提出的生物进化观点，对人类科学的发展产生了巨大影响。

亚当·斯密的《国富论》、大卫·李嘉图的《政治经济学及赋税原理》、西斯蒙第的《论商业财富：或商业立法中应用的政治经济学原理》等提出的经济学理论，逐渐形成了对资本主义经济发展起巨大推动作用的经典经济学理论体系，后世称它们为古典经济学。

20 世纪以后，经济学历经了张伯伦革命、凯恩斯革命和理性预期革命三次大的变革，形成了包括微观经济学和宏观经济学的基本理论框架。这个框架被称为新古典经济学（neoclassical economics），以区别于先前的古典经济学。新古典经济学集中而充分地反映了经济学过去 100 年间的研究成果和发展特征，它在研究方法上更注重证伪主义的普遍化、假定条件的多样化、分析工具的数理化、研究领域的非经济化、案例使用的经典化、学科交叉的边缘化。

从以上事例可见，每一次理论的重大突破都会对社会发展和生产实践产生巨大的推动作用。

具体到会计来讲，会计理论对会计实践的巨大推动作用主要表现在以下几个方面：

第一，由于会计理论是一套紧密相连的关于会计知识、会计基本概念等的系统化知识体系，是通过长期会计实践积累的结果，所以会计理论能够帮助人们去验证和研究已经完成的实务，使人们能够理解为什么要使用某种方法或采用另一种方法的理由。例如母子公司为什么要以母公司为主体来编制合并会计报表，编制合并会计报表时为什么又要进行内部账项调整？这都是基于会计的基础理论之一——会计主体理论的原理来决定的。又如为什么要实行物价变动会计？其也是由会计理论中客观性原则的要求和货币计量中包含币值不变假定存在瑕疵决定的。

第二，由于会计理论是通过长期会计实践归纳形成的具有一般规律性的知识，是众多现象归纳的结果，所以它能够帮助人们在思想观念上寻找解决会计问题的思路、方法和依据。例如子公司是一个独立的会计主体，那么分厂、车间、班组等，能不能作为一个会计核算主体？要解决这个问题，单从法律法规找不到依据，但从会计理论的客观性和相关性基本原则来分析，如果分厂、车间、班组需要和可以进行独立核算，那么就可以把它们作为一个会计主体。

第三，由于会计理论不仅是对长期会计实践经验的总结，并且又是经过长期会计实践检验的会计知识体系，是近似于会计真理性质的标准，所以人们可以利用它来树立正确的会计理念，比较各种会计思想和权衡各种会计方法，并做出正确的选择。例如目前我国企业是用完全国际化的会计准则来规范会计实务还是用考虑具有中国特色的会计准则来规范会计实务？如何来权衡这一问题，从会计的本质是“通用的商业语言”角度看，各国会计历史发展的趋势将是国际化趋势，而现今我国使用的是有中国特色的、考虑到中国国情的会计准则。

第四，会计理论能够使会计实务知识系统化。由于会计实务知识众多且散乱，它主要是根据众多会计现象总结出来的感性认识，因此我们需要运用科学的方法对这些散乱、众多的感性认识（会计实务知识）进行归纳、系统总结，形成系统化的知识，进而利用这些系统化的知识指导和深化对会计实务知识的学习和对会计现象进行分析，从而指导我们的会计实践。

二、会计研究方法的作用

“工欲善其事，必先利其器。”如果我们想做好一件事，很重要的一点就是拥有精锐的工具、使用适当的方法。从这句话我们也能发现，掌握好的学习方法非常重要。很多人一味埋头苦学，却忽视了学习方法的重要性。好的学习方法真的能事半功倍！

美国著名的科学家爱因斯坦认为，“成功=刻苦努力+方法正确+少说废话”。从这个公式中，我们可以知道，正确的方法是成功的要素之一，如果只有刻苦努力的精神和脚踏实地的作风，而没有正确的方法，是不能取得成功的。

达尔文曾经说过：“最有价值的知识是关于方法的知识。”

英国学者、著名科学天才贝尔纳也说过：“良好的方法能使我们更好地发挥运用天赋的才能，而拙劣的方法则可能阻碍才能的发挥。”

美国著名未来学家阿尔文·托夫勒说：“如果现在人们用80%的时间来传授知识，用20%的时间来获得学习和研究方法的话，这种比例一定要改变，甚至可以应该倒过来。”

中国著名的历史学家熊德基就曾直接讲：“念大学最重要的是学会研究方法，不学会这一手，等于白念大学。”

可见，大师们都非常重视方法。

会计研究方法对会计理论研究的意义具体表现在以下几个方面：

（1）会计研究方法是进行会计理论研究的前提。研究方法是“驶达真理彼岸的航船，是打开科学宝库的钥匙”。巴甫洛夫曾经说过：“初期研究的障碍，乃在于缺乏研究方法。无怪乎人们常说，科学是随着研究方法所获得的成就而前进的。研究方法每前进一步，我们就更提高一步，随之在我们面前也就开拓了一个充满着种种新鲜事物的、更辽阔的远景。因此，我们头等重要的大事乃是制定研究方法。”会计科学的研究同样需要运用适当的会计研究方法，从一定意义上讲，会计研究工作中最为重要的事情在于选择恰当的研究方法。也就是说，研究人员在进行会计研究之前，明确并正确地选择对所研究的问题采用的研究方法，是进行会计理论研究必要的前提条件。

（2）会计研究方法是会计理论体系的重要组成部分。法国著名的天文学家和数学家拉普拉斯说：“认识良好的研究方法，对于科学的进步并不比发现本身用处更少。科学的研究方法经常是极富兴趣的部分。”我国著名会计学家吴水澎教授认为：“会计和其他学科一样，不仅是知识和学说（表现为会计理论体系）的总和，而且还包括认识过程的研究方法。这不只是会计理论研究方法的研究成果，可以直接丰富和发展我国会计理论内容；同时，它还有助于人们从方法论的高度，统一研究者对一些重要理论问题的认识，有助于多出成果和快出成果。正是从这个意义上，我们认为会计研究方法是一种更为本质意义上的理论，并把它作为会计基本理论的重要组成部分，列为会计理论体系中的最高层次。”

（3）正确运用会计研究方法是提高会计理论研究水平的保证。毛泽东主席早就指出：“我们不但要提出任务，而且要解决完成任务的方法问题。我们的任务是过河，但是没有桥或没有船就不能过。不解决桥或船的问题，过河就是一句空话。不解决方法问题，任务也只是瞎说一顿。”会计研究方法是会计理论研究中的“桥”和“船”，是完成会计研究任务的重要手段。会计研究方法的多样性为会计研究工作者提供了广泛的选择性。会计研究方法运用恰当，不仅可以帮助研究者圆满地实现会计研究目标，而且可以提高会计理论研究水平。

三、本书的内容体系

本书书名定为“会计理论与会计研究方法概论”，很多思想和内容是建立在本人2014年出版的《会计理论：比较、借鉴、思考》一书的思想和成果基础上。当时，我重在对本人20年来从事会计理论研究的思想和成果做总结和归纳，而忽视了对会计研究方法的论述。特别是在本人所授的课程中，讲授分析再多的理论问题，学生仍觉得不知所云，而对会计研究方法的渴求更甚。再者，在一般的本科生、研究生教学阶段，都安排有社会调查和论文写作的教学内容，因此本书不仅单独把会计研究方法作为一部分来写，还重点对社会调查法进行较为详细的论述。

本书内容体系主要分为三大部分：

上篇为会计理论。本篇主要介绍了会计理论的一些基本概念和基本理论，并在此基础上分别阐述了财务会计、管理会计、财务管理三大分支的基本理论问题。具体内容包括：第一章会计理论概述、第二章会计基本理论、第三章财务会计基本理论、第四章管理会计基本理论、第五章财务基本理论。

中篇为会计研究方法。本篇在阐述会计研究方法的含义和功用的基础上，分别阐述会计理论研究的方法论、会计理论研究的一般方法、常规科学研究方法与会计理论研究的具体方法等内容，并独立阐述社会调查的研究方法。具体内容包括：第六章会计研究方法概述、第七章会计理论研究的方法论概述、第八章会计理论研究的一般方法、第九章常规科学研究方法与会计理论研究的具体方法、第十章社会调查研究方法。

下篇为会计理论的发展。本篇在简要阐述了会计发展的环境因素、发展的基本方向和面临的挑战的基础上，重点阐述了新兴会计学科理论和边缘会计理论两大内容。具体内容包括：第十一章会计发展的影响因素及面临的挑战、第十二章新兴会计学科理论、第十三章边缘会计理论。

由于本人水平有限，书中很多内容吸收和借鉴了前人诸多学者之研究成果，甚至有个别内容是直接引用，还有不少观点是本人在教学过程中与学生探讨所得。因此，书中对有关资料的引用，所阐述的有关观点以及做的相关结论，定有不成熟和诸多不妥甚至不当之处，恳请批评指正。

姜永德

2018年8月于重庆

目录

上篇　会计理论

中篇　会计研究方法

上篇　会计理论

会计理论是会计实践发展到一定阶段的产物，是对会计活动规律性的概括，是用以说明和指导会计实务的知识体系。会计理论是在长期的会计实践中发展起来的。它是对会计实践的总结和升华，是人们对会计实践的高度理性认识；反过来，它又能解释会计现象，预测会计发展的未来，对会计实践具有能动作用。从广义角度讲，会计理论包括财务会计理论、管理会计理论、财务理论、审计理论等。然而，由于现代经济活动及学科门类的划分越来越细，财务活动、审计活动等已经从传统的会计活动中分离出来，所以狭义的会计理论仅指财务会计理论和管理会计理论两大部分。

第一章　会计理论概述

研究会计理论问题，首先应弄清会计理论的含义，了解会计理论的基本发展历史和功能，明确会计理论的结构层次，划分会计理论的基本类别，确立会计理论的基本体系等，这样才能进行更具体、细致、深入的研究。因此，了解会计理论的基本含义、发展历史、功能、结构、层次、体系等是进行会计理论研究的基础。

第一节　会计理论的含义

一、理论的含义

1. 我国关于理论的认识

传统观点认为，理论就是理性认识。根据马克思主义学说基本原理，人的认识过程首先是从实践到认识的过程，即从实践中产生感性认识，然后能动地发展到理性认识的过程。感性认识是人们在实践过程中，通过感觉器官接触外界事物而得到的对事物的表面现象的认识，它有感觉、知觉、表象三种形式。它只反映事物的表面现象，没有反映事物的本质、内在联系。随着实践的继续，人们对外界的感性认识积累到一定程度，就会从感性认识上升到理性认识。理性认识是人们通过抽象思维得到的对事物本质、内在联系的规律性的认识，它包括概念、判断、推理三种形式。感性认识是认识的低级阶段，只有发展到理性认识这个认识的高级阶段，透过事物的现象而深入事物的内部，把握事物的本质和规律，才能有科学的预见，明确实践的方向和道路，从而指导实践。[①] 因此从哲学角度看，理论是“人们在实践中，借助一系列概念、判断、推理表达出来的关于事物的本质及其规律的知识体系”[②]。而根据《现代汉语词典》的解释，理论是“人们由实践概括出来的关于自然界和社会的知识的系统的结论”[③]。

---

① 上海市高校《马克思主义哲学基本原理》编写组. 马克思主义哲学基本原理［M］. 5版. 上海：上海人民出版社，1990：167-171.

② 《哲学大词典》编委会. 哲学大词典［M］. 上海：上海辞书出版社，1990：849.

③ 中国社会科学院语言研究所词典编辑室. 现代汉语词典［M］. 修订本. 北京. 商务印书馆，1993：774.

由此可见，我国一般认为理论是人类通过长期实践积累起来的有关某一研究领域的理性认识，是系统化的理性认识，是有关某个知识领域的概念和原理的体系。其特点主要表现在以下几个方面：

①理论来源于实践，反过来又指导实践。也就是说，理论必须来源于实践，如果没有实践就没有与之相关的理论，这与不存在无源之水同理；并且理论又作用于实践，这是从实践中抽象总结形成的。

②理论是有关某一领域的理性认识，亦即它不是感性认识，它是人们对积累起来的感性材料进行科学的抽象，通过舍弃事物个别的、非本质的东西，从而概括出一般的、本质的东西。

③理论是系统化的知识体系。理论应该是对某一方面知识的系统概括，并非面面俱到，而是有一定范围，限于某一系统之内。

④理论必须是科学而且具有结论性的，是由若干概念、原则构成的。这些科学、结论性的概念、原则应该是简单明了并经实践证明是合理的，而且作为结论性的认识应该已被或将被人们普遍接受，并符合该事物的本质及体现其发展规律。

2. 西方关于理论的认识

国际权威的《韦氏国际大词典》对理论的解释是："理论是一套紧密相连的假设性、概念性和实用性的原则体系，构成对一定探索领域通用可供参考的一般框架。"这也是西方对理论认识的一般观点。其强调理论是由一系列的假设性、概念性和实用性的知识组成的原则体系，并注重这种原则体系对实务指导的实用性，强调对某一探索领域具有通用的参考作用。这个一般框架可以用来评价和开拓实务的通用观点。而从专业或学科角度对理论进行精辟解释的是著名会计学家乔伊（Frederick D. S. Choi）、米勒（Gerhard G. Mueller）两位教授。他们所著的《国际会计》一书对理论的解释是：理论是构成科学或其实际应用的一组综合的基本原则，是任何学科与实践相对立的抽象认识，是从已经确定的证明中得出并被其证实的一组经过周密推理的命题（概念），是表达某一主题的系统观点的一系列结论或一套定理。①

3. 中西方关于理论认识的基本差别

不难看出，我国比较注重从哲学角度来看待问题，特别是建立在马克思主义哲学认识论的基础上，具有高度抽象性；而西方则比较偏重从学科角度对理论进行认识，强调实用性，注重理论是由一系列概念、原则、命题等组成。虽然我国对理论认识的思维方式与西方存在很大的区别，但都认为理论是对实践认识的知识体系，是关于某一领域一般现象的系统概括和总结，是借助概念、原则等形式来表现实践活动的本质和规律。因此，简单而言，我们认为，理论就是针对某一领域长期积累起来体现该领域一般规律并可用来指导该领域理论研究和实践活动的知识体系。理论可以阐明各种现象之间的内部联系。人们通过对杂乱无章的现象加以概括、分析，并进行推理，从而使人们对复杂的现实世界有一个清晰的理解和认识。

在理论建立的过程中，其步骤首先是确定所要研究的对象，然后收集整理数据、进行分析和推理，最后得出结论。在这个过程中，需要做出一些假设。假设是指阐述现象之间的内部联系但尚未能证明的论点。只有被事实或数据反复验证的假设，才能

---

① 乔伊，米勒. 国际会计［M］. 常勋，陆祖汶，等译. 上海：立信会计图书用品社，1990：26.

形成理论。由此可见，理论与现实之间存在紧密的联系。不断变化和发展的现实是理论的基础，理论的可靠程度的高低主要取决于是否能够真实地反映不断发展变化的复杂现实。

二、会计理论的含义

1. 西方的观点

西方关于会计理论的认识由来已久，最具有代表性的观点如下：

美国会计学会（AAA）在1966年发表的《基本会计理论说明书》（ASOBAT）中，对会计理论是这样解释的：会计理论，必须包括对会计从逻辑规划到推理论断均予联结起来的说明或建议；还应包括对会计前提假设、原则等的说明和验证，并且得出结论。① 同时，美国会计学会还指出，会计理论研究是为了达到以下目的：

①确定会计领域，以便归纳有用的基本会计规则，并形成会计理论；

②建立可据以判断是会计信息的标准；

③提出改进会计惯例的建议；

④向那些伴随着社会对会计需求的扩大而试图拓展会计应用范围和审计问题范围的研究人员提供一个有用的基本框架。②

实际上它所指的会计理论是指前后一致的可用于说明和指导会计人员进行确认、计量和传递经济信息的诸概念。其特点是强调会计理论的功能作用就是等于会计原则，是关于会计概念的一个体系。

美国财务会计准则委员会（FASB）从20世纪70年代后期开始研究的财务会计概念结构（Conceptual Framework of Financial Accounting，简称CF或CFFA）实际上就是对财务会计基本理论的表述。FASB所下的定义是由互相关联的目标和基本概念组成的逻辑一致的体系，这些目标和基本概念可用来引导首尾一贯的准则，并以财务报告的性质、作用和局限性做出规定。③

这一定义表现出来的特征是：

①会计理论就等于会计概念结构；

②会计理论是会计准则的制定依据，指导会计实务。

美国著名会计学家利特尔顿（A. C. Littleton）教授于1958年在其著作《会计理论结构》一书中就已明确指出："会计理论远非抽象的、无益的和琐细的分析，而是侧重于研究会计行动的思想。实践是事实和行动，理论则由解释和推理组成。理论阐明了为什么会计行动是这样，为什么不采取其他办法，或者为什么可以使用其他办法的理由。理论本身并不能完成工作……实务就是做事，理论就是解释。实务的责任是把事情做完。"④

---

① 美国会计学会. 基本会计理论［M］. 文硕，等译. 北京：中国商业出版社，1991：1-2.

② 本书引用的是文硕先生等的译法。(参见美国会计学会的《基本会计理论》) 葛家澍教授等将这部分译为：①确定会计的范围，以便对会计提出概念，并有可能进一步发展会计理论；②建立会计准则来判断、评价会计信息；③指明会计实务中有可能改进的一些方面；④为会计研究人员寻求扩大会计应用范围以及由于社会发展的需要扩展会计学科的范围时提供一有用的框架。(参见葛家澍、林志军的《现代西方会计理论》)

③ 葛家澍，林志军. 现代西方会计理论［M］. 厦门：厦门大学出版社，2001：23.

④ 利特尔顿. 会计理论结构［M］. 林志军，黄世忠，译. 北京：中国商业出版社，1989：164-166.

美国著名会计学家莫斯特（K. S. Most）在其1977年出版的《会计理论》一书中指出："理论是对描述或规定一系列现象的规则和原则的系统表述，它可视为有助于组织概念、解释现象的预测行为的框架。会计理论则是会计学的分支，它由来自实务的原则和方法程序的系统表述组成。"① 他在该书第二版中认为："……会计理论是由与会计实务相区别的原则和方法的系统描述组成。"②

美国著名会计学家亨德里克森（E. S. Hendriksen）在1982年的《会计理论》（第四版）中，对会计理论也下了定义："会计理论可以定义为一套广泛适用的原则作为形式而进行的逻辑推理。它可作为评价会计实务的一般依据，也可指导和发展新的实务和程序。此外，会计理论还可以用来解释现在的会计实务，以便更好地理解它们。"他在该书第五版中将会计理论定义为："会计理论可以定义为一套逻辑严密的原则。它使实务工作者、投资人、经理和学生更好地了解当前的会计实务，提供评估当前会计实务的概念框架，指导新的实务和程序的建立。"③

美国另一名会计学家贝克奥伊（Ahmed Belkaoui）在其所著的《会计理论》一书中也对理论和会计理论的含义做了较充分的论述，它认为会计理论的主要目标是为阐述和说明会计行为和事件打一个基础。这一理论带有解释和阐明现象的意图，被当作由"一套相互联系的概念、原则和建议组成，并能展现出各种变化的现象间有内在联系的一个系统"④。

2. 我国的观点

我国对会计理论含义的理解，可以划分为广义和狭义两类。

（1）关于会计理论广义的理解。

对会计理论含义广义解释的代表观点主要是阎达五、葛家澍、娄尔行等老一代会计学家。他们作为中国会计理论界的代表，对会计理论所下的定义也代表了我国对会计理论广义理解的一般观点。

阎达五教授的观点：会计理论是人类积累起来的关于会计实践的知识体系。概括来说，这个体系应当完整地、准确地回答如何认识会计工作和如何做好会计工作这两方面的问题。具体来说，它科学地回答了以下问题：①会计的本质、职能和作用；②会计与经济效果；③会计与价值运动、价值管理；④会计管理的内容、任务和方法；⑤关于会计的工作组织；⑥关于会计方法的理论；⑦会计学的研究对象及其科学属性；⑧会计发展的新领域；⑨科学技术进步对会计理论与实践的影响；⑩关于会计发展史研究的若干问题。⑤

葛家澍教授的观点：会计理论是来自会计实务，高于会计实务，反过来又可指导会计实务的规范性的概念框架，此外还包括一系列会计思想、学说和不同见解。他认为会计理论是指用来评估和发展企业会计准则的那些有用的理论，主要是指财务会计框架；用上述理论解释和回答在社会主义市场经济条件下如何建立中国的会计准则、中国股份制会计的特点、国有企业在建立现代企业即改组为股份制（公司制）的过程

---

① 陈国辉. 会计理论体系研究［M］. 大连：东北财经大学出版社，1997：3.
② 葛家澍，林志军. 现代西方会计理论［M］. 厦门：厦门大学出版社，2001：23.
③ 葛家澍，林志军. 现代西方会计理论［M］. 厦门：厦门大学出版社，2001：23.
④ 贝克奥伊. 会计理论［M］. 杨进，王海民，等译. 西安：陕西人民出版社，1991：2-4.
⑤ 阎达五. 会计理论专题［M］. 北京：中央广播电视大学出版社，1985：17-18.

中有关资产评估的理论和方法问题，以及分析作为财务会计概念结构集中体现的企业财务报告。① 归纳起来，他认为会计理论是包括会计思想、会计观点、会计原则、会计准则基础的概念框架。其特点是强调会计理论与构建会计原则、会计准则相关。

娄尔行教授的观点：会计理论是记账、算账、编制财务报告的道理，是解释现行会计实务的；从特定的侧面来看，会计理论可以说是会计内在规律的反映；会计理论还可以说是非约束性的会计标准。② 总结起来讲，他认为会计理论是把会计实践上升到理论认识的高度抽象，强调会计理论是会计实践的总结，是对会计实践规律的认识。

（2）关于会计理论狭义的理解。

龚光明认为："会计理论是会计活动规律的概括和总结，是用以说明和指导会计实务的前后一致的概念及其原则的知识体系。"③ 其特点是强调有关会计理论的知识在体系上讲求一致，具有逻辑推理关系。

劳秦汉认为，"会计理论是指通过人类长期会计实践而积累起来的一套反映会计本质特征和揭示会计内在规律的知识体系，亦即一个具有一定层次性结构和功能的对会计运行机制进行全面描述、规范的理论系统"④，"会计理论是以概念和会计原则为形式的、与会计实务有相互依存关系的一套系统性的逻辑体系"⑤。其特点是借鉴西方的理论研究成果，以概念和原则作为表现形式，强调会计理论与会计实务的关系。这些概念和原则具有逻辑推理关系。

陈今池认为："会计理论一词，通常是指会计实务所依据的基础观念。它主要是由会计目标、会计假设、会计概念，以及会计原则构成的。会计理论不仅可以说明和评价会计实务，而且对指导会计实务起着重要作用。"⑥

3. 关于会计理论含义的评析

从上述国内外有关组织和学者对会计理论的阐述和分析看，我国对会计理论所做出的定义在内容上相对抽象化，表述的含义较为广泛，具体内容较为空洞；而在表达方式上，我国对会计理论所做定义讲求语言美，并注重从哲学角度来解释，特别是马克思主义哲学理论。而西方学者，不大讲求语言形式，更注重从学科角度考察，表述的内容直接具体，目的明确，表现出了较强的务实态度。这也是我国和西方国家在对理论研究思维上存在的差异。

总之，会计理论就是人们从会计实践中概括总结出来的关于会计领域的系统性知识体系。它是来源于会计实践，并经过长期会计实践（包括会计理论研究实践和会计实务工作实践）的反复检验而得出的系统性结论。这些结论一般以概念、原则、原理等形式表现。这些概念、原则、原理又存在一定的内在关联性，共同构成了会计领域的知识体系，人们可以运用这些知识来进一步指导实践。所以，我们研究会计理论就是要科学地界定会计的概念，合理地确定会计的范围，以进一步发展会计理论、指导会计实务，并不断改进其不适应之处。与此同时，我们还应建立和确定会计前提、假设、原则等，用以判断、评价会计实务，帮助会计信息使用者使用会计信息。

---

① 葛家澍. 市场经济下会计基本理论与方法研究［M］. 北京：中国财政经济出版社，1996：9-10.

② 娄尔行. 中级财务会计［M］. 上海：上海三联书店，1994：25.

③ 龚光明，肖建林. 会计理论的概念、功能、体系的思考［J］. 财会通讯，1995（4）：3-5.

④ 劳秦汉. 论会计理论体系的基础理论与起点理论［J］. 会计研究，1992（1）：17-20.

⑤ 劳秦汉. 论会计理论的含义、分类与研究方法［J］. 四川会计，1992（12）：16-18.

⑥ 陈今池. 现代会计理论［M］. 上海：立信会计出版社，2005：10.

第二节　会计理论的发展历史

一、会计理论的起源

会计理论的历史，在我国可以追溯到西周时期。春秋战国是我国社会经济发生急剧变革的时代。在深刻的变革过程中，官府垄断文化知识、控制学术的状况逐步瓦解，继而私人讲学盛行、学者游说成风。一时间，围绕着政治、经济、军事等方面问题的商讨，出现了百家齐放、百家争鸣的局面。在有关财政经济问题的言论之中，不少名家也触及会计方面的问题，虽无成文专著和长篇演说，但是在那些零散的议论之中，在对会计方面个别问题的见解之上，也寓有深刻的含义①。例如孔子的“会计当而已矣”“政在节财”，墨子的“节俭则倡”，管子的“明法审数”等。汉朝时期，就有更多的关于财计方面的著书立说。如：司马迁在《史记·货殖列传》中就有关于费用和盈利的精辟论述，进而得出了费用与本金存在区别、盈利必须是从全部收入中做出各种必要扣除之后的最终成果等观点；桑弘羊提出了著名的“计委量入”“国用、家用俭奢适度论”等理论；王莽对盈利、成本、费用都有了较为深入的认识。② 到了唐宋时期，更多的学者对财计理论做了论述，当然唐宋时期论述的会计理论问题主要是关于费用、财计人才。如：对费用进行专门论述的有刘晏、杨炎、陆贽、王安石、韩琦、苏辙、曾巩、苏轼等，关于财计人才的论述主要有刘晏、司马光、蔡襄等；但也有系统性对财计理论进行论述的，如杜佑的《通典》。③

在西方国家，早在公元前，就已经有了反映经济业务的记录。某些会计概念可以追溯到希腊和罗马时代。例如，一个罗马建筑师就曾经提出，一座围墙的计价，不仅应计算围墙的价值，还要每年扣减其价值的1/80。④ 尽管这些早期的会计记录和会计概念值得注意，但仅凭这些会计记录和会计概念，来了解发展到今天的会计理论还不够。这是因为，这些会计概念并不足以形成会计理论。14 世纪，复式簿记产生。该时期才是研究会计思想和会计理论发展的最合适的起点。

不难看出，在古代，中国的会计方面的理论论述主要是基于财政和官厅会计角度加以论述的，也没有对整个会计系统进行系统性的论述。但从会计发展史角度看，在我国古代会计理论繁荣时期，会计理论不仅促进了会计实务的发展，而且还大大推动社会经济的发展。在古代，中国无疑是世界上最先进的国家之一，会计实务和会计理论在当时也处在世界最前列；但随着东西方文化交流的加强，特别是资本主义经济的萌芽和发展，中国受传统根深蒂固的封建帝制和封建经济的制约，经济、会计以及会计理论的发展逐渐落后于西方。

---

① 郭道扬. 中国会计史稿［M］. 北京：中国财政经济出版社，1982：129.

② 郭道扬. 中国会计史稿［M］. 北京：中国财政经济出版社，1982：248-257.

③ 郭道扬. 中国会计史稿［M］. 北京：中国财政经济出版社，1982：434-442.

④ 陈今池. 现代会计理论［M］. 上海：立信会计出版社，2005：24.

二、会计理论形成的标志

会计界普遍认为，真正的会计理论起源于 13 世纪至 15 世纪的意大利借贷复式簿记。一般认为，意大利簿记最早的代表是佛罗伦萨式簿记（典型代表是 1211 年佛罗伦萨银行的两套会计账簿），它最早反映了“他应给我”和“我应给他”借贷的最早形式①。其后是热那亚式簿记，它虽然以“负于我”和“我受取”表示借贷，但变上下叙述式为左右叙述式，同时引进了损益账户，使得意大利复式簿记更为健全，甚而至于文硕先生称“早在 14 世纪初，（热那亚）就已形成了一套较为健全的复式记录系统”②。再者是威尼斯式簿记。“如果说，意大利簿记是在佛罗伦萨萌芽，并在热那亚发育和成长的话。那么，它成为以复式记账为纽带的自我平衡的账户体系，可以说就是在威尼斯了。”③其代表有 1406 年威尼斯政府的总账、索兰佐兄弟商会的总账、巴尔巴里戈商会总账、巴多尔家的总账和 15 世纪中叶的威尼斯兵工厂的会计账簿。因此，有人总结：在西方会计史上，威尼斯式簿记实际上就是意大利簿记的原型，是当时意大利簿记发展的最高峰。它集佛罗伦萨式簿记之精华、扬热那亚式簿记之所长，并加以创新和发展，形成一套内容丰富、较为系统的簿记方法。这套方法后来通过卢卡·帕乔利的介绍，在世界各地传播，极大地推动了世界会计史的发展。④

近代会计理论最终形成的标志是 1494 年卢卡·帕乔利（Luca Pacioli，有人译为“卢卡·巴其阿勒”）的巨著——《数学大全》（有人译为《算术大全》）的出版，其全称为《算术、几何比及比例概要》。该著作也是公认的最早详细、系统地描述借贷复式簿记的著作。文硕先生认为“其中有关簿记的篇章，是最早出版论述 15 世纪复式簿记发展的总结性文献，反映了到 15 世纪末为止威尼斯式簿记的先进方法”。该著作的主体内容是对复式簿记进行了理论上的概括，揭示了复式簿记的基本特征（如双重性、综合性、平衡性等），建立了会计的基本框架（主要指财务会计）。其核心是明确和建立了以“经管责任”为核心的会计知识体系。该著作不仅提出了会计信息系统的概念和观念，提出了至今仍作为会计核算基础的会计主体、年度结算、统一货币计量、历史成本、现时成本、重要性原则、客观性原则等；而且还提出了会计要素的概念。所以，不少人认为卢卡·帕乔利为“现代会计之父”⑤。《数学大全》的出版对于借贷复式簿记在欧洲的广泛应用乃至在全世界的传播起了很大作用。⑥

三、西方会计理论发展的基本阶段

1. 第一阶段：会计理论发展的停滞阶段（15 世纪末 16 世纪初—18 世纪末）

理论界普遍认为，在卢卡·帕乔利的复式记账法产生以后，从 15 世纪至 18 世纪存在着一个会计的停滞时期。换言之，在这期间，西方会计理论研究一直停留在卢卡·

① 文硕. 西方会计史：中［M］. 北京：中国商业出版社，1987：127-128.

② 文硕. 西方会计史：中［M］. 北京：中国商业出版社，1987：134-140.

③ 文硕. 西方会计史：中［M］. 北京：中国商业出版社，1987：140-141.

④ 文硕. 西方会计史：中［M］. 北京：中国商业出版社，1987：142-147.

⑤ 葛家澍，林志军. 现代西方会计理论［M］. 厦门：厦门大学出版社，2001：2.

⑥ 关于卢卡·帕乔利其人及其所著的《数学大全》的具体介绍可见文硕著《西方会计史：上》第三篇的第一章“近代会计奠基人——卢卡·帕乔利”和布朗著、林志军等译的《巴其阿勒会计论》。

帕乔利复式簿记的理论传播和巩固层面，会计理论并未得到较有突破性的发展。直到19世纪初伴随资本主义经济的兴起，会计理论得到跨越发展。这一时期在经济上是所谓的重商主义时期，商业是这个时期的经济发展重点。欧洲的经济中心已从意大利转为英、法等国。因而这个时期的会计发展，是意大利记账法向欧洲大陆广泛传播的历史时期。随着国际贸易的扩展，复式记账法逐渐地由意大利传播到德国、比利时、荷兰、英国、葡萄牙和西班牙等国。会计理论和会计实务的停滞延续了近三百年的主要原因是：当时会计核算的内容一直是以个体或合伙经营的商业业务为主，并不需要复杂的会计技术。尽管在17世纪至18世纪复式簿记已获得一些发展，例如有的企业不再是按每一次短期合伙计算一次损益，而是按年计算损益，但会计在这一时期并未发生重大变化。

2. 第二阶段：从复式簿记理论过渡到会计理论阶段（19世纪初—20世纪初）

19世纪是会计理论和实务迅速发展的时期。在1775年以前，有关会计的著作和论述为数很少。而1775年至1900年之间的一百多年，会计实务和会计理论则处于迅速发展时期，这主要得益于资本主义工业的兴起和迅速发展。

特别是1776年，亚当·斯密（Adam Smith）发表了其著名的《国富论》（*The Wealth of Nations*），使得资本主义经济在欧洲社会得到迅速发展，从而也使得会计理论得到了前所未有的发展机遇，并进而形成了一套完整的财务会计体系。这主要表现在：

（1）折旧会计的产生和发展。

随着西方各国社会化大生产导致的工业革命的发生和技术变动导致工厂制度的建立，企业逐渐转变为持续性经营，而且开始采用机器设备，长期资产日益增多。特别是，为了开发美洲新大陆，铁路运输迅速发展，铁轨、机车和车厢等资产不仅需要巨额资本投入，而且可以长期使用，若待到这些耐用资产报废时再冲转其投资成本显然是不合理的。所以，人们逐渐意识到，长期资产投资应作为一种经常性费用，在其整个寿命期内分摊，进而提出了“折旧”的概念，并且在实务中推行了按直线法平均摊销长期资产成本的惯例。到了20世纪初期，又出现了多种不同的折旧方法。美国会计学家塞利尔斯（Earl A. Saliers）在1915年撰写了介绍折旧的专著《折旧原理》，书中还分别介绍了直线法、余额递减法、偿债基金法、年金法及单位成本法等多种折旧方法。[①]

（2）资本与收益区分。

19世纪下半叶，由于股份公司的形式获得较大的发展，企业规模不断扩大，资本易于转让流通，投资者日益与经营者分离，并更加关心投资报酬。因此，会计服务的对象转向不直接参与经营活动的业主，作为业主投入企业的资本和作为投资报酬的收益势必需要更明确的区分。在会计实务中，人们越来越重视期间收益的正确计算，比较明确而严格地规定了资本支出和收益支出的内容与划分界限；同时，逐步产生了收入与费用相配比的思想及其处理方法。[②] 在这一期间，收益表的重要性得到广泛承认，成为仅次于资产负债表的正式对外会计报表。

（3）成本会计的产生和发展。

在19世纪末，由于重工业的发展和生产规模的扩大，企业的制造费用也随之上

---

① 亨德里克森. 会计理论［M］. 王澹如，陈今池，译. 上海：立信会计图书用品社，1988：33.

② 葛家澍，林志军. 现代西方会计理论［M］. 厦门：厦门大学出版社，2001：9.

升，成为生产总成本的重要组成部分。其中，许多期间性费用需要经过认真的确定与分摊。这时，企业的生产过程又逐渐趋于复杂，一个企业常常同时生产多种产品。制造程序、费用收集和分配流程也越来越复杂，从而要求对各产品、各工序的成本进行更精确的计算。同时，为了便于加强生产控制和提高效率、促使成本计算与财产账户相结合，产生了成本会计制度。这时，对存货（包括在产品和销货成本）的计价方法也获得了更大的发展，形成了以历史成本为基础的资产计价理论和方法。

（4）报表审查制度。

伴随企业会计的发展，公共会计师职业开始兴起。从19世纪下半叶起，英国的公司法要求财务报表必须经过公司监事审查，并向公司股东提交经审核的会计报告。由于公司监事一般不具备会计专业知识，他们委托亲信或相关人士审查公司的会计账簿。这一程序逐渐演变为由独立的执业会计师进行查账的制度，经过政府和社会的认可后，公共会计师职业出现了。1854年，苏格兰成立了世界上第一个皇家特许会计师协会（ICAS），1886年，纽约州注册会计师公会（SCPA）亦宣告成立。至19世纪末，英国、美国、加拿大等国都已建立起相应的执业会计师团体，企业对外提供的会计报表必须经过特许或注册会计师审查并签署意见后才能生效。由此，报表审查制度在这些国家确立了起来。

3. 第三阶段：现代会计理论的发展阶段（20世纪初—21世纪初）

由于这一阶段又被称为现代会计理论的发展时期，会计理论研究的重点放在公认会计原则相关基础理论的研究上。该时期的主要内容和成果表现在产生了公认会计原则（GAAP）和税收会计，政府会计与企业会计相分立，管理会计产生并与财务会计形成会计的两大体系，此外新兴会计领域也得到发展。因此，从以美国为首的西方发达国家的会计理论发展经历看，该阶段又可划分以下三个不同的阶段：

（1）自由放任阶段（1900—1933年）。

20世纪初期，随着西方资本主义经济的发展，公司制主导了企业的组织形式，从而导致对会计信息需求加强，但当时会计实务又极其混乱，主要表现在：①会计人员在选择会计程序和方法方面有相当大的自由，从而使不同企业的会计报表无法进行比较；②会计目标主要是计算应税收益，并且部分企业为了尽可能地少交所得税，随意采用递延收益和递延费用的账务处理方法；③大多数会计程序和方法缺少会计理论上的依据，各企业会计讲求实用主义；④对复杂的会计账务问题采用权宜的处理方法；等等。由于长期受实用主义的影响，这一时期的会计理论研究虽然有不少成果，并产生了著名的“艺术论”观点，但这些会计理论缺乏系统研究，不具有权威性，并未得到会计界的普遍承认，对当时的会计实务也未能起到指导作用。所以要求有组织、有系统地研究和探讨会计理论的呼声日益增强，并进而导致公认会计原则的产生。在1933年后，现代会计理论进入了迅速发展时期。

（2）会计准则理论初步确立和发展阶段（1933—1973年）。

到了20世纪30年代，西方资本主义国家爆发了严重的经济危机，公司纷纷破产倒闭，在证券市场上大量抛售股票和债券，许多公司陷入无力偿付债务的境地。政府和社会公众迫切需要公司会计报表能够真实地反映公司的财务状况。在这种政治经济背景下，美国政府于1933年和1934年分别颁布了《证券法》和《证券交易法》，要求公司送交证券交易委员会（SEC）的会计报表，必须是按统一的会计准则编制，并要经过注册会计师审计。这样，就促使会计界对编制会计报表所应依据的会计准则及其基础概念进行认真研讨，从而改进会计实务，提高会计报表的可靠性、一致性和可比性。基于此，美国和英国等国的一些会计专业团体对于改进会计实务和完善会计理论进行了重大努力，并发表了不少建议性的公报。在这些团体中，代表性的主要有美国注册会计师协会（AICPA）、会计原则委员会（APB）、AAA、全国会计师协会（NAA）、英格兰和威尔士特许会计师协会（ICAEW）、加拿大特许会计师协会（SCAC）、澳大利亚特许会计师协会（ICAA）等。这些公报对建立统一的会计准则和促进会计理论的发展起到了相当大的推动作用。虽然上述会计专业团体对推进会计实务的标准化以及会计理论的发展做出了很大的贡献，但是，社会公众和会计界对当时的会计实务仍然不满，从而导致公认会计原则的制定机制发展了重大改组。

（3）财务会计基本理论体系形成阶段——财务会计概念结构建立、健全、完善阶段（1973 年—20 世纪末）。

考虑到由会计专业团体制定的会计准则未得到普遍承认和广泛应用，缺乏权威性，美国从 1973 年起成立了财务会计准则委员会，它和证券交易委员会成为美国建立和健全会计准则的主要机构。

美国财务会计准则委员会，是由具有更大政治代表性的会计团体组成的，下设有七个委员会，分别代表会计师事务所、企业界、政府和会计教学机构。在隶属关系上，它既不隶属于美国注册会计师协会，也不受美国政府管辖。美国财务会计准则委员会的主要任务是，针对重大的会计问题，回顾前任机构制定的准则公告，制定相应的财务会计准则及其解释文件。美国财务会计准则委员会制定的准则公告对会计实务处理的规范性要求较之会计原则委员会制定的意见书更为严格，它已尽量缩小了不同备选方法的并存状况，而且这些准则公告的权威性也进一步加强了。20 世纪 70 年代以来，美国财务会计准则委员会在制定财务会计准则公告（SFAS）的同时，还花费相当一部分精力对一系列财务会计概念进行研究，以便为会计准则的制定提供一个良好的理论框架。

这一时期的企业会计主要具有以下几个主要特点：①不同企业所采用的会计程序和方法的可选择性大大缩小，从而增加了不同企业会计报表的可比性；②负责制定会计准则的机构具有更大的权威性和政治代表性，每个会计人员必须遵循统一的会计准则已被列为会计职业道德规范的一项行为准则；③对会计实务所依据的会计基础观念和理论进行了有组织的和更深入的探讨，反映了随着社会经济环境的迅速发展变化，会计的基本理论亦在迅速变化，而传统的会计基本理论则受到相当大的冲击；④在会计准则的制定过程中，政治干预较多，增强了会计准则的政治化意义。

4. 第四阶段：会计理论研究步入知识经济时代和信息社会阶段（21 世纪）

进入 21 世纪以后，人类社会便进入知识经济时代和信息社会。

知识经济是一种以现代科技知识为基础、以信息产业为核心的经济类型，它是与传统的农业经济和工业经济相对立的一个概念。其特征是：

①促进人与自然协调、持续发展，其指导思想是科学、合理、综合、高效地利用现有资源，同时开发尚未利用的资源来取代已经耗尽的稀缺自然资源；

②以无形资产投入为主，知识、智力、无形资产的投入起决定作用；

③以世界经济一体化为发展条件，以世界大市场为持续主要经济增长因素；

④以知识决策为导向，以信息技术为主要技术手段。

信息社会也称信息化社会，是脱离工业化社会以后，信息将起主要作用的社会。因此，所谓信息社会，是以电子信息技术为基础，以信息资源为基本发展资源，以信息服务性产业为基本社会产业，以数字化和网络化为基本社会交往方式的新型社会。信息化的概念是在20世纪60年代初提出来的。一般认为，信息化是指信息技术和信息产业在经济和社会发展中的作用日益加强，并发挥主导作用的动态发展过程。它以信息产业在国民经济中的比重、信息技术在传统产业中的应用程度和信息基础设施建设水平为主要标志。

因此这一阶段的特点是，经济以知识表现为主要特征，经济发展以信息作为主要载体，经济处理主要以互联网技术为主要手段。由此也导致会计理论的研究将更多向无形化、信息化、网络化等方向转变。因而，会计信息化、云会计、财务共享、业财融合、网络会计等新的会计理论应运而生。

四、我国会计理论发展的历史回顾

我国会计理论真正的兴起应该是在19世纪末20世纪初。

1. 西式会计理论的引进和发展运用阶段（19世纪末—1949年）

19世纪末至中华人民共和国建立时期，我国的经济受外国列强强烈影响，会计在这段时期发展的特点也主要是西式簿记的引入和中式簿记的传承改良和发展上。因而这一时期会计理论的发展可以分为以下两个阶段：

（1）19世纪末20世纪初西式复式借贷记账法的引进。

我国最早使用借贷记账法的企业，首先是那些由外国列强把控的海关、铁路、邮政部门和强行在中国开办的工厂、商行和银行。借贷记账法正式传入我国始于1905年①，先是留洋学者蔡锡勇所写《连环账谱》，然后是谢霖和孟森先生合著在东京刊行的《银行簿记法》。它们系统地介绍了西式簿记的借贷记账法。中国自办企业、事业单位对借贷记账法的运用，是1908年由原户部银行改组的大清银行。中华民国时期，我国著名会计学家潘序伦、赵锡禹先生积极引进借贷记账法，为推动我国会计事业的发展，建立我国现代会计理论做出了重大贡献。另一位会计学家徐永祚先生对推动我国会计事业，发展会计理论，改良中式簿记，洋为中用方面做了重大贡献，特别是在他所推行的改良中式簿记运动，在中式簿记改废思想的引领上起了重大作用。

（2）20世纪30年代会计理论的发展主要是围绕中式簿记改废之争。

西式簿记自清末传入中国，既有理论之传播，又有实践之尝试，进入民国，日渐实行于工商业。中式簿记无专门研究，多为徒承师示，仅凭口传心教，且派别参差、账法杂然，虽理论浅易、方法简便，但终无系统和组织，发展之空间有限。② 因而徐永祚先生根据中式簿记的传统形式，参照西式簿记的原理和方法，对中式簿记进行了改良，在保留中式簿记固有形式的基础上，适当吸取了西式簿记的长处，从而形成了改良中式簿记。当时，西化派是以潘序伦先生为代表，改良派以徐永祚先生为代表。两派争论的焦点主要在六个方面：①两种簿记的优劣；②现金收付记账基础问题；③横

① 郭道扬. 会计发展史纲［M］北京：中央广播电视大学出版社，1984：463.

② 李宝震，王建忠. 中国会计简史［M］. 北京：经济科学出版社，1986：114-119.

写与直写问题；④账簿分割问题；⑤四柱结算法问题；⑥账簿改良的最终目标问题。当时，这一学术争论对中国会计理论的发展至少起了三个方面的作用：第一，将会计学正式作为一门学科纳入学术争论并深入研究，从而使会计科学的学术地位得以初步确立；[①] 第二，向会计学术界直接地提出了中国会计发展道路的选择问题，即对国外先进会计科学是排斥还是引进、借鉴和吸收；第三，从科学发展的规律上看，形成了一个宽松的会计学术环境。

2. 引进和照搬苏联会计模式阶段（1949—1957 年）

中华人民共和国成立以后，以推翻私有制、建立公有制为目标的经济模式，决定了我国必然形成以社会主义初级阶段的经济基础为特征的经济发展体系。1949 至 1957 年是我国社会主义经济体制建立、国民经济恢复时期。中华人民共和国成立后，由于社会制度的根本转变，加之当时国际政治环境，决定了我国的经济管理只能实行高度集中的计划经济管理体制。在经济建设上，由于我国没有良好的经济建设的理论支持和基础依赖，还要防止西方列强的政治压迫和经济侵蚀，因而借鉴苏联社会主义经济建设经验和计划经济模式成了必然的选择。作为既服务于微观经济管理又为宏观经济管理提供信息的会计，其管理体制、技术方法以及相应的会计理论，也只有学习“苏联经验”。众所周知，中华人民共和国成立前，我国采用的是以效仿美国会计为主的西方模式，以美国为主的西方模式已经融入当时我国的会计界，就连会计教科书也是美国教材的译本或改写本，或是直接采用美国的教科书。以生产资料公有制为基础的社会主义计划经济模式的“社会主义会计模式”，与半封建、半资本主义的经济模式的“资本主义会计模式”相比差别巨大，因此无法从中华民国的会计理论和研究经验中吸收到可借鉴应用的会计理论与方法。因此，这一时期的会计理论研究主要是围绕引进和学习苏联所谓的“先进经验”而展开的，甚至全盘照搬，把苏联的一套名词生硬、内容复杂的会计制度在我国全面实施。[②] 甚至有些一直沿用至今，如“会计核算”“会计职能”等。客观讲，苏联会计模式的引入是对中国会计理论、制度、方法的变革，这是中国历史上第一次全面而彻底的变革。这次改革在当时历史条件下，对于全国范围内统一会计方法、建立会计秩序、提供会计信息、培养会计人才等起了积极作用。[③] 向苏联学习而建立起来的我国社会主义会计，虽有全盘照搬的缺点，但基本上还是适合了当时经济恢复和发展的需要，起到当时环境和条件下应有的历史作用。只是到了 20 世纪 50 年代后期，我们才发现这种模式并不完全适应中国的国情。

3. 会计理论发展受到挫折和开始探索中国特色社会主义会计理论阶段（1958—1966 年）

在该阶段，虽然当时对会计工作进行了改革，冲破一些束缚，也认识到全盘照搬苏联模式的不适应性和局限性，但很多单位出现了“门框账”“脑袋账”“无账会计”

---

① 从 20 世纪初开始，著书立说探讨会计理论的专著和杂志如雨后春笋般出现。典型代表除了上述的《连环账谱》和《银行簿记学外》，还有谢霖的《实用银行簿记》、徐永祚的《改良中式簿记》、潘序伦的《会计学》、杨汝梅（予戒）的《新式银行簿记与实务》、雍家源的《中国政府会计论》；除中文著作外，还有不少外文译述。特别是杨汝梅先生以英文所撰的《商誉及其他无形资产》一书，蜚声世界会计学界，美国同行誉为“杨氏原理”，从而也使中国会计研究者进入当时世界会计学大师之列。除此之外，还成立了众多会计研究机构，创办了近百种会计学术期刊。

② 葛家澍，刘峰. 新中国会计理论研究 50 年回顾［J］. 会计研究，1999（10）：7-14.

③ 于玉林. 中国会计发展 50 年的回顾与展望［J］. 现代会计，1999（5）.

等局面，使会计工作遭受了重大挫折。[①] 到了1961年，由于“大跃进”对国民经济造成的极大损害，国家开始着手对国民经济实行“调整、巩固、充实、提高”的方针进行调整。随着国民经济得到恢复和发展，会计也得到了恢复和发展。在20世纪60年代初，一些原来被认为是“繁琐哲学”的必要的会计制度，在实践中又逐步得以恢复，并且这次的恢复，不是20世纪50年代初的照搬苏联制度，而是结合中国的具体情况，有所创新与改进。

这一时期会计理论研究的特征概括起来主要表现在以下几个方面：

①以马克思列宁主义基础理论的思想为指导，运用政治经济学的范畴和内涵，构筑社会主义会计理论的框架结构，以至在某种程度上把会计理论研究纳入政治经济学的范畴。

②会计理论研究的重点放在社会主义政治经济体制下的性质、职能、对象、任务、方法等方面的阐述和界定上，在一定程度上忽视了与会计具体实务有关的应用理论的研究。

③提出了社会主义会计的阶级性原则，严格划分社会主义会计和资本主义会计的界限，主张用阶级分析的观点观察和处理会计理论和实务问题，从而把西方财务会计的理论、概念、原则，甚至一般方法都当作维护资产阶级利益和资本主义制度的东西加以全面排斥。

④会计知识沿袭苏联的会计学科体系，分为三大部分：会计原理、专业会计和经济活动分析。这种分类，导致对会计知识的狭窄认识，制约和阻碍了会计及其理论的进一步发展。

4. 会计理论研究停滞和扭曲阶段（1966—1976年）

1966年开始的“文化大革命”，使我国会计理论研究和会计核算工作遭到破坏。这期间，全国会计工作机构再次被精简，全国会计工作出现了混乱局面，甚至财政部会计制度司也被撤并，绝大部分财经院校停办、撤销，会计书刊停止出版。因此，这一时期的会计理论研究被称为停滞和扭曲阶段。直到1976年以后，我国各行业都进行了拨乱反正和全面整顿，会计理论研究和会计核算工作重新得到重视和加强。

5. 会计理论研究的重新起步和复苏发展阶段（1978—1992年）

1978年年底，党的十一届三中全会召开，重新确立了马克思主义的政治路线和思想路线，提出了将党的工作重心转移到经济建设和经济体制改革上来。接着，中央正式提出“调整、改革、整顿、提高”的方针，并且提出经济工作要转移到“以提高经济效益为中心”的轨道上来。至此，我国的会计发展也开始进入由高度集中的计划经济体制会计向有计划的商品经济体制会计转轨变型的全面改革阶段。我国会计界的理论工作者们，也由此进入一个会计理论研究新阶段，特别是1980年成立的中国会计学会，更是给我国的会计理论研究注入新的活力。在1980年中国会计学会的成立大会上，就曾将中国会计理论研究目标确定为“建立一套符合我国国情的中国式的方法体系”。1983年的中国会计学会第二届理事会，即明确提出中国会计理论研究的目标是“建立具有中国特色的以提高经济效益为中心的会计理论与方法体系”。

① 于玉林. 中国会计发展50年的回顾与展望［J］. 现代会计，1999（5）.

在这一阶段，会计理论研究重新起步和得以发展的几个标志事件有：

① 1978 年，葛家澍教授发表了《必须替“借贷记账法”恢复名誉——评所谓“资本主义的记账方法”》①一文，打响了会计界拨乱反正的第一炮②，从而激起会计界对先进会计理论和思想的研究思潮，同时也引发了关于记账方法的第四次大讨论。

② 1980 年，中国会计学会成立和《会计研究》杂志创刊，中国的会计理论研究开始冲破思想禁锢与束缚开始起步，并明确提出了会计理论研究的目标。

③ 1985 年颁布了《中华人民共和国会计法》，并在 1986 年实施，极大地推动了会计组织与管理和会计法规体系理论的研究。

④ 1987 年，中国会计学会正式发布《中国会计学会科研规划》，确定了 50 个重点科研课题，成立了七个专题研究组。我国的会计理论研究进入了以“有计划的商品经济”为出发点和归宿的研究历程。

⑤ 1987 年，中国会计学会提出成立会计准则研究组的建议。1988 年 10 月，财政部会计司正式成立了会计准则课题组，开创了有组织并在政府部门主导下开展会计准则理论的研究。

⑥ 1992 年《企业会计准则》发布。

这一时期会计理论研究主要有如下几点特征：

第一，冲破“管理工具论”的理论束缚，提出会计管理论新思维，实现了我国会计理论研究的突破，并以“管理活动论”和“信息系统论”为代表，形成了多种学术流派及理论；同时，开始关注和学习西方会计理论与方法，并开始运用比较研究方法进行中外会计比较研究。

第二，提出了会计以讲求经济效益为中心，促使传统的记账、算账、报账型会计向现代的管理型转变；并且紧密结合企业财务研究会计问题，打破了就会计论会计的框套，使对财务与会计关系的认识有了突破性发展。

第三，会计理论研究逐步从基础理论向会计准则理论研究迈进，并在 20 世纪 80 年代末 90 年代初探索初步建立有中国特色的会计准则理论体系。

第四，以中国经济责任制为基础，借鉴西方管理会计，依据企业的实践经验总结，逐步形成和发展具有中国特色的责任会计理论与方法。

第五，物价变动会计、人力资源会计、破产会计、国际会计、比较会计、会计史学等新兴会计理论和边缘会计理论得到研究和发展。

6. 会计理论研究的繁荣和发展阶段（1992 年至今）

1992 年 10 月，中国共产党第十四次全国代表大会提出“我国经济体制改革的目标是建立社会主义市场经济体制”。为了适应这一体制，《企业会计准则》和《企业财务通则》在 1992 年 11 月发布。这一事件，标志着我国的会计改革和发展正式全面进入了社会主义市场经济时代。因而会计研究的中心逐渐从会计基础理论研究和抽象理论研究向围绕推行现代企业制度下的会计改革、会计准则建设与实施以及提高会计信息质量的应用方向转变，同时更加注重会计国际化的研究。也有人是以 1992 年中国会计

---

① 葛家澍. 必须替“借贷记账法”恢复名誉——评所谓“资本主义的记账方法”［J］. 中国经济问题研究，1978（4）：77-85.

② 蔡传里，冉明东，许家林. 会计改革三十年的会计理论发展：上［J］. 财会通迅. 综合（上），2009（1）：23.

学会"八五"时期科研规划纲要的发布和财政部在深圳举办的"会计准则国际研讨会"为标准①。

这一阶段研究的主要内容包括：

①会计基本理论问题。它主要包括会计的国际化问题、会计目标、会计信息质量特征、会计的本质和职能、会计假设、会计要素等。

②会计规范的研究。它包括对《中华人民共和国会计法》、会计准则、会计制度和相关的会计行为规范等的研究。

③会计发展新领域的研究。它包括对环境会计、人力资源会计、社会责任会计等的研究。

这一时期，我国会计理论研究的特征可概括为四个方面：

①1993 年 7 月 1 日在全国范围内实施《企业会计准则》和新的行业会计核算制度，标志着我国会计理论与实务步入了社会主义市场经济要求的轨道，中国的会计理论向国际化、应用化迈出了实质性的一步。

②会计理论研究从概念性的理论研究转向准则性、应用性方向研究。

③会计理论研究注意力集中于财务会计领域，但同时兼顾了财务管理和管理会计理论的研究。

④开始关注和研究会计新领域的理论与实务。

7. 会计理论研究进入知识经济时代和信息化社会等新经济发展阶段

进入 21 世纪以后，跟随世界发展的潮流，我国也进入知识经济时代和信息化社会。

知识经济通俗地说就是"以知识为基础的经济"。现行的工业经济和农业经济，虽然也离不开知识，但总体说来，经济的增长取决于能源、原材料和劳动力的情况，即以物质为基础。知识经济是人类知识，特别是科学技术方面的知识的历史产物。

知识经济与信息经济有着密切的联系，也有一定的区别。知识经济的关键是创新能力。只有信息共享，并与人的认知能力——智能相结合，才能高效率地产生新的知识。所以，知识经济的概念，更突出人的大脑、人的智能。反过来，人的智能，只有在信息共享的条件下，才能有效地产生新的知识。所以，信息革命为信息共享、高效率地产生新的知识，打下了坚实的基础。这就是说，信息革命与知识经济有着密不可分的关系。

1982 年，奈斯比特在《大趋势》中提出了信息经济的概念，并认为知识经济是与农业经济、工业经济相对应的概念。在这里，知识是指人类社会所创造的一切知识，其中包括科学技术、管理和行为科学的知识。传统的经济增长理论注重的是劳动力、资本、原材料和能源，认为知识和技术是影响生产的外部因素。知识可以提高投资回报率，而这又可反过来增进知识的积累。人们可以通过创造更有效的生产组织方法以及产生改进的产品和服务而实现上述目的。联合国经济合作与开发组织将知识经济定义为建立在知识和信息的生产、分配和使用之上的经济。

信息社会与后工业社会的概念没有什么原则性的区别。信息社会也称信息化社会，是脱离工业化社会以后，信息将起主要作用的社会。在农业社会和工业社会中，物质

① 杜胜利，赵西博，李梅，等.《会计研究》百期回顾及中国会计理论研究透视［J］. 会计研究，1996（2）：45-49.

和能源是主要资源。而在信息社会中，信息成为比物质和能源更为重要的资源，以开发和利用信息资源为目的的信息经济活动迅速扩大，逐渐取代工业生产活动而成为国民经济活动的主要内容。信息经济在国民经济中占据主导地位，并构成社会信息化的物质基础。以计算机、微电子和通信技术为主的信息技术革命是社会信息化的动力源泉。

信息技术在资料生产、科研教育、医疗保健、企业和政府管理以及家庭中的广泛应用，对经济和社会发展产生了巨大而深刻的影响，从根本上改变了人们的生活方式、行为方式和价值观念。

总之，进入20世纪90年代以后，我国的会计理论研究内容日趋丰富，会计研究方法更加科学，会计理论研究的范围日趋广泛，并逐渐形成以会计准则理论为核心的、以社会主义市场经济体系为依托的具有中国特色的会计理论体系。进入21世纪，我国跟随世界潮流进入了知识经济和信息化会计理论研究阶段。

第三节　会计理论的功能

一、会计理论的功能的含义

功能是指某一事物本身应具有的能力和作用。例如太阳发光、水往低处流等，这种能力是不以人的意志为转移的。我国理论界较常提出的是“任务”“作用”和“职能”等词，而较少提“功能”。据《现代汉语词典》解释：“任务”是指担负的工作或所负的责任，“作用”是指对人或事物产生的影响、效果，“职能”是指人、事物和机构等的作用和功能。由此可见，职能的含义与功能相同，只是不同国度用词习惯不同而已。由此推理，会计理论的功能就是指会计理论本身所具有的作用，也就是说，作为会计理论，不管有没有人、什么人，它本身就应该发挥着某种作用，不以人的意志为转移。会计理论的功能不等同于会计的功能，会计的功能是指会计这项工作或这门技术本身应该起的作用或效用。会计的内涵包括多个方面，在此仅仅指会计理论方面所应具有的作用。

可见，会计理论的功能是人们通过会计实践活动规律归纳总结出来的关于会计理论本质应该具有和实现的效能和效用，也是人们研究会计理论的目标之一。会计的任务是指在一定的现实条件下，结合会计理论的本质对人们从事会计活动确定的一个工作责任，具有较强的人为主观性。任务的确定有利于目标的实现。不同的主体（人），由于主观意识和客观能力不同，对功能相同的同一会计理论的实施，所发挥的作用会存在不同。因而功能是研究会计理论的本质特征；任务是研究会计理论在某一特定环境下为实现其目标而确定的具有压迫性的主观手段；作用则是研究在特定的经济环境和特定的行为主体实施下，会计理论本身应具有的功能所实现的结果。三者最终目标相同，只是所处角度不同而已。而功能是等同于职能的，区别在于我国较为习惯用“职能”一词，西方国家较为习惯用“功能”一词，两者均是研究会计理论本身应具有的效用和效果，以及在正常科学的情况下应该发挥的作用。

二、西方关于会计理论功能的观点

对于会计理论的功能，西方学者普遍认为会计理论具有解释和预测两个功能。解释就是解释现存的会计实务。预测就是预测或指导未来的会计实务。建立理论的意图是对现行的惯例进行论证和批判，而会计理论形成的主要动力来自必须对会计所做或期望要做的事提供证据。然而，会计理论又要接受会计实务的验证。

美国会计学家瓦茨（Watts）和齐默尔曼（Zimmerman）认为："会计理论的目标是解释和预测会计实务。解释是指为观察到的实务提供理由，预测则是指会计理论应能够预计未观察到的会计现象。"①

贝克奥伊认为："某种给定的会计理论应能解释和预测会计现象，但当这些现象出现时，它们又反过来验证理论。"②"因此，应该说会计理论就是在这样的反复实践和反复检验的过程中得出的结论。一项公认会计原则应该解释和说明会计的社会现象以及这种现象在什么时候产生诸如此类的问题。公认会计原则可以证实和检验会计理论，如果某一理论导致预期的结果失败，那么它将被'更好'的理论代替；同样，在会计领域里，科学理论中好的方法也会被借鉴和接受。像 AAA 下设的会计理论委员会在下面的报告中所陈述的那样：一种科学的理论如果能够对社会现象进行预测，同时又能指出这些预测将在什么时候得以实现，那么这种理论就可以被称为有生命力的理论。当一些没有预料的结果出现时，这种理论就可以被认为是不太科学的。对理论上的一个重要错误的纠正或一项新理论的提出，就是要使那些意想不到的东西变为现实，使那些不规范的现象被我们认识，并且能够解释这种事物产生和发展的过程。"③

在西方，最全面系统对会计理论功能进行解释的是利特尔顿教授，他在其名著《会计理论结构》一书中，表述了会计理论的责任包括：①帮助我们研究已经完成的实务，以便我们能够理解那种处理方法或建议另一种处理方法的理由；②帮助我们在观念和思想之间寻求相互联系的思路、理由和目标；③帮助我们注意各种观念的相关性，理解某些观念比其他观念更重要，以及某些观念与其他观念密切相关而与某些观念不同；④帮助我们发展运用观念工作的能力，寻求与一个问题有关的观念，解决观念之间的冲突，展开并增进观念的意义；⑤帮助我们认识可以运用原则的场合，就像我们选择适合于某种情况的程序那样容易。同时，他还总结论述了会计理论的解释和预测两大功能，并将解释和预测功能划分为四个层次进行具体阐述④（见图 1.1）。

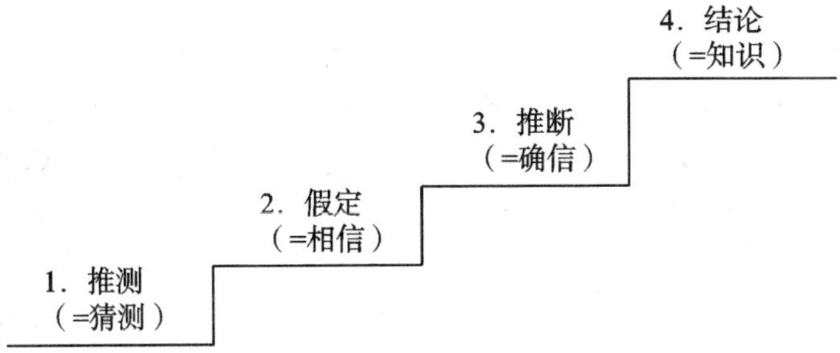

图 1.1　阐述解释和预测功能的四个层次

① 瓦茨，齐默尔曼. 实证会计理论［M］. 陈少华，黄世忠，等译. 大连：东北财经大学出版社，1999：2.

② 葛家澍，林志军. 现代西方会计理论［M］. 厦门：厦门大学出版社，2001：24.

③ 贝克奥伊. 会计理论［M］. 杨进，王海民，等译. 西安：陕西人民出版社，1991：3.

④ 利特尔顿. 会计理论结构［M］. 林志军，黄世忠，译. 北京：中国商业出版社，1989：165-167.

他认为：在最底层，解释与缺乏相关信息的猜测相差无几，再往上一级，由于解释与许多已知的事实相一致，因此，它似乎有理由令人信服，这里相信与确信接近；在阶梯的项部，解释是结论性的，在某些领域，这一层次的解释是科学的，它的依据是已经证实的知识。因此，理论（解释）是已知的理论与已知的事实相符、相一致；不同的科学家的受控试验反复地证明了理论符合事实。

三、我国关于会计理论功能的观点

我国对会计理论功能的认识应该是从20世纪90年代初开始，并大多从会计理论的功效角度加以研究。

1. 引进借鉴西方的观点

最初，我国对会计理论功能的介绍和解释主要是引进和借鉴西方国家的研究成果。如劳秦汉在论述会计理论发展的动因时，认为会计理论具有解释和预测功能："解释功能是指从已知的会计实务中归纳抽象出会计理论，再用会计理论来指导会计实务的功能。预测功能是指从现时的会计实务和会计理论出发，逻辑地演绎出未来会计发展方向的功能。"①

龚光明、肖建林提出会计理论四功能论，即解释、评价、改进和预测四大功能。他们的观点是在解释和预测的基础上增加了评价和改进功能。亦即会计理论除了具有解释现有会计实务和预测未来会计发展外，还有运用会计理论对会计实务进行评价和运用会计理论对会计实务进行改进或提出改进建议的功能。②

李连华认为，会计理论具有描述、解释、正当性判断、理论启示和预测五个职能。③

描述就是利用理论语言（术语）把会计实务，尤其是良好的会计实务方法陈述下来，"以阐明经验，推广最佳经验"。这是会计理论首要的、原始的作用。

解释就是说明所观察到的会计实务方法存在的原因，回答为什么是这样而不是那样。解释和描述有时可能同时进行，但从理论上进行区别，两者的侧重点有所不同：描述是"写真"性的，回答是什么（事实）；而解释是"分析性"的，回答了为什么（理由）。在会计学发展中，"拟人学说""静态会计"和"动态会计"就是对复式簿记的解释，从而为更好地理解和掌握该方法的原理提供了基础。

正当性判断就是利用会计理论来判断会计实务或准则的优劣和正当与否。一般而言，对会计和审计人员来说，在会计实务和注册会计师执业过程中，对现有会计准则加以规范的领域，可以对照会计准则来评价和选择会计实务；而对那些尚未制定出会计准则的新领域，会计和审计人员只有依靠会计理论和自身的职业判断来选择、评价会计程序和方法。另外，会计和审计人员通过会计理论，也可以对已经存在的会计准则进行评价。因而得出的理论启示是：一种理论往往对另一种理论和新理论的产生具有启迪和催生作用。过去，我们往往强调会计实务对会计理论发展的影响，而忽视了理论本身的促进作用。

---

① 劳秦汉. 会计理论的发展动因及功效［J］. 财会通迅，1993（7）：14-16.

② 龚光明，肖建林. 会计理论的概念、功能、体系的思考［J］. 财会通讯，1995（4）：3-5.

③ 李连华. 会计理论研究的效用：会计理论与会计实务的相关性分析［J］. 会计研究，1997（8）：1-7.

预测就是利用会计理论所建立的推演框架，对会计准则或会计政策相关者的未来行为进行预先分析，以便于制定出合适的会计准则或政策，从而对未来的会计实务起着指导和改进的作用。

2. 具有中国特色的独创性观点

于玉林教授等认为，会计理论具有认识、预见、指导和教育四大功能。[①]

①认识功能。会计理论是对客观会计事物的认识，是以一定的理论形态去认识会计的本质、发展过程及其规律；通过比较、识别、选择相关的历史的和现代的会计理论和其他理论，可以解释会计事物的现象、特征、联系、运动和发展变化过程。会计理论的理性认识，是对会计事物的本质认识。在会计实践中，要认识某个会计事物，揭示其本质及其发展变化的规律，必须在占有丰富的经验知识的基础上，通过各种会计理论知识方法，对其加工整理、比较分析，才能揭示它的本质、发展过程及其制约因素和趋势，以获得正确的认识。

②预见功能。我们可以运用会计理论对未来和未知的会计事物做出事先的推测和判断。依据会计理论，我们可以根据在一定环境条件下客观事物之间的必然联系和必然发展趋势，从已知会计事物出发，考虑未来期间各种因素的可能变化，逻辑地推论未来期间会计事物可能出现的情况、特征、关系和发展趋势等以及在未来时期会计理论建设的状况和水平。

③指导功能。理论是行动的向导，我们在一定理论指导下，依据会计理论具有的特征而提出的各方面理论知识，组织会计实际工作。这里所说的理论，是如实反映客观事物规律性的科学理论，即一般所指的正确理论。错误的理论，用于指导实际工作，只会使实际工作遭受损失。在会计研究中，要获得正确的理论知识必须在收集大量、正确的经验和知识资料的基础上，采用科学的会计理论知识方法，对这些经验知识资料进行加工整理，进行深入、细致的分析研究，才能获得正确的理论知识。这里，收集的经验知识资料必须是正确的，对其加工整理所采用的会计理论知识方法必须是科学的，这样才能使获得的理论知识是正确的，以正确的理论指导实践，保证实际工作的正常运行。

④教育功能。我们可以运用会计理论进行会计教育。在会计教育中，我们通过设置的各种会计专业课程，进行会计的基本理论、基本知识和基本技能的教育。一般所谓的“三基”教育，不论是会计的基本理论教育，还是会计的基本知识、基本技能教育，都要以会计理论知识的形态进行。在会计教育中，只有以会计理论知识形态进行教育，才能全面、系统地阐明会计核算和会计管理各环节的基本内容，使受教育者得到全面、正确的认识。学校教育的基本内容之一是传授知识，会计理论就是一种知识。

魏明海等认为，人们是借助对会计理论的了解和掌握，来加深对会计实务的认识，并灵活开展会计实务工作，发展和创新会计实务。会计理论服务于三个基本方面，具有三种基本功能[②]：

①信息传递和经验总结功能。会计理论包含关于现实存在会计实务的信息知识和对该项实务活动的描述，起信息收集传播和经验归纳总结的作用。

---

① 于玉林，李端生．会计基础理论研究［M］．北京：经济科学出版社，2001：18-21.

② 魏明海，龚凯颂．会计理论［M］．大连：东北财经大学出版社，2006：4-5.

②解释和评价功能。为什么现存的会计实务会被采用，它是如何产生的，实效又如何，我们都可借助会计理论给予回答。所谓解释是指会计理论为现存的会计实务说明理由，这是会计理论指导会计实务作用的具体体现。人们之所以研究会计理论，一个重要方面就是要对现存的会计实务给出合理的解释，以说明对某项交易之所以采用这种方法和程序，而不采用其他方法和程序的理由，从而为现存会计实务提供理论依据。

③预见和实践功能。会计理论不只是解释会计实务在一定时期内如何进行、产生何种作用，而且还要预见会计实务中将要产生的新现象和新问题，并预测会计实务的发展趋势和前景。所谓预见是指会计理论能对未来可能发生的新的会计实务进行预测或指导，对会计人员期望所做之事提供理论依据。在众多尚未制定出会计规范的领域中，我们可利用会计理论指导制定包括会计准则和制度在内的各种规范，最终解决会计实务中所遇到的具体问题。

陈今池则直接从西方会计准则制定机构（主要指美国财务会计准则委员会）的诠释中提出会计理论的作用的观点。[①] 他认为，健全的会计理论具有以下几个作用：

①确定会计的职能和范围。在不断发展变化的社会经济环境下，首先需要依据会计理论确定会计的职能和范围。其中包括哪些社会集团需要使用会计信息，需要使用哪些会计信息，以及如何收集、处理加工和提供这些信息。

②指导会计准则的制定。负责制定会计准则或会计政策的政府机构和会计专业团体，必须首先正确理解会计理论，以会计理论作为制定会计准则的依据，才能保证会计信息的质量和效用。

③推动会计实务的不断改进。会计理论可用以评价会计信息质量，可以指出会计实务工作中存在的缺陷，从而推动会计实务不断改进。

④具体指导新发生的会计业务工作。在尚未制定出会计准则的领域中，我们则需要直接依据会计理论来解决会计业务工作新遇到的具体问题。

四、关于会计理论功能认识的评价

总的来讲，会计理论不外乎解释和预测两大基本功能，其他都是在这两大功能基础上加以派生的。解释功能就是解释现存的会计实务，包括现有的会计政策、实际的会计现象等；预测就是对会计未来的发展趋势进行推理，以明白会计的发展规律和方向。

从会计理论功能研究的历史看，我国和西方对会计理论功能的研究在目的、方法、手段等方面都存在不同之处。我国关于会计理论功能的研究实际上是从西方引进的，并且仍然停留在进行理论性的描述阶段；而西方则步入各种会计理论具体功能研究阶段，并且更多地引进了其他学科的方法来丰富和完善会计理论研究。由此可见，我们在研究会计理论的同时，不仅要重视会计理论的功能作用，更重要的是要研究各种各样的会计理论所具备的具体功能。

---

① 陈今池. 现代会计理论［M］. 上海：立信会计出版社，2005：18.

第四节 会计理论的结构与分类

一、会计理论的结构

1. 会计理论结构概述

会计理论有没有结构，应不应该划分层次，各层次的理论应该如何来排列。对这些问题，理论界也存在分歧。我国会计大师潘序伦先生在《基本会计学》中写道："在任何思想领域中，都需要一种理论结构，以统一推理的基本逻辑或体系，会计也不例外。理论结构中为一定的假定范围内的有关概念和程序提供依据，会计师们对经济数据进行鉴定、登记、分类和汇总，使其成为合乎陈报和解释经济信息时采用的方式或方法。"① 有人认为，作为一门科学，其理论应该有层次，而且是按一定的逻辑体系排列；但也有人认为，会计理论不应该分层次，也无法分层次，只要是对会计实务有作用就有必要进行研究，而且也不存在一致认可的会计理论。但是，不管什么学科，作为其成熟的一个标志，其理论是由关于该领域的一系列概念、原理等构成的一个知识体系。既然是一个知识体系，其理论应该是按某一规律进行排列，因此应该有一个结构。这个结构可以按一般学科理论层次来排列，即从基础到一般、再从一般到具体，也可以按一个严密的、前后一贯的逻辑体系来排列，强调理论体系的逻辑起点。对于这两种思想，笔者赞成以第一种观点的思想来构建会计理论结构。笔者的理由是：如果要按一个得到一致认可的逻辑起点和层次来构建会计理论结构，由于人们对会计理论研究的思维和各自所处的研究环境存在差异，只能按一般学科层次来构建会计理论结构。这样，不仅简明，利于理解，而且有利于分层次、针对不同重点来展开会计理论研究。会计作为一门既有社会属性又有自然属性的学科，其知识体系与其他学科知识交叉较多。过多强调从其内在的规律和逻辑关系去探寻其结构及其层次构成，固然很好，但由于人与人之间研究会计理论所采取的研究思路和方法各不相同，得到的学科规律体系所体现的会计理论结构也会不同，因此，关于会计理论结构层次的划分，我们只需从一般学科角度对它进行认识。基于此，会计理论结构可以从会计起点理论、会计基础理论两个方面划分层次。

2. 会计理论的基本结构

从会计理论研究的类型和内容来看，会计理论划分为以下四个层次：

第一层次为会计起点理论层次。这一层次的理论是对会计理论体系最本源性范畴的会计客体，从会计对象及会计对象的内容两个层次进行描述；是对会计对象从价值运动的时空性计量的规定性进行认识和描述，是对会计对象的内容按资产、负债、所有者权益、收入、费用、利润等构成要素进行定性和含义描述。

第二层次为会计基础理论层次。这一层次的理论旨在说明社会政治法律环境、经济文化自然环境、企业内部环境等对会计理论、会计实务的影响，包括对会计活动的时空计量方面进行限定的会计主体、持续经营、会计分期、货币计量的会计假设理论

① 潘序伦. 基础会计学［M］. 上海：立信会计图书用品社，1950.

四个层次。

第三层次为会计核心理论层次。这一层次是对会计活动进行指导和规范的会计原则、准则理论及对各企业会计活动进行具体约束的会计制度理论。

第四层次为会计实务理论层次。这一层次包括对会计运行机制进行管理的会计工作组织理论和对会计实务处理所采取的步骤与技术性、方法性的会计程序方法理论。

关于会计理论的层次从类型和内容来划分还有一种观点，就是把会计理论划分为会计规范理论和会计基本理论两个层次①。他们认为会计理论层次的划分，主要取决于理论说明对象和说明方式的差别。会计理论的说明对象是会计实务或与会计有关的经济现象。有的会计理论侧重于说明个别的会计实务，有的会计理论则侧重于说明会计实务的整体。会计理论在说明会计实务时，所采用的说明方式有的是直接的、具体的和规范性的，有的则是间接的、抽象的和指导性的。因此，人们把用直接、具体和规范的方式侧重说明个别会计实务的理论，称作会计规范理论；把采用间接、抽象和指导性的方式侧重说明会计实务整体的理论，称作会计基本理论。因此，会计实务、会计规范和会计基本理论之间的关系是：在研究会计理论时，必须先了解会计实务，取得感性认识，然后才有可能真正理解会计规范和会计基本理论问题，从而上升为理性认识。会计基本理论指导会计规范的形成，并间接作用于会计实务。会计规范也是（甚至是更为重要的）人们在开展会计实务时必须掌握的有关会计领域的知识体系，是会计理论体系中不可或缺的一个重要组成部分。

3. 会计理论的一般学科体系结构

从学科的一般理论体系层次划分看，会计理论的层次可划分为以下三个层次：

第一个层次为会计基础理论层次。这一层次的理论主要是揭示会计普遍本质和发展规律的知识体系，其研究对象不是具体的会计实践，而是会计实践的一般规律，起基础作用。需要注意的是，会计基础理论与会计的理论基础是有区别的。会计的理论基础是指对会计理论问题进行研究所依赖的一系列基础条件，它本身不构成会计理论的内容，如哲学思维、数学方法等。

第二个层次为会计应用理论层次。这部分理论是能具体指导会计实践的确认、计量、记录和报告等实务工作的知识体系，在会计实务中具有通用的参考价值，如财务会计概念结构、会计准则理论、会计制度理论等。

第三个层次是会计实务理论层次。这部分理论是具体的会计实务在理论上的反映，研究的对象是具体的会计实践，小到某项具体会计业务，如货币资金的会计处理、存货的计价方法、资产减值的处理等。

二、会计理论的分类

1. 会计理论分类概述

对会计理论划分层次，目的在于了解会计理论体系的构成和大体内容。而要对会计理论进行更深入的了解，还必须熟知会计理论的各种分类。在会计理论研究中，每个人所处的研究角度存在差异，这种差异的存在既来自构建会计理论所使用的不同方法，也来自对会计理论及其作用的不同理解。为了深刻地认识与把握会计理论，需要

---

① 魏明海，龚凯颂. 会计理论 [M]. 2 版. 大连：东北财经大学出版社，2005：5.

了解会计理论的分类。会计理论分类是把会计理论作为一个总体，按照一定的标志，将其划分为既有相互区别又有相互联系的各个部分。会计理论分类是人们对会计理论及其研究的客观会计事物性质的一种重要认识，是对会计理论问题进行深入研究的一种重要方法。因为客观的会计实践是浑然的一个整体，所以需要对它进行分解，从不同方面去剖析，归纳其共性，区别其差异，划分其类别，才有利于从不同方面去研究，从而能够以不同性质的类别去揭示其内在的规律。会计理论的这种多元性特征，可以使我们对会计理论的内容按不同的标志进行分类。而有了各种会计理论的分类，我们能够更好地从不同方面去揭示客观存在的会计事物的规律性。

2. 按会计理论的作用分类

最具有代表性的按会计理论所起作用进行分类的是亨德里克森教授在其名著《会计理论》中所做的分类。他按会计理论所起三种不同的作用把会计理论分为会计结构性理论、会计解释性理论和会计行为性理论为三类①。

①会计结构性理论。该理论主要试图说明现行会计实务，并预测在某种情况下会计人员如何通过会计报告来反映既定情况产生的具体会计事项。这类理论的任务主要在于说明数据加工处理方法、财务报表的编制方法和程序。由于这部分理论是与数据的收集整理程序以及报表的呈报机制有关，所以又称为机制性会计理论。对结构性理论进行精彩论述的还有两本杰出的著述。一本是井尻雄士（Yuji Ijiri）的《会计计量的基础：基于数学、经济学与行为学的探索》，另一本是斯特林（Robert R. Sterling）的《论会计理论要素》。井尻雄士的模式在于说明传统会计实务，他将重点放在历史成本制度上。斯特林则试图说明："会计师应在处理账目时做些什么。"② 在对现行实务与传统理论的理解与评价中，这些解释传统会计实务的理论是合乎需要的。

②会计解释性理论。会计解释性理论不是要描述会计实务的方法程序的外表形式和结构，而是要借助经济学概念来解释会计实务，要以经济理论为依据来解释会计的准则、规则和信息的含义、作用，使会计信息能再现或反映现实世界中的经济现象。坎宁（John B. Canning）、穆尼茨（Maurice Moonitz）及美国财务会计准则委员会都试图采用经济学的"价值"概念来解释会计的资产计价和收益决定问题。这一理论的作用在于坚持会计实务的逻辑性，如资产价值一般都是应用特定的会计程序（如先进先出法或直线折旧法）产生出来的数字。会计收益也是一个人为的概念，它表示遵照特定的计量规则所计算出来的收入超过费用的数额，这就需要会计理论来为这些概念做出有意义的解释，并根据这些解释去评价那些备选的会计程序。值得注意的是，这里讲的解释性理论不是指对会计实务或会计现象进行解释的理论，而是重在借助经济学的概念来解释会计实务。

③会计行为性理论。会计行为性理论的作用在于强调会计信息使用者的需要，以及会计信息应如何影响使用者的决策行为。例如：财务会计应提供有助于投资者决策需要的信息以及向企业管理部门提供有助于管理决策的内部报告，还要对会计师、审计师在工作上具有反馈作用；否则，会计信息被认为是无用的。这种理论试图说明，

---

① 王澹如、陈今池于1988年编译的亨德里克森的《会计理论》）把它编译分为机制性理论、解释性理论和行为性理论三类；葛家澍、林志军在《现代西方会计理论》中将其编译分为结构性理论、解释性理论和行为性理论三类。

② 张白玲. 会计基本理论［M］. 北京. 中国财经经济出版社，1998：2.

如果采用一种新的会计政策或程序，将如何计量和评估由此引起的经济的、社会的、心理的等各方面影响。行为性理论还处于初创阶段，但已经为会计理论的开拓提供了前景。这种方法已经引起了会计界对会计的目的、报表的使用者、报表使用者对财务信息的特定需要等问题的研究。

3. 按会计理论研究的学派来分类

不同的研究学派由于研究的起点和所采用理论基础不同，会产生不同的会计理论；不同的研究方法也会产生不同的理论成果。从会计理论研究的历史看，在不同的历史时期，由于运用不同的研究方法，形成了学术理论渊源、研究思想以及研究的手段和方式等方面不同的研究学派，不同研究学派也形成了不同理论流派。在会计理论研究领域，具有代表性的研究学派主要有描述性会计学派、规范性会计学派、决策性会计学派和福利性会计学派四类，因而会计理论按不同的研究学派就可以分为：

①描述性会计理论。描述性会计理论就是通过对会计实务中各种实例的描述和论证，以期证明会计理论就是为了说明会计是什么的。在西方会计界有一种观点，认为传统会计理论基本上都是描述性的，即描述、论证和解释会计实务中的各种惯例。这类理论重点在于说明会计“是什么”，或试图提出和说明存在哪些会计信息及如何加以揭示并传递给财务报表使用者。之所以早期的会计理论都被称为描述性会计理论，其原因主要是早期的会计现象较简单、理论研究方法也较单一。被认为属于描述性会计理论的代表著作除了井尻雄士所著的《会计计量的基础：基于数学、经济学与行为学的探索》[①] 和斯特林所著的《论会计理论要素》外，还有美国会计学家格雷迪（S. P. Grady）1965 年发表的《企业公认会计原则概述》、美国会计原则委员会 1970 年第 4 号报告《企业财务报表的基本概念和会计原则》等[②]。从西方会计理论界诸多代表作来看，20 世纪 70 年代以前西方国家传统的会计理论大部分都是属于描述性的。我国当时借鉴并在有关制度中体现的会计理论，大多也是属于描述性会计理论。

②规范性会计理论。规范是指约定俗成或明文规定的标准。规范性会计理论就是试图从会计实务的规则来概括出会计理论的相关概念，进而运用这些理论概念来指导、引导、推导会计实务。这一类会计理论是一套关于会计“应该是什么”的系统知识体系，目的是通过总结出一系列的规则来构建会计理论，并试图通过理论产生“良好的”会计实务。理论的重点在于说明会计“应当是什么”。如美国会计学家穆尼茨 1961 年发表的《会计基本假定》、澳大利亚会计学家钱伯斯（Raymand J. Chambers）1966 年发表的《会计、计量与经济行为》，以及 20 世纪 70 年代末美国财务会计准则委员会发表的《财务会计概念公告》，都属于典型的规范性理论[③]。美国财务会计准则委员会也认为，尽管该公告所述会计概念可能与现行的会计准则或会计实务不一致，但它们仍然是指导会计准则和评价现行会计实务的基础。近年来，随着人们对会计规范要求的提高，规范性会计理论广泛地运用于会计准则的制定和会计实务的工作中。

---

① 井尻雄士所著的《会计计量的基础：基于数学、经济学与行为学的探索》所叙述的模式始终是说明传统会计实务的，是对过去的会计实务的一种描述。斯特林所著的《论会计理论要素》一书大部分叙述的是历史成本制度，其主要目的是描述会计师在处理账目时应做些什么等。

② 陈国辉. 会计理论体系研究［M］. 大连. 东北财经大学出版社，1997：5.

③ 葛家澍，林志军. 现代西方会计理论［M］. 厦门：厦门大学出版社，2001：27.

③决策性会计理论。决策性会计理论将决策理论引入会计领域，会计的主要目标是提供决策所需的会计信息。决策性会计理论也可以理解为以决策有用观为目的研究出来的会计理论。决策有效性学派是规范会计学派的分支。该学派主张从会计信息使用者的需要出发，建立一套会计理论。会计信息系统的首要任务是提供对决策、控制、业绩评估有用的信息。我们必须仔细研究谁在使用会计信息，他们需要什么信息，信息是如何被利用的，以及会计能提供哪些信息等问题，并以此为会计目标，不能一味追求会计数据的精确计算，而不管其用途。决策有效性学派观点受到了会计界的重视。

④福利性会计理论。福利性会计理论就是以福利经济学的理论依据和出发点研究出来的会计理论，或称是从福利观点或福利最大化原则出发对会计理论进行研究，将福利经济学的理论引入会计领域。经济学区别了实证经济学和规范经济学。实证经济学是排除了社会评价的理论经济学，它研究经济体系的运行，说明经济体系是怎样运行的以及为什么这样运行，回答“是”和“不是”的问题。规范经济学的任务是对经济体系的运行做出社会评价，回答“好”和“不好”的问题。福利经济学属于规范经济学。

福利经济学的主要内容是“分配越均等，社会福利就越大”，主张收入均等化，由此出现了“福利国家”。随着国家在国民收入调节过程中作用的加强，出现了国民收入均等化趋势。

福利经济学研究的主要内容有：社会经济运行的目标，或称检验社会经济行为好坏的标准；实现社会经济运行目标所需的生产、交换、分配的一般最适度的条件及其政策建议等。

4. 按照理论研究的两大思想流派来分类

①规范会计理论。规范会计理论是指运用规范研究方法对会计理论研究思想流派进行研究所派生出的会计理论。规范研究方法，主要是指一种运用演绎和归纳方法，注重从逻辑性方面概括指明“应该怎样”“应当怎样”或“应该怎样解决”的方法。其涉及伦理标准和价值判断问题，其主要特点是在进行分析以前，要先确定相应的准则，然后再依据这些准则来分析判断研究对象目前所处的状态是否符合这些准则。因此，规范会计理论就统指一套关于会计“应该是什么”的系统知识体系，旨在通过一系列基本会计原则、会计准则的规范要求，从逻辑高度上概括或指明最优会计实务是什么，进而指导会计实务，实现会计实务的规范化。从规范会计理论的发展历程可以看出，规范会计理论的研究方法体现出早期的演绎主义和后来的实证主义的思想。面对20世纪30年代会计实务放任自流的混乱局面，规范会计理论企图从会计活动的规则中寻找优良的会计实务和概括理论概念，建立会计应当是什么的系统知识，以指导和规范会计实务。因此会计理论研究中必然蕴涵了会计“应当是什么”的值判断问题。具体说来就是会计理论研究要立足于对现有会计环境（包括经济、法律、道德等方面因素）、会计惯例及报表使用者偏好的分析，从中抽象出一定的目标和价值判断，提出一套科学合理的衡量会计活动的标准，据此制定会计准则和分析处理会计问题，形成整套的会计规范理论。随着社会经济的不断发展、会计业务的日趋复杂，为解决实务问题，强化会计理论结构的内在的逻辑性，规范会计理论又吸收了实证主义的思想，在对现实问题进行分析的基础上加入逻辑规则，利用数理逻辑的工具进行分析和论证，

以揭示出会计实践活动自身的规律，指导和规范会计实务的发展。规范会计理论中的理性思维部分是不可被证伪的，但它是在经验认识的基础上，为创造性的逻辑推理所证实的，因而是科学的。

20 世纪 70 年代之前，规范会计理论在西方会计理论界居于绝对统治地位。后来，随着会计研究中实证性倾向的出现，这一格局被打破。由于实证会计理论获得了正统经济学所提供的实证性思想观念支持，经过发展，现已跃居主流地位，而传统的规范会计理论则影响渐弱。

②实证会计理论。实证会计理论是指运用实证研究方法对会计理论研究思想流派进行研究所派生出的会计理论。实证研究方法，是指以实施结果为标准，验证与衡量理论或观点、假说的正确性。它是指通过确认假设，以事实、实际的情况和由观察数据产生的相互关系等为对象，经过试验而求得近似正确的一种方法。其研究方法是从个别到一般、由特殊到普遍的归纳模式，总体上是归纳性的。实证会计研究起源于 20 世纪 60 年代的美国，主要受到经济理论和财务理论的影响。实证会计研究回答"实际是什么"的问题，旨在解释和预测会计实务。相对于规范会计研究，实证会计研究更重视科学性。广义的实证会计研究也称经验会计研究，主要包括实验室研究、实地试验、实地研究或案例研究、调查研究和档案研究五种方法。狭义的实证会计研究多指档案研究。

三、我国会计理论的分类

由于历史和研究环境的差异，我国与西方国家在会计理论的研究思想、研究方法以及所形成的研究成果上都存在较大区别。尽管近年来，我国大量引进西方会计理论，但由于传统因素影响，我国的会计理论研究仍具有明显的中国特色。基于此，于玉林教授等从我国会计理论研究的发展历史、思想以及所形成的研究成果等方面对会计理论进行比较详细的分类，他们的分类有助于我们理解中西会计理论在研究思想、内容等方面的差异。①

1. 按会计理论的作用分类

按会计理论的作用分类就是指按照各会计理论所起作用的不同划分的类别。刘恩禄、向泽生等把会计理论划分会计基础理论和会计应用理论两类。② 会计基础理论是指关于会计实践的本质和一般规律的认识。会计应用理论是指关于具体会计实践或特殊的过程的理性认识，是研究会计基础理论在具体会计实践中运用的知识体系的理论。而于玉林教授等认为会计理论按作用除了分为会计基础理论和会计应用理论外，还包括会计开发理论，并阐述："会计基础理论，是以哲学、政治经济学的基本原理为依据，运用其他科学知识，阐述会计领域会计运行规律的理论。会计应用理论，是以会计基础理论为基础，运用其他科学知识，阐述会计基础理论在会计实践中创造性运用的技术基础性理论。会计开发理论，是运用会计基础理论和会计应用理论和其他科学知识，阐述创造新方法、新技术和新产品的理论。"③

---

① 于玉林，李端生. 会计基础理论研究［M］. 北京：经济科学出版社，2001：14.

② 刘恩禄，向泽生. 财会知识更新手册［M］. 沈阳：辽宁人民出版社，1989：1.

③ 于玉林，李端生. 会计基础理论研究［M］. 北京：经济科学出版社，2001：14.

2. 按会计理论的内容分类

按会计理论的内容分类是指会计理论按其内容不同划分的类别。

于玉林教授等认为："会计理论按内容不同分为会计核算理论、会计管理理论和会计体制理论。会计核算理论，是关于会计核算对象、职能、基本前提、原则等基础理论，会计凭证、账簿、报表等核算程序理论，以及资产、负债、所有者权益、收入和费用等核算内容的理论。会计管理理论，是关于会计管理的对象、职能、原则和管理体系（预测、决策、预算、控制、检查、考核和分析）、管理内容的理论。会计体制理论，是关于建立会计机构、配备会计人员、制定会计制度和运行机制的理论。"①

刘仲文教授认为："会计理论按研究的内容进行划分可分为会计基本理论、财务会计理论、管理会计理论、成本会计理论、特种会计理论、审计理论、其他会计理论七类。"②

3. 按会计理论的性质分类

按会计理论的性质分类是指会计理论按其内容性质不同划分的类别。会计理论按内容性质分类，有以下几种观点：

第一种观点认为会计理论按会计职能不同，可分为基础会计理论、职能会计理论、相关会计理论。

第二种观点认为会计理论按理论内容的性质不同，可分为基础性会计理论、实用性会计理论、检验性会计理论、研究性会计理论。

第三种观点认为会计理论按理论的内容的范围不同，可分为总论、分论、专论。

第四种观点认为会计理论按理论性质与范围不同，可分为基础性理论、职能性理论、部门性理论、综合性理论、专门性理论。

4. 按会计理论的逻辑关系分类

按会计理论的逻辑关系分类是指会计理论按其内容表达逻辑形式划分的类别。会计理论按其内容表达的逻辑形式，可分为会计概念、会计判断和会计推理。

①会计概念，是反映会计领域客观事物特有属性的思维形式，通过会计概念全面反映会计领域的客观事物。

②会计判断，是对两个或更多的会计概念或其他概念之间的关系进行断定的思维形式。

③会计推理，是由一个或一组会计判断（前提）推出另一个会计判断（结论）的思维形式。

会计概念体系表达了会计理论体系，反映了会计理论的基本内容，是构成会计理论的框架系统或网络系统。它用会计判断和会计推理去充实、丰富和完成这个框架系统，使之成为丰富的会计理论。③

此外，我国还有一些分类表述：如王志孝、牛秀敏把会计理论分为会计基本理论、会计规范理论和会计行为理论三类④。会计基本理论是由一组互相联系又相互独立的会计概念群按照其内在的逻辑性排列而成的一个有机整体。这个整体包括会计环境、会

---

① 于玉林，李端生. 会计基础理论研究［M］. 北京：经济科学出版社，2001：15.

② 刘仲文. 会计理论与会计准则问题研究［M］. 北京：首都经济贸易大学出版社，2000：10.

③ 于玉林，李端生. 会计基础理论研究［M］. 北京：经济科学出版社，2001：16.

④ 王志孝，牛秀敏. 构建我国现代会计理论体系的思考［J］. 广西会计，1995（1）：9-13.

计本质、会计对象、会计职能、会计假设与会计发展史等内容。会计规范性理论是指为了实现会计目标，由一组相互联系的约束性理论元素构成的有机整体。它包括会计法、会计政策和会计准则等内容。会计行为性理论是指会计行为的相互联系的各个理论的有机整体。它包括会计程序理论（或循环理论）和方法理论，而方法理论又包括计确认、记录、计量、报告与分析等理论内容。劳秦汉把会计理论分为会计定性理论、会计主体理论和会计实务理论。① 会计定性理论包括会计对象、会计定义、会计概念等内容；会计主体理论包括会计目标、会计假设、会计原则、会计制度等内容；会计实务理论包括会计程序方法、会计工作组织等内容。赵文先把会计理论分为会计理论基础、会计基础理论（即会计主体理论）、会计实务理论。② 除会计理论基础指哲学、政治经济学、新老三论、逻辑学和数学等相关学科群体理论外，会计基础理论和会计实务理论与上述劳秦汉的论述基本相同。

---

① 劳秦汉. 论会计理论的含义、分类与研究方法［J］. 四川会计，1992（12）：16-18.

② 赵文先. 论我国会计理论体系［J］. 四川会计，1993（6）：16-18.

第二章 会计基本理论

任何事物都存在最基本的理论问题，它体现这一事物内在发展的规律性，是研究这一事物其他理论问题的基础和前提条件。会计也一样，会计的基本理论包括会计的概念、会计本质、会计性质、会计职能和会计对象等问题。我们只有深入了解会计的基本理论，才能更好地研究其他会计理论。

第一节 会计的概念

一、会计的起源

1. 关于会计起源的争论

关于会计起源问题的研究，有会计行为的起源、会计思想的起源和会计命名的起源等多种思维角度。郭道扬教授认为："社会生产是人类会计思想、会计行为产生的根本前提。没有人类生产行为的发生，便不可能有人类会计思想、会计行为的发生。但是原始社会发展史告诉我们，人类不是一有生产行为，便立即就产生了会计思想、会计行为的，人类的会计思想、会计行为是社会生产发展到一定阶段的产物。社会生产发展水平是衡量人类会计思想、会计行为发生、发展状况的先决条件，而生产剩余物品的出现，则是衡量人类会计思想、会计行为发生的重要标志。"① 由此可见，探讨人类会计思想、会计行为的起源对于史学研究来讲，存在较大的难度和历史阶段性。因此，基于文字考察的局限，我们认为从我国会计命名起源角度加以考察较具有可行性。

对于我国会计命名的起源，主要有夏代说、西周说、战国说三种不同观点。

（1）夏代说。这种观点的主要理由是《史记·夏本纪》里的一段话："自虞、夏时，贡赋备矣。或言禹会诸侯江南，计功而崩，因葬焉，命曰会稽，会稽者，会计也。"这一传说在《管子》《墨子》《吕氏春秋》《淮南子》《越绝书》《吴越春秋》等书中都有类似记载。如《吴越春秋·越王无余外传》讲：禹"三载考功，五年政定，周行天下，归还大越，登茅山，以朝四方群臣……乃大会计……遂更名茅山曰会稽之

① 郭道扬. 会计发展史纲［M］. 北京：中央广播电视大学出版社，1984：41-42.

山”。基于此，有人认为“会计”产生于夏代。但反对这种观点的人认为，不能因为改山名为“会稽”，便因此把“会稽”与“会计”等同起来看待，并以此作为我国“会计”命名起源的依据。此外，在夏代尚无文字，在商代的甲骨文中，也无“会”“计”专字，由此可见，“会计”产生于夏代的证据明显不足。

（2）西周说。持这种观点的理由是：①有关著书立说方面有记载。在《周礼·天官》有：“司会掌邦之六典、八则……而听其会计。”这是《周礼》一书中最初关于“会计”一词的记载。②据考古文物证实：繁体“会”字产生于西周，构成“计”字的“言”和“十”在西周也有了合文的趋势。考古学家根据 1976 年 12 月在陕西扶风县法门公社出土的西周早期铜器史墙盘的铭文断定最早的“会”字产生于西周。此外，在西周的青铜器铭文中，“言”与“十”的运用已十分普遍，许多地方的用法与计算有关。根据春秋初年已有“计”字产生这一事实推断，在西周时代可能已有了“计”字的运用，或者已有了“言”与“十”合文的趋势。[①] ③西周时期有专门对“会”和“计”的解释。《周礼·天官·司会》中有“以参互考日成，以月要考月成，以岁会考岁成”。据郭道扬教授考证：“日成，谓旬日之成，是计官在对王朝每日所发生经济收支事项记载基础上的加总考核；月要，是在日成的基础上，对一月以来王朝经济收支情况的汇总考核。一日、一旬、一月之核算，属于日常的、零星的核算。岁会，是对王朝一年财政经济收支情况的总考核。”[②] 清代学者焦循在《孟子正义》一书中，针对西周的会计道：“零星算之为计，总合算之为会。”

（3）战国说。这种观点所持依据主要是我国先秦时代的两部著作，一本是《周礼》，另一本是《孟子》。他们认为这两部书是战国时代的作品，我国“会计”一词最早出现在这两部书中，故“会计”命名起源于旧战国时代。但这种观点以这两本著作有“会计”的记载就证明“会计”产生于那个时代明显不成立。在我国先秦史籍中，关于“会计”一词的记载，远非《周礼》《孟子》这两部著作，还有很多。如《韩非子》和《商君书》中，把“会计”称为“计”，由此可见，到战国时代“会计”或“计会”已成为普遍的提法。“会计”提法应在此之前，从个别的提法到一般的提法也必然会有一个渐进的历史过程。

比较上述三种观点及史料佐证，我国“会计”一词起源西周较为符合历史事实和客观逻辑。

2. 古代会计的含义

“人类最初的计量行为，还属于一种综合性质的行为，它不仅与会计有关，而且与数学、统计学，以及其他学科有关。”[③] 在历经夏、商、周三代奴隶制社会后，我国会计经历了从草创到初步定型并有明确的含义的过程。记账、算账、报账和用账这四个方面的基本内容已大体囊括于会计核算的内在含义之中；官厅会计的组织机构已经建立，从控制王朝经济出发，官厅各经济部门之间已发生了初步的分工，会计已成为一个独立的经济职能部门，这个部门与财物保管部门已有了比较明确的分工，职责界限已比较清楚。不过，这时的会计核算工作，尚处于一揽子状况中，会计部门以会计核

---

① 郭道扬. 会计发展史纲［M］. 北京：中央广播电视大学出版社，1984：51.

② 郭道扬. 中国会计史稿：上［M］. 北京：中国财政经济出版社，1982：67.

③ 郭道扬. 中国会计史稿：上［M］. 北京：中国财政经济出版社，1982：27.

算为主，同时兼管统计核算。在会计部门内部，会计与出纳也有了分工。在王朝的经济制度中，会计方面的制度尚包括在国家的财政制度之中，作为国家财政制度的组成部分。从维护奴隶制经济出发，统治阶级已着手建立财计理论，会计方面的理论还只是其中的次要方面，这是社会经济发展限制的结果。从这个时候起，统治阶级开始把会计核算同“均节财用”的口号联系在一起。“节用”一方面是统治者的欺骗口号，另一方面则表现着经济管理与会计核算得到了初步结合。不过，在奴隶制时代，会计主要是作为一个阶级压迫另一个阶级的工具。当然我国奴隶制时代会计发展方面的这些成就，对我国封建社会的会计发展有着重要影响。

总之，我国古代“会计”与现代的“会计”的内涵存在着重大区别，其主要有记录、登记、计算等含义。

3. 国外会计的起源

查特菲尔德（Chatfield Michael）教授在名著《会计思想史》中曾论述：“尽管世界上最古老的商业文书是在公元前3500年以前，但可以推断，记账在公元前4000年左右就开始了。”① 根据可考史料，西方国家具有专门意义的“会计”名词应该出现在古希腊、古罗马的“簿记”中。现在，欧美国家通常把“簿记”（bookkeeping）与“会计”（accounting）区别开来看待，认为“簿记”是会计学中关于核算方法的一个分支，它所解决的主要是如何核算账目方面的问题。而“会计”除包括“簿记”的全部内容之外，还包括对一系列理论问题的研究，如设计会计制度，改善簿记方法，研究制定会计准则，以及关于经济分析、经济预测与决策诸方面问题的研究等。19世纪中叶，日本学者在明治维新时，就开始着手翻译欧美国家的会计著作，在译文中开始采用“簿记”和“会计”两个词。“簿记”一词虽然借用的是汉字，但它却是按照英文的原义翻译的，因为英文中“bookkeeping”的原义就是把账目记入登记簿中，较好地表达了“簿记”的原始含义。而“会计”则是按中文的原义翻译的，既借用了汉字，又借用汉文“会计”的基本含义。在我国古代虽然也有过“簿记”的说法，但是我国古代社会所讲的“簿记”一般称为“簿”“籍”“计簿”等，实际上指的是账簿②，与欧美国家所讲“簿记”的含义大不相同。所以，自古以来，中国人习惯于使用“会计”一词，而无“簿记”与“会计”之区别，“簿记”的内容原本就是包括于“会计”之中。当然，近代“会计”的含义，较古代“会计”的含义，在内容上有了极大的扩展。

二、会计与簿记的关系

“会计”和“簿记”的真实含义，实际上都来自西方。“簿记”来源于英文的“bookkeeping”。根据历史演进的阶段性来考察，以英美为代表的国家，对于“簿记”与“会计”各自的定义有较为严格的区分，中文与日文中所用“簿记”是由英文“bookkeeping”翻译过来的。从构词上讲，“book”具有账册或账簿之含义，此种含义又源于在一种登记簿或日记册上进行账目记录的实践活动。而“keep”与“keeping”具有保存、保留、保密等含义，而且“keeping”还具有管理之含义，如“keep books”便形成上账、记账之意，“booking”亦形成“记账”之意，“bookkeeper”便为簿记员

① 查特菲尔德. 会计思想史［M］. 文硕，董晓柏，王骥，等译. 北京：中国商业出版社，1989：4.

② 姜永德. 古代会计账簿体系的国际比较［J］. 北京商学院学报，1996（4）：25-29.

或中国人讲的“账房”人员，而“bookkeeping”形成“簿记”之意。“会计”虽在我国古代也有典籍记载，但真正意义上的“会计”来源于英文单词中的“accounting”。据郭道扬教授考证，在英文中，作为与“簿记”相区别而产生的“accounting”（会计）一词，在未出现前，最初采用“account”的复数形式“accounts”与“bookkeeping”相区别而使用，而且这一历史现象发生于西欧资本主义经济关系萌芽阶段或者说产生于资产阶级革命的前夜（1640 年以前）。而“accounting”一词的出现是在 19 世纪下半期。“accounting”一词由“account”（报账）与词尾“-ing”组合而成。“-ing”这个词尾可构成动名词，其可用于表示动作或动作之结果，又可表示职业或某种事物。[①] 可见，“accounting”自被使用以来，无论作为动作或动作之结果还是职业或事物都是可以理解的，也是顺理成章可以被人们接受的。因此，不管是从两者产生时间的先后顺序还是从两者的字面含义上看，簿记是会计学中关于记载（或说是核算）方法的一个分支，是会计工作中关于经济事项核算的部分。无论对于单式簿记，还是复式簿记，均以“簿记”作为它们的统一名称，而把有关核算方法、技术，以及从理论上对簿记核算原理之解说，称之为会计学的前身或会计学理论的先导部分——簿记原理或簿记学。

三、会计与会计核算的关系

会计核算起源于中华人民共和国成立初期，是在全盘照搬苏联模式的基础上形成的。它是指以货币为主要计量单位，运用专门的方法（即会计核算方法），通过确认、计量、记录、分类、整理和汇总，完整、连续、系统地反映会计对象，提供有助于管理和决策的会计信息。传统的观点通常把记账、算账、报账说成会计核算的三个组成部分。也有把会计核算视为一个系统，认为会计核算系统包括复式簿记和会计报表编制两个部分。复式簿记系统由复式记账和账户的设置及运用两部分组成，包括审核原始凭证、填制记账凭证、登记各种账簿和进行试算平衡等步骤。按照《中华人民共和国会计法》的规定，会计核算包括以下七项内容：①款项和有价证券的支付；②财物的收支、增减和使用；③债权债务的发生和结算；④基金的增减和经费的收支；⑤收入、费用、成本的计算；⑥财务成本的计算和处理；⑦其他需要办理的会计手续、进行会计核算的事项。

关于会计与会计核算关系的认识，一般有以下两种观点：

第一种观点是：会计等同于会计核算。其理由是会计本来的意思就是考核计算之意，我国传统意义上的会计过程本身就是会计核算过程；即便认为会计包括会计核算、会计检查和会计的分析、预测、决策等，实际上核算的内容也包括了这些内容。如从会计检查看，会计核算之中的“核”即检查，“算”即计算和分析；会计的分析、预测、决策实质上也是会计核算，都是对数据的进一步加工和利用，是对会计核算过程，即记账、算账、报账和编表等的进一步延伸。

第二种观点是：会计不同于会计核算。其主要理由是会计是一个包括会计核算、会计监督、会计管理、会计预测和决策的信息系统，且是经济管理中的一项重要的管理活动。会计核算仅仅是这个系统中生产、加工会计信息的系统。

① 郭道扬. 会计史教程：第 1 卷［M］. 北京：中国财政经济出版社，1999：150-153.

四、会计与财务的关系

关于财务与会计的关系的认识，学术界有三种观点，即大财务论、大会计论、并列论。

1. 大财务论[①]

持这种观点的人认为财务管理的业务环节主要是编制财务计划、组织日常管理（执行财务计划）、进行会计核算、开展财务分析、实行财务检查。会计工作属于财务管理的范围。其主要依据是：

第一，从财务与会计活动的历史发展来看，两者同时存在，不分先后。会计一般由专职人员进行，财务常由生产资料的占有者掌握，会计活动为财务活动服务。

第二，会计对象是财务活动（即资金运动），会计核算的主体指标是资金、成本、收入、利润等财务指标，因而财务包括会计。

第三，会计只是对财务活动的反映和监督，它不能离开财务管理体系而单独存在，不能成为一项会计管理。从管理体系的观点看，财务包括会计。

第四，使用“财务管理”比使用“会计管理”更优越。因为财务管理能概括财务会计工作的基本内容和特征，能明确反映国家与企业之间的财务关系，反映财政与财务的密切关系。

2. 大会计论[②]

从历史看，会计包括财务。在我国，会计大约已有四千年的历史。周朝设置专门会计机构——司会，并专设专职人员，负责考核百官政绩、征收赋税，掌管财用，接受会计报告。司会下设司书、职内、职岁、职币四个机构，分别负责会计、财政、内部审计等工作。孔子的“会计当而已矣”中的“当”说的也是当家理财。

从我国所发布相关法规来看，会计也包括财务，例如《中华人民共和国会计法》《会计基础工作规范》等均包含财务范畴。

从职能上看，会计是经济管理的重要组成部分。从实际工作中看，管理和核算很难截然分开，更需要强调会计的管理职能。从管理需要看，管理又贯穿到核算的全过程。例如，进行经济活动分析，很难说某些方面只能进行会计分析，而不能进行财务分析。办理结算和价款核算，理论上既可属于会计，也可归属于财务，但实际上很难分开，更何况我们正大力提倡管算结合，把管理贯穿于整个核算工作的过程中。

从学科体系上看，虽然财务和会计的课程是分开设置的，但在教学设置和改革研究中，我们将它们统一归纳为会计学科体系，没有单独提财务学科体系。会计学科体系中基本包含财务方面的课程，即使现在专设财务专业，其课程体系与会计基本相同。

3. 并列论

持这种现点的学者有黄学科[③]和贾云录[④]。他们认为财务与会计各有分工而又相互联系。第一，财务是做价值管理的，担负筹集、分配和管理资金的重任；会计是做价

---

① 郭复初. 论财务与会计［J］. 会计研究，1985（4）：47-49.

② 杨纪琬，阎达五. 开展我国会计理论研究的几点意见：兼论会计学的科学属性［J］. 会计研究，1980（1）：2-10.

③ 黄学科. 略论“财务会计”的基本概念［J］. 财务与会计，1981（9）：23.

④ 贾云录. 财务与会计是同一学科的两门分支［J］. 会计研究，1984（3）：36.

值核算的，担负反映、监督和参与决策的重任。它们各有自己的工作范围。例如：清产核资、编制财务计划、规定资金渠道、规定开支范围和开支标准、办理现金出纳、资金结算、组织奖惩等，都属于财务工作范围。又如：会计科目设置、账务处理、核算各种经济业务、计算财务成果、办理财产清查和年终决算等都属于会计工作的范围。第二，学科划分越来越细，在财经院校里，财务与会计学是两门不同的课程。持这种观点的人也认为财务与会计有许多共同点。比如：它们都以货币形式作为手段实现其职能，都具有综合性、全面性的特点，都与实行经济责任制和经济核算制密切联系，共同担负着监督执行各项财经制度、促进企业经营发展和提高经济效益的任务。

由上文可知，大财务论、大会计论、并列论的共同点都是把财务、会计工作看成一个有机结合的整体，不同意把财务和会计工作分割开来，强调管理和核算要相结合。大财务论和并列论的共同点是把会计看作记账、算账、报账的纯粹的价值核算系统，与现代会计的发展及趋势不相符。因此，我们对会计的理论应从广义和狭义两方面进行理解。广义的会计理论应该包括财务会计、管理会计、财务管理、审计等范畴的所有理论，亦即所谓的大会计观，这种理解主要应用于对会计理论的认识和理论体系的构建。狭义的会计理论应该仅仅指财务会计理论。从现代社会经济和学科体系发展的基本趋势看，虽然现代会计系统分为财务会计和管理会计两个体系，财务管理和审计基本已经独立成科，并且具体细化运用于会计实务领域中，各自起着不同的职能作用。随着网络信息技术的进一步发展、财务共享服务的推广和会计信息化程度的提高，财务会计将逐渐被机器取代，人的工作向管理会计、财务管理领域转移是必然的趋势。所以，分清会计与财务的关系，明确会计系统的体系构成，对于发展会计和会计理论具有重要意义。

第二节　会计本质理论

一、会计本质的含义

根据《现代汉语词典》的解释，本质是事物本身固有的根本属性，它对事物的性质、状况和发展起决定作用。简言之，本质是指某一事物本身所固有的区别于其他事物的基本特征。其外在的表现可以明显区别于其他事物，体现其自身内在关系和发展规律。本质和现象构成辩证法的一对范畴。本质是事物的内部联系，现象是事物的外部联系。本质决定事物的性质和发展趋势，现象是事物性质和发展趋势的外在表现，本质总是通过现象表现出来。某一事物的本质具有相对的稳定性，在一段时间内不变，但当社会出现大的变动（特别是社会性质发生变化）时，这一事物的本质则会随之变化。基于以上认识，会计本质就是体现会计内在关系的发展规律的根本属性。会计的本质应当是会计特有的质的规定性，这始终是会计内涵研究的一个核心问题。一方面，会计的本质应当在理论上明确会计的质的规定性；另一方面，能否科学准确地把握会计的本质，又直接关系到现代会计理论体系的建设情况。因此，明确会计的本质，既是会计理论研究的基本要求，又是指导会计实践活动的具体需要。

对会计本质的认识不仅受到会计实践发展水平的影响，还受到人们对社会经济发展和经济规律认识程度的限制。此外，科学技术和其他相关学科的发展也对人们科学地认识会计的本质起着较大的推动作用。长期以来，由于受到实践和认识的双重影响，会计的本质一直是人们争论的焦点。为了进一步明确会计的本质，以便更好地理解和解释会计的本质，首先有必要回顾中外会计学界有关会计本质的各种理论观点。

二、会计本质的传统认识

1. 技术论

技术论认为会计的本质是一种技术，是用数量和文字表现经济业务的一门专门技术。例如复式记账、设置账户、编制凭证、登记账簿、编制会计报表等都是会计的一种专门技术。在西方国家，长期流行的一种看法是：会计是“一种记录、分类和汇总一个企业交易并解释其结果的技术”①。《新大英百科全书》至今仍然坚持这一观点。②在20世纪五六十年代，技术论与工具论在我国占据主导地位。如项怀诚在其主编的《新中国会计50年》中提道：“会计是应用技术，它随着生产力的发展而发展。该观点的本质含义是，社会主义制度与资本主义制度只是生产关系上的不同，它并不能必然导致社会主义会计与资本主义会计的本质区别。”③ 这是一种传统主要的代表性观点，在很长一段时间流行存在，虽然随后遭到批判，但对现今仍然产生影响。今天，仍留传“会计是一门技术性很强的学科”“会计是一种技术很强、应用性很强的工作” 等思想。

2. 方法论

方法论认为会计是用来反映和监督经济过程并进行观察计量、登记和分析的方法。这种观点产生于中华人民共和国成立初期，反映了会计工作当时以记账、算账和报账为内容的实际情况，同时也反映出当时会计理论研究的现状和人们的认识。苏联会计学家马卡洛夫在其所著的《会计核算原理》一书中认为，会计核算（也叫会计和簿记）是在完成国民经济计划的各个部门中反映和监督经济活动的方法。1951年，刑宗江、黄寿辰等在《新会计》创刊号上发表文章，认为：“会计是监督和管理物质生产过程的方法。但是在人类历史发展过程中，每一个社会经济制度都有其独特的生产方式，因此，作为一种监督和管理的方法的会计，也就随之不同。”胡宗德认为：“会计是反映人类物质生产过程（包括围绕在生产过程的交换流通分配诸过程）中，因为有了价值的创造、消费、转移及变化的诸运动的事实而发展起来的一种监督和管理的方法。”④原厦门大学财务会计教研室编写的《会计学原理》认为，会计是用来“反映和监督经济过程”⑤，进行观察、计量、登记和分析的方法。1962年，李天民认为：“会计工作就是用货币形式来反映、分析和监督个别企业、事业、机关、团体、学校等单位的经济活动进程和经营成果的一种科学方法。”⑥

---

① HENRY R M. The new encyclopedia Britannica [M]. Chicago: Encyclopedia Britannica Educational Corp., 1997.

② 阎达五. 会计理论专题［M］. 北京：中央广播电视大学出版社，1985：19.

③ 项怀诚. 新中国会计50年［M］. 北京：中国财政经济出版社，1999：606.

④ 胡宗德. 关于“怎样建立新中国会计理论基础”的一些意见［J］. 立信会计月刊，1951（2）：2，6.

⑤ 厦门大学财务会计教研室. 会计学原理［M］. 上海：上海财政经济出版社，1962.

⑥ 李天民. 略论会计工作与会计学的基本内容［J］. 中国经济问题，1962（9）：16-19.

3. 工具论

会计是经济核算的一种，是反映经济过程中各种经济事实和经济现象的工具，后来衍生成管理工具论。管理工具论重点强调会计是一种文字与数字相结合，为管理提供支持的应用技术，或者说会计是一种处理数据的技术方法。持这种观点的学派将会计的本质归纳为管理经济活动的一种工具、方法或提供财务经济信息的一种规则与方法。在社会主义经济中，会计核算是对国民经济统一体系的各个环节的活动进行监督和领导的最重要的工具。中华人民共和国成立初期，我国也有不少会计学者持相同观点，较为有代表性的观点有：会计是一种物质生产和流通过程的文字和数量统计记录。① 原上海财经学院会计核算原理教研组编写的《会计核算原理》认为："会计核算是经济核算的一种，是反映经济过程中各个经济事实或经济现象的一种工具。"② 1962年，李天民认为："会计工作就是用货币形式来反映、分析和监督个别企业、事业、机关、团体、学校等单位的经济活动进程和经营成果的一种科学方法，是有计划地领导和管理国民经济必不可少的一项重要工具。"③ 日本著名会计学家黑泽明在复式簿记领域有很深入的研究，他对会计本质的看法是"在企业中用货币计算来控制（捕捉）资本循环的手段"④。由此可见，会计管理工具论强调会计是记账、算账、报账等的工具，其立论基础是会计等同于会计核算或簿记。这是在经济不够纷繁复杂、较低的科学技术水平限制和制约下人们对会计本质的认识。随着现代经济的迅速发展以及科学技术水平的不断提高，这种认识必然会被新的认识取代。

4. 艺术论

会计艺术论来源于 20 世纪初公认会计原则产生前的美国，因把会计的本质视为"描述性艺术"而得名。艺术有很大一部分是由艺术家通过个人的技巧和经验表现出来的，对于会计而言，其艺术性就在于强调会计人员运用自己的会计学识，在解决特定的问题时所表现出来的创造性技巧和能力。这一观点认为，尽管会计可以用数学公式或逻辑法则表现出来，但在对会计信息进行记录、归类、加工以及编制会计报表等活动中，人为因素的影响占很大的比重。在公认会计原则允许的范围内，会计信息使用者所获得的会计信息在很大程度上取决于会计师个人的偏好。也就是说，在允许存在多个会计政策时，由于会计师对会计政策的选择，对同一会计事项的处理往往会产生不同的后果。如美国注册会计师协会所属会计名词委员会（CT OF AICPA）在 1953 年发表的《会计名词公告》（ATB）中，对会计下的定义是："会计是一种对经济活动中的财务方面进行识别、记录、分类、汇总、报告和解释的艺术。"⑤ 英国《大英百科全书》（第 15 版）中也有一条对会计的解释："会计是一种艺术，它记录、分类和总结一个企业的交易并报告和解释其结果。"⑥ 可见，艺术论在西方国家曾经流行较长一段时间，但我国很少有人提及。在现今规范主义盛行的情况下，艺术论在西方会计学界也已不多见。

---

① 陶德. "怎样建立新中国的会计理论"读后［J］. 新会计，1951（4）.

② 上海财经学院会计核算原理教研室. 会计核算原理［J］. 北京：中国财政经济出版社，1958（1）：25.

③ 李天民. 略论会计工作与会计学的基本内容［J］. 中国经济问题，1962（9）：16-19.

④ 陈国辉. 会计理论体系研究［M］. 东北财经大学出版社，1997：53.

⑤ 贝克奥伊. 会计理论［M］. 杨进，王海民，刘韬，等译. 西安：陕西人民出版社，1991：1.

⑥ 陈国辉. 会计理论体系研究［M］. 大连：东北财经大学出版社，1997：55.

三、会计本质的现代认识

1. 会计信息系统论

会计信息系统论，是把会计的本质理解为一个经济信息系统。这里的会计信息系统是指在企业或其他组织范围内，旨在反映和控制各种企业或组织的经济活动，而由若干具有内在联系的程序、方法和技术组成的，由会计人员加以管理，用以处理经济数据、提供财务信息和其他有关经济信息的有机整体。

会计信息系统论的思想最早起源于美国会计学家利特尔顿，他在 1953 年编写的《会计理论结构》中第一篇“会计的本质”中指出“会计是一种特殊的信息服务”①，“会计的主要目的是记录企业已发生事项的观念。会计的首要目的是向管理当局提供控制信息或报告受托责任的信息”②。在 20 世纪 60 年代后期，随着信息论、系统论和控制论的发展，美国会计学界和会计职业界开始倾向于将会计的本质定义为会计信息系统。如 1966 年 AAA 发表的《会计基本理论说明书》指出：“会计基本上是一个信息系统，更确切地说，会计是一般信息理论在它有能力加以解决的经济活动上的应用。”从此，这个概念开始广为流传。20 世纪 70 年代以来，将会计的本质看作“一个经济信息系统”的观点，在许多会计著作中流行，如由戴维森（Sidney Davidson）在其主编的 1977 年版的《现代会计手册》序言中写道：“会计是一个信息系统。它旨在向利害攸关的各个方面传输一家企业或其他个体的富有意义的经济信息。”1978 年，美国财务会计准则委员会在其第 1 号财务会计概念公告（SFAC No. 1）中写道：“财务会计并不是直接计量一个企业的价值，而是提供对那些希望预测企业价值的人有所帮助的信息。”此外，凯索和威基恩特合著的《中级会计学》等一些著作中都有类似的论述。

我国较早接受会计是一个信息系统理论思想的会计学家是余绪缨教授。其后具有代表性的提法是，葛家澍、唐予华于 1983 年提出的“会计是旨在提高企业和各单位活动的经济效益，加强经济管理而建立的一个以提供财务信息为主的经济信息系统”③。后逐渐强化形成“信息系统论”学派，有时也称为“南方学派”。这种观点拥有比较多的支持者，在我国会计学界影响相当大，许多学者支持这种观点，对会计的本质进行了比较深入和全面的讨论，并且完善和发展了会计信息系统论。如裘宗舜等认为：“会计是个信息系统，会计信息系统是由会计、信息和系统三个概念组成的。”④

2. 会计管理活动论

会计管理活动论认为会计的本质是一种经济管理活动，它继承了会计管理工具论的合理内核，吸收了最新管理科学思想，从而成为现今会计学界具有重要影响的观点之一。将会计作为一种管理活动并使用“会计管理”概念，在西方管理理论学派中早已存在。古典管理理论学派的代表人物法约尔（Henri Fayol），把会计活动列为经营的六种职能活动之一；美国人古利克（Luther Gulick）则把会计管理列为管理功能之一；20 世纪 60 年代后出现的管理经济会计学派（Managerial Economics and Accounting

---

① 利特尔顿. 会计理论结构 [M]. 林志军，黄世忠，译. 北京：中国商业出版社，1989：17.

② 利特尔顿. 会计理论结构 [M]. 林志军，黄世忠，译. 北京：中国商业出版社，1989：27.

③ 葛家澍，唐予华. 关于会计定义的探讨 [J]. 会计研究，1983 (4)：26-30.

④ 裘宗舜，吴茂. 会计本质的探索 [J]. 江西财经学院学报，1986 (5)：1-7.

School）则认为进行经济分析和建立管理会计制度就是管理。[①]

我国最早提倡会计管理活动论的是杨纪琬、阎达五教授。1980 年在中国会计学会成立大会上，他们做了《开展我国会计理论研究的几点意见——兼论会计学的科学属性》的报告，在报告中指出："无论从理论上还是从实践上看，会计不仅仅是管理经济的工具，它本身就具有管理的职能，是人们从事管理的一种活动。"[②] 之后，他们对会计的本质进行了深入探讨，并逐渐形成了"管理活动论"学派，也称为"北方学派"。持这种观点的人也很多，如黄寿辰认为："过去把会计说成经济管理的工具，今天看来显然是不够全面的。应该说，会计本身就具有经济管理职能，因为我们不能把会计说成只是被动地提供信息、反映经济活动情况，而会计应该具有主动地对经济进行控制、监督或管理的作用，即所谓会计管理。"[③] 于玉林教授也认为："'管理论'对会计的认识，从会计是管理经济的方法、是经济管理的工具，提高到会计本身就是管理的一种活动，是从我国实际情况出发对会计概念探讨的新进展。"[④]

虽然，会计管理概念的提出是关于会计的本质的精辟而科学的论断，但有学者认为作为一种理论，它仍然存在不足，其理论的深度也需进一步完善和发展。杨雄胜在赞同会计管理活动论的同时，又提出了一些不同的看法：①"会计管理就是价值形式的管理"的说法过于笼统，未能表明会计管理区别于其他管理的特点；②"会计管理是价值形式的管理"的说法与会计的含义不相一致；③在企业管理中，会计管理与计划管理无法相对应；④把现代会计与现代会计出现以前的会计概念在外延上等同起来显然是不正确的。他认为："会计管理的实质是一种经济信息管理。会计管理的基本特征是运用连续综合的经济信息而实现对会计单位的经济活动的全面系统管理。"[⑤]

四、关于会计本质的认识[⑥]

综上所述，笔者认为，将会计本质归纳为管理活动，是比较合理的。在研究会计的本质时，应首先明确"会计"指的是会计工作，在会计工作中处理各种经济业务活动而生成会计信息仅仅是会计这种管理活动产生的结果之一。如果仅仅把会计看成一个信息系统，把会计的职能仅看成提供会计信息，将限制会计职能的发挥，不符合会计发展的历史规律和趋势。当然，从会计学科的角度看，特别是从会计学科分支为财务会计和管理会计两大体系来看，"财务会计系统是一个信息系统"以及"管理会计是一种管理活动"都是合规合理和准确的。吴水澎教授指出："会计管理论和会计信息论并没有太多的本质区别，只是看问题的角度不同而已。从信息论观点来看，经营管理活动就是信息的接收、转换与输出的过程，二者之间是完全相通的。"[⑦] 杨纪琬教授也

---

① 陈国辉. 会计理论体系研究［M］. 大连：东北财经大学出版社，1997：57.

② 杨纪琬，阎达五. 开展我国会计理论研究的几点意见：兼论会计学的科学属性［J］. 会计研究，1980（1）：2-10.

③ 黄寿宸. 略论会计在经济调整中的任务和今后的展望——兼评当前会计工作中存在的问题［J］. 财会通讯，1981（9）：2-5.

④ 于玉林. 现代会计概论［M］. 天津：天津科学技术出版社，1988：14.

⑤ 杨雄胜. 试论"会计管理"［J］. 会计研究，1985（2）：41-43.

⑥ 姜永德. 会计本质论［J］. 黑龙江财会，1994（1）：19.

⑦ 吴水澎. 会计"信息系统论"和"管理活动论"可以"合二为一"：对会计定义的看法［J］. 厦门大学学报（哲学社会科学版），1987（1）：15-48.

认为："世界上的一切事物、一切活动都离不开信息，都是一个信息系统，一切管理活动都是信息系统，会计当然也不例外。"① 葛家澍教授也认为："会计机构和会计人员运用会计提供信息，实行控制和监督，参与各项经济和财务决策的活动，称为会计工作。任何企业或单位的会计工作都是一项重要的必不可少的经济管理工作。在这个意义上，会计也可以理解为一种管理活动。"②

第三节　会计属性理论

一、会计属性的含义

1. 属性的释义

据《现代汉语词典》释义，属性是指事物固有的性质特征。研究事物的属性一般是指研究事物的性质。从广义的角度看，属性既是一个哲学范畴，又是一个逻辑学的范畴，既指事物本身固有的性质，即物质必然的、基本的、不可分离的特征，又指事物某个方面质的表现。在哲学界，属性一般是指事物的本性、本质，即事物本质方面的特征。例如，马克思主义哲学就认为，属性是指物体本身固有的性质，如认为运动是物质的根本属性等。这无疑是正确的，也是我们的共同认识，即从事物本身固有的性质中认定其属性，使用属性来认识事物具有客观性、优越性。在逻辑学上，属性则指对象的特性、特征，包括状态、效用和关系等。属性有本质属性和非本质属性之分：本质属性指的是对象必须具有与其他对象区别开来的性质，而非本质属性则是指对象不一定具有并不能据以与其他对象做认定的性质。

从哲学和逻辑学对属性的定义中，属性表现出以下基本特征：

①固有性，即属性是客观事物（对象）所固有的，并非人们任意强加其上的。

②本质性，即属性是客观事物的本质体现，而非表层的现象。它深寓于事物之内，不易被人们掌握。

③多重性，即属性并非单一的，每一事物都有多种属性，但其中必有一种是本质属性。本质属性是事物区别于其他事物的标志。

④可知性，即人们通过科学的方法和不断的社会实践是能够认识、把握、运用属性。可见，研究事物的属性是研究本质和性质两个方面。

2. 本质和性质的区别

事物属性表现在本质和性质两个方面，但本质与性质是存在区别的。正如上节所述，本质是事物本身固有的根本属性，它对事物的性质、状况和发展起决定作用；而性质是事物外在表现的特性、状况等。那么两者的区别表现在：

①性质是一种事物和其他事物相互联系中所表现出来的特性，侧重于事物具有的、区别于其他事物的根本属性；而本质是一事物区别于其他事物的一种内部规定性，侧重于事物本身所固有的、决定事物的性质、面貌和发展的根本属性。性质的词义范围较大，本质的词义范围较小。

---

① 杨纪琬. 关于会计理论发展的几个问题［J］. 会计之友，1985（2）：14-22.

② 葛家澍. 会计基础知识［M］. 上海：上海人民出版社，1984：28.

②性质是事物外在现象表现出来的特征、情况等；而本质是隐藏的，要通过现象来反映，不能直观认识。本质是一个事物的内在表现，性质是一个事物的外在表现。

③事物的性质和本质不是等同的，性质表现在外，本质隐藏在内。认识事物的性质，是认识事物的第一个层次；认识事物的本质，是认识事物的第二个层次。本质是最基本的东西，性质是表现出来的特点。

因此，一般情况下，我们通常把某事物的基本属性理解或等同于这一事物的性质。属性在狭义上就是性质，广义上包括本质和性质两个方面。

3. 会计的属性

将属性定义导入会计，则成为会计属性。狭义的会计属性即会计的性质，广义的会计属性则包括会计的性质和会计的本质两个层面。由于会计本质是一个会计理论中重要而根本的的问题，所以一般所指的会计属性理论是指的会计性质，如陈国辉在其所著《会计理论体系研究》一书中直接指明："会计的属性就是指会计的性质。"[①] 会计的性质制约着会计的效用和任务的确定，限制着会计的目标和准则。会计是适应社会生产的发展和经济管理的需要而产生和发展的，因而它也有区别于其他事物固有的性质特征。对会计的这些特征的不同认识，必定导致人们以不同的态度对待会计工作，或者在会计工作中采取不同的做法，影响极其重大。可见，研究会计的性质就是研究会计在社会活动中区别于其他事物的基本特征和在社会活动中表现出来的特性。

对于任何社会的生产和管理来讲，会计都是有必要的。会计的反映职能体现了会计的自然属性，而会计的管理职能体现了会计的社会属性。会计的自然属性说明在不同的社会制度和意识形态下，会计的基本原则和方法具有共同性，因为任何社会的生产过程，就其一般性质来讲都是劳动过程。因此，经过长期会计实践而逐步形成和完善的一些会计原则和方法是可以共用的。会计的社会属性说明在不同的社会制度和意识形态下，会计原则和方法具有各自的特征。因为任何社会的生产都是在一定的生产关系下进行的，生产资料所有制性质的不同，生产目的和分配方式及经济管理的要求也就有所不同或者根本不同；而会计所具有的管理职能，又受不同的生产关系和社会制度制约。所以，在不同的社会制度下，会计所反映和监督的内容和所要达到的目的不尽相同，会计的理论、原则、制度和方法也就有所不同。在阶级社会里，会计的这种社会属性则表现为阶级性。可见，会计的自然属性体现在它的技术性的一面，具体表现为生产力；会计的社会属性体现在它的阶级性的一面，具体表现为生产关系。

二、我国关于会计属性认识的历史阶段

关于会计属性，西方探讨较少，比较明显的观点只有利特尔顿，他在其《会计理论结构》一书明确地指出会计的属性和性质。他说："从本质上，会计不容置疑地带有经济学属性；而它的方法又明确地具有统计学特征。"[②] 他认为会计与众不同的特点不是确认、计量和报告，而是账户体系组成的记录。在我国，对会计属性问题的讨论历经波折，20 世纪 90 年代后，才达成基本共识，其中思想言论对推动我国会计理论的发展和人们对会计的认识起了巨大作用。总体来讲，关于我国会计属性的讨论大体经历

① 陈国辉. 会计理论体系研究［M］. 大连：东北财经大学出版社，1997：66.

② 利特尔顿. 会计理论结构［M］. 林志军，黄世忠，译. 北京：中国商业出版社，1989：11.

了三个阶段。

1. 会计的阶级性阶段

中华人民共和国成立初期，新的政治经济制度的建立要求有与之相适应的会计制度。1951 年，《新会计》创刊号刊登了黄寿辰的文章。该文明确提出，每一个社会经济制度都有独特的生产方式，因此作为一种监督和管理方法的会计，也就随之不同。旧中国是半殖民地半封建的社会性质，这就决定了旧中国会计的特点；新中国的建立，标志着一种性质完全不同的社会经济制度的形成，这就要求建立与资本主义会计完全不同的社会主义会计理论的基础。由于这一时期特殊的政治原因，在 20 世纪五六十年代，会计具有阶级性的观点比较普遍，并被写入教材。如原上海财经学院在 1958 年编著的《会计核算原理》中提出："经济核算不仅从数量上来反映社会再生产过程，而且也从性质上来说明社会再生产过程。它是受历史所制约的，有着鲜明阶级性。"① 当然，也有人持有不同看法，认为会计是一种以数的量度反映经济中数量变化的技术方法，"会计理论在本质上是无所谓阶级性的，它只是文字和数量相结合的应用技术罢了"②。第三种意见是认为会计兼具两种属性，即认为会计是人们对经济活动进行核算和监督的一种管理活动，它既提供资料，又直接履行管理的职能。因此，"在阶级社会里会计不但有一定的技术性，而且还有阶级性"③。

2. 会计的双重属性阶段

1978 年，葛家澍教授发表了《必须替"借贷记账法"恢复名誉——评所谓"资本主义的记账方法"》一文，打响了会计界拨乱反正的第一炮，重新引发了又一场会计属性的讨论。当时学术界的观点分明：有些人认为会计是无阶级性的，有些人则认为会计具有阶级性。经过十余年的争论，学者们逐步倾向于会计是技术性的。④ 类似的看法还有"会计是生产力论"和"会计是经济技术论"观点。⑤ 20 世纪 80 年代后期，关于会计属性的探讨，理论界有了新进展，大多数学者都比较认同会计具有自然属性（技术属性）和阶级性双重属性。随着社会科学各领域不断的发展和在会计领域的运用，阶级性逐渐被社会性取代。正如于玉林教授在其《会计基础理论研究》中总结的那样："中华人民共和国成立初期，会计界提出会计具有技术性和阶级性观点，对会计属性问题展开讨论，其中讨论的焦点是会计具不具有阶级性。一派意见认为会计是经济管理的工具，工具和方法本身不具有什么阶级性；另一派观点认为会计为谁服务，决定了会计的阶级性，为资本主义服务，就是资本主义会计，反之，为社会主义服务就是社会主义会计；讨论的结果是会计二重性观点占主导地位。我们认为会计具有二重属性，否定任何一种属性都是有害的，但过分强调某一种属性也是不正确的；另外，从生产关系、上层建筑角度来分析，以阶级性来概括会计的社会性，否定会计的人文性，也是不全面的。所以我们持会计具有技术性和社会性二重性的观点。"⑥

---

① 上海财经学院会计核算原理教研室. 会计核算原理［M］. 北京：中国财政经济出版社，1958.

② 陶德."怎样建立新中国的会计理论基础"读后［J］. 新会计，1951（4）.

③ 高等财经院校会计教材编写组. 会计原理——高等财经院校试用教材［M］. 2 版. 北京：中国财经经济出版社，1963：序言.

④ 刘峰. 会计属性的讨论看会计理论与实践的关系问题［J］. 财会通迅，1995（11）：8-10.

⑤ 王文龙. 试论会计是生产力问题［J］. 财务与会计，1979（4）：30-32.

⑥ 于玉林，李端生. 会计基础理论研究［M］. 北京：经济科学出版社，2001：110-111.

3. 会计属性认识的扩展阶段

从 20 世纪 90 年代中后期开始，会计国际化问题日益迫切和明显，“改革开放的国策，消除了我国与国际经济环境之间的障碍，随之而产生的一个问题是：我国的会计坚持国家化还是与国际惯例一体化，抑或两者兼而有之？会计具有国际共性的本质使会计国际化具有可能性”①。“会计国际化与国家化的问题，本质上体现的是会计自然属性与社会性的问题，会计的技术性（自然属性）使得会计具有国际化的动力和源泉。”② 新的形势产生了新的问题，需要我们对会计属性进行新的认识，也使得对会计自然属性的探索变得越来越深入和广泛。因此，在确立会计的自然属性为主、社会属性为辅的基础上，有学者又提出三重性，即“科学性、艺术性、利益性，并认为科学性是艺术性、利益性的基础，艺术性是对科学性、利益性的协调，利益性则是科学性、艺术性的最终目标。科学性源于自然属性，而艺术性、利益性源于社会属性”③。

三、会计的自然属性

1. 会计的自然属性概述

会计的自然属性即会计科学本身具有不以人的意志为转移的特性。事实上，从会计产生与发展的过程看，会计是随着社会生产力的发展而发展，会计的技术方法（包括计量、计算方法，检查、考核方法，记账、编表方法等）由简单到复杂，由低级到高级，逐步完善成为一门技术性很强、比较严谨的科学。会计这种同社会生产力水平紧密的联系是不以人的意志为转移的，是会计的自然属性，表现为会计具有一整套专门的技术方法，即技术性。于玉林教授等认为，会计的技术性是指会计是一个技术方法体系，它具有技术方法所应具备的条件属性。④ 其主要特征有：

①超阶级性。所谓超阶级性，从时间上看，是指会计具有可继承性和递延性；从空间上看，是指会计具有超越国界、区域的可交流性，不受生产资料所有制性质或阶级集团利益限制。正因为会计具有超阶级性的属性，所以国际会计交往中可以存异求同。

②中介性，是指会计技术在会计主体与会计客体之间的中介性，起着桥梁作用，是会计目的和会计对象的中项。

③多样性。会计内容的复杂性、会计目的的多样性，决定了会计技术的多样性。

④系统性。各种会计技术方法、手段之间有着内在的相互联系，构成了一个完整的有机体。任何一种会计技术方法或手段，都依附于其他方法或手段而发挥应有的功能和作用。各种会计技术方法的最终目的既具有一致性，又具有先后顺序性和层次性。会计的自然属性论的典型代表是生产力论。

2. 生产力论

生产力论的立论基础是认为会计的本质是一种技术和管理工具。从会计是一种技术上看，由于科学技术是生产力，因而会计也是一种生产力。从管理活动的角度看，会计是一种管理工具，是能够提高经济效益的管理手段。所以，科学技术和管理都是

---

① 刘峰. 关于会计准则国际化的理论分析：上［J］. 财会月刊，1996（6）：3-5.

② 姜永德. 谈谈会计国际化的条件［J］. 北京商学院学报，1999（5）：19-24.

③ 干胜道，瞿晓龙. 会计三重性与我国会计准则制定［J］. 现代管理科学，2008（7）：8-9.

④ 于玉林，李端生. 会计基础理论研究［M］. 北京：经济科学出版社，2001：109.

生产力，而会计既是科学技术，又是一种管理活动，因而会计是生产力。最早提出“会计是生产力”的是陶德，他在1951年第4期《新会计》杂志发表了《怎样建立新中国会计理论基础》一文，后又陆续进行论证。这里所论述的会计既包括会计工作，又包括会计科学，他认为两者都是生产力。余绪缨教授也认为：“会计学是一个专门的知识领域，它是以马克思主义哲学的基本原理为指导，着重研究如何科学地组织和完善会计信息系统，使之更好地发挥管理咨询作用的一门方法论科学，可以看作人类社会的共同财富。其基本方法可以为不同的阶级所利用，基本上是属于无阶级性的科学。”① 葛家澍教授也曾指出：“技术性仍是这些方法的主要属性，……由于会计核算方法本身的变化主要取决于生产力的发展水平，在一定的生产力水平下，仅仅听凭阶级的意志而对会计核算方法有重大改变是不可能的。”②

从理论上分析，会计是生产力主要有以下理由：①从生产力系统看，生产力系统包括作业系统、科技系统、运筹系统三个部分。作业系统是指劳动力、劳动对象，科技系统包括具有知识形态的生产力，运筹系统包括对生产力的合理组合，显然会计是属于生产力系统中的科技系统。②从会计的对象看，会计的一般对象是资金运动，是经济活动的表现，是再生产的过程，能推动资金的循环与周转。由此可见，会计是生产力。③从会计的作用看，会计能形成价值，良好地发挥会计的作用，能够给企业带来经济效益。

四、会计的社会属性

1. 会计的社会属性概述

会计的社会属性是指会计所体现出来的反映一定的社会生产关系的特性。换言之，会计会随生产资料所有制的不同而变化，为一定的经济、政治、法律、文化等社会环境所支配。有时，生产资料所有制形式决定了会计核算与监督的具体内容，从而使会计具有社会性。例如：在高度集中的计划经济条件下，实行生产资料公有制，会计对象内容划分为资金来源和资金占用，利税不分；而在社会主义市场经济条件下，实行以公有制为主体的多种所有制形式共存发展，资金来源就要明确划分为负债和所有者权益，并需确定相应的一系列会计核算内容。这反映了生产资料所有制形式的具体要求，落实经管责任的要求决定了会计核算内容和方法，会计信息的内容及其报告格式最终是由信息用户决定的。

会计的社会属性具有以下两方面特征：

①阶级性。这里的阶级是指拥有相同利益的群体形成的集团或阶层。生产资料的拥有者是指在不同历史时期有统治地位的阶级或阶层。由于会计在经济管理资源配置中的基础作用，因而会计的核算与监督内容、方式方法都应是具有统治地位的集团所能接受的。会计工作应当遵守会计法规及相关财经法规，这也决定了会计必须维护具有统治地位的集团的利益，从而决定了会计的阶级性。

②人文性。会计为一定的经济、政治、法律、文化等社会环境所影响、所支配，因而会计具有一定的人文性。会计本身也是一种文化形式。会计文化有会计制度文化、

① 余绪缨. 要从发展的观点，看会计学的科学属性［J］. 中国经济问题，1980（5）：46-48.
② 葛家澍. 怎样认识会计的主要属性［J］. 中国经济问题研究，1980（5）：42-46.

会计理论文化、会计行为文化等多种具体形式。会计人文性具有继承性，或称为会计文化惯性，它是指会计文化在相对稳定的社会意识条件下具有相对稳定的特点。在新旧意识形态转轨变革时期，新旧会计相磨合而形成具有某种特性的会计概念或观念。会计的社会属性的典型观点是阶级性论、生产关系论和上层建筑论。

2. 生产关系论

从会计是一种管理活动看，会计是经济管理活动的一个重要组成部分。对于企业来讲，会计牵涉到投资者、债权人、政府、企业管理者、社会公众等一系列的外部和内部利益主体，而各利益主体从自身利益出发，自然要求会计工作符合自身利益需求，以期达到有利于自己的经济后果。因而会计就要协调各方面的利益需求，最终在各利益主体之间做出最优权衡决策，满足不同利益主体的需求。例如：会计准则的制定过程，往往不仅仅是技术性的过程，同时还是政治协调的过程。“讨价还价与强势集团，对最终的准则，有着相当程度的影响。”①

3. 上层建筑论

从上层建筑角度看，会计虽然是运用各种技术方法，管理和核算生产力，与生产力有密切联系，但这种联系是以生产关系为中介的。1950 年苏联专家曾指出：“会计学继资本主义社会的其他上层建筑之后，也被资产阶级动员起来，以作为保护和巩固资本主义的工具。”② 而后几年中，我国有关学者也提出了“会计核算属于上层建筑的范畴”的论断③，认为会计核算是经济科学的一种，是经济基础的产物。管理权操纵在谁的手中，就由其决定管理的内容和形式、目的和任务。资本主义制度下的会计核算与社会主义制度下的会计核算存在着根本的不同，不同社会制度下的会计核算是形成和巩固自己基础的积极力量。会计核算是反映和监督经济过程的工具，只与经济基础直接联系，为经济基础服务，通过经济的中介与生产发生间接的联系。直到 20 世纪 80 年代，仍有学者再次论述会计属于上层建筑范畴，认为：“会计是一项经济管理工作，管理总是有目的和要求的。按谁的意志和要求进行管理，为谁的利益服务，决定着会计的性质。会计管理的目的和要求，体现在会计的理论、原则、制度、办法等方面，是生产资料占有者意志的反映，又反过来为生产资料占有者的利益服务。”④

五、关于会计属性的看法

1. 关于会计有无阶级性问题

关于会计的阶级性问题，我国持有两种观点：一是有阶级性论，二是无阶级论。持有阶级性观点的人认为：由于体现会计性质的三大要素——会计制度、会计资料、会计人员具有阶级性，因而会计具有阶级性。持会计无阶级性观点的认为：从会计的产生看，会计不是阶级斗争的产物，因而不具有阶级性；从阶级社会中的会计看，会计也不具有阶级性；不同的社会制度的会计没有本质的区别；另者，即便到了共产主义社会，没有阶级，仍需要会计。

---

① 葛家澍，刘峰. 从会计准则的性质看会计准则的制订［J］. 会计研究，1996（2）：19-24.

② 李孝林，孙芳城，邓腾江，等. 会计基本理论比较［M］. 上海：立信会计出版社，2002：163.

③ 游励坚. 从基础与上层建筑论会计核算的阶级性［J］. 工业会计，1954（11）.

④ 余光耀. 试论会计的性质——兼述对杨纪琬、阎达五同志“会计两重性”的商榷意见［J］. 会计研究，1981（3）：44-49.

2. 会计兼具自然属性和社会属性

从会计的产生和发展看，会计具有自然属性和社会属性已毋庸质疑。会计既是一种生产力又体现一种生产关系。技术性是自然属性，阶级利益关系性是社会属性。从会计原则看，有通用原则和专用原则两类。通用原则代表会计的自然属性，专用原则代表会计的社会属性。从会计的任务看，会计的主要任务有四个方面：一是反映和监督企业的资财，二是按国家规定办理各项事务，三是管理国家资财，四是提高经济效益。由上文可知，第一和第三个任务表现为生产力，体现自然属性的一面；第二和第四个任务表现为生产关系，体现社会属性的一面。再者，从会计对象看，会计所反映的对象表现为两种形态：一种是静态的表现，即资金占用、资金来源，反映资产、负债、所有者权益的关系，这一面表现了会计的自然属性；另一种是动态的表现，即资金的循环与周转，反映了收入、费用、利润三者的关系，这一面表现了会计的社会属性。从会计方法看，会计的方法分为通用方法和特定方法两类。通用方法表现了会计的自然属性，体现了生产力的一面；特定方法表现了会计的社会属性，体现了会计的生产关系一面。

3. 笔者关于会计属性的看法

笔者认为，会计兼具自然属性（体现生产力的一面）和社会属性（体现生产关系的一面），不管从会计是作为一种技术还是一种管理活动来看，自然属性是主要的，社会属性是第二位的，即会计不体现纯阶级性，而只体现阶层性。第一，从会计的对象看，没有阶级性。各阶级会计的对象都是资金运动，会计的对象都是经济业务活动。虽然会计的任务具有阶级性，但会计任务的性质取决于会计服务对象的性质。第二，从会计方法的运用看，没有阶级性。任何阶级社会都必须运用相同的会计方法，虽然不同的阶级社会运用的会计方法有所不同，亦即受阶级性的影响，但会计方法体现了自然属性的一面，方法的运用则是受人为影响的结果。并且随着我国社会主义市场经济体制的建立和不断完善，人们关于什么是社会的认识和判断标准有了很大的提高和改变，片面强调会计的阶级性已经不符合历史发展和时代的要求。由此可见，研究会计的属性，不能按照条条款款设定来，应与时俱进，通过对实践过程和结果的观察来检验会计的属性问题。

第四节　会计职能理论

一、会计职能概述

1. 会计职能的含义

职能是指事物本身所具有的功能，是系统在特定环境中发挥的作用或能力，是某一事物本质的表现。据《现代汉语词典》释义，职能是人或事物应有的作用。《牛津现代高级英语词典》对“function”的解释是“人或事物特有的作用”，可见职能与功能同义。作用是职能或功能结果的体现。因而，据此推理，会计职能就是会计本身所具有的功能，是会计本质的表现。① 可见，这里指的会计包括会计科学和会计工作两大系统，这个系统所具有的功能是固有的、客观存在的，是不以人的意志为转移的，它是随着会计的发展和人们认识的深化而不断完善的。② 对会计职能的认识，会随着社会和会计的发展而不断深入、延伸和发展，因此会计学术界一般把会计的职能分为基本职能和派生职能两类：前者是会计固有的功能，体现会计的本质特征；后者是基本职能的延伸，是随着会计的发展而不断发现的职能。

2. 会计职能研究的历史回顾

“会计职能”这一名词并不是我国特有的，美国早期的会计理论研究中也曾有会计职能的论述。如佩顿在其早期的著作《会计理论》中指出：“会计的职能就是记录、分类、整理与提供价值的数据，以便所有者（主体）和代表（即管理者）在处置时能周全地使用资本。”③ 类似的论述在其他文献中也有涉及。20 世纪 50 年代后期起，美国会计界引入了会计是一个信息系统的概念，从此，会计职能的概念较少使用，也不被理论界重视。

我国对会计职能理论的研究，是从 20 世纪 60 年代初开始的。当时受马克思关于簿记是“过程的控制和观念的总结”论述的启发，人们开始使用“职能”的概念。由于当时受“会计管理工具论”认识的限制，对会计职能的认识基本倾向于反映和监督两大职能。进入 20 世纪 80 年代后，由于西方的管理会计被引入我国，有些会计学者认为应在“反映”和“监督”职能的基础上不断拓展，派生新的职能。各种观点众说纷纭，争论不休，从“一职能说”“二职能说”直到“六职能说”。到了 20 世纪 80 年代中期，我国会计理论界关于会计职能的讨论，出现了两大代表性的流派：一派持会计本质是一个信息系统的学者，认为会计的职能以反映为主；另一派是持会计本质是一种管理活动的学者，认为会计的职能以监督为主。但当我国到了 20 世纪 90 年代以后，会计理论研究转向以会计准则为主，对会计职能的研究则渐趋式微，甚至有人认为会计职能是抽象的、难以捉摸的，相反，会计目标则是人们期望会计履行的任务、达到的境界，这样，会计目标就比较明晰、易于把握，因此研究会计目标比研究会计职能更为切实可行。④

二、会计职能与会计目标、方法、作用之间的关系

会计职能同会计目标、方法、作用之间存在着既相互联系、又相互区别的辩证关系。探讨它们之间的关系，有利于我们理顺对会计职能理论及其产生作用的认识。

1. 会计职能和会计目标的关系

会计目标概括地讲就是设置会计的目的与要求。具体而言，会计目标就是对会计自身所提供经济信息的内容、种类、时间、方式及其质量等方面提出的要求。与会计职能相比，会计目标所要解决的是会计应提供什么样的信息才能满足有关各方对会计信息的需要。而会计职能作为会计自身所具备的功能，它的内涵是会计能够提供什么样的信息。另外，会计目标是适应于特定经济环境的需要而产生的，这就使会计目标

① 葛家澍，余绪缨. 会计学［M］. 成都：四川人民出版社，1997：15.
② 陈国辉. 会计理论体系研究［M］. 大连：东北财经大学出版社，1997：72.
③ 罗勇，李定清. 会计理论体系研究［M］. 重庆：重庆出版社，2003：127.
④ 陈国辉. 会计理论体系研究［M］. 大连：东北财经大学出版社，1997：73.

在一定程度上呈现出变化性的特点，而会计职能则是相对稳定、单一的东西。因此，我们不难看出，会计目标与会计职能的最根本区别在于会计目标是人们的主观要求，而会计职能则是一种客观存在。会计目标在一定程度上必须同会计职能相吻合，如果脱离了会计职能，会计目标就无法得到实现。例如一般人的极限是挑 150 千克的东西，现在却有要他挑 500 千克的目标，这是他力所不能及的。所以，我认为，认识会计职能是制定和达到会计目标的前提，职能在先，目标有后。

2. 会计职能和会计方法的关系

会计方法是指会计人员运用特定的技术作用于会计对象行为的程序或方式。会计方法是会计职能由潜在的有用性转化为现实作用的关键。要使会计职能得以良好发挥，很重要的一点，就是要正确运用和不断改进、完善会计方法。所以，我认为，会计工作者的神圣使命在于不断改进和完善会计方法来处理各种经济事项，使之更好地实现人们利用会计管理经济活动的目的。

3. 会计职能与会计作用的关系

会计作用是指会计活动在特定历史时期和特定经济环境下产生的效果。会计作用的发挥取决于两个重要因素：一是外部环境，即会计工作所处的特定历史时期和经济环境；二是会计活动本身，即会计职能被人们认识和利用的程度。由于会计的作用受外部环境的影响，因此，会计作用可分为积极作用和消极作用两个方面。会计的积极作用主要是在人们对会计职能的有效利用下实现的；会计的消极作用主要集中在会计信息的失真上，它不仅使会计的职能难以有效发挥，而且还会造成人们对会计正面作用的怀疑。所以，我认为，要使会计作用得到充分展现，我们必须在有效利用会计职能的基础上，结合不同时期的经济环境，找出当时会计工作实际运行效果和会计职能需求之间的距离，发现会计工作的薄弱环节，从而挖掘会计工作的潜力，从而逐步完善和加强会计在经济管理中的作用。

三、我国关于会计职能理论的各种观点

1. 一职能说

王正德认为，我国会计理论界把会计职能的外延范围盲目扩大，把不属于会计职能的内容也看作会计的应有职能，其结果只能导致以下不良后果：一是违反了社会科学研究的整体性原则；二是侵占了其他职业的职能范围；三是使会计该管好的没管好，不该管的也去管。有的学者认为会计职能认识上的分歧只是一种“虚假分歧”，只要统一认识层次，分歧就能解决。因此，持此种观点的人认为会计的职能是提供信息。有人也认为，会计工作只有“反映”职能，会计只不过是生产过程的物量反映。会计是一种以提供经济信息为主的管理活动，会计的职能是唯一的，即只有反映或核算职能，没有其他职能。①

2. 二职能说

持二职能说的人为数较多，但对会计职能具体内容的理解分歧很大。有人将之归纳为“核算和监督”，认为“核算和监督是会计的两大基本职能：离开了核算就无所谓会计，监督也无从谈起，它是整个会计工作的基础；离开了监督，会计也就失去了生

① 陈铁峰. 会计监督与监督会计［J］. 会计研究，1996（8）：28-30.

命，它是整个会计工作的灵魂"①。有人将会计的职能归纳为"反映和控制"，认为"从会计产生的时候起，不论它原来是生产的附带工作或是后来由于分工变成了一项专职工作，它总是反映的职能。随着生产的发展和人们对会计信息的充分利用，它又起着控制（包括监督）的职能，反映和控制是会计的两项基本职能"②。有人将会计的职能归纳为"反映和监督"，认为"反映和监督两个职能，实际上已经包含核算、计划、保证、促进、分析、检查等许多功能的含义"③。有人将会计的职能归纳为"反映和管理"，"管理职能包括会计组织（分工、协作、协调）、控制、监督、预测、决策，反映职能指处理信息（包括分析）"④。关于二职能说还有多种认识⑤，这些认识争执较大的就是反映与核算、控制与监督之间的关系。二职能说在我国传统的观点里占有主导地位。

3. 三职能说

持三职能说的人较少，典型的说法有两种。最早提出三职能说的是姚树人，他认为"会计的职能是计算过去、控制现在、预测将来，而资金运动的特点是在时间上是一个紧接一个地出现，在空间上是一个挨着一个排列，因此便完整地构成了会计三大职能，即计算、控制、预测"⑥。第二种观点是李天民教授提出来的，他认为会计除了具有"反映、监督"职能外，还具有"促进"职能，即会计通过自己的工作来促进和支持生产。⑦

4. 四职能说

持四职能说的主要有三个代表人物。最早提出的是王文彬教授，他认为会计工作具有反映、控制、监督和分析四种职能⑧。二是裘宗舜教授，他认为，"从当代众多会计工作者的实践中，从许多会计研究的著述中，会计的职能归纳为以下四种：①计量经济效益；②收集记录经济事项；③传递财务、成本信息；④分析预测，参与管理和决策"⑨。三是娄尔行教授，他提出，会计工作具有促进生产、节制消费（主要是生产性消费）、健全交换、确保合理分配四种职能。他还指出："如果说反映、监督和参与决策是对会计职能做横向考察的结果，则不妨把会计在生产、消费、交换、分配方面的职能看作纵向考察的结果。"⑩

5. 五职能说

关于会计的五职能说，学术界存在分歧。一种观点认为会计分析应是会计的重要

---

① 杨纪琬. 关于"会计管理"概念的再认识［J］. 会计研究，1984（6）：7-12.

② 葛家澍. 会计的基本概念［M］. 北京：经济科学出版社，1986：35.

③ 李宝震. 正确认识会计的职能更好地发挥会计在提高经济效益中的作用［J］. 财务与会计，1982（7）：3-5.

④ 朱鸣皋. 浅谈会计的管理职能［J］. 会计研究，1983（3）：16-19.

⑤ 郝正平将会计职能分为基本职能和具体职能，基本职能是指会计的"管理职能"，具体职能包括预测职能、计划职能、反映职能、控制职能、分析职能和组织职能。徐恩芳等人认为会计的职能分为基本职能和历史职能，基本职能是反映和控制，历史职能是监督、分析，并且他们还为随着审计从会计中独立出来，"会计的监督职能就由审计取而代之，会计不再具有监督职能了"。

⑥ 姚树人. 从会计的对象谈到复式记账［J］. 新会计，1982（10）：39-40.

⑦ 李天民. 关于会计的属性、地位和作用的探讨［J］. 会计研究，1980（2）：35-40.

⑧ 王文彬. 会计在国民经济中的作用［J］. 社会科学，1980（5）：60-63.

⑨ 行北. 对会计职能问题的反思［J］. 财务与会计，1987（12）：29.

⑩ 娄尔行，张为国. 确保合理分配是会计的一项职能［J］. 会计研究，1991（4）：1-6.

职能，因为会计反映、控制、决策等这些职能都必须以会计分析为前提。“没有对经济活动进行事先的分析就不能够良好地进行反映，没有对反映出来的数据进行事中和事后分析就不能够进行控制和决策，因此会计的职能包括五项：反映、监督、控制、分析、决策。”[①] 第二种观点认为，包括财务会计和管理会计在内的现代会计具有五项职能：①反映经济活动；②控制经济活动；③评价经营业绩；④参与经济决策（提供决策支持）；⑤预测经营前景。其中反映和控制是会计最基本的职能。[②]

6. 六职能说

关于会计的六职能说，学术界也存在较大的分歧。葛家澍教授等在《建国以来会计基本理论文章摘编》中把会计的职能概括为：反映经济活动、分析经济情况、核算经济效果、监督经济活动、预测经济前景、参与经济决策。[③] 成圣树教授认为，“除了传统的核算、监督职能，还有预测、决策、控制、分析职能”[④]，即反映经济活动、监督经济行为、控制经济行为、分析经济情况、预测经济前景、参与经济决策。这也形成当前使用最广、较客观反映会计发展状况的“反映（核算）、监督、预测、决策、控制、分析”六项职能的观点。也有人认为：“会计的职能是随着生产的发展而逐步扩大的，现代会计的职能应包括会计规划、会计制度、会计核算、会计控制、会计分析和会计检查六个方面。当然，会计核算是基础，其他职能的发挥都必须依据会计核算所提供的可靠信息。”[⑤]

7. 其他职能说

除以上六种观点外，还有以下几种观点：①七职能说：认为从会计的控制论出发，推演现代会计具有“反映经济过程、提供经济信息、预测经济前景、分析经济情况、核算经济效果、监督经济活动、参与经济决策的职能”[⑥]。②八职能说：认为会计具有“对外进行能动反映的会计确认、计量、分析、报告和对内进行全面管理的会计预测、决策、控制、考核八个具体职能”[⑦]。③九职能说：认为在核算和控制两大基本职能的基础上，会计还具有“确认、记录、报告、规划、调节、监督、考核”职能[⑧]。当然有人还提出会计具有“维护”职能，即认为会计维护国家的财政制度和财务制度，维护国家财产和国家、集体、个人及消费者的利益。[⑨]

四、对会计职能理论的认识

笔者认为，以上关于会计职能的诸多观点，绝大多部分是基于马克思关于“簿记是过程的控制和观念的总结”这句论述衍生而来的。按照传统的观点，会计的职能分

① 孔繁柏. 会计五职能论［J］. 会计研究，1984（1）：40.

② 葛家澍，余绪缨. 会计学［M］. 成都：四川人民出版社，1997：15.

③ 葛家澍，吴水澎. 建国以来会计基本理论文章摘编［M］. 天津：天津人民出版社，1983：52.

④ 成圣树. 展望会计的发展方向［J］. 当代财经，1983（4）：35-42.

⑤ 李天民. 遵循马克思主义的学说建议和发展会计理论［J］. 中央财政大学学报，1983（1）：3.

⑥ 徐龙. 应当重视会计在经济管理中的职能作用［J］. 财会月刊，1985（7）：15-17.

⑦ 劳秦汉. 会计理论研究的新视角：从现代会计的双重受责任看会计的本质、职能与目标［J］. 会计研究，1998（8）：43-46.

⑧ 李孝林. 会计职能、目标系统论——兼议建立中国特色的会计基础理论体系［J］. 北京工商大学学报（社会科学版），2000（3）：23-26.

⑨ 杨明玉. 试谈会计的维护职能［J］. 四川会计，1992（11）：28.

为基本职能和派生职能两类：基本职能表达财务会计的功能，包括反映和监督两个方面；派生职能或称辅助职能，代表管理会计和财务管理两个方面，具有预测、决策、分析、控制等功能。随着社会的发展，两类职能的定位发生了根本性的变化。具体而言，随着财务会计的功能被人工智能取代，规范化的反映和监督职能也被机器和软件代替。人的工作则需转向管理会计和财务管理的职能，即向预测、决策、分析和控制等职能方面转型。

此外，从上述会计职能与会计目标的关系不难看出，目标和职能的最根本区别就在于“一为主观要求，一为客观存在”。既然这样，职能就应该是第一位的，而目标是第二位的。换言之，目标是由职能来决定的，没有内在职能的存在，就无法或根本不可能实现相应的目标。况且，美国研究会计目标的一个主要推动力是会计原则委员会所研究制定的财务会计准则缺乏理论依据，正是这种情况迫使美国财务会计准则委员会于 20 世纪 70 年代从应用性理论研究转向基础理论研究，即一边从事会计准则的研究，一边研究以会计目标为起点的概念框架（结构），以弥补其基础理论的空白。由此可见，国外对会计目标的研究是基于基础理论研究缺乏这一历史背景的。我国的国情却是会计基础理论研究繁荣，会计应用理论研究贫乏。现实的选择是在传统理论基础上完善新时期下对会计职能的认识，保持会计内涵的逻辑一致，以便更好地为会计准则研究提供理论依据。进入 21 世纪，有的学者针对我国会计信息失真和会计监督弱化的情况，提出应重新认识会计职能的作用，特别是在知识经济时代，如何发挥会计职能以应对纷繁复杂的环境，是会计理论研究的一个重大课题。

第五节　会计对象理论

一、会计对象的含义

我国《现代汉语词典》将“对象”一词解释为“行动或思考时作为目标的人或事物”。由此可见，对象即某一行动或思考的客体，会计对象就是会计工作在特定的工作主体范围内指向的客体，是对会计反映和控制的具体内容的高度概括。会计对象是研究会计基础理论的起点，只有明确了会计的对象，才能全面展开会计理论，会计实务工作人员才能明白自己的工作范围，分清会计管理与其他管理工作的界限，最终更好地为经济管理提供服务。研究会计对象的目的，是要明确会计在经济管理中的活动范围，从而确定会计的任务，建立和发展会计的方法体系。

对会计对象理论进行探讨始于 20 世纪 30 年代苏联的会计学家们。最早对会计对象进行定义的是魏茨曼。他认为会计核算、监督的对象是经营资金状况和经营过程。但不久后就有人要求用“过程”替代“资金”，把会计的定义与政治经济学观点联系起来。这样就出现了两种有关对象的阐述。第一种是扩大的社会主义再生产过程（基帕里索夫、梅津来夫、苏姆佐夫、波克拉德等人）；另一种是经营资金的周转（阿法纳西耶夫、列昂季耶夫、马卡洛夫等人）。还有人建议用更广义的阐述——经济活动或是它的“原子”——业务、事项（瓦西连科、塔图尔、纳林斯基等人）。在西方，也有对会计对象进行表述的。美国著名会计学家佩顿对会计对象问题就有研究，他在与利特尔顿合著的《公司会计准则结论》第二章“恰当补偿”一节就分析了会计的主要内容。他指出，会计的主要内容是在交易中发生的恰当的补偿，包括取得服务的代价（成本和费用）和提供服务的代价（收入、收益），并把两种“代价”概括为一个名词“交易价格积数”。[①] 后利特尔顿在其著作《会计理论结构》中进一步提出和明确回答了会计对象问题。他在书中写道：“账户是什么分类类目？只要我们分析常用账户的内容，就可以看到会计的主要内容带有经济性质，它所处理的是价格而不是价值。”他认为，经济学的重心是财富，而在会计的重心中，同样可以看到财富的某些方面。但财富的存在形态多种多样，不便于统计和计算，除非能用共同的形式来表示，而会计则有一个对财富不同形式的“共同显示器”，那就是货币价格。也就是说，利特尔顿把企业财富（具有不同形式）可以用货币价格统一量化的方面作为会计的对象。[②] 葛家澍教授等在分析利特尔顿这一表述时认为：“这与我们把会计对象理解为运动或价值增值运动是一致的。价值确实是不可捉摸的，但它的唯一可以捉摸的形式是货币，而价值总是用货币按商品的价格表现出来的。”[③]

二、我国会计对象研究的历史回顾

我国理论界对会计对象的研究大致可分为以下三个阶段：

1. 第一阶段：引进与探索阶段（20 世纪五六十年代）

在这一时期，我国对会计对象的研究主要是引入和吸收苏联的“过程或财产论”“劳动耗费论”和“资金运动论”的思想。归纳起来主要有四种观点：

①基本同意“过程和财产论”，只是对某些表述做些修改。有的把会计对象表述为“社会主义财产的变动，反映着扩大再生产过程”[④]；有的表述为“价值形式表现的有计划的社会主义总产品的扩大再生产过程”[⑤]；有的表述为“扩大再生产过程中可以用货币表现的一切过程与现象”[⑥]。

②在“劳动耗费论”的基础上提出了“劳动量论”，认为会计对象是“社会主义扩大再生产过程中一切事物的社会劳动量”[⑦]。

③在“资金周转论”的基础上明确了“资金运动论”。早在 1951 年，就有人提出“会计是对企业的资金来源与这些资金在各个周转阶段中的运动进行的全面的日常核算”[⑧]；1954 年，葛家澍提出，企业会计核算的对象是“企业经营资金的周转、经营资金的构成及其来源”[⑨]；1957 年，管锦康提出，会计对象是“社会主义资金及资金运动”[⑩]。“资金运动论”在我国会计界一直占支配地位。

---

① 陈国辉. 会计理论体系研究［M］. 大连：东北财经大学出版社，1997：93.

② 利特尔顿. 会计理论结构［M］. 林志军，黄世忠，译. 北京：中国商业出版社，1989：18.

③ 葛家澍，杜兴强，胡念梅，等. 会计理论［M］. 上海：复旦大学出版社，2005：23.

④ 丁洪范. 关于社会主义会计核算的对象［J］. 大众会计，1957（3）：91.

⑤ 李天民. 关于会计核算对象问题的初步体会［J］. 教学与研究，1957（4）.

⑥ 童青. 我对会计核算对象问题的管见［J］. 大众会计，1958（1）.

⑦ 张立之. 学习“论会计核算的对象与方法问题”等文的体会［J］. 工业会计，1955（3）：5.

⑧ 刑宗江，黄寿宸. 怎样建立新中国的会计理论基础［J］. 新会计，1951（1）.

⑨ 葛家澍. 社会主义工业企业经济活动分配的对象、任务与方法论［J］. 厦门大学学报（哲学社会科学版），1954（2）：44-56.

⑩ 管锦康. 社会主义会计学的对象任务和方法［J］. 大众会计，1957（24）：445.

④在"经济活动论"的基础上提出了会计的对象是"经济活动和人"的观点，认为会计的对象是"以货币表现的全部经济活动和支配这些全部经济活动的人和因素，即人的活动"[①]。在20世纪60年代，基本上没提出什么新观点，主要是围绕着以前的观点进行讨论，持"资金运动论"的人越来越多，"资金运动论"也不断完善。"过程和财产论"与"资金运动论"进行了激烈的交锋，争论的焦点是机关事业单位有无资金运动和是否存在整个社会资金运动的问题。

2. 第二阶段：繁荣鼎盛阶段（20世纪80年代）

在20世纪80年代，对会计对象的研究主要表现在以下几个方面：

①深化了"资金运动论"。一是解剖、深化资金运动，认为资金运动有静态和动态两种表现形态。其静态表现为资金占用和资金来源，其动态表现为资金循环与周转、耗费与收回、投入与退出。二是不再局限于社会主义会计对象的研究，而研究会计学本身具有科学性、规律性的会计对象，从而把"资金运动论"上升为"价值运动论"，提出"会计的对象，在商品经济条件下，不问社会制度如何，不过是商品经济中的价值运动"[②]。

②明确提出区分会计反映的对象和会计学研究的对象。"会计学是研究会计的产生和发展、对象和职能、理论和方法及其运用，以及会计工作组织的一门经济管理科学。……它以会计工作的对象和会计工作作为自己的研究对象。"[③] 会计工作的对象是资金运动（价值运动）。

③提出"价值或货币表现经济活动"的观点。如"会计对象可以被认为是经济活动过程中能够用价值量表现的方面"[④]，会计的一般对象是"企业和行政、事业等单位在社会主义再生产过程中可以用货币表现的经济活动"[⑤]。

④深化了"劳动量论"，认为"会计对象是劳动量或劳动时间，这在一切社会形态中都是相同的，不同的是它们的性质和表现形态"[⑥]。在这一时期，有的学者对"资金运动论"提出质疑。

⑤提出了会计对象二层次观，认为会计对象包括两个方面：一是会计反映和控制的对象，即价值运动，简称"会计对象"；二是会计作为一个信息系统处理的对象，即资金运动信息，简称"会计处理对象"。[⑦]

⑥提出了"资金运动信息论"观点，认为"会计的对象是综合的信息运动，主要是能以货币计量的信息运动，属于以资金运动信息为主的信息流"[⑧]。

此外，还提出了"财富论"观点，认为会计对象一般是社会财富运动。[⑨]

3. 第三阶段：深化拓展阶段（20世纪90年代至今）

随着我国会计改革的不断深入，会计对象的讨论在20世纪90年代开始逐步得到深

---

① 赵子尚. 高举群众路线红旗，丰富和发展社会主义会计理论［J］. 企业会计，1959（18）.
② 葛家澍. 论会计理论的继承性［J］. 厦门大学学报，1981（3）：76-86.
③ 李孝林，蔡咏. 会计原理的学与教［M］. 合肥：安徽人民出版社，1987：22.
④ 吴水澎. 怎样正确认识会计的性质与对象？——兼评资金运动说［J］. 会计研究，1981（2）：7-13.
⑤ 赵玉珉，黄代民. 会计学基础［M］. 北京：中国人民大学出版社，1982.
⑥ 陶世璞. 会计对象漫笔［J］. 会计研究，1984（4）：43-46.
⑦ 葛家澍. 会计学导论［M］. 上海：立信会计图书用品社，1988：121.
⑧ 王庆成，李相国，顾志晟. 建立和完善新的财务管理学［J］. 中国人民大学学报，1988（2）：53-61.
⑨ 许义生. 论会计对象一般及其历史演变［J］. 中央财经学院学报，1989（6）：51-56.

化拓展。财经、财会类杂志刊登的关于会计对象的专门论文逐渐减少，发表的论文和出版的学术专著中一般均涉及对会计对象的详细研究。这段时期，会计理论界在深化已有研究成果的基础上，提出了一些新观点：

①提出“产权论”，认为会计对象是产权①。田昆儒指出：“在产权理论指导下的会计对象也可以用‘产权及其运动中能用货币形式表现的方面’来表述。”②

②于玉林教授认为：“会计对象仍然是资金运动，价值运动中表现为资产价值运动的那一部分内容，才是会计对象的内容，而这一部分内容正是资金运动。”于玉林教授将会计对象按结构分为“会计对象两大类结构和会计对象五要素结构”③。

③葛家澍教授于20世纪90年代在反思和深化会计对象时，强调会计的对象是资金运动或价值运动，并将会计对象与基本假设、会计目标并列为财务会计概念结构的三个基本概念，详细研究了会计的对象与会计的目标和会计基本假设的关系，将以前孤立的会计对象研究上升到财务会计概念结构的理论高度。④

④针对知识经济、网络环境对传统会计理论体系的冲击，网络会计对象研究初现端倪。多数学者认为，传统的“资金运动论”已不能完全适应网络会计的需要，应对拓展会计对象领域等。⑤

此外，在这一时期，一些学者对管理会计的对象进行了较深入的研究，并提出了多种观点。⑥ 其他会计学科分支的会计对象，如通货膨胀会计、社会责任会计、环境会计等也得到引入和研究。

三、会计对象的主要观点评述

1. 过程论或财产论

过程论或财产论认为会计的对象是社会主义扩大再生产过程。其特点是认为社会主义的会计对象是整个社会主义扩大再生产过程，并以经营资金周转、经营资金运用等于经营资金来源的理论来阐明发生在各个企业中的社会主义再生产过程。从现代的观点看，过程论或财产论存在明显的缺陷：过程论过于宽泛、笼统，范围太广，不能体现会计的特点，也不能反映会计过程；财产论含义太窄，不能完整反映会计的对象，会计反映的内容很多超出了财产范围。

2. 资金运动论或价值运动论

资金运动论认为会计的对象是社会再生产过程中的资金运动。葛家澍教授是资金运动论的倡导者之一，认为资金是社会再生产过程中帮助劳动者创造并实现新价值的价值，并将信息科学引入会计领域，以信息论、系统论、控制论等新兴科学作为会计理论研究的重要基础理论。他还将会计对象区分为两个层次：“一是会计的反映和控制对象，二是会计的处理对象。前者为客观存在的价值运动，后者也是客观存在的价值

① 赵士信. 会计对象之探讨［J］. 会计研究，1995（7）：14-18.

② 田昆儒. 企业产权会计论［M］. 北京：经济科学出版社，2000：41.

③ 于玉林. 现代会计结构论［M］. 大连：东北财经大学出版社，1997.

④ 葛家澍. 市场经济下会计基本理论与方法研究［M］. 北京：中国财政经济出版社，1996.

⑤ 刘琳. 网络会计模式探索［J］. 上海会计，2001（7）：46.

⑥ 具体可参见周存攀的《略论管理会计的对象》、王道海的《管理会计争议》、李天民的《管理会计基本理论问题探讨》。

信息的运动。”① 会计对象是资金运动或价值运动，是对会计对象比较准确的认识，能反映会计的普遍现象。会计是通过货币计量来反映经济活动；并且资金运动从属于价值运动，资金运动和价值运动是一个事物的两个方面。因此，不管是用资金运动来表达会计的对象还是用价值运动来表达会计的对象都是比较恰当和准确的。

3. 劳动量论

劳动量论认为会计的对象是劳动量或劳动时间。持这种观点的人并不否认会计的对象是资金运动或价值运动，只是认为资金运动仅是社会主义会计的对象，价值运动仅是商品经济下会计的对象，它们是会计对象在一定社会阶段的表现，不是所有社会的共同现象，因而不是“会计对象的一般”，作为适用于任何社会“会计对象的一般”是劳动量或劳动时间。此种观点的特点是对会计对象的认识是建立在会计具有鲜明的阶级性的基础上，并不排斥甚至赞同价值运动论和资金运动论，只是提法更广，认为价值是凝结在劳动中，而劳动量是通过劳动来体现的。

4. 财富论

财富论认为把会计的对象归结为价值运动或社会劳动时间等都是片面的，会计的对象应该是社会财富或财富运动。社会财富或财富运动在不同的阶段表现的形式也不同：在自然经济中，它表现为使用价值；在奴隶制经济中，它表现为土地、劳动产品、奴隶；在封建制经济中，它表现为土地、地租、劳动产品的分配、消费；在资本主义经济中，它表现为劳动力、土地、草原、自然物；在社会主义经济中，它表现为劳动产品等。此论点概括全面，但含义太广。且不说精神财富和未经劳动改造的自然资源不便于作为会计的对象，就是劳动产品，由于它是物质内容和社会形式的统一，会计也不能同时把这两个方面作为对象。

5. 经济活动论

从20世纪80年代开始，随着我国“对内搞活，对外开放”方针的确立，企事业单位的经济业务活动逐渐增多，因而有不少理论界的学者提出会计的对象是企事业单位的经济活动，更具体点就是能用货币表现的经济活动。如有人认为：“会计的对象泛而言之，就是企业、事业、机关等单位或个人在生产过程中的经济活动。社会主义会计的对象是企业、事业、机关等单位在社会主义再生产过程中的经济活动。”② 他们的理由是“由于一切经济活动都必然产生一定的会计事项；由于会计能把各个单位的经济活动及其成果在其单位范围内全部当作一个完整的体系，进行连续不断地、相互联系地、系统完整地记录、计算和监督，既具体地分门别类地反映各项经济活动的来龙去脉，系统地控制经济活动过程，又全面地、综合地比较消耗、考核经济效果”③。此论点认为会计的对象是经济活动，虽然较为宽泛，不够简明具体，但较浅显易懂。此外，用货币表现的经济活动的实质是价值运动，二者实质相同。

四、对会计对象的定位

从上述分析可知，各种会计对象的研究观点和认识，虽然用语和具体阐述不同，

---

① 葛家澍，李翔华. 关于会计对象的再探讨——会计的反映对象和作为一个信息系统的处理对象［J］. 厦门大学学报，1986（1）：35-40.

② 廖洪. 论社会主义会计的对象［J］. 中南财经政法大学学报，1982（4）：94-99.

③ 符浩. 试论会计与经济活动的关系［J］. 当代经济科学，1983（4）：87-90.

但在基本的内容和立论的基础上是相同的，会计对象的核心是社会再生产过程中的资金运动。

会计对象的资金运动论观点，在传统经济下不管从会计实务工作反映和控制的内容上看还是从会计学研究的内容上看都是比较准确的表述。但是，随着社会的发展，人类进入了知识经济、信息经济、网络经济的时代，会计对象的范围也随之扩大。因此，笔者认为会计的对象是经济活动，具体讲就是社会各组成单位发生的包括可以用货币计量的事物和不可以用货币计量的事物在内的经济业务活动。从实质上讲，会计是基于对社会活动进行管理而产生和发展的，实际上会计所管理的是社会活动中的经济活动。虽然会计的特点决定了会计主要用货币形式来反映经济活动，但随着社会的进步和人们对会计信息量要求的增加，会计仅仅提供以货币计量反映出来的会计是不能满足现实的需要的。知识经济、信息经济和网络经济的时代还需要更多的非货币化信息，这也是我们今后会计研究的一个重大课题。

因而，笔者认为，对会计对象理论的研究，不仅应该以发展的观点来看待问题，适当分清会计工作与会计学（理论）研究对象的关系，而且应该把各类会计主体、各种社会形态共有的特质归纳总结出来。此外，今后我们对会计对象理论的研究应该把重心从纯理论研究转向具体理论研究，这样对会计学科的发展及其具体运用才能起到更大的作用。进入 21 世纪后，网络经济是一种新兴的经济业务主体，我们应把它作为会计对象的一大具体内容和会计对象的延伸。

第三章　财务会计基本理论

财务会计基本理论是构成财务会计理论体系最基本、最核心的概念和原理。它是以会计准则为核心的，以财务会计目标、假设、原则、要素和报告等一系列相互关联、协调一致的概念和原理组成的知识体系。它是财务会计理论体系的基石和基本框架，也是制定会计准则的基础。财务会计的其他概念和理论都是以这些基本概念、基本原理作为基础引申出来的。关于财务会计的基本理论体系的逻辑构架，有会计目标起点论、会计假设起点论、会计原则起点论、会计环境起点论等多种观点，现在较为公认的是会计目标起点论。

第一节　会计准则与财务会计概念结构

一、会计准则

1. 会计准则的含义

由于会计准则产生的历史环境、文化背景、立法基础等方面的不同，会计准则的名称和对会计准则的理解和定义也不相同。美国使用“公认会计原则”（Generally Accepted Accounting Principle，GAAP）作为会计准则的名称，也有译为财务会计准则；英国称之为“标准会计实务公报”（Statement of Standard Accounting Practices，SSAP）；法国称之为“会计总计划”（法文 Plan Comptable Genenal，英文为 General Accounting Plan，也有译为通用会计计划、通用会计法典等，简称 GAP）；日本称之为“企业会计原则”；加拿大称之为“会计原则推荐书”；德国称之为“T 型簿记的各项原则”。1973 年成立的国际会计准则委员会（IASC）称会计准则为国际会计准则（IAS），2000 年改组“国际会计准则理事会”（IASB）后称会计准则为国际财务报告准则（IFRS）。从 20 世纪 80 年代中期开始，我国理论界才提出“会计原则”一词，从 1993 年至今叫会计准则。①

关于会计准则的含义，一般观点认为会计准则是指有关会计实务处理的准绳、标

① 关于各国会计准则的名称及其发展具体可参考刘仲文的《会计理论与会计准则研究》。

准或规范。国际上代表性的观点有：联合国国际会计与报告准则政府间专家工作组（ISAR）解释为："会计准则是一种文告，实际是指关于通用财务报表资料的内容和编制方法的文件规定。"可见，它把会计准则看成关于财务报告的准绳、规范。国际上大部分国家均支持此种看法。在美国，会计准则一般是指规范会计实务的规则和惯例，并且分为企业和非营利组织两类。英国认为会计准则是对外财务报告的统一规则，适用于所有的会计主体。我国会计界大部分也持此种观点。娄尔行教授认为："会计准则是会计实务在理论上的概括，是会计工作所应遵循的规则和指南，是判别量体裁衣工作优劣的准绳。"葛家澍教授认为："企业财务会计准则是企业会计核算的规范。"杨纪琬教授主编的《中国现代会计手册》定义会计准则是指导会计工作的理论思想、方针政策和技术标准总称，既包括会计处理的一般原则，又包括会计处理的方法和程序。[①]较早专门系统研究会计准则的是刘峰。他认为："所谓会计准则，是会计人员执行会计活动所应遵循的规范和标准，它是对会计工作进行评价、鉴定的依据。"[②]

综合对会计准则定义的研究结果，笔者认为对会计准则的认识应该分为三个层次：第一层是广义的理解，即会计准则是有关会计工作的规范、准则；第二层是中层的理解，即会计准则是有关财务会计（核算）的规范、准则；第三层是狭义的理解，即会计准则是有关财务会计报告的准则。因此对会计准则含义的理解应区分总体性准则和技术性准则两个层面。总体性准则是对会计核算工作抽象的、总体的、原则性的规定，需要灵活把握和运用；而技术性准则是指导会计业务的技术性规范，一般较为细致和具体，具有较强的操作性。[③]

2. 会计准则的发展历史及演变

（1）会计准则产生的历史背景。

会计准则最早产生在 20 世纪初的美国。19 世纪末 20 世纪初，公司制迅速发展，原来的独资和合伙形式已不能适应社会化大生产对资本的需求，股份公司这种企业形式逐步发展起来，企业的所有权和经营权开始出现分离。中小股东不直接参与企业的经营管理，但非常关心公司的财务状况和经营业绩，但由于当时美国缺乏约束公司行为的完整法律，从而出现了一系列外部股东受损事件。其中大部分是由会计行为缺乏公正性造成的。世界上第一家股份公司成立于 1551 年的英国，但股票和证券交易最早产生于荷兰。从 19 世纪后期开始，为了给铁路、制造业和矿业融资，企业纷纷发行债券和股票，但第一次世界大战后，由于自由贸易扩大，且战时公债退出市场，从而增加了股票市场的资金供应，国际资本大量流入美国。由于缺乏有效的政府监管和规范的信息披露体系，普通居民盲目购买股票，证券欺诈、股市投机、操纵情况相当严重，直至 1929 年美国股市的崩盘。美国股市大萧条后，要求制定统一的且具有较约束性的会计规范的呼声也日渐高涨。此外，国家税收模式变化、公认会计师的迅速发展和会计实务处理的随意性也是导致会计准则产生的重要原因。

有人认为推动公认会计原则产生的原因是 1929 年美国纽约股市的大崩盘和其后历经四年的经济大萧条。美国经济学家认为政府对证券交易管理不善和企业财务报表严

① 杨纪琬. 中国现代会计手册［M］. 北京：中国财政经济出版社，1988.

② 刘峰. 会计准则研究［M］. 大连：东北财经大学出版社，1996：2.

③ 姜永德，李显强. 论会计准则理论的层次和内容［J］. 财会通迅，1994（3）：14-16.

重失真，对美国金融证券市场的破产和经济危机的爆发起了推波助澜的作用。当时美国公众对企业财务报表已经失去信任，并强烈批评企业会计实务处理的随意性，由此对金融市场和投资失去了信心。因此在 1933 年和 1934 年，美国国会相继通过了《证券法》和《证券交易法》，规定所有证券上市的企业都要执行统一的会计方法程序。美国国会授权成立证券交易委员会负责制定会计原则。1937 年，证券交易委员会又委托美国注册会计师协会，具体负责制定美国的公认会计原则，也就是我们常称的会计准则。会计准则由此产生。

（2）会计准则发展的基本历史阶段。

在美国的公认会计原则的制定过程中，先后产生了三个制定机构，经历了三个发展阶段。

第一阶段：会计程序委员会阶段（1938—1958 年）。

1938 年，美国注册会计师协会成立了会计程序委员会，负责公认会计原则的制定。其发布的会计准则名称为《会计研究公报》（ARB）。会计程序委员会的成立，标志着美国开始进入了有组织、有意识制定会计准则的时期，为今后会计准则的发展和完善奠定了良好基础。从 1938—1958 年，该组织共发表了 51 份公报，其中 8 份是专门研究会计原则、程序、名词等会计术语的，余下 43 份是有关存货计价、折旧、长期合同、合并财务报表等具体会计的实务指南。在此期间，会计理论界也为公认会计原则的建立做了相应努力，最具有代表性的是 1940 年佩顿和利特尔顿所著的《公司会计准则绪论》。该书阐述了会计假设、会计原则、会计概念、会计准则等，对会计准则的建立和现代会计理论起了奠基的作用。不过，由于当时对会计准则缺乏系统研究，因此会计程序委员会所制定的公认会计原则在理论上的逻辑缺乏前后一致，仍允许会计程序、方法的多样性，导致在实践中仍未摆脱之前会计处理的随意性，因而导致其缺乏必要的权威性和强制力。

第二阶段：会计原则委员会阶段（1959—1972 年）。

由于会计程序委员会的《会计研究公报》缺乏充分完善的理论研究和内容体系的支撑，未能说明会计实务中必要的会计假定，也没有从根本上建立一套能作为具体会计准则制定基础的一般会计原则，因此受到外界的强烈批评，权威也不断受到挑战。为了弥补会计程序委员会及其制定的会计准则的缺陷，在 1959 年，AICPA 设立了会计原则委员会取而代之，其发布的公认会计原则为《会计原则委员会意见书和报告》（APBs）。1959—1972 年，该委员会共发布了 31 份意见书。该委员会克服了会计程序委员会的缺点，吸收更广泛的组成人员，重视公认会计原则体系的研究，并于 1970 年发布了第 4 号通告《盈利企业财务报告的基本概念和基本会计原则》，公布了 13 条财务会计基本特征，包括至今仍沿用的会计主体、持续经营、会计期间、货币计量、权责发生制、实质重于形式、重要性等。会计原则委员会的工作比会计程序委员会有了较大的改进，在进行公认会计原则体系理论研究的同时，还加强了公认会计原则的权威性。从 1963 年开始，美国注册会计师协会决定会计原则委员会发布的公告对所有会员都具有约束力，从而使美国的公认会计原则进入了具有较大权威性和强制性的发展阶段。

第三阶段：财务会计准则委员会阶段（1973 年至今）。

由于会计原则委员会隶属于美国注册会计师协会，因而其公认会计原则缺乏独立性。又由于其缺乏对会计基本理论的充分研究，导致意见书仍缺乏前后一致的理论框架，并且其成员结构不合理，没有政府机构的参与，无法抵制外界的压力。因此，1972 年，美国注册会计师协会提出了成立独立于注册会计师协会的会计准则制定机构。1973 年 6 月 30 日，美国历史上第三个公认会计原则的制定机构——美国财务会计准则委员会正式成立。作为一个由证券交易委员会授权独立的权威性公认会计原则制定机构，该委员会发布的会计准则被称为《财务会计准则公告》。其在公认会计原则的内容上，对会计实务处理的规范要求更严格，并且大量减少不同选择方案并存的局面，而且将单一描述性发展为描述性和规范性并重。此外，该委员会还对一系列财务会计概念进行了研究，并从 1978 年 11 月起陆续发表了《财务会计概念框架》(SFAC) 系列报告。至此，会计准则的制定进入了一个新的发展阶段。

3. 我国会计准则的产生和发展

我国会计准则产生的历史背景如下：一是 20 世纪 80 年代我国商品经济体系的确立。原先是各行业、各系统各行其是、自成体系，原有的会计制度规定过细，会计信息是封闭的系统，这种状况不能够适应商品经济的发展。二是企业改革和发展的要求。在我国“对内搞活，对外开放”的总方针下，多种经营、横向纵向经济联合日渐增多，要求打破分行业、分系统核算的现状日渐增强。三是政府职能转变。政府由直接经营管理企业逐渐转变为间接管理。四是改革开放、国际经贸要求与我国的会计标准要逐渐与国际惯例接轨。

从我国引入会计准则至今，其发展历程大致分为以下五个阶段：

第一阶段：会计准则理论的引入和初始研究阶段（1980—1987 年）。

中华人民共和国成立前，会计原则在中国已引入，并在较大范围运用。中华人民共和国成立后，由于我国会计模式在较长时间内引进和照搬了苏联的统一会计制度模式，“会计原则”“会计准则”等术语从理论界和各种教科书消失。1980 年，新创刊的《会计研究》上刊登了我国第一篇有关会计原则的论文[①]。葛家澍教授在 20 世纪 80 年代开始也在学生中系统地讲授西方财务会计理论，特别是美国的公认会计原则，并在 1990 年编著了我国第一部系统介绍西方会计理论和公认会计原则的专著《现代财务西方会计理论》[②]。此后，《会计研究》《财务会计》《会计通迅》等杂志陆续刊登了一些介绍美国、日本等国的会计原则和国际会计准则的相关理论的文章，西方教科书也逐渐被翻译引入我国，并在大学课堂中使用。

第二阶段：中国会计准则的可行性和必要性研究阶段（1987—1989 年）。

从 1987 年中国会计学会提出成立会计准则研究组的建议以后，1988 年 10 月财政部会计司正式成立了会计准则课题组。课题组成立之后，在广泛调查研究的基础上，于 1989 年 4 月提出了《关于拟定我国会计准则需要研究讨论的几个主要问题（征求意见稿）》，向社会有关各界广泛征求意见。同时，会计准则课题组到全国各地深入进行调查研究，认真听取有关专家和广大会计实务工作者的意见，经过深入讨论，对若干制定中国会计准则的重大问题逐步统一了认识，认识到制定中国会计准则的可行性和必要性。同时，会计准则课题组对制定中国会计准则的一些具体问题也形成了比较成熟的意见。

① 李宝震. 论社会主义会计的原则［J］. 会计研究，1980（9）：43-52.

② 葛家澍，林志军. 现代西方财务会计理论［M］. 厦门：厦门大学出版社，1990.

第三阶段：中国会计准则草案形成阶段（1989—1991 年）。

在可行性、必要性研究的基础上，会计准则课题组研究确定了我国会计准则的基本结构、主要内容和实施步骤等基本问题，并着手起草会计准则提纲。1990 年 9 月，会计准则课题组完成了提纲的起草工作，并于 1990 年 11 月将《中华人民共和国会计准则（草案）提纲》提交全国会计工作会议讨论。在提出会计准则提纲的基础上，会计准则课题组经过一年多的紧张工作，于 1991 年 11 月提出了《企业会计准则第 1 号—基本准则（草案）》并印发全国各地征求意见。在此期间，会计准则课题组走访了 18 个地区，召集 36 次座谈会，参加人员达到 456 人次，这使得会计准则能够体现各方面意见，因而保证准则可以为大多数人接受。

第四阶段：正式发布企业会计准则阶段（1991 年 12 月—1992 年 12 月）

经过讨论和汇集各方面的意见，会计准则课题组进一步修改《企业会计准则（草案）》。1992 年年初，财政部进一步组织力量进行会计准则的修订完善工作。为了与国际会计惯例接轨，1992 年 2 月在深圳召开了“会计准则国际研讨会”，邀请原国际会计准则委员会主席、秘书长及美国、新加坡会计专家参会，共同探讨制定我国会计准则的若干问题，并于 1992 年 7 月将《企业会计基本准则（征求意见稿）》提交全国财政工作会议讨论。在广泛征求意见、认真修改和预测实施后效果的基础上，1992 年 11 月 30 日，时任财政部部长的刘仲黎签署部长令，正式发布我国第一个会计准则——《企业会计准则——基本准则》，并宣布从 1993 年 7 月 1 日起正式实施。纵观我国企业会计准则历时 5 年的研究和产生过程，可以说中国企业会计准则是集思广益的产物。

第五阶段：构建与社会主义市场经济相适应又逐步与国际会计惯例接轨的会计准则体系阶段（1993 年 7 月至今）。

该阶段主要的标志事件有以下五个：

一是 1992 年 11 月 30 日发布并于 1993 年 7 月 1 日开始实施的《企业会计准则》。它使我国的分行业会计制度有了统一规范的基础，其规定的会计核算的基本前提、一般原则，以及会计要素的确认、计量和报告的原则要求，构成我国会计准则基本的理论框架体系，也成为后来我国会计准则不改革完善的基石，同时也基本指明了我国的会计发展朝国际化方向大步发展。

二是 1997 年 5 月 22 日财政部发布了第一个具体会计准则——《企业会计准则——关联方关系及其交易》。这标志着我国在基本会计准则的基础上为适应经济的发展和会计改革的需要，将陆续发布并实施具体会计准则。

三是 2006 年发布并于 2007 年 1 月 1 日开始实施的 39 项企业会计准则。这标志我国基本建立了与国际会计惯例相同的会计准则体系。

四是 2014 年修改了《企业会计准则——基本准则》，修订了《企业会计准则第 2 号——长期股权投资》《企业会计准则第 9 号——职工薪酬》《企业会计准则第 30 号——财务报表列报》《企业会计准则第 33 号——合并财务报表》《企业会计准则第 37 号——金融工具列报》五项具体会计准则，发布了《企业会计准则第 39 号——公允价值计量》《企业会计准则第 40 号——合营安排》《企业会计准则第 41 号——在其他主体中权益的披露》三项新的会计准则。

五是 2017 年修订了《企业会计准则第 22 号——金融工具确认和计量》《企业会计准则 23 号——金融资产转移》《企业会计准则第 24 号——套期会计》《企业会计准则第

37 号——金融工具列报》《企业会计准则第 16 号——政府补助》《企业会计准则第 14 号——收入》，发布了《企业会计准则第 42 号——持有待售的非流动资产、处置组和终止经营》。

至此，我国建立了由一项基本准则、42 项具体会计准则、准则指南和准则解释组成的与国际惯例基本相同的会计准则体系。

二、财务会计概念结构

1. 财务会计概念结构概述

财务会计概念结构的英文全称是 Conceptual Framework of Financial Accounting，简称 CF 或 CFFA，娄尔行教授等译为“财务会计概念体系”①。在我国有会计准则理论框架、会计准则理论结构等多种提法②，它们所指含义基本相同，均指指导会计准则制定和帮助会计准则使用者理解、分析、评价会计准则的基本知识、概念的体系。葛家澍教授等对“财务会计概念结构”（CF）的定义是“一部章程、一套目标与基本原理组成的、互相关联的内在逻辑体系。这个体系能够导致前后一贯的会计准则，并指出财务会计和财务报表的性质、作用与局限性。目标是辨明会计的目的与意图；基本原理是指会计的基本概念指引应予以进行会计处理的事项的选择，各项事项的计量以及汇总并使之传递给利害关系集团的手段。由这类概念派生的其他概念，在制定、解释和应用会计与报告准则时又必须反复引用它们。从这个意义上讲，这类概念是最基本的”③。

葛家澍教授等在另一本著作中还认为，概念框架着重研究财务会计准则的理论依据包括：①确定财务会计和财务报告的目标；②对财务报表要素进行定义；③评估财务会计和会计信息的质量特征；④解决如何指导对财务报表要素的确认、计量和报告；⑤分析某些重大的财务会计问题。概念框架并不规定具体会计问题的处理程序和报告惯例，也不能代替具体准则文告。④ 可见，财务会计概念结构对指导会计准则制定和帮助会计准则使用者理解会计准则以及理解根据会计准则处理的会计信息的内容及局限性有重要作用。我国现行的基本会计准则实际上就起着财务会计结构的作用。

目前，不同国家的具有财务会计概念结构性质的公告的名称也不尽一致，譬如英国的会计准则委员会制定的类似概念结构称为“财务报告原则公告”，国际会计准则委员会制定的具有概念结构性质的文件称为“编报财务报表的框架”，澳大利亚的类似文件称为“财务会计概念公告”，加拿大特许会计师协会（CICA）制定的具有财务会计概念结构性质的文件则称为“财务报表概念”等。不论名称是否相同，其实质是相同的，即对财务会计和会计准则制定过程中涉及的一些基本概念进行研究，借以更好地指导各机构对会计准则的制定或为其规范的会计实务提供一个更一致的概念基础，并作为评估既有会计准则质量的一个重要标准，指导发展新会计准则。⑤

综观目前各国及有关国际组织的准则制定机构所制定的财务会计概念结构，美国、英国及国际会计准则委员会的财务会计概念结构最具代表性。

---

① 美国财务会计准则委员会. 论财务会计概念 [M]. 娄尔行，译. 北京：中国财政经济出版社，1993：3.

② 李孝林. 会计准则理论框架和会计基础理论体系内容及关系探析 [J]. 四川会计，1999 (6)：3-6.

③ 葛家澍，杜兴强，胡念梅，等. 会计理论 [M]. 上海：复旦大学出版社，2005：46.

④ 葛家澍，林志军. 现代西方会计理论 [M]. 厦门：厦门大学出版社，2001：66.

⑤ 葛家澍，杜兴强，胡念梅，等. 会计理论 [M]. 上海：复旦大学出版社，2005：46.

2. 西方财务会计概念结构的发展历程

总体来讲，西方财务会计概念结构的发展大概经历了三个阶段。

① 20 世纪 60 年代以前。1907 年，斯普拉格（Sprague）的著作《账户的哲学》[①]，号称是美国会计理论最著名的一本著作，甚至号称是世界上真正的第一本会计理论专著。美国会计理论研究是从这本书开始的。这本专著从账户、交易两个概念出发，系统说明会计记录和会计报告一整套的方法和理论，初步提出了将财务会计概念作为一个框架的思想，但它并没有对这些基本概念做出具体的阐述。在当时，美国会计实务处于过度自由化时期，特别是在 1929 年到 1933 年的经济危机以后，社会各界对会计职业界的批评不断。因而著名会计学家佩顿和利特尔顿在认真分析了各方的意见后认为，"应当提出一个基本的理论结构，作为未来制定会计准则的理论依据"[②]。于是，他们在 1940 年出版了《公司会计准则概论》一书，在书中指出：我们并非直接论述会计准则，而是试图将会计的一些基本思想编织起来，形成一个结构，便于未来公司会计准则构建于其中。因此，这部著作可以说是会计史上最早明确要求建立会计理论体系的著作，后来各国对财务会计概念结构的研究，也仍然体现着该书的基本观点。

② 20 世纪 60 年代至 70 年代初。受会计理论界和当时会计环境的影响，美国注册会计师协会较早地开始尝试研究会计的一些基本概念，以统一会计实务界对基本会计问题的认识。20 世纪 50 年代到 60 年代，美国注册会计师协会对财务会计概念结构的研究有所深入，它的会计研究部（ARD）就着手研究会计假设与会计准则，并试图以会计假设为起点进行研究，但当时有人认为，首先不是研究所谓的会计假设，而应研究会计目的或目标。1965 年，美国注册会计师协会的会计名词委员会向会计原则委员会提出四点建议：①在尽可能短的时间内，对公开的财务报表的目的与局限性提出看法；②列举并描述会计准则所据以产生的基本概念；③说明会计实务和会计程序应当遵守的会计准则；④对会计职业界所广泛使用的术语，如具有重大权威支持、程序、重要性、资产、收益等给出定义。这些建议极大地促进了会计职业界关注财务会计基本概念的研究，使其沿着理论概念方向迈进。为了积极地响应这些建议，会计原则委员会于 1970 年发布了第 4 号公告——《企业财务报表编报的基本概念与会计原则》。这份公告提出了会计假设和财务报表目标等基本概念问题，但缺乏深入和具体的研究。与此同时，AAA 对财务会计概念结构也进行了一些研究，最有代表性的成果就是 1966 年发表的《基本会计理论说明书》。该报告虽然没有直接建立概念结构，但它所提出的"会计是一个经济信息系统"的观点，为后来以财务报告目标为起点建立的财务会计概念结构提供了最直接、最有效的理论准备。

③ 20 世纪 70 年代中后期以后。20 世纪 70 年代中后期以来，美国对财务会计概念结构的研究才比较多且正式起来。其原因是 20 世纪 70 年代以前，制定会计准则的理论依据主要是会计学会、注册会计师协会以及一些著名会计学家的专题研究报告，缺乏内在一致的理论基础，而社会各界一直认为应有一个有效并且一致的理论作为会计准则制定的依据。会计程序委员会和会计原则委员会虽然做过一些相关的工作，但都未

---

① 此处借鉴了葛家澍教授等的译法（葛家澍，杜兴强，胡念梅，等. 会计理论［M］. 上海：复旦大学出版社，2005：17.）。有人也译为《账户的原理》（魏明海，龚凯颂. 会计理论［M］. 大连：东北财经大学出版社，2006：60.）。

② 魏明海，龚凯颂. 会计理论［M］. 大连；东北财经大学出版社，2006：60.

形成一个连贯的理论体系，因而遭到了各方的指责。加之20世纪70年代以后，美国的经济形势发生了很大的变化，那时，美国等发达国家的经济呈现“滞胀”状态，从而给会计实务带来许多新问题，如企业兼并、融资租赁、养老金计划、物价变动、国际结算、外币折算等，迫切需要许多新的会计技术方法和会计准则。这就使得原有的会计理论概念明显落后于经济形势和会计实务的发展，不利于会计准则的制定和执行。因为原有的会计理论侧重于描述方法，与会计准则相关的一些重要文献往往观点不一，甚至相互抵触，从而导致会计实务混乱，引起会计信息使用者的强烈不满。这就急需建立一套能适应新经济形势的、完整的和规范性的会计理论结构，以指导会计准则的制定，约束会计实务。于是，美国财务会计准则委员会顺应潮流开始了对财务会计概念结构的研究，并于1976年正式宣布构建财务会计框架，而且发表了《理论框架研究项目的范围和含义》一文。从1978年11月发布第一辑财务会计概念公告——《企业编制财务报告的目标》（SFAC No. 1）至今，共发布了六辑公告①。其后，英国、澳大利亚、加拿大等国家以及国际会计准则的制定机构也开始了对本国或国际财务会计概念结构构建的研究，并发布了阐述概念结构的重要文件和报告的概念框架，其内容与美国财务会计准则委员会的基本相同。

3. 财务会计概念结构的内容

美国财务会计准则委员会共发布了七个概念公告：《企业编制财务报告的目标》（SFAC No. 1）（1978）、《会计信息的质量特征》（SFAC No. 2）（1980）、《企业财务报表的要素》（SFAC No. 3）（1980）、《非营利组织编制财务报告的目标》（SFAC No. 4）（1980）、《企业财务报表项目的确认与计量》（SFAC No. 5）（1984）、《财务报表的要素》（SFAC No. 6）（1985）、《使用现金流量信息与会计计量中的现值会计》（SFAC No. 6）（2000）。这些公告之间的相互关系是：财务报表的目标是概念结构的起点，起着指引方向的作用；会计信息的质量特征是连接财务报告目标与其他概念的桥梁；财务报表的要素及其确认与计量，是财务报告目标的具体体现，也是实现财务报告目标的重要手段。② 这些公告按内容划分由五大部分组成：

①财务报告的目标。它包括企业编制财务报告的目标和非营利组织编制财务报告的目标两大部分。其对应的研究报告是1978年发布的《企业编制财务报告的目标》（SFAC No. 1）和1980年发布的《非营利组织编制财务报告的目标》（SFAC No. 4）。这些研究报告认为企业编制财务报告的目标是为企业管理者、股东、债权人、社会公众和国家有关管理当局提供信息；非营利组织编制财务报告的目标是考察其职能履行执行情况。

②会计信息质量特征。1980年5月发布的《会计信息的质量特征》（SFAC No. 2），明确了会计信息应该满足相关性、可靠性、中立性、可比性、重要性、成本与效率等质量特征。

③财务报表的要素。在1980年12月发布的《企业财务报表的要素》（SFAC No. 3），被1985年12月发布的《财务报表的要素》（SFAC No. 6）取代。其中具体对资产、负债、权益或净资产、业主投资与派给业主款、企业的综合收益等进行了定义和

① 其中于1980年发表的第三辑《企业财务报表的要素》被1985年发表的《财务报表的要素》取代。
② 魏明海，龚凯颂. 会计理论［M］. 大连：东北财经大学出版社，2006：61.

分类。

④企业财务报表项目的确认与计量。它对应的是 1984 年发布的《企业财务报表项目的确认和计量》(SFAC No. 5)，主要界定了财务报表与财务报告、财务报表的用途和局限性以及各项目的确认标准和引用指南等。

⑤分析某些重大的财务会计问题。例如：2000 年发布的《使用现金流量信息与会计计量中的现值会计》(SFAC No. 7) 就分析了更大的财务会计问题。

1989 年 7 月，国际会计准则委员会 (IASC) 公布了《关于编制和提供财务报表的框架》，在第 5 段中指出："本框架涉及：(a) 基础性假定和财务报表的目标；(b) 确定财务报表中资料的有用性的质量特征；(c) 构成财务报表的要素的定义、确认和计量；(d) 资本和资本保全的概念。"[①] 可见，其内容与美国的理论框架基本相同，只是明确提出基础性假定并作为服从于会计目标的概念。葛家澍教授指出："美国财务会计准则委员会不是把基本假设丢开，而是不把假设纳入基本概念体系，但作为概念结构的基础。概念结构本身已是一个基础，假设又作为概念结构的基础。"[②] 可见，不论是美国财务会计准则委员会还是国际会计准则委员会均把会计假设作为会计准则理论框架的构成部分。

第二节　会计目标理论

一、会计目标理论的发展历史

1. 西方会计目标的研究状况

西方国家对会计目标理论的研究历史大体可分为以下三个阶段：

(1) 20 世纪 50 年代以前。

限于资料，我们尚不能查证谁最早提出会计目标的概念。不过，1921 年的一本著作已经提到"会计的目的"和"会计师的目的"等概念[③]。美国会计师协会 1938 年的一份研究报告认为，会计的目标是"有助于企业的运行，以达到其既定的目的"。在此之后，会计目标这一概念在各种文献中时有述及。20 世纪三四十年代，美国的一些学者在讨论会计理论问题时，不是特别注重目标的概念，但他们在研究中，都直接或间接，更多是间接涉及目标这一概念。如 1940 年佩顿和利特尔顿在《公司会计准则绪论》中认为，会计的目的是"提供关于某一企业的财务数据，加以汇集、整理与提供，以满足管理当局、投资人和社会公众的要求"。在此前后，坎宁、吉尔曼 (Gilman) 等人在他们的论著中都间接地讨论到会计目标概念。

20 世纪 50 年代，理论界开始有人将会计目标、会计目的作为直接研究的对象。如美国会计学家史度伯斯 (G. J. Staubus) 的博士论文就是专门研究会计目标问题，并提出会计目标就是"提供对投资人决策有用的信息"。1955 年，AAA 所属"公司财务报表所依据的概念与准则委员会" (Committee on Concepts and Standards Underlying Cor-

① 国际会计准则委员会. 国际会计准则 [M]. 北京：中国财政经济出版社，1992：19.

② 葛家澍. 关于市场经济条件下会计理论与方法的若干基本观点 (IV) [J]. 财会月刊，1995 (2)：3-6.

③ 但有人认为首次提出的是坎宁于 1929 年出版的《会计的经济学》。

porate Financial Statements）发表了《公开财务报告的揭示准则》，也讨论了财务报告的目的。利特尔顿所著的《会计理论结构》一书，也较详细地对会计目标进行论述。他认为："会计目标可以划分为前提目标、中间目标和最高目标，会计是以数据为手段来帮助人们了解企业的，会计必须对数据如实分类、正确浓缩并充分报告。"[①] 但直到20世纪60年代，会计目标的讨论才受到重视。

（2）20世纪60年代。

1960年，德尤因（C. T. Deuine）发表了《研究方法论和会计理论构建》，也说到目标的概念及目标在会计理论体系中的重要性。该论文阐述了"企业在构造一种起服务职能的理论体系中，第一个程序是建立职能的目的和目标。随着时间的推移，目的和目标是会改变的，但在任何时期，目的和目标都必须规定明白或有可能明白地予以规定"[②]。1961年，AICPA下属的会计研究部发表了穆尼茨主持完成的第1号会计研究公报——《会计的基本假设》（ARS No. 1），虽然这份报告是以论述会计假设为主，并提倡以会计假设来构建会计理论体系，但同时它也附了一份史度伯斯的评论。该评论提出了应研究会计的目的和目标，在界定了会计的目标后，才确定实现这些目标的基础，然后再确定与这些基础相一致的会计原则。但因这些对会计目标的研究是个别会计学者的行为，较为零散未形成声势。直至1966年，为纪念AAA成立50周年，AAA专门发表了《基本会计理论说明书》。这份说明书最早权威性地使用了会计信息系统的概念。这份报告将会计定义为信息系统。而根据系统论的原理，任何人造系统，其运行必须服从于系统的目标。从此以后，会计目标的重要性才为美国会计界所认识，并很快就成为会计研究的重点。会计学界开始从会计假设的理论研究转向系统研究会计目标和以会计目标作为会计准则构建的起点。

（3）20世纪70年代以后。

受AICPA的委托，1971年，以特鲁布拉德（Trueblood）为首的一个研究小组——特鲁布拉德委员会（Trueblood Committee），开始专门研究财务报告的目标。经过两年多的研究，该委员会于1973年发表了一份题为"财务报表的目标"的研究报告，亦即常称特鲁布拉德报告[③]，提出了财务报表的基本目标就是提供"据以进行经济决策的信息"。尤其是美国财务会计准则委员会于1978年发布了《企业编制财务报告的目标》（SFAC No. 1），将会计目标作为建立财务会计概念结构框架的起点理论和整个概念结构的基石后，标志着会计目标的研究从理论走向了应用，取得了重大突破。正如美国著名会计学教授莫斯特所指出的，"在过去的十年中，似乎普遍接受了这样的看法：只有财务报告准则以一致的目标为基础，准则才能成为有用的和有效的"。英国、加拿大、澳大利亚等国在20世纪70年代中后期亦纷纷正式发表了以会计目标为研究起点的财务会计概念结构的报告或文件。[④] 1989年，国际会计准则委员会（IASC）亦公布了以会

---

① 魏明海，龚凯颂. 会计理论［M］. 大连：东北财经大学出版社，2006：65.

② DEUINE C T. Research Methodology and Accounting Theory Formulation［J］. The Accounting Review，1960，35（3）：387-399.

③ 罗伯特·马丁·特鲁布拉德（Robert Martin Trueblood，1916—1974）是一位杰出的会计学家，以他的名字命名的委员会所提交的研究报告《财务会计的目标》（*Objectives of Financial Statements*）对美国的乃至全世界的会计理论以及会计实务的研究与发展都产生了巨大的影响。他于1974年被选入俄亥俄州立大学为美国著名会计学家设立的专门纪念厅——会计名人堂。

④ 孙芳城，孔庆林，李孝林，等. 会计理论比较研究［M］. 上海：立信会计出版社，2011：206-212.

计目标为起点的《关于编制和提供财务报表框架》的公告。会计目标理论的研究由此而鼎盛于整个西方世界。

西方会计界在20世纪关于会计目标的研究中，形成了受托责任和决策有用两个理论学派，并且把会计目标定位为财务会计的目标或财务报表的目标。前者的代表人物有井尻雄士、帕罗科（Ernest Parlock）等。他们认为会计目标就是向委托者提供受托经济责任及其履行和完成情况，会计人员以第三者身份介入委托人与受托人之间，强调财务报表所依据的会计准则及会计系统的整体有效性。后者的代表人物为斯普劳斯（Robert. N. Spruse）、安东尼（Robert. N. Anthony）、亨德里克森等，AAA和FASB亦是主要倡导者。他们认为会计目标就是向信息使用者提供有助于他们进行决策的有用信息，会计人员主要以会计信息使用者为服务对象，强调财务报表本身的有用性。① 实际上就两派所提供的信息而言，两派亦不是相互排斥的，受托责任信息的提供可为委托人是否继续保持委托-受托关系的决策提供依据，而决策有用虽然是着眼未来的信息，但仍立足于过去的历史信息基础之上，亦即外部信息使用者在进行决策时必须充分考虑经营管理者的业绩和受托经济责任履行情况的信息。葛家澍教授等也持同样看法。②

2. 我国会计目标理论的研究简史

在我国，从中华人民共和国成立以来，在高度集中的计划经济体制下，企业财产所有权与经营权没有分离，会计主要为国家综合经济管理服务，会计任务取代了会计目标，行政命令代替了科学管理，我国对会计目标的研究一直较为迟缓或者说几乎是空白。直到20世纪80年代初，随着经济体制的转变，我国会计界在研究会计本质的探讨中形成了“管理活动论”和“信息系统论”学派之后，会计目标的研究才引起我国会计界的重视。较早研究会计目标的是“管理活动论”学派的创始人之一阎达五教授，他在1985年出版《会计理论专题》中专列一章来论述会计与经济效益的关系，虽然未明确提出“会计目标”一词，然而其论述会计的目标就是提高经济效益。1989年11月出版的刘恩禄、向泽生教授主编的《财会知识更新手册》收录了“会计目标”的词条，而在此之前，会计辞典、手册等都没有明确指出会计目标。其后赵德武等也进一步提出了会计的基本目标是提高经济效益和社会效益，具体目标是提供信息和利用信息。③ 另外，以“信息系统论”为基础来对会计目标进行研究，实际上是引进了美国的决策有用观和经管责任观，并提出经管责任观“更符合我国现阶段的实际情况”④。此后，在构建具有中国特色的会计理论方法体系和制定我国的会计准则的研究中，会计目标的研究热度亦随之上升，并逐渐形成“以广义的会计（包括财务会计和管理会计）作为基础，会计的基本目标是提高经济效益，具体目标是提供会计信息”的基本观点。

当然，到目前为止，我国会计理论界仍未形成一个得到广泛认同的会计目标及其体系，并且把会计目标研究的思路转向与西方国家相同的研究思路，即研究会计目标具体化，而不停留在纯理论的研究上，逐渐转向具体学科分支目标的研究而不进行大而广会计目标的研究。我国有许多学者主张以决策有用的会计目标来构建会计理论体

---

① 劳秦汉. 会计理论方法体系概论［M］. 北京：中国财政经济出版社，2002：171.

② 葛家澍，杜兴强，胡念梅，等. 会计理论［M］. 上海：复旦大学出版社，2005：168.

③ 赵德武. 中国会计管理模式研究［M］. 成都：西南财经大学出版社，1990：68-77.

④ 孙芳城，孔庆林，李孝林，等. 会计理论比较研究［M］. 上海：立信会计出版社，2011：212.

系从而制定出会计准则，但随后由于资本市场和市场经济的逐步发展，受托责任观亦上升为主流观点。从我国会计目标研究的简短过程看，由于受社会主义市场经济总体目标的限制，我国会计理论界对会计目标的认识包括终极目标和具体目标。会计的终级目标是提高经济效益，会计的具体目标则包括提供信息和履行经济管理责任等。

二、会计目标的含义及功能

1. 会计目标的含义

人们在从事某项活动之前，总是怀有一定的目标，根据目标规划自己的行动。根据《辞海》释义，目标是指想要达到的境地。具体来讲，目标是指导人从事某项活动预期所要达到的境地或结果，表达人在某一特定客观历史条件下的主观意志，是主观见之于客观的思维活动。目标的选择不可能脱离现实条件，脱离了客观现实情况的想法，将成为毫无希望的梦想。由此推理，会计目标是指在一定历史环境下，人们通过会计实践活动所期望达到的境地或结果。正如朱小平教授等在《初级会计学》中所言："会计目标是指会计工作所要达到的终极目的。"① 可见，会计目标不仅具有目标的一般属性，也具有其自身的特性，这种特征是由会计这一实践活动所具有的特征决定的。因此，它既是会计工作的导向，也是会计理论体系构建的最佳起点。正如李孝林教授等所言：会计目标是指导会计工作、评价会计准则的指针，是会计系统全力以赴、力争实现的标准，是会计准则概念框架的最高层次。②

2. 会计目标的功能

在会计学科领域，会计目标被认为是最基础的概念。它集中而现实地体现了会计活动的宗旨，为会计系统的运行指明了方向。它不仅很大程度上决定着会计方法的产生和发展，而且对会计信息的用途、去向等均具有决定性的作用。它是保证会计系统正常运行和发挥作用的前提条件，同时，它还是联系会计与实践的桥梁。孟凡利教授指出："所谓会计目标是指会计系统运行的必然趋势，是会计系统运行的出发点和归结点，表现为预期应达到的目的。"③

从理论上看，研究和明确会计目标理论，对建立健全会计理论体系，特别是会计准则理论体系具有重要意义。以会计目标作为起点比以其他理论作为起点更具一贯性。会计目标本身是会计理论体系的一个组成部分，而且与其他会计理论都有密切的关系，是联系会计抽象理论和会计实务理论的中介；并且会计目标与会计环境是密切相关的，会计环境的变化直接体现在会计目标的变化上。

从实践角度看，会计目标是会计实践的导向，会计目标的确立有利于发挥会计的功能作用，明确的会计目标能够有效指引人们工作的方向和采取正确的方法手段，以便实现所预定的目标。会计环境会发生变化，会计目标也会随之调整变化，进而促进人们研究创新办法，不断推动会计和管理手段的发展。

可见，用科学的会计目标，指导实践，指导会计理论研究，对于提高会计工作和会计学术水平均有重要意义。④

---

① 朱小平，肖镜元. 初级会计学［M］. 北京：中国人民大学出版社，1993：21.

② 李孝林，孙芳城，邓腾江，等. 会计基本理论比较［M］. 上海：立信会计出版社，2004：192.

③ 孟凡利. 财务会计理论［M］. 成都：西南财经大学出版社，1995：62.

④ 孙芳城，孔庆林，李孝林，等. 会计理论比较研究［M］. 上海：立信会计出版社，2011：206.

三、会计目标的内容结构

1. 西方国家对会计目标的描述

在西方国家，会计目标一般指向财务会计的目标和财务报表的目标，而且其阐述的内容具体且实际。

如1966年，AAA所发布的《基本会计理论说明书》明确了会计目标有四大层次：①有关利用有限资源决策方面的信息，即决策会计；②有效管理和控制一个组织人力和物力资源的信息，即责任会计；③保护资源并报告管理情况的信息，即受托责任；④有利于履行社会职能和社会控制方面的信息，即社会责任会计。

1970年，美国会计原则委员会将会计目标分为财务会计目标和财务报表目标，并认为它们是向财务报表的使用者，特别是所有者和债权人提供有助于其进行经济决策的数量化财务信息。

1973年，美国注册会计师协会认为会计目标是提供会计信息，并分别对基本目标、信息使用和用途、索取的信息、信息的性质、通用财务报表、特定报表等进行详细说明。

1978年，美国财务会计准则委员会发布了《企业编制财务报告的目的》，以“决策中心论”分别划分了企业会计目标和非营利组织会计目标两大类。

2. 我国会计目标的构成

我国会计目标理论是从西方引进的，但受我国国情的影响，其内容及描述与西方国家有一定区别。从内容的构成上来看，它应该包括两个层次：基本目标和具体目标。

（1）基本目标主要包括经济效益、社会效益。“由于会计是整个经济管理的重要组成部分，会计目标当然要属于经济管理的总目标。在社会主义市场经济条件下，经济管理的总目标是提高经济效益。在将提高经济效益作为终极目标的前提下，我们还需要研究会计核算的目标，即会计核算要达到什么目的。”① “基本会计目标，即在会计目标体系中占有主导地位并直接制约着其他会计目标的总体性目标层次，包括提高经济效益和社会效益两个方面。它与现代会计所具有的对托付的财产、资源进行管理与监控和对职工的福利待遇、消费者的产品质量、政府的税收、社会公众的就业与公益事业以及生态环境保护等进行测算与监控的双重受托责任保持一致。”②

（2）具体目标主要受“决策有用观”和“受托责任观”影响，体现会计一般性目标要求，包括提供会计信息和利用会计信息两个方面。

“企业和国家共同需要的会计信息应是既有助于搞活微观，又有助于加强宏观控制，为提高社会主义经济效益而做出一切经济决策所必需的（有用的）财务信息及与之有关的其他经济信息。这就是社会主义制度下会计的主要目标，即基本任务。”③

“会计的目的或宗旨，是一定时间一定条件下，人们从事会计实践活动所追求和希望达到的预期结果。确认会计目标，必须明确四个问题：①向谁提供信息；②为何提供信息；③提供什么信息；④以什么形式提供信息。”④

---

① 朱小平，肖镜元. 初级会计学［M］. 北京：中国人民大学出版社，1993：21.

② 劳秦汉. 会计理论方法体系概论［M］. 北京：中国财政经济出版社，2002：175.

③ 葛家澍. 会计学导论［M］. 上海：立信会计图书用品社，1988：37.

④ 陈毓圭，杨小舟. 会计新辞典［M］. 北京：经济科学出版社，1993：21.

关于会计具体目标，劳秦汉在其《会计理论方法体系概论》做了更为详细的阐述："会计具体目标包括对外反映和对内管理两个方面。对外反映的会计具体目标，一般可根据经济主体的经济权益和所提供会计信息的范围来确定：①按所有权论确定小型企业以向政府和债权人提供税收、偿债能力及社会责任履行情况信息的会计目标；②按实体论确定大、中型企业以向投资者（若为上市公司，则包括广大股东和潜在投资者）、债权人、政府、社会公众等多元委托人提供所履行的经济和社会的双重受托责任信息的会计目标；③按企业论确定集团公司以向多元委托人（若为跨国公司，则包括企业所在地的他国政府等委托人）提供包括除母公司的会计报表外，还需提供企业集团的合并会计报表及按地区分部或业务分部的分部报表履行经济和社会双重受托责任总括信息的会计目标。对内管理的会计具体目标，一般可根据经济主体内部的分级受托责任层次（分级管理层次）来确定：①决策会计目标，主要通过非正式的企业内部报表方式，向企业的经营管理者即经济主体的主要受托人提供有关产品销售数量、市场价格、费用成本、税收、保本点、边际贡献、利润、最优生产批量、资金、筹资成本、投资报酬率、投资回收期等信息，以便其加以利用，做出有关企业日常生产经营和长短期投资的决策。②责任会计目标，可分为企业内部经济责任和企业社会责任两个更细的会计目标。前者主要通过企业内部的责任会计报告方式，向企业内部的各个责任中心（单位）提供有关资金、成本、利润的信息，以便它们加以利用，做出有关各责任单位的生产经营活动的决策；后者主要通过会计报表和其他辅助报表、补充报表、致股东函件、注册会计师公证书等会计报告方式，向政府、消费者、社会公众和企业职工等提供企业履行社会责任和有关社会效益情况的信息，以便它们加以利用，做出决策、监督和评价。"①

四、会计目标与相关概念的关系

1. 会计目标与会计目的

很多学者把会计目标与会计目的等同看待。如李宝震教授认为："会计目的，亦称会计目标。会计要解决什么问题，在不同时期和不同的国家，人们有着不同的解释。"②

据《中华大字典》解释：标，作为名词，指的是目标，衡量事物的准则；的，是指箭靶的中心。我们常说的"标的"，就是指箭靶，"标"指的是靶，"的"指的是靶心。可见，二者所指相同，只是一大一小而已，"标"的范围较大，"的"的范围较小。根据《辞海》释义，目标作为名词解，与目的同义，都指想要达到的境地。"目标"侧重在提示方向，"目的"侧重在表明行为的意图。"目标"还有尺度、标准、攻击对象等意思，而"目的"没有这些意思。"目标"可用于具体和抽象的事物，适用范围较大；"目的"一般只用于抽象事物，适用范围较小。由此可见，会计目标与会计目的并无本质区别，只是会计目标的范围较大些，多为理论上的用语，而会计目的更具体，更适合用于具体的会计实务中。

2. 会计目标与会计任务

一种观点认为，会计目标与会计任务是不同的。它们的主要区别表现为：①会计目标回答的是会计为了做什么的问题，而会计任务回答的是会计必须做什么的问题。

① 劳秦汉. 会计理论方法体系概论［M］. 北京：中国财政经济出版社，2002：176.
② 李宝震. 会计全书［M］. 天津：天津人民出版社，1992：4.

②会计目标是客观要求，在没有会计规范之前，会计一产生就有会计目标；而会计任务是在一定规范之下，由外部力量对会计提出要求。③会计目标是理论问题，以会计目标为会计的起点概念，能够建立会计理论体系；而会计任务是实务问题，要求会计人员完成什么工作。

另一种观点认为，会计目标与会计任务基本上是一致的，会计任务是会计工作在一定时期预计达到的目标。如葛家澍教授主编的《会计学导论》在第二章第二节的标题是会计的目标（基本任务）。[①] 会计目标与会计任务的主要相同点表现为：①会计目标是“会计的目的或宗旨”，会计任务是“期望会计达到的目的和要求”。[②] 若将这两个概念相比较，显然会计目标与会计任务是一致的。②会计目标与会计任务，在性质上是相同的，同样具有理论性、规范性和实践性。

3. 会计目标与财务报告目标的关系

国内外关于会计目标与财务报告目标的研究已经取得丰硕的成果，许多学者针对会计目标与财务报告目标提出了很多颇有见地的观点，对繁荣会计学术研究做出了重要贡献。但遗憾的是，从会计目标与财务报告目标提出至今，西方会计界在研究会计目标时，并不注意区分会计目标与财务报告目标之间的差异，许多学者经常把会计目标与财务报告目标混同使用。在我国，有些文献也把会计目标认同为财务报告目标，甚至以财务报告目标取代会计目标[③]。笔者认为，会计目标是基本目标，是整个会计系统运行需要达到的目的，而财务报告目标仅仅是编制和提供财务报表要达到的目的，是会计目标系统的重要组成部分。所以，前者为广义的会计目标，也是我国会计理论中常称的会计目标，后者为狭义的会计目标，也是西方国家会计理论界研究财务报表的会计目标。

第三节　会计假设理论

一、会计假设的含义

1. 会计假设的研究历史

会计假设作为会计理论体系的重要组成部分，在 20 世纪五六十年代作为构建会计基本理论体系的起点，在推动会计准则理论体系建立及公认会计原则的发展与完善方面起了重大的作用。

会计假设一词最早见于 1922 年佩顿所著的《会计理论》一书中。他指出：“现代会计不但需要在许多场合运用估计和判断，而且整个结构是建立在一系列的一般假设的基础上。换句话说，要有一些基本前提和假定支持会计人员对价值、成本、收益等做出特定结论，否则，这些结论将难以成立。”[④] 他还认为，如果没有一定的假设，会计实务就不可能顺利进行，并进而提出经营主体等七项会计假设。在 1940 年，他在与利特尔顿合著《公司会计准则绪论》一书中再次重述了这些假设[⑤]。显然，他们的见解

---

① 葛家澍. 会计学导论［M］. 上海：立信会计图书用品社，1988：34.

② 杨纪琬，娄尔行. 经济大辞典·会计卷［M］. 上海：上海辞书出版社，1991：7.

③ 魏明海、龚凯颂主编的《会计理论》（2006）即用财务报告的目标替代会计目标。

④ 葛家澍，林志军. 现代西方会计理论［M］. 厦门：厦门大学出版社，2001：68.

⑤ 葛家澍，林志军. 现代西方会计理论［M］. 厦门：厦门大学出版社，2001：69.

对后来的会计理论和会计原则与准则的发展产生了巨大的影响，特别是在《公司会计准则绪论》一书中已基本确立了会计假设在财务会计理论体系中的地位和作用。

20 世纪 50 年代末，会计假设的研究在美国获得很大进展，受到会计理论界和职业界的高度重视。因此，在 1958 年，AICPA 的研究项目特别委员会在提议成立会计原则委员会的报告中提出：会计假设“是支撑原则的基本假设，它们是必要的，并来自经济和政治环境，以及关于经营活动的所有分支的思想、习惯。它们为原则和其他规则的制定或将原则运用于特定问题的指南的发展提供了一个有意义的基础。”①

既然把会计假设视为客观环境对会计的约束条件和财务会计的基本前提，那么，会计假设就必须作为公认会计原则的最高层次概念或命题。AICPA 的会计研究部就把会计假设列为最优先研究的项目。1961 年，会计研究部的首届主任穆尼茨完成了第 1 号会计研究文集《会计的基本假设》（ARS No. 1），其中提出三类 14 条基本假设。

在上述关于会计假设的重要文献中，作者的观点都是必须用假设来推导基本原则和具体的准则和规则。具体步骤见图 3.1。

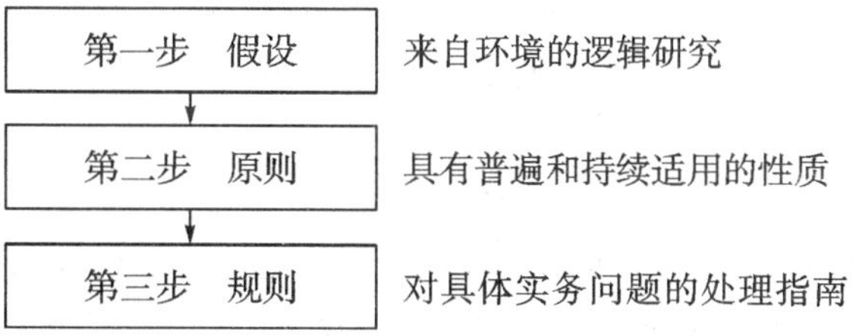

图 3.1　会计假设与会计原则和规则关系图

2. 会计假设的含义

会计假设又称会计假定。根据西方会计学者的解释，由于会计实务中存在着不确定因素，因此会计人员在会计处理时难免运用判断和估计，这就需要先做一定的假设。例如，会计人员在记录企业的负债时，由于无法确定这笔负债最终能否被偿还，因而要假定债务人企业将会持续经营下去，而且有义务和能力偿还这笔负债，所以可以不考虑债务人企业出现破产的可能性。因此，会计假设是指会计人员对那些未经确切认识或无法正面论证的经济事物和会计现象，根据客观情况或趋势所做出的合乎事理的推断。会计假设是日常会计处理的必要前提。

关于会计假设的提法，名称较多。但“会计假设”是最早的提法，也是较为普遍的提法。在西方，表达“假设”含义的有两个词，即“postulate”和“assumptions”，一般认为，前者含有较大的客观性，后者则带有较大的主观判断性。我国有人将它们分别译为“假设”和“假定”，以示区别。② 在西方国家还有叫“会计特征”和“会计概念”的。如美国会计原则委员会在第 4 号说明书（APBs No. 4）中，虽未提及会计假设，却称之为财务会计特征，认为“财务会计是环境的本质对财务会计程序的一种影响的反映。这些特征构成现行公认会计原则和其他原则的特征，只要这些原则也基于同样的环境本质。”佩顿和利特尔顿在《公司会计准则绪论》一书中也没有使用假设，

① AICPA. Report to Council of the Special Committee on Research Program [J]. The Journal of Accounting, 1958, 106 (2): 64.

② 葛家澍，杜兴强，胡念梅，等. 会计理论 [M]. 上海：复旦大学出版社，2005：129.

而是使用了概念①。在20世纪六七十年代，美国会计文献中对会计假设的研究发展很快，许多会计学者纷纷探讨会计假设的含义和内容。由于受实用主义的影响，他们在概念使用上极为混乱，对会计假设的表述也不一样。在我国，理论上普遍统一称为“会计假设”，并把它作为会计理论体系的重要组成部分，甚至把它看作会计理论体系的逻辑起点，但在实务上特别是有关会计实务的教科书中和会计准则的行文规范里基本都称它为会计前提或会计核算的基本前提。

二、会计假设的内容

1. 会计假设的各种观点

佩顿的《会计理论》一书的第二十章提出了七项会计假设：经营主体、持续经营、资产负债表恒等式、财务状况与资产负债表、成本与账面价值、应计成本与收益、期后影响。后在1940年，佩顿和利特尔顿合著的《公司会计准则绪论》再次重述了这些假设，并提出六个概念：经营主体、经营活动的连续性、交易的代价、成本的归属、努力与成就、可验证的客观证据。1961年，穆尼茨完成的《会计的基本假设》（ARS No. 1）提出三类14条会计假设：①环境产生的，它包括定量、交换、个体、期限、计量单位五项；②计量的，它包括财务报表、市场价格、会计主体、暂时性四项；③必需的，它包括连续性、客观性、一致性、稳定计量单位、公开五项。②

国际会计准则委员会最早在1989年7月公布的《编制财务报告的框架》中指出两项基础假设，即“权责发生制和持续经营”。1994年11月公布的国际会计准则第1号《会计政策的揭示》（IAS No. 1）明确提出了“持续经营、一致性和权责发生制是基本的会计假定”。在1997年修订的国际会计准则第1号《财务报表的列报》将“持续经营、权责发生制和列报的一致性”列为“总体要求”。2001年4月，国际会计准则理事会在《编制财务报告的框架》提出“权责发生制”和“持续经营”两项基础性假设③。

美国会计原则委员会在1970年发表的《企业财务报告依据的基本概念和基本会计原则》（APBs No. 4）里，提出了包括“会计主体、持续经营、会计分期和货币计量”等会计假设在内的13项财务会计特征。众所周知，美国财务会计准则委员会是会计原则委员会的接替者和继承者，AICPA的会计研究部发布的ARS No. 1和ARS No. 3被会计原则委员会否定的主要原因是因为会计研究部的成员基本上是学术界人士。相反，制定公认会计原则（GAAP）的会计原则委员会的成员则基本上来自会计实务界和职业界，双方的观点不但有分歧，而且会计原则委员会对会计研究部的意见带有偏见。超前的观点（特别是ARS No. 3）虽然难以在当时执行，但不应被全部否定。美国财务会计准则委员会似乎也继承了会计原则委员会对ARS No. 1及ARS No. 3的偏见。在它的7份财务概念框架中，既没有提到ARS No. 1和ARS No. 3遗留给后人的精神财富（例

---

① 在该书中，没有使用假设，而是使用了概念，该书所讨论的六个概念是：经营主体（the business entity）、经营活动的连续性（continuity of activity）、交易的代价（measured consideration）、成本的归属（cost attach）、努力与成就（effort and accomplishment）、可验证的客观证据（verifiable，objective evidence）。

② 孙芳城，孔庆林，李孝林，等. 会计理论比较研究［M］. 上海：立信会计出版社，2011：267.

③ 国际财务报告准则委员会. 国际财务报告准则（2004）［M］. 财政部会计司，译. 北京：中国财政经济出版社，2005：40.

如只字不提这两份文件，也不再使用“基本假设”等概念），但又无法摆脱 ARS No. 1 和 ARS No. 3 的某些有远见的见解。

美国财务会计准则委员会在第 1 号概念公告（SFAC No. 1）中论述财务报告的目标时为什么要详细说明财务会计所处的经济与政治环境？实际那还是在阐述财务会计所赖以存在的环境及其赋予它的特点——那正是若干基本假设产生的来源。如由于生产经营活动总是在每一个特定主体中进行的，因而财务会计和报表就必须以各主体为空间范围；由于生产经营一般是连续的，因而会计也必须以持续经营为基础；由于商品（劳务）交换是以货币为媒介，因而财务会计和报表所提供的信息主要是财务的；等等。又如第 6 号概念公告（SFAC No. 6）所阐述的主题是财务报表的要素，在每一个要素的定义（特别是资产、负债、业主权益三个要素）中都要加上两个定语（或特征），即该要素是“特定主体的……”或该要素是“由过去的交易和事项发生的结果”，所有这些都含蓄地运用了会计基本假设。第 5 号概念公告（SFAC No. 5）中默认会计基本假设之处也多有说明，会计假设是人们对财务会计所赖以存在的现行环境的客观描述。这些假设（基本概念）也是实际上构成现行财务会计和财务报表必不可少的基础概念，从而反映了现行财务会计与财务报表的一些特征甚至是根本属性（是财务会计与报表的特点、优点，又是它的局限性）。以市场经济为基础的会计环境是客观存在的，客观环境对财务会计的影响不以人的意志为转移。除非改变现行财务会计与财务报表模式，否则某些来自环境的会计基本假设就不会消失，但它也会随着环境的改变而改变和发展。世界上的一切事物都不可能永远静止，运动是绝对的，静止才是相对的。不过，对基本会计假设来说，由于它依存于市场经济，而市场经济尽管变化和发展，但市场的根本规律和法则不会改变。[①]

2. 会计假设的基本结构

归纳起来讲，西方国家对于会计假设的研究可分为三个层次[②]：第一个层次为基本假设，其包括会计主体、持续经营、会计期间、货币计量；第二个层次为假设与基本假定，其包括权责发生制、收付实现制；第三个层次为假定，其主要指具体要素、业务所使用的假定。

第一个层次，基本假设是会计假设中的基本构成，是对企业全部经济业务都起作用的假设，是客观性较大、主观性较小的假定。它的数量比较少，是一些不言自明的基本假设。我国会计基本假设基本照搬于此。美国会计基本假设除了上述四个会计假设外还提出暂时性假设和市场价格假设。暂时性假设是指由持续经营和会计期间假设产生的会计信息，是暂时的，不是永久的，永久结果待企业结束时才会有定论。这说明会计信息不可能完全符合客观实际，是有条件的，是受到会计假设和会计环境制约的。市场价格假设是由货币计量假设决定的，承认市场价格是必要的计量属性，它假设资产按照市场价格入账以后就不再变动。但是市场价格是不可能不变的，可以说会计这样反映经济活动并不是如实反映，只是忽略了价格变动因素。应该说，市场价格假设是会计要素计量的基本假设。

---

① 有关论述引用了葛家澍教授等在《会计理论》中的相关论断。

② 本书的分类参照了刘仲文教授所做的表述方式（刘仲文. 会计理论与会计准则问题研究［M］. 北京：首都经济贸易大学出版社，2000：110.）。葛家澍教授等在《会计理论》中把它划分为基本会计假设和基本会计假定两个层次（葛家澍，杜兴强，胡念梅，等. 会计理论［M］. 上海：复旦大学出版社，2005：129-132.）。

第二个层次，假设与基本假定是属于同一层次的假定，是比第一个层次估计与假定成分更大的假设，必须做出这些假定才有助于会计处理。如权责发生制、收付实现制等，是主观性比较大的假定，但是这种主观假定又是符合会计目标的。但是假定是需要进一步证明的命题。从这个意义上说，第一个层次中的持续经营也可以说是属于这一层次的假设。因为持续经营虽然对企业全部经济业务起作用，但是该假定是需要进一步证明才可以成立的。它是与市场竞争机制相违背的会计假设，并不适用于市场经济条件下的一切企业。因此，国际会计准则委员会在20世纪90年代发表的概念框架将持续经营、权责发生制作为基本假设。我国是把这一层次作为会计基础，其实质与会计假设的内涵无异。

第三个层次，假定是带有估计性的假定，是对具体会计要素一般业务处理的假定。这部分假定实际是我们目前在实务中常用到的会计估计，如固定资产和无形资产的残值、使用年限、减值等。又如记录应收款项时，一般假定货款全部能够到期偿还，于是按照实际发生额记录应收账款价值；如果到期不能偿还，则假定该客户信誉不好，而提取坏账准备。也就是说，会计假设在会计核算中处处可见，只有把它们归纳起来条理化，我们才能够更深刻地认识会计核算的内在客观规律。

我国的会计假设实际上基本是照搬西方会计理论的研究成果，在会计实践运用实际上也类似于西方国家的三层次理论①：第一个层次为会计的基本假设，它在会计准则行文中为会计核算的基本前提，包括会计主体、持续经营、会计分期、货币计量，其中货币计量包含币值不变假定；第二个层次为会计基础，它包括权责发生制和收付实现制；第三个层次为会计估计，它是指在具体的会计实务处理中对结果不确定的交易或事项以最近可利用的信息为基础所做的判断。

三、会计假设的特征及发展

1. 会计假设的特征

最早研究和提出会计假设特征的是美国伊利诺斯大学国际会计教育与研究中心的一个研究小组。该研究小组于1964年发表了一份报告《基本会计假设与原则说明》（*A Statement of Basic Accounting Postulates and Principles*），认为会计假设是普遍认可的基本概念，并具有五个特征：①假设在本质上是普遍性的，而且是推导其他命题的基础；②假设是不言自明的命题，它们或直接与会计职业相关或是其构成基础；③假设虽是普遍认为有效的，但是无法证明的；④会计假设应具有内在一致性，它们不会互相冲突；⑤每个会计假设都是独立的基本命题，并不与其他假设重复或交叉。因此，归纳起来讲，会计假设应具有以下特征：

①客观性：不是真理，但近似于真理，反映会计核算的基本要求。

②变动性：随环境变化而变化，包括总体变动，也包括内部各要素变动。

③基础性：在理论上，是其他会计理论，尤其是应用、实务理论研究的基础；在实务上，是会计核算赖以存在和进行的前提条件。

④独立性：会计假设之间是相对独立的，各自界定会计核算领域的某些内容。

⑤逻辑性（一致性）：假设之间有逻辑支持、相互配合，共同约束会计核算。

① 姜永德. 会计理论：比较、借鉴、思考［M］. 成都：西南财经大学出版社，2014.

2. 会计假设理论的发展

（1）会计主体假设受到的冲击和影响。

会计主体假设是会计工作为之服务的特定单位或组织。显然，会计主体假设规定了会计活动的空间范围，强调了会计信息提供对象的特定性和单一性。随着科学技术日新月异和竞争的日趋激烈，经济发展日益表现出多样性和复杂性。会计主体的典型形态——公司（企业）不断向外扩展，如：集团母公司拥有多个子公司，而子公司又有许多合资企业、关联企业和联营企业；总公司拥有众多分公司，又会涉及跨国公司等。会计为之服务的主体就变得具有多重性，主体是跨层次的，信息是从多层次中收集而来的。此外，随着网络经济的高速发展，虚拟的网络经济主体更是层出不穷，为会计主体的拓展和界定提出重大的挑战。

（2）持续经营假设受到的冲击和影响。

持续经营假设认为，一个经营主体将持续它的经营活动，直至实现它的计划和受托责任为止。在市场经济下，企业优胜劣汰是客观的事实。从长远看，几乎没有企业能够做到真正意义的“持续经营”。如前所述，网络公司只是一个临时性联盟体，时而膨胀，时而缩小，当其特定任务完成后即解散，使得资产的历史成本计价、费用与收入的按期配比变得不切合实际；另外，企业之间的兼并或分拆，使得企业资产重组或剥离变得愈加频繁，已经难以按传统的假设判断企业是否能持续经营。持续经营假设受到了许多不确定因素的挑战。当企业进入破产程序后，持续经营假设已不复存在，应立即终止经营假设，取而代之的将是“清偿假设”。

（3）会计分期假设受到的冲击和影响。

会计分期假设是会计人员在时间上人为地把连续不断的企业生产经营活动结果用起讫日期加以划分，以计算损益、编制报表、形成会计期间。知识经济下，信息是全球经济神经传递的讯号，金融资本是全球经济的血液，通信是全球经济的动脉，为了正确、快捷地决策，必然要求及时、有用的信息。如证券市场情况瞬息万变，这就使得证券市场的投资者往往需要迅速、及时地了解企业的经营状况，以便对股票价值的快速变化及时做出反应，更准确地预测其未来的投资收益。然而目前以年、甚至以半年、季度为时间单位的财务报表，已经不能满足投资者的需要。随着计算机网络等技术的发展，未来的会计信息提供必然是一种适时信息报告系统，那么会计分期的限制也受到了巨大的冲击。这就要求我们缩小会计分期间隔，实行按季度、月份甚至日为时间单位来编制会计报表。

（4）货币计量假设受到的冲击和影响。

货币计量假设认为，会计是一个可以运用货币单位对企业活动进行计量并把计量结果加以传递的过程。此外，货币计量假定还包含有币值不变假定。在当今社会，通货膨胀已成一个不争的事实，并伴随经济发展而存在，因此在传统会计基础上如何考虑物价变动的影响，甚至采用何种模式的通货膨胀会计也是必须考虑的问题。此外，在信息经济时代，知识、技术、人才是企业赖以生存和发展的宝贵资源。企业无形资产对利润的贡献将会超过有形资产，在资产总值中所占的比重也会逐渐加大，而货币计量假设将会计限定在提供货币信息的假设范围内，不能记录和传递其他的非货币性信息，那么目前对企业很重要的软资产，如智力资产、人力资源究竟应怎样进行披露成为一大难题。因此我们在保留货币计量假设的同时，应增加非货币单位假设，实现以货币计量单位为主、其他多种计量方法并存，把劳动单位、实物单位等计量手段回归到会计计量体系中来。

（5）网络环境下传统会计假设面临的挑战。

传统的四项基本会计假设是建立在农业经济、工业经济基础之上的。随着知识经济时代的到来，网络信息技术的飞速发展和运用对传统会计假设产生了巨大的影响。会计主体应考虑“虚拟主体”或“经济利益相关联合体”[①] 相关内容，范围应确定为以经济利益为纽带、以项目合作为目标的经济组织集合体，既包含传统会计“实”空间的公司企业、集团及其分支机构和内部核算组织、行政事业单位等，又包括以“虚”的媒体空间为主的网络公司、虚拟企业等。而对于持续经营和会计分期假设，在网络化经济环境中，大量存在的网络公司、信息高速公路、数字化顾客、电子商务等要求会计系统从“二维平面”（时间、空间）财务报告模式转变为“三维平台”（时间、空间和速度）交互式信息交流财务报告模式。因此，应在网络化经济环境中增加会计信息“实时传递”基本会计假设。对于货币计量假设，在网络化高度发达、电子商务和电子支付盛行的新形势下，传统的货币计量假定将受到强烈的冲击，因而必须考虑“虚拟货币”的广泛存在及未来发展趋势。“虚拟货币”是指现实货币在网络中的数字表示符号，是一种网络经济环境中的价值尺度和支付、流通手段。虚拟货币本指非真实的货币，有人也称为“在线货币”。[②] 在虚拟跟现实有连接的情况下，虚拟的货币有其现实价值。知名的虚拟货币如百度公司的百度币、腾讯公司的 Q 币和 Q 点、盛大公司的点券。虚拟货币继承了现实货币价值尺度（以“在线价格”形式衡量网络产品价值）、支付手段（以“金融网络”为媒介进行网络商品买卖支付）、流通手段（以“电子货币”形式充当网络商品流通中介）的功能，但不具有储藏功能，因为它仅仅是一种以阿拉伯数字表示的“概念货币”。

总之，会计假设作为会计核算或会计实务处理的基本前提，不仅对会计准则的制定产生了重大影响，而且其发展及变化对会计理论研究也提出了巨大的挑战。

第四节　会计原则理论

一、会计原则

1. 会计原则的含义

会计原则是指具体确认和计量会计事项所依据的规范概念和规则。葛家澍教授等认为：“从理论上说，会计实务应该有一些原则可用来指导会计惯例、方法程序或有关准则。这些原则通常被称为基本会计原则，属于公认会计原则中的高层次。”[③] 由此可见，会计原则与会计准则是有区别的。会计准则应该是指规范会计工作的标准和指导思想，是对会计活动规定性的总结，是会计行动的指导思想和研究会计实务理论总体的出发点。

---

① 张皓. 知识经济环境下会计假设的创新［J］. 财务与会计，1999（9）：31.
② 孙芳城，孔庆林，李孝林，等. 会计理论比较研究［M］. 上海：立信会计出版社，2011：276.
③ 葛家澍，林志军. 现代西方会计理论［M］. 厦门：厦门大学出版社，2001：75.

2. 会计原则的历史

早在1494年出版的卢卡·帕乔利的《算术大全》就提出一些会计原则的概念。[①] 20世纪初，美国产生了公认的会计原则，现在发展成为会计原则与会计准则并存。最早提出会计原则的是AAA。而美国会计师协会（AIA）在1938年发表了由桑德斯（Thomas H. Samdens）、哈特菲尔德（Henry R. Hatfield）和摩尔（Underhill More）三人合写的研究报告《会计原则说明书》，其中提道："我们认为，会计实务中存在着一系列普遍适用的会计原则，终究它们尚未被概括出来，但是已体现在会计和财务报表之中。"[②] 接着，佩顿和利特尔顿也试图概括一些基本原则。[③]

虽然在20世纪50年代理论界主张以会计假设来指导会计准则的制定成为主流观点，但1958年重新认识到了基本会计原则的研究对会计准则制定的重要作用。AICPA研究项目特别委员会虽然强调对会计假设的研究，但也提出重点研究基本会计原则，并认为基本会计原则是会计准则文告的理论依据。斯普劳斯（R. T. Sprouse）和穆尼茨于1961年发表了《企业暂行的会计原则》，系统阐述会计原则。葛家澍教授等将其译为《试论广泛适用的企业会计原则》[④]。1970年，美国会计原则委员会发布了第4号公报——《企业会计报表所依据的基础概念和会计原则》，把公认会计原则的第一个层次称为普遍性原则，并具体分析了普遍性原则和广泛性原则与具体规则之间的制约关系。因此，会计原则主要是指普遍适用性的一些总体指导思想，并不是具体的会计准则和程序，但又是（具体）会计准则文告或选择特定程序的依据。

我国在中华人民共和国成立初期，在引进苏联模式的基础上就有会计原则的提法，只不过是称之为会计核算原则。其中主要是关于具体业务核算（包括业务、统计、会计）的一些基础规定。20世纪80年代，我国明确提出"会计核算原则"的概念，同时引进了西方会计原则的思想，且基本上把会计原则与会计准则等同看待。进入20世纪90年代后，会计原则与会计准则才分开使用。

3. 会计原则与会计准则的异同

会计原则与会计准则的相同之处：会计原则和会计准则都是关于会计实务的指导思想、标准、规范，都是处理会计实务的行动指南，都是通过长期会计实践总结出来的理论性知识。很多会计原则都被纳入会计准则的基本规定，以国家法律法规的形式强制性予以实施。

会计原则与会计准则的相异之处：

①适用范围不同。会计准则的范围主要局限在财务会计核算上，是关于会计实务工作的具体规范，在我国虽然有基本会计准则（其中还规定了基本的会计原则），但其也是关于财务会计领域的操作规范；会计原则的范围不仅包括会计核算工作，还包括其他会计工作，虽然主要是关于会计核算的总的指导思想和原则性约束，但也是从事所有会计工作需要遵循和思考的依据。

②约束性不同。会计准则是国家有关部门或国家授权的有关部门和组织以法律规

---

① 文硕. 西方会计史（上）——会计发展的五次浪潮［M］. 北京：中国商业版社，1987：171.

② WELL M C. A Revolution in Accounting Theory?［M］. The Accounting Review，1961：474.

③ 例如佩顿在《会计理论》中提出了成本与账面价值，利特尔顿在《会计理论结构》中谈及客观性等（葛家澍，杜兴强，胡念梅，等. 会计理论［M］. 上海：复旦大学出版社，2005：23-26.）。

④ 葛家澍，林志军. 现代西方会计理论［M］. 厦门：厦门大学出版社，2001：75.

范的形式予以发布的，具有很强的行政约束性、政策性和强制性；而会计原则是经过长期会计实践总结出来的思想精髓，是会计实务界的基本和原则性共识，具有较强的会计自发性和内在科学性要求。

③产生和发展条件不同。会计准则是基于一个国家或地区的宏观管理要求，结合具体的实际情况人为制定出来的行动规范；而会计原则体现的是会计发展的内在要求，是长期会计实践积累形成的。

④规范的形式和要求不同。会计准则是指导具体会计实务的规范，规定得较为具体、细致；而会计原则是指导人们处理会计实务的一种思想和理念，规定得较为笼统、抽象。

因此，会计准则与会计原则既有区别又有联系，很大一部分会计原则在会计准则中做规定，但有些会计原则又未纳入会计准则。

4. 会计原则的内容

美国财务会计准则委员会将会计原则分为两个层次：基本原则（包括成本原则、收入实现原则、配比原则和充分揭示原则）和详细会计原则及程序（即狭义公认会计原则）两部分。基本假设、基本原则和操作限制共同作用于详细会计原则及程序。①

国际会计准则委员会在1989年7月公布的《编报财务报表的框架》中指出，财务报表四项主要的质量特征是可理解性、相关性、可靠性和可比性，财务报表的质量特征还包括重要性、真实反映、实质重于形式、中立性、审慎和完整性等。1997年修订后的《国际会计准则第1号：财务报表列报》（IAS No. 1）的总体要求中强调应“公允列报和遵守国际会计准则”，强调了“持续经营”“权责发生制会计”“列报的一致性”“重要性与汇总”“抵销”“可比信息”“会计政策的选择”等总体要求（即会计原则）。《国际会计准则》将属于企业会计核算的内容作为会计政策的范畴，并指出：“会计政策，指企业在编制财务报表时采用的特定原则、基础、惯例、规则和程序。”可见，国际会计准则委员会（IASC）将会计原则分为基本会计原则和具体会计原则两大类。

克里斯托弗·诺布斯（Christopher Nobes）在他1997年所著的《会计》中指出，会计原则“在美国，它趋向于指会计实务的惯例，而在英国，它指的是更为基础和理论性的东西。因此，美国的公认会计原则包括大范围的有关会计实务的概括性和具体的会计规则。在英国，具体的规则通常叫作实务、政策或基础；习惯上，像权责发生制或者稳健性原则这样更概括性的东西才被称作概念或惯例”②。可见，国际会计准则委员会和英国对会计原则的理解的共同之处是将企业会计核算的具体规则称为“会计政策”，而将比会计政策更概括、更原则的概念或惯例称为“会计原则”。

我国1993年发布《企业会计准则》在第二章“一般原则”中划定了包括及时性、可比性、一致性、真实性、权责发生制、配比、实际成本、清晰性、重要性、划分收益性支出与资本性支出12项原则，后来逐渐把它们区分为会计信息质量要求原则（客观性、相关性、可比性、一贯性、及时性和明晰性）和会计要素的确认和计量原则（权责发生制、配比、历史成本、划分收益性支出与资本性支出）两类。我国在2001年发布的《企业会计制度》中又增加了“实质重于形式”原则，在2006年颁布的

---

① 汤云为，钱逢胜. 会计理论［M］. 上海：上海财经大学出版社，1999：105.

② 诺布期. 会计［M］. 王塑源，张蓓，译. 上海：上海远东出版社，1997：33.

《企业会计准则》中精简成可靠性、相关性、可理解性、可比性、实质于形式、重要性、谨慎性和及时性 8 条原则，而把权责发生制作为一项会计基础，并隐含有配比及划分收益性支出与资本性支出的要求，把历史成本作为一种计量模式，但实质上它们仍起会计的一般原则的作用。

二、会计惯例[①]

1. 会计惯例的含义

一般而言，会计惯例是指在人们在长期的会计实践中逐渐形成的有关会计领域的习惯性通行做法。它是在会计实践中反复使用、后被人们普遍接受并成为通例。不同国家和地区，由于各自所处的会计环境不同，从而形成不同的会计惯例，这就是在某一个国家和地区所通行的区域性会计惯例。随着国际经济合作的加强及国际经贸的发展，各国会计活动得到广泛交流，会计在跨越区域和国别的基础上形成了被许多国家和地区共同遵循的并普遍采用的通行做法和规则，这就形成国际性会计惯例。

从构成内容上看，会计法规制定惯例包括国家会计法规、企业会计制度的制定惯例等；财务会计基础规范惯例包括记账方法、会计核算前提、会计要素划分、会计恒等式规定、会计基本原则和会计循环程序等有关会计核算基础规范方面的习惯做法；会计信息披露惯例包括会计信息披露的内容以及会计报表的种类、格式、编制方法、程序等通行做法；等等。

世界上最早的会计准则是于 20 世纪三四十年代提出的美国的公认会计原则，它是在众多会计惯例的基础上归纳总结而成的，是会计惯例的升华，来源于会计实践的长期积累，经过一定程序后反过来规范实践。利特尔顿在其《会计理论结构》一书也阐明：惯例是一种习惯性的规则、法规或要求，它们或多或少地通过共同的默认来确定。[②] 由此可见，会计惯例是会计准则产生的基础，会计准则是会计惯例不断演变和发展的结果。会计准则是人们通过理论的逻辑论证，对会计惯例进行归纳、总结、分析过后，成为一个具有较强理论依据，且符合实践要求的会计行为规范和规则，人们将其用以指导、规范会计实务，从而使某一国家或地区的会计信息规范、公允、可比。从内容上看，会计惯例不等于会计准则，虽然会计惯例是形成会计准则的基础，但是也有许多会计惯例在会计准则中尚未加以规定，而会计准则中的一些规定也尚未形成惯例，只是从准则制定者的角度出发需要予以规定并强制执行。此外，会计惯例的主体内容是财务会计基础、会计要素的确认、计量和报告等，而会计准则规范的主要内容也是财务会计基础、会计要素的确认、计量和报告，两者主体内容相同。从约束性上看，会计准则具有很强的约束性，是会计惯例系统化和标准化总结而产生的规范性、权威性、强制性文件；而会计惯例体现出来的是自发性、民间性，它不具有强制性，而且与一国的会计环境有密切的联系。虽然从技术性角度看，会计惯例表现有国际性的一面，但由于各国或各地区政治、经济、文化等环境因素的不同，它又有明显的区域特色。随着会计的发展，有国际化发展要求的国家或地区，更需要吸收其他国家的

① 姜永德. 试论会计惯例国际化与会计准则国际化的问题［J］. 西部论坛，1998（4）：47-50.

② 利特尔顿. 会计理论结构［M］. 林志军，黄世忠，译. 北京：中国商业出版社，1989：177.

会计惯例成果。①

因此，会计惯例具有如下特点：①大部分是经过长期实践检验而得到的习惯性做法，是可以供人们比照办理的先例；②得到普遍的公允性，得到人们的共同认同；③具有地域性特征。惯例可以是一个民族（种），也可以是多个民族（种），甚至是各个民族（种）都认可并共同遵守的。会计惯例可分为国际会计惯例、国家或区域性会计惯例等。在西方国家，常有修订性惯例的说法，意指在会计原则或会计准则规定的前提下必须做出原则性考虑的会计惯例。

2. 国际会计惯例的界定

关于国际会计惯例的争论，在我国，代表性的观点有两种：

第一，以国际会计准则委员会制定发布的"国际会计准则"作为会计的国际惯例。其理由是：① IASC 是一个由近百个国家的会计职业团体构成的民间组织，它所制定的会计准则具有相当的权威性和代表性；② IASC 集中了国际上许多权威会计职业团体的专家和来自国际证券交易联合会、国际商会、国际律师协会等组织的顾问，对每一项会计准则的制定都非常谨慎、客观，它所制定的会计准则的科学性和技术性无可非议；③ 以国际会计准则作为国际会计惯例，便于我国制定会计准则时直接参照。

第二，以世界上经济发达国家的会计标准和规范作为国际会计惯例。其理由是：会计不仅是促进各国经济发展的重要手段，而且为国际经济交往提供了十分重要的媒介和手段。因此，应将经济发达、跨国公司数量多且规模大，在国际贸易中地位重要，对世界经济形势影响较大的若干个国家的会计进行比较，选择它们共同遵守的会计标准和规范作为国际会计惯例。

比较上述两种观点，不难看出第一种观点的理由较为充足，但基于以下认识，我们仍然认为以国际会计准则作为国际会计惯例是不完全恰当的。其一，从国际会计准则的内容到制定过程看，它首先是一个政治和外交问题，然后才是会计的技术方法问题。在这里，不可避免地存在发达国家与发展中国家，英语国家与非英语国家等方面的利益摩擦，而作为协调结果的国际会计准则，具有明显的欧美倾向，对发达国家更为有利。"寻租"理论对国际会计准则的制定同样具有影响。其二，国际会计准则在内容上很难统一各国会计的固有差异，无法满足各国财务报表提供者及使用者的不同需求，因此，不会有任何一个国家不折不扣地执行国际会计准则，而更多采取实用主义态度。其三，各国会计活动的特殊性很难在国际会计准则中得到体现，即使是反映会计活动普遍性的准则内容，也往往会因各国的环境差异以及主观认识上的分歧而得不到普遍认同。

可见，从观念上界定国际会计惯例比较容易，但从具体内容上确定似乎很难。因此，无论国际会计惯例的内涵还是外延的界定，都只能是一种理论上或观念上的认定。照此理解，我们认为：国际会计惯例的内涵是会计系统中已经为世界各国或大多数国家所接受的会计思想、会计观念和习惯做法。国际会计惯例的外延涉及从属于会计系统或与会计系统密切相关的各个方面，包括会计规范体系、会计核算体系、会计管理体制、社会审计监督体系、社会会计服务体系以及会计教育体系中被共同认可的内容。经济发达国家的会计准则和国际会计准则之所以不能直接作为国际会计惯例，是因为

① 姜永德. 试论会计惯例国际化与会计准则国际化的问题 [J]. 西部论坛，1998（4）：47-50.

它们既不完全符合会计惯例的内涵，也不能充分满足会计惯例的外延。

这就提醒我们，与国际会计惯例协调，应当是会计思想、会计观念上的全面交融和逐步统一，而在会计规范体系、会计管理体制、会计报告要求等方面则必须有分析、有选择地借鉴、吸收国际会计准则和其他国家会计准则中可为我所用的部分，而不能无条件地甚至是盲目地将国际会计准则或者某一国家的会计准则作为“会计惯例”来参照执行。否则，不仅不利于坚持会计的国家特色，而且会延误会计的国际化进程。

三、会计信息质量特征

1. 会计信息质量特征的历史

在会计发展史上，人们对会计信息质量特征的探索和研究只有40年左右的历史。美国是最早研究这一问题的国家，所取得的研究成果也最具有代表性。20世纪70年代，AAA首先开始了对会计信息质量特征的研究。1970年，其在第4号报告中提出：会计信息的质量应满足相关性、易懂性、可验证性、中立性、及时性、可比性和完整性7条标准。显然，这些标准不太完善。经过进一步的研究，AAA又于1977年发表了《会计理论与理论认可》，明确指出：为了使财务报告对投资者和信贷人的决策有用，会计信息必须具备几个标准的质量要求，首先是相关性，其次是可靠性；并指出客观性、可验证性、中立性以及精确性等是与可靠性重叠的术语，即包括在可靠性之内，而其他的质量要求如可比性、可理解性、及时性以及节约性等也很重要。这份报告对会计信息的质量特征做了比较全面的论述，为美国财务会计准则委员会明确会计信息质量特征奠定了坚实的理论基础。

1980年5月，美国财务会计准则委员会发布了第2号财务会计概念公告《会计信息的质量特征》（SFAC No. 2）。这份公告的发布，标志着美国对会计信息质量特征的研究从纯粹的理论研究正式走向了实际应用。在报告中，美国财务会计准则委员会对会计信息的质量特征进行了全面而详细的论述，认为：会计信息的质量特征或质量的确定构成信息有用性的成分，因此，它们是进行会计选择所应追求的质量标志。并且，会计信息质量的各种特征具有一定的层次结构，其中最重要的特征是决策有用性。相关性和可靠性是决策有用性的重要质量特征，而相关性又包括预测价值、反馈价值和及时性，可靠性包括真实性、可核性和中立性。可比性（包括一贯性）是决策有用的次要质量特征。另外，会计信息的效益与成本和重要性是会计信息质量特征的两个约束条件。

2. 会计信息质量特征的内涵

要了解会计信息质量特征，必须先界定什么是会计信息。所谓的会计信息就是通过特定的会计核算标准、程序和方法对会计主体的经济业务进行加工、处理而产生的信息、资料。从某种意义上讲，会计信息就是会计主体向社会提供的一种公共产品。作为产品，产品的质量越高，对消费者的影响就越有利。会计信息也是如此，虽然它主要以数字的形式表现出来，但它并不是抽象的数字。这些数字代表着一定的经济意义。数字不同，对使用者决策的影响也就不同，因此会计信息必须有一定的质量。越是高质量的会计信息，对信息使用者进行经济决策的有利影响就越大，因而会计信息的使用者就会越多，财务报告的目标也能较好地实现；反之，低质量的会计信息即使提供了，对使用者的经济决策也没有多大用处，甚至造成错误的决策，财务报告的目标也就难以实现。

会计信息的质量特征，就是使会计信息有用的特征，即会计信息所要达到或满足的质量标准，它是进行会计选择时所应追求的质量标志。简言之，会计信息质量特征就是通过审查会计信息使之成为有用资料的各项特征或标准。在财务会计概念体系中，会计信息质量特征与财务报告目标存在着内在的逻辑关系。一方面，财务报告是会计信息的载体，财务报告目标是一般目标，是判断会计信息质量的基础，有了目标，才能对会计信息的质量特征做出规定；另一方面，会计信息质量特征是质的目标，它维护着财务报告目标，是联系财务报告目标与实现该目标的各种手段之间的桥梁，它对财务报告所提供的会计信息起着约束作用，使其能符合财务报告目标的要求。

会计原则、会计信息、会计信息质量和会计信息质量特征的关系是：人们是通过一以贯之的会计原则来处理、加工会计信息，并通过会计的一般规律来评价、衡量会计信息质量；而会计信息质量特征是国家有关部门或组织通过制定一些对会计信息的质量进行评判的标准，供人们审查和评判某一会计主体会计信息的质量高低。它们之间的关系如图 3.2 所示。

图 3.2　会计原则、会计信息、会计信息质量与会计信息质量特征的关系

归纳起来讲，会计信息质量特征的主要作用是：①会计人员检查自己所提供的会计信息质量高低的标准；②审计人员审查、评判某一会计主体所提供的会计信息质量的依据；③外界评判某一会计主体会计信息质量好坏的标准。

关于会计信息质量特征的不同认识：我国把它等同于会计原则来看待，西方国家一般把会计原则等同于会计准则，而把会计信息质量特征独立出来，作为衡量会计信息质量的重要依据。表 3.1 是对我国会计信息质量特征与国际组织的会计信息质量特征的比较。

表 3.1　会计信息质量特征内容对比①

质量特征	FASB	IASB	ASB	中国
相关性	Y	Y	Y	Y
可靠性	Y	Y	Y	Y
可比性	Y	Y	Y	Y
预测价值	Y	N	Y	N
反馈价值	Y	N	Y	N
可验证性	Y	N	N	N
如实反映	Y	Y	Y	N
无重大误述	N	N	Y	N
中立性	Y	Y	Y	N
及时性	Y	Y	Y	Y

① 葛家澍，杜兴强，胡念梅，等. 会计理论［M］. 上海：复旦大学出版社，2005：175.

表3.1(续)

质量特征	FASB	IASB	ASB	中国
充分披露	N	N	Y	N
可理解性	Y	Y	Y	Y
完整性	N	Y	Y	N
重要性	Y	Y	Y	Y
实质重于形式	N	Y	N	Y
稳健性	Y	Y	Y	Y

注："Y"表示有该项特征；"N"表示虽无明示的该项特征，但隐含该项特征。

第五节　会计要素理论

一、会计要素的含义

会计要素在会计理论体系中特别是会计准则的构建中起至关重要的作用。我国在唐宋时期就提出费用等类似的要素概念①，但在理论上进行升华。最早提出进行会计要素分类的是卢卡·帕乔利，其在所著《算术大全》中提出了资产、负债等会计要素。在20世纪70年代，美国会计原则委员会对会计要素进行归纳整理，使之系统化。在理论上，会计要素有两种说法，西方国家常称为财务报表要素，而我国常称为会计要素。

对于"会计要素"一词，我国和西方国家对其界定存在较大差异。在西方的有关会计文献中，基本上都是从实用角度出发，经常使用"财务报表要素"概念，如从20世纪70年代中期开始，美国财务会计准则委员会的概念框架研究的一个项目就是重新概括财务报表的要素，并在1976年12月发表了一份备忘录《财务会计与报告概念框架：财务报表的要素及其计量》，通过公开征询意见进行修订，并于1980年正式发表了第3号财务会计概念公告《财务报表的要素》(SFAC No. 3)，其中指出："财务报表反映交易和其他事项的财务影响，是根据交易和其他事项的经济特性，把它们分成大类。与资产负债表内财务状况的计量直接联系的要素是资产、负债和权益。与收益表内经营业绩的计量直接联系的要素是收益和费用。"FASB认为："财务报表的各种要素是构筑财务报表的材料，也就是财务报表所包含的各类项目。"② 目前，国际会计准则委员会在《财务报表编制和报告的框架》中指出："财务报表描绘交易和其他事项的财务影响，是根据交易和其他事项的经济特征，指导它们分成大类，这些大类称作财务报表的要素。与资产负债表中财务状况的计量直接相联系的要素是资产、负债、产权，与利润表中计量经营成果相联系的要素是收益和费用。"

当前，各国和国际会计准则理事会所发布的概念框架，论及的要素仅指财务报表的要素，即财务报表内容的大类，并把要素称作构建财务报表的板块。

我国经常使用"会计要素"一词，但是对会计要素的认识分为两派：一派沿用借

① 郭道扬. 中国会计史稿：上［M］. 北京：中国财政经济出版社，1982：434-443.

② 美国财务会计准则委员会. 论财务会计概念［M］. 娄尔行，译. 北京：中国财政经济出版社，1992：116.

鉴西方概念，把会计要素对应为财务报表的要素；另一派则是现今我国现行会计准则通用独立的会计要素观，即会计要素就是会计对象的具体项目。

葛家澍教授等认为："会计要素既指财务报表内容划分的大类，又指用于正式报告账户体系内容的划分大类。"[1]财务会计的要素是财务报表借以构成的积木，它是指财务报表项目的基本分类。当然，葛家澍教授等也同时认为，"要素可以理解为会计处理对象的具体化，即把会计对象用会计特有的语言加以表达，基本要素是报表项目的概括性分类或财务信息群体的分类基础，而每一类别都具有会计的特定含义和计量特征"。[2]

娄尔行教授认为："会计要素是会计对象的具体化。……所谓会计要素就是会计报表通常所含有的大类项目，是构建会计报表最根本的组件。会计要素就是会计报表的要素。"[3] 葛家澍、余绪缨两位教授在其编写的教材中也多次提出会计要素是会计对象的具体化，如："把会计对象概括为企业的资金是一个总的说法。为了明确记录和预测的具体内容和特点，应当分析资金运动的不同组成部分，把会计对象具体化。会计对象主要组成部分的具体化就是会计要素。"[4] "会计要素是对会计对象的基本分类。"[5]

李孝林、孙芳城教授等认为："根据系统科学理论，使用'会计对象要素'概念更科学。"[6] "会计要素是会计对象的构成元素，是会计对象的组成部分和具体化，又是财务报表的框架或构件。"[7]

由此可见，我国对会计要素的理解偏向于"会计对象的具体化"方面，因而我们可以将会计要素定义为对会计对象所做出的大的分类，往下再逐步进行分类就是会计报表项目和会计科目。它们的关系可用图 3.3 表示。

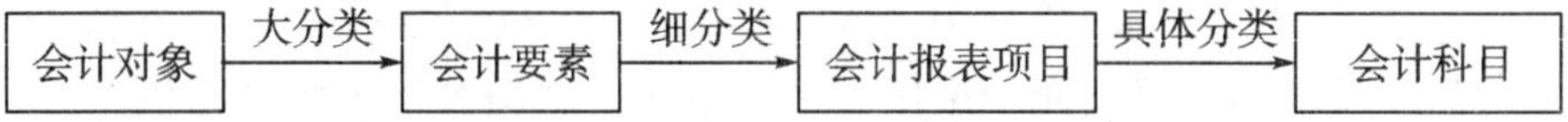

图 3.3　会计对象、会计要素、会计报表项目与会计科目的关系图

四者的关系是：会计对象是对会计客体的高度抽象、高度概括，会计要素是对会计反映和控制的众多内容所进行的大的划类，会计报表项目是以会计要素作为基础把会计主体信息对外进行披露的进一步分类，而会计科目是对会计所反映和控制的内容的具体分类，是会计人员进行具体处理所用到的工具。它们都是会计客体的表现方式，前者主要用于会计理论研究，后三者用于会计标准的制定和会计实务的应用。

二、会计要素的特征

对会计要素的理解，不能把通常意义上的"要素"与"会计"结合起来解释。通常意义的"要素"是指事物的组成元素或事物的必要因素。因此，"会计要素"只能作"会计对象的构成元素、项目"来看待，是专门对会计对象内容进行大的分类的专

[1] 葛家澍，杜兴强，胡念梅，等. 会计理论［M］. 上海：复旦大学出版社，2005：194.

[2] 葛家澍，林志军. 现代西方会计理论［M］. 厦门：厦门大学出版社，2001：113

[3] 娄尔行. 会计审计理论探索［M］. 上海：立信会计出版社，1993：63.

[4] 葛家澍，余绪缨. 会计学［M］. 成都：四川人民出版社，1995：9.

[5] 葛家澍，余绪缨. 会计学［M］. 北京：高等教育出版社，2000：26.

[6] 孙芳城，孔庆林，李孝林，等. 会计理论比较研究［M］. 上海：立信会计出版社，2011：299.

[7] 李孝林，孙芳城，丁时勇，等. 会计基本理论比较研究［M］. 北京：科学技术出版社，1997：56.

业术语，不能套用“要素”的一般含义来理解。

作为会计的基本概念，会计要素应具备以下区别于其他概念的基本特点：

（1）会计要素是会计对象的组成元素，有静态（资产、负债等）和动态（收入、费用等）两种表现形态，又称为组成会计对象的项目，亦可称为会计对象要素。

（2）会计要素是会计报表的基本组成部分，是会计报表的骨架。会计报表具体内容的延伸与扩展是以这些基本部分及其相互之间的关系为基础进行的。

（3）会计要素是对会计科目及其所涉及经济内容的归并、概括。会计对象所述之内容较为抽象，而会计科目所反映之内容又过于细致，非专业人员易理解，因而建立在会计对象和会计科目之间的既能全面反映一个会计主体的全貌，又能够基本分清这一会计主体经济活动性质的大类即会计要素。

（4）会计要素是会计学中最基本的概念，是联系会计理论与会计实践的桥梁，是会计准则的重要组成部分。

三、会计要素项目的比较

最早对会计要素进行系统研究的是 AICPA，它在 1953 年到 1957 年就陆续公布了四份《会计名词公报》（ATB No. 1 至 No. 4），并对资产、负债、成本、收益、利润等做出较为统一的规定。1970 年会计原则委员会明确提出系统研究会计基本要素，并在其后发布的第 4 项研究报告中专门提出了财务会计六大基本要素及其相互关系。六大要素为资产、负债、业主权益、收入、费用和净收益，其中“资产-负债=业主权益”反映企业的财务状况，而“收入-费用=净收益（净损失）”反映企业的经营成果。

目前，世界上的主要国家和组织如美国、英国、加拿大、澳大利亚等和国际会计准则理事会都颁发了财务会计概念框架，确定了会计要素的构成。我国正式明确会计要素是 1993 年发布的《企业会计准则》，提出资产、负债、所有者权益、收入、成本（费用）、利润六大要素的概念，并历经修订不断完善。现把美国、英国、加拿大、澳大利亚、IASB 和我国《企业会计准则——基本准则》的会计要素项目比较分析如下：①

（1）美国 FASB 的 SFAC 包含十要素：资产、负债、产权②、业主投资、派给业主款、全面收益、收入、费用、利得、损失。

（2）IASB 包含五要素：资产、负债、权益、收益（收入+利得）、费用（包括损失）。

（3）英国 ASB 的 SP 包含七要素：资产、负债、所有者权益、利得、损失、所有者投资、派给业主款。

（4）加拿大 CICA 的 FSC 包含七要素：资产、负债、净资产、收益、费用、利得、损失。

（5）澳大利亚的 SAC 包含五要素：资产、负债、产权、收益、费用。

（6）中国的 CAS 包含六要素：资产、负债、所有者权益、收入、费用、利润。

比较与分析结果如下：

---

① 此处有关西方国家和国际组织的会计要素项目划分引自葛家澍、杜兴强等的《会计理论》。

② 在葛家澍、杜兴强等的《会计理论》一书中列示的名称为所有者权益；而在葛家澍和林志军合著的《现代西方会计理论》一书中列示的名称为产权，并阐明“产权是在扣除某一主体的负债后，留剩的资产（净资产）之中体现的剩余权益”，并提出“在企业中，产权就是业主权益”。

（1）会计要素均划分为静态（反映财务状况）和动态（经营业绩）两大类；反映财务状况的会计要素基本相同，包括资产、负债和所有者权益三个；并都遵循资产=负债+所有者权益的基本原理。不同之处在于对所有者权益的表示和范围的界定有所区别：IASB 叫权益、FSC 叫净资产、SAC 叫产权。此三者与中国的 CAS 表述中的所有者权益内涵相同。

（2）反映经营业绩的要素差异较大。美国 FASB 的 SFAC 运用了全面收益的概念，并按以下原理描述在一定期间资产或资产要求权的流动和变动的结果：

全面收益=（收入-费用）+利得-损失

某一期间的全面收益+该期间的业主投资-该期间内分派业主款=期末净资产-期初净资产=产权（净资产）的期间内全部变动

英国 ASB 的 SP 用“利得”代替收入并包括收入，用“损失”代替费用并包括费用。这是英国会计要素划类的一大特点。同时，英国的会计要素增加了类似于美国的所有者投资、派给业主款两个项目。

SAC 与 IASB 相同，即包含收益和费用，这与 SAC 基本遵照 IAS 的结果，而 FSC 除了借鉴 IAS 的基本会计要素划分外，还增加了美、英的利得和损失两个要素有关。

中国也是具有特色的，除了运用收入来代替收益外，还增加一个“利润”要素，这是其他国家和国际组织所没有的。

（3）美国 FASB 的 SFAC 和英国 ASB 的 SP 与他国和 IASB 的不同，在会计要素中增加了业主投资（所有者投资）、派给业主款，即作为经营业绩的构成要素，又反映权益的变动情况，更主要的是体现“业主”权益的变动情况。究其原因主要是美国和英国为老牌资本主义大国，不仅现代市场经济历史悠久，权益业务较为繁杂，而且存在大量的独资和合伙企业，单独设置业主投资和派给业主款两个要素可以提供更为详细的权益变动信息，也便于独资和合伙企业对权益进行核算和报告。因为独资和合伙企业承担着无限责任，可以较为自由地投款和提款，因而这些企业往往要设置“业主提款”等账户来反映与经营导致业主权益变动的不同情况，同时还需编制“业主资本”表，反映当期业主资本的投入和提款的状况及期末余额。

（4）所有的会计要素的划类都是以权责发生制基础，包括了资产负债表和利润表的项目内容，但均未包含现金流量表的项目内容。我国有人认为应该把现金流入量、现金流出量、现金净流量作为会计要素①，以权责发生制和收付实现制来共同构筑会计信息披露的框架。我们认为，会计要素作为会计的基本概念和会计理论体系的主要内容，应有广泛的通用性和高度的概括性，现金流量表反映的内容实际是现金资产的增（流入）减（流出）变动及其结果（流量净额），其内容实际只是反映一种在某一段时间内变动的情况及其结果，其各项变动的情况和结果实则都可以体现在资产、负债等会计要素上，如果增设此项目，则存在重复之嫌。

（5）关于“利得”和“损失”。美国、英国、加拿大三国均把利得和损失确认为独立的会计要素，美国和加拿大由于地缘政治和经济等方面的因素是一脉相承的，在划分和运用上无多大区别。美国和加拿大采用狭义“利得、损失”观，英国采用广义“利得、损失”观（广义利得=收入+狭义利得，广义损失=费用+狭义损失）。IASB、

---

① 曹伟. 如何构建我国会计要素［J］. 会计研究，1996（1）：27-30.

SAC、中国的 CAS 虽无独立的得利和损失要素，但 IASB 和 SAC 均把其涵盖于收益和费用中，亦即广义的收益和费用。而我国把它们分为两个部分：一部分作为为营业外收入和营业外支出放在利润要素中，作为利润要素的组成部分；另一部分直接计入所有者权益要素。

（6）关于“利润”要素。美国和中国均有此要素，分别叫“全面收益”和“利润”，我国在 2009 年《企业会计准则解释第 3 号》也要求在利润表中增加“综合收益”项目。而 IASB 和其他国家均无此要素。利润应否单独作为会计要素，自从其产生之日起在我国理论界就存在争议。我们主张取消利润要素，理由有三个。首先，利润作为基本会计要素存在缺乏企业实际的经济交易依据。其次，利润的形成实际上是收入和费用对比的结果，而对比前的利润体现在所获得的收入和发生的费用之中，对比后的利润实际上已成为所有者权益的一项内容。最后，不论从会计基本等式（资产=负债+所有者权益），还是从会计扩充等式（资产=负债+所有者权益+收入-费用）来看，都不存在利润要素。在美国，虽然设立了“全面收益”会计要素，但这与我国有本质区别。美国 FASB 所指的会计要素，是指财务报表要素，我国的会计要素是指会计对象要素。

第六节　财务报告理论

一、财务报告的含义和作用

1. 财务报告的含义

财务报告是指企业正式对外揭示或表述财务信息的文件。葛家澍教授等认为财务报告主要是指财务信息在财务报表表内的确认和表外的披露或表述。① 在财务会计实务中，财务报告与财务报表这两个术语时常混同使用，但两者是既有联系又有区别的。首先，财务报表是财务报告的主要表现手段，其项目和金额来自企业日常的账簿资料，必须有可靠的凭证作为原始证据，遵守公认会计原则，其真实性和公允性应由注册会计师进行审计。因此财务报表信息的可靠性、相关性，有助于企业内外使用者的经济决策。其次，财务会计信息主要是通过一系列的财务报表来提供的，如果没有财务报表，也就谈不上财务报告。另外，西方财务会计理论认为，财务会计提供完整的财务信息的职能是由财务报告完成的，财务报告具有不同的手段或形式，财务报表是财务报告最基本的手段，但不是唯一的手段。所以在财务报告中，还应当考虑可用于提供使用者决策所需信息的其他手段或形式。特别是从 20 世纪 70 年代以来，企业生产经营与投资理财活动的日益复杂、企业的相关利益集团范围的延伸以及企业经营管理责任概念的扩大，使得单靠财务报表已无法满足使用者的信息需要，要求企业扩大对外披露信息内容的呼声越来越强烈。财务报表以外的财务和非财务信息的披露日益受到重视，其报告形式也有许多新的发展。因此，在财务会计理论中，“财务报告”日益代替了“财务报表”的传统概念。例如，美国财务会计准则委员会在 1978 发表的《企业编

① 葛家澍，林志军. 现代西方会计理论［M］. 厦门：厦门大学出版社，2001：341.

制财务报告的目标》（SFAC No. 1）中就明确提出："财务报告的编制不仅包括财务报表，还包括其他传输信息的手段，其内容直接地或间接地与会计系统所提供的信息有关。"因此，从财务会计的观点看，与财务报告相关的概念包括财务报表、附注、其他财务报告、其他报告、年度报告等。[①] 由此可见，现代企业对外提供的信息已经超越财务报告的范畴。

2. 财务报告的作用

财务报告本身并非财务会计的目的，而是借以提供在使用者的经济决策中有用的信息。概括来讲，财务报告的作用包括以下几个方面：

（1）帮助投资人和债权人进行合理决策。在西方，企业主要是私有的，企业的资金主要来自业主（股东）的投资和债权人的贷款。无论是现在或潜在的投资人或债权人，为了做出合理的投资和信贷决策，必须拥有一定的信息以了解已投资或计划投资的财务状况和经营成果。例如：投资人主要关心企业的经营业绩或获利能力，需要了解投资的风险及其报酬高低，或者是关于企业盈利和股利分配的信息；而债权人则要考虑企业的财务状况或偿债能力，以保证贷款的安全和可收回。显然，这些方面的信息都属于财务信息，应通过财务报告来提供。

（2）反映管理当局的受托经营责任。在西方的企业中，股东投入企业的资源是由专职的管理当局加以控制和使用的，股东和管理当局就形成一种经济受托关系。为了保护自己的切身利益，股东需要了解和评估管理当局的业绩及其对受托资源的经管责任。股东既要了解企业资源在期初和期末的形态、数量和状况是否完好，又要对管理当局创造有利净现金流入（即盈利）及其组成部分的能力进行评估。财务报告可以充分揭示企业在期末的财务状况和期间经营业绩的有关信息，从而可以反映管理当局的受托责任及其完成情况。

（3）评估和预测未来的现金流动。企业内外使用者对信息的需求帮助投资人和贷款人进行合理决策，反映管理当局的委托经营责任；评估和预测未来的现金流量，促进社会资源的最佳配置，有助于政府管制和经济稳定。财务报告的主要内容侧重于财务预测，即预测有关企业的预期现金净流入的金额、时间分布和不确定性，或者是预测企业能否产生足够的现金流入来偿付到期债务和经营活动中的其他现金需要、再投资以及支付股利的能力。通常，预测经济前景应以过去的经营活动的信息为基础，即由财务报告所提供的关于企业过去财务状况和经营业绩的信息作为预测依据。所以，美国财务会计准则委员会强调："信息主要是历史的，但使用这些历史信息的人们可能试图据以预测未来，或是用以证实或否定他们的原先预测。"

（4）促进社会资源的最佳配置。在经济社会中，资源是有限的，各国都要考虑如何充分有效地配置稀缺的资源。在西方国家，资源配置主要是以发达的资本市场为媒介，即通过私人资本从低效率企业向高效率企业的自由流动来配置资源。财务报告所提供的一个主要信息就是反映各个企业的盈利水平及其获利能力，从而有助于投资人、债权人和社会公众对不同企业的经营业绩和财务实力进行比较和预测，以便确定予以投资或贷款的企业或方向，其结果将促使社会资源流向高收益的行业或企业，达到最佳配置。

---

① 葛家澍，杜兴强，胡念梅，等. 会计理论［M］. 上海：复旦大学出版社，2005：252.

(5) 有助于政府管制和经济稳定。在西方国家，虽然实行自由化经济，但为了避免经济混乱和危机的损失，政府机构或多或少地对私有企业进行某些干预，比如在税收、证券流通、就业、社会保险等方面施加必要的管制。财务报告可以提供这些干预或分配的信息，也有助于缓和雇员、工会和管理当局之间的劳资关系。

二、财务报告的历史演进

1. 直接和基础的财务报表形式阶段

该阶段又称账簿式的财务报告阶段。在资产负债表出现前，账簿式的报告是财务报告的主要形式。早期的财务报告，一种是口头汇报，一种是将账簿进行“上计”。我国早在西周时期对财务报告期限就有较为严格的规定。[①] 在古代埃及，“每月，作为地方官的州长，都必须向宰相做一次财务报告”，主要表现为口头汇报。古希腊时期（公元前5世纪至公元前3世纪），雅典有官厅会计也要求呈送报表按严格的期限。[②] 战国时期至秦朝，记录会计事项的简册“计簿”及汉代的“上计簿”就是财务报告的雏形，因为此时的财务报告尚无会计事项的具体分类，而且在形式上以叙述性的文字为主，因而是一种较为原始的财务报告。在西方，账簿式财务报告时期始于12世纪，终于15世纪。1494年，卢卡·帕乔利的《算术大全》，虽未直接提到“资产负债表”和“损益计算书”的编制，也未提及决算时“财产目录”的编制，但明确提出了按分户计算法决出损益[③]。这说明威尼斯的复式簿记法和卢卡·帕乔利的复式簿记理论正处于幼年时期，所以这一时期的财务报告是直接和基础的财务报表形式。其基本原理都是采用“期末资产总额-投入资本=资本增值额”的形式，主因在于当时的经济利益关系较单一、经营形式主要是私人经营者。

2. 单一报表阶段

关于资产负债表的前身，人们提法不一，有的人认为是“定期财产目录”，有的人认为是“试算平衡表”，还有人认为是“余额账户”。其实资产负债表在各地的出现并不同步，其演变的路径也不尽相同。1531年，德国纽伦堡商人约翰·戈特利布在其所著的《简明德国簿记》中公布了世界上最早的资产负债表格式。在16世纪，意大利的企业在报告应税财产时已开始编制资产负债表。当时企业的组织形式主要表现为独资企业和合伙企业，企业内外经济关系比较简单，经济活动也不复杂，企业均由投资者经营，资产负债表基本能满足外部信息使用者的需要。业主或合伙人通过查阅损益类账户便可获悉企业收益成果，因此当时一般不编制损益表。在17世纪初，西蒙·斯蒂文（Simen Stevin）出版了《数学惯例法》一书，提出了“资本状况表”，进一步为现代资产负债表勾画了轮廓。[④] 17世纪的法国制定了一系列法律以避免欺诈性破产，商人们必须每两年进行存货的实物盘存，并提供盘存报告（资产负债表）。在英国，会计学者确立了“财产=资本”和“资产-负债=纯资本”的会计等式，创建了英国式资产负债表。1844—1862年，英国《公司法》的颁行，确定了资产负债表的标准格式。

---

① 据《周礼·天官·冢宰》记载：“岁终，则令群吏岁会，月终，则令正月要，旬终，则令正日成，而以考其治。”财务报告的目标就是在岁终、月终和旬终分别考岁成、月成和旬成，以“考其治”。

② 索科洛夫. 会计发展史［M］. 陈亚民，译. 北京：中国商业出版社，1990：11.

③ 文硕. 西方会计史（上）——会计发展的五次浪潮［M］. 北京：中国商业出版社，1987：175.

④ 文硕. 西方会计史（上）——会计发展的五次浪潮［M］. 北京：中国商业出版社，1987：226-230.

19 世纪的德国同样也重视资产负债表，1861 年《德意志商法》颁布，其中对企业定期编制资产负债表及如何对财产估价做出了规定。担任德国“账簿审计师协会”法律顾问的费希尔分别于 1905 年、1908 年发表《资产负债表价值 · 第一部》《资产负债表价值 · 第二部》，紧接着他又相继发表了《资产负债表价值原理》（1909 年版）及《商法簿记与资产负债表》等，为德国会计理论的进一步发展奠定了基础。尤其注意引进德国的资产负债表学说。1909 年，被誉为会计学泰斗的哈特菲尔德出版了其名作《现代会计学》，该书以资产负债表为主线，精辟地阐述了会计学中的一系列理论问题，奠定了美国会计学的基础。①

3. 两表式时期

收益表（又称损益表或利润表）的产生最早可追溯到 17 世纪的损益证明书。而其前身是 18 世纪到 20 世纪初的原始资本计算书（损益表）。从 19 世纪中叶至 20 世纪中叶，西方发达国家的财务报告已逐步定型于由资产负债表和损益表组合而成的两表体系。19 世纪中叶以后，股份有限公司已成为英国一种很普遍的企业组织形式，由于所有权与经营权的两权分离，出现了职业经理阶层，企业所有者退出企业的经营。股东迫切需要了解企业经营的好坏，尤其是盈利能力及盈利分配情况。同时，生产经营的复杂性程度的加剧，导致过去单凭期初与期末净资产的对比计算出盈利已不合时宜，于是以反映企业一定期间生产经营成果的损益表应运而生。此外，所得税法的引进与发展，使人们开始密切关注有关收入和费用的核算与报告问题。1929 年，英国《公司法》首次正式要求企业编制收益表，使收益表成为企业第二个正式对外财务报表，利特尔顿在《会计理论结构》中也多次强调了收益表的重要性②。因而，收益表已经逐渐成为财务报表的核心，直到今天，很多企业尤其是上市公司在其年度报告中都把收益放在首位。

4. 三表式时期

随着企业筹资手段的日益多样化和复杂化，与生产经营活动一样，企业的投资活动和理财活动也影响着企业的财务状况与经营成果。由资产负债表和收益表所提供的信息逐渐难以满足企业外部信息使用者了解企业财务状况变动情况的需要。因此，资金表或财务状况变动表作为财务报告的第三财务报表也应运而生。它最早出现于美国，在它尚未正式成为对外报表之前，美国有些企业就已自发地编制“资金表”或“资金来源和运用表”，以反映企业财务状况的变动情况，但名称和格式各异，编制方法也不一致。1961 年，AICPA 发布第 2 号会计研究公告，建议对外提供资金表，并由 CPA 审计。1963 年 10 月，美国会计原则委员会发布了第 3 号意见书，建议企业编制“资金来源和运用表”，并将其作为财务报告的辅助信息，但未做出强制要求。1971 年 3 月，美国会计原则委员会发表第 19 号意见书取代第 3 号意见书，建议将此表更名为“财务状况变动表”，并将其列为对外正式公布的基本财务报表。1987 年 11 月，美国财务会计准则委员会公布 95 号财务会计准则公告《现金流量表》（SFAS No. 95），取代了美国会计原则委员会的第 19 号意见书，并要求企业在 1988 年 7 月 15 日以后，必须以现金流

---

① 1909 年，哈特菲尔德的名著《现代会计学》在纽约出版，它与斯普拉格的名著《账户原理》并列，成为当时在美国会计界最有影响的著作。《现代会计学》一书于 1919 年重印，并于 1927 年修订，以《会计学：原理核问题》再版。

② 利特尔顿. 会计理论结构［M］. 林志军，黄世忠，译. 北京：中国商业出版社，1989：105.

量表代替财务状况变动表。1989 年，国际会计准则委员会发布了第 7 号国际会计准则《现金流量表》，取代了 1977 年公布的第 7 号国际会计准则《财务状况变动表》。1992 年 12 月，IASC 对第 7 号国际会计准则进行了修订，并于 1994 年 1 月 1 日起生效。英国也于 1991 年颁布了《财务报告准则——现金流量表》，并于 1996 年进行了修订。①

三、财务报告提供的信息

1. 财务报告提供信息的种类

从提供信息的形式看，财务报告提供的信息包括定量化信息和定性化信息两类。定量化信息是指那些可以用货币来进行计量和可用数字来反映的信息。财务报告主要是以定量形式来描述企业的财务状况和经营成果，即向使用者提供有助于其决策的定量化数据。无论是关于企业的经济资源、义务、财务状况变动，还是关于企业的经营成果与现金流动等方面的信息，都可以用货币表示数量信息。所以，美国财务会计准则委员会在研究财务报告目标时提道："财务报告提供的信息在性质上主要是财务的，即一般地说，它是按货币单位定量表述的。正式纳入财务报告的信息必须是可以按货币单位定量的。"定性化信息，又称为非定量化信息，是指那些不能以数量表示的信息。虽然财务会计主要是提供可用货币计量的定量信息，也不能完全排除某些定性的信息。但定性化信息的相关性和必要性是较难确定的，取决于信息使用者决策的需要程度。一般地说，只有在决策时必不可少的信息才是相关的，否则定性信息的相关性不大。因此，必须确定哪些定性信息与决策是相关的。

从财务报告提供信息的内容来看，企业一般需提供以下有关方面的信息：

①关于企业的经济资源的信息。这些资源上的权利以及引起资源和资源权利变动的各种交易、事项和情况的信息。

②关于企业在报告期内的经营绩效的信息。企业经营活动中引起的资产、负债和所有者权益变动及其结果的信息。

③关于企业现金流动的信息。因为一个企业过去、现在和未来的现金流动（尤其是净现金流动）是现代企业在经济上有无活力、在财务上有无弹性、在未来发展上有无后劲的重要标志。就财务报告的外部使用者来说，他们特别关注企业的到期利息与本金能否用现金偿还，应付股利能否用现金分派以及表明影响企业变现能力或偿债能力的其他信息。

④反映企业的管理部门向资源提供者报告如何利用受托使用的资源，进行资源的保值、增值活动和履行其他法律与合同规定的其他义务等有关受托责任的信息。

2. 财务报告提供的信息的特征

①公允性。财务报告，特别是其中的财务报表，必须经过独立的注册会计师审查，以增强其可靠性。这是因为现代企业的两权分离导致财务报告编制者与使用者的分离，而财务报告信息又涉及众多的外部集团的利益，为了增加外部使用者对财务报告真实性和公允性的信赖，有必要利用外部独立的注册会计师对企业管理部门提供的财务报告的公允性进行审核。此外，各国的法律或权威机构往往对财务报告的内容、披露的方式和时间，以及审核要求提出具体的规定。

① 周晓存. 财务报告的历史演进［J］. 中国乡镇企业会计，2007（2）：84-85.

③财务性。财务报告传递的信息要能用货币表述，简称财务信息。财务信息所反映的内容与企业及其相关集团的利益具有密切的联系，因此财务报告能够为相关集团的决策提供依据。尽管许多重要的事项都可以通过财务信息加以反映，但只有财务信息还远远不够。许多非财务信息（如管理部门的信誉与能力、企业文化、人力资源等）对外部使用者的经济决策也有重要的影响。因此，财务信息若不辅以其他统计资料和定性信息是不全面的。

③财务报告提供的信息主要是反映已经发生的交易和事项的财务影响，虽然企业管理部门可能提供有关未来计划和预测的信息，但财务报表和大部分其他财务报告所反映的内容是历史的，例如房屋建筑物的建造成本、机器设备的取得价格等。此外，财务报告所提供的信息往往来自近似的计量而非精确的计量。由于企业的生产经营活动纷繁复杂，且往往跨诸多时期并含有很大的不确定性，因此在财务报告信息的确认、计量和报告中就必然有许多估计与判断。

四、基本的财务报告和财务报告的其他手段

1. 基本的财务报告

①资产负债表，它又称财务状况表。长期以来，它一直作为一种基本的会计报表，其主要作用是提供关于企业在某一时期的资产、负债、所有者权益及其相互关系的财务状况信息。资产负债表的起名主要来自它的编制惯例。因为它主要是利用会计账户在特定时日的余额编制，并且要保持资产、负债、所有者权益这三个报表要素之间恒等关系，即表现为一种对应的平衡表。为了便于财务信息的分析利用，关于财务状况的数据应在资产负债表上加以一定的分类和组合。显然，资产负债表项目的分类和排列在一定程度上取决于特定企业的规模、性质及其经营方式，但从有利于比较的角度来看，资产负债表应包括一些基本的分类。

②利润表。利润表又有损益表、收益表等多种称法，是用来反映企业在一定时期经营活动绩效的一种报表。在一定意义上，利润表属于对企业在期间内财务状况变动的反映，因为它能揭示企业的经营活动对期间内资产、负债和所有者权益的有利或不利的影响，或者是能说明引起财务状况变动的一个主要方面。然而，无论在会计理论界或会计实务界，至今尚未对收益的概念形成统一认识。目前，比较流行的观点主要有两种：收入、费用观和资产、负债观。根据第一种观点，利润是企业收入和费用配比的结果，即把特定时期内相关联的收入和费用进行配合，如果收入大于费用为利润，反之为亏损。在这种观点下，利润确定的关键在于收入和费用的确认、计量和配比。根据第二种观点，利润是企业在某一期间内的净资产额，即企业在投入资本得到保全的前提下，其资源的净增加额。在这种观点下，利润的确定就依存于资本保全概念的定义和资源计量方法的确定。在会计上，资本保全是指在企业资本得到维护之后，才能确认利润。

③财务状况变动表和现金流量表。财务状况变动表，又称资金表或资金来源与运用表。财务状况变动表反映企业在年度内资金的来源和运用情况以及各项资金的增加或减少情况。这种报表最早是属于企业对财务报告进行分析时应用的一张内部报表。随着企业理财（筹资）与投资手段的日益多样化和复杂化，与生产经营活动一样，企业的投资与理财活动也影响着企业的财务状况与经营业绩，由资产负债表和损益表提

供的信息逐渐难以满足外部使用者的需要，这张内部报表就逐渐正式成为企业的对外报表。

现今，人们更为重视另一种资金概念——现金，并以现金流量表取代以营运资本为基础编制的财务状况变动表。1987 年 1 月，美国财务会计准则委员会公布 95 号财务会计准则公告《现金流量表》（SFAS No. 95），它要求企业在 1988 年 7 月以后，必须以现金流动代替财务状况变动表。1991 年 9 月，英国会计准则委员会也颁发了第 1 号财务报告准则《现金流量表》（FRS），它取代了英国第 10 号标准会计实务公告《资金来源与运用表》（SSAP），并要求所有符合条件的企业编制现金流量表，并作为财务报表的组成部分对外报送。现金流量表与资产负债表结合起来使用，能够提供有关企业的资产流动性、变动性和财务适应能力方面的信息。

④财务报表附注。财务会计必须提供对使用者决策有用的全部信息，但上述的三种基本财务报表主要是以一定的图表来列示少量高度浓缩的定量性数据。为了便于使用者对财务报表的理解和应用，需要有一定的注释或补充说明来提高财务报表数字的可理解性，这就构成财务报表附注。财务报表附注主要包括以下两大类内容：一类是括号附注，它包括特定会计程序或计价方法、某个项目的特征、某项目的具体金额、替代性方法得出的金额、需要其他报表的部分说明；另一类是表外信息披露，它包括会计政策、会计变动、债权人优先权益、或有资产或有负债、股利支付的限制、权益人的权利、待履行合同、后发事项等。

2. 财务报告的其他手段

除了财务报表之外，财务报告还包括一些其他手段，它们同样可用于揭示与使用者决策相关的特定财务信息。由于其他报告手段主要是揭示不能列入财务报表的非正式信息，它们可能涉及各种不同的问题，在形式上也是灵活多样的。

之所以现代企业必须在企业财务报表之外利用其他手段来传递信息，原因主要在以下几个方面：①某些信息不属于现行公认会计原则的要求，但对使用者决策是有直接或间接影响。如在现行财务会计框架内，有关的准则仍要求提供历史成本信息，因而关于价格变动的信息只能以其他手段来揭示。②其他机构要求提供信息。在经济生活中，其他一些立法或政府机构出于对企业经济活动的干预而需要一些其他信息，如证券交易委员会需要一些特殊报告，政府部门要求提供关于就业、人员培训、社会保障体系等社会福利方面的信息，从而企业需在财务报表之外以其他报告手段来揭示。③补充说明财务报表项目。财务报表一般要求简明易懂，限于篇幅，一些中间性或次级分类往往予以合并。为了便于理解，有时就需要提供一些附表进行补充说明。④管理部门自愿提供信息，如对未来经营活动和盈利水平的预测等。

通常，财务报告的其他手段可采取辅助报表和附表的形式，其内容取决于特定的目的，格式较为灵活。从现行惯例来看，主要包括以下内容：

①明细附表。它针对某一个或几个基本报表项目，补充列示其明细数据和资料，如不同存货项目的期间内增减变动数额、期末的债权人清单和应收账款账龄分析表、分类固定资产及其折旧计算。

②财务比率表。它是揭示基本报表的主要分析资料，如揭示企业的流动比率、负债比率、销售毛利率、投资报酬率等财务比率。

③比较报表。它以不同年度或一年内不同时期为基础，提供关于报表的比较数据，

如比较损益表、前期和本期投资项目有其报酬率的比较报表。

④分部信息表。它就集团企业或跨国公司内部，按产品、行业、地理区域、生产线等提供有关销售、盈利贡献等分部信息，以便更好地满足投资人、债权人和政府有关管制机构的各种决策需要。

⑤价格变动影响。在持续通货膨胀情况下，基于历史成本的财务报表出现明显的缺陷，不仅无法反映企业的现行价值，而且将导致高估或低估企业收益和期末资产的严重后果，影响财务信息的相关性和可靠性，因此企业应当补充和揭示价格变动影响。

⑥社会责任。随着组织形式和经济环境变化，企业的外部利益集团日趋扩大，使企业成为对社会福利有着重要影响的组织，从而必须承担相应的社会责任，诸如对环境保护、就业、人力资源使用、培训、社会保险等社会发展目标的贡献。

⑦预算和预测。财务报表主要是提供基于过去活动的历史信息，虽然历史信息是未来决策的基础，但使用者更为关心对企业未来经营活动的直接预测，所以企业可以以非正式报告的形式提供对下一年度或未来期间主要经营活动、盈利水平的预算资料。这些预算和预测信息不必经过正式审计，但它们对使用者仍有较大的参考价值。

第四章 管理会计基本理论

自从20世纪中期管理会计与财务会计分立以来，管理已得到长足的发展，现在已发展成会计的两分支之一，并形成较独立的对内报告会计。它通过利用相关信息，有机融合财务与业务活动，在单位规划、决策、控制和评价等方面发挥了重要的作用，也形成较为独立、自为一体的会计理论体系。一般来讲，其基本理论包括对象、目标、职能、原则等。

第一节 管理会计的形成和发展

一、管理会计的定义

管理会计可以从狭义和广义两个方面来理解。

1. 狭义的管理会计

狭义的管理会计，又称微观管理会计，是指在当代市场经济条件下，以强化企业内部经营管理、实现最佳经济效益为最终目的，以现代企业经营活动及其价值表现为对象，通过对财务等信息的深加工和再利用，实现对经济过程的预测、决策、规划、控制、责任考核评价等职能的一个会计分支。

在西方，代表性的观点主要有：

① 1966年，美国会计学会提出：管理会计是运用适当的技术和概念，对经济主体实际的经济数据和预计的经济数据进行处理，以帮助管理人员制定合理的经济目标，并为实现该目标而进行合理的决策。

② 1982年，罗伯特提出：管理会计是一种收集、分类、总结、分析和报告信息的系统，它有助于管理者进行决策和控制。

因此，对于狭义的管理会计应当从以下几个方面来进行理解：

①管理会计的工作主体是现代企业，而后者又处在现代市场经济条件下。从现代系统论的角度看，现代经济的变化不仅对管理会计的产生起到了积极的作用，而且还不断地提出新的要求，促进了管理会计的发展。

②管理会计的目标是确保企业实现最佳的经济效益。

③管理会计的对象是企业的经营活动及其价值表现。

④管理会计的手段是对财务信息等进行深加工和再利用。

⑤管理会计的职能必须充分体现现代企业管理的要求。

⑥管理会计与企业管理的关系是部分与整体之间的从属关系。

⑦管理会计的本质既是一种侧重于在现代企业内部经营管理中直接发挥作用的会计，同时又是企业管理的重要组成部分，因而也有人称其为“内部经营管理会计”，简称“内部会计”（internal accounting）。

⑧管理会计是现代企业会计系统中与传统的财务会计相对立的概念。

总之，西方所称的“管理会计”，就其客观内容而言，不过是现代会计系统中区别于传统会计，能够更明显、更集中地体现包括会计预测经营前景、参与经营决策、规划经营方针、控制经济过程、考核评价责任业绩等内在功能的那部分工作内容。显然，将管理会计作为现代会计的范畴去考察，将其同现代经济环境、现代经济管理实践的特点联系起来，有助于一系列管理会计基本问题的圆满解决。

2. 广义的管理会计

广义的管理会计，是指用于概括现代会计系统中区别于传统会计，直接体现预测、决策、规划、控制和责任考核评价等会计管理职能的那部分内容的一个范畴。在西方国家，代表性的观点主要有：

① 1981 年，美国管理会计师协会（IMA）认为：管理会计是管理当局用于企业的计划、评价和控制，保证适当使用各项资源并承担经营责任，而进行确认、计量、累积、分析、解释和传递信息等的过程。

② 1986 年，美国会计师协会（AIA）认为：管理会计是向管理当局提供用于企业内部计划、评价、控制以及确保企业资源的合理使用和经营责任的履行所需的财务信息，以及确认、计量、归集、分析、编报、解释和传递上述信息的过程。

③ 1988 年 4 月，在国际会计师联合会（IFAC）下设的财务和管理会计师委员会发表的《论管理会计概念（征求意见稿）》一文中明确表示：管理会计可定义为在一个组织中，管理部门用于计划、评价和控制的（财务和经营）信息的确认、计量、收集、分析、编报、解释和传输的过程，以确保其资源的合理使用并履行相应的经营责任。

从广义角度理解管理会计有如下优点：

①在财务会计的内容相对稳定，而管理会计的发展尚未定型的情况下，可以比较方便地为管理会计划定一个大致的范畴，从而使不同的学术观点统一在相对宽松的框架内，便于彼此取长补短，有助于推动管理会计理论的发展。

②有助于对目前已经初见端倪的战略管理会计（strategic management accounting）、宏观管理会计（macro management accounting）和国际管理会计（international management accounting）更好地进行定位，合理地界定它们的归属。

③这个定义比较简单。

广义管理会计的定义也存在界限过于模糊、现实性比较差的缺点。由于这个定义采用排除法来界定管理会计，就容易把原本不应划归于管理会计范畴的其他会计分支统统吸纳到管理会计中来，使“管理会计”成了无所不包的大杂烩，导致理论研究的庸俗化。

3. 我国学者的观点

20 世纪 70 年代末 80 年代初，西方管理会计学的理论被介绍到中国。我国会计学者在解释管理会计定义时，提出如下主要观点：

①余绪缨认为：管理会计是从传统的、单一的会计系统中分离出来，与财务会计并列的独立学科；是一门新兴的综合性的边缘科学。

②汪家佑认为：管理会计是西方企业为了加强内部经济管理、实现利润最大化这一企业经营目标的最终目的，灵活运用多种多样的方式方法，收集、储存、加工和阐明管理当局合理地计划和有效地控制经济过程所需要的信息，围绕成本、利润、资本三个中心，分析过去、控制现在、规划未来的一个会计分支。

③李天民认为：管理会计是通过一系列专门方法，利用财务会计、统计及其他有关资料进行整理、计算、对比和分析，是企业内部各级管理人员能据以对各个责任单位和整个企业日常和未来的经济活动及其发出的信息进行规划、控制、评价与考核，并帮助企业管理当局做出最优决策的一整套信息系统。

由此可见，为了全面而又有重点地掌握和应用管理会计，应从两个方面理解管理会计的含义：

第一，管理会计是指现代会计系统中区别于传统会计的，体现会计预测、决策、规划、控制和责任考核评价等会计管理职能的那部分内容，是以提高经济效益为最终目的的会计信息处理系统。它既揭示了应用于企业的管理会计的本质，又反映了正在形成的宏观管理会计和国际管理会计的一般特征。

第二，管理会计是以强化企业内部经营管理、实现最佳经济效益为最终目的，以现代企业经营活动及其价值表现为对象，通过对财务等信息的深加工和再利用，实现对企业经营活动过程的预测、决策、规划、控制和责任考评等职能的一种管理活动，是现代会计的一个分支。它是一种侧重于在企业内部经营管理中发挥作用的会计，同时又是企业管理活动的重要组成部分。

二、管理会计的发展阶段

20 世纪以来，管理会计得到了迅速的发展。对管理会计的形成与发展阶段一般是按美国的分类法将其分为两个阶段。

1. 执行性管理会计阶段（20 世纪初到 20 世纪 50 年代）

管理会计产生于 20 世纪 20 年代，以执行性为特征的管理会计是以泰罗（F. W. Taylor）的科学管理学说为基础而形成与发展的。当时，尽管资本主义已经有了相当的发展，但是在企业管理工作中，经验和直觉仍占统治地位，许多企业存在管理混乱、经营粗放、资源浪费严重等现象。如何改变这种状况，采用较先进的科学技术手段、科学管理方法代替落后的、过时的手段和方法成为企业管理中需要解决的重大问题。正是在这种情况下，泰罗制产生了。1911 年，泰罗发表了《科学管理原理》一书，该书着重从时间、动作中的机械作业等视角，探寻多余动作的节省，通过从完善核算、健全监督制度入手，使工人的操作规程更加科学、合理，从而最大限度地提高劳动生产率。

随着泰罗制的运用，为了配合科学管理，会计科学也发生了相应变化，这些变化主要表现为标准成本、预算控制、差异分析等概念的相继出现。当时美国学者麦金西

(J. O. Mckinsey) 编写了一本《预算控制》，该书于1922年出版。他还撰写了《管理会计入门》一书，于1924年出版，这是世界上第一本关于管理会计的专著。

因此，执行性管理会计是以泰罗的科学管理学说为基础形成的会计管理（信息）系统，主要包括标准成本、差异分析、预算控制等方面。它还只是管理会计的雏形，其基本点是在企业的方针、决策等重大问题已经确定的前提下，协助解决在执行中如何提高生产效率和生产经济效果问题，但企业管理的全局、企业与外界关系的有关问题还没有在会计体系中得到应有的反映，因而这还只是一种局部性、执行性的管理会计，仍处于管理会计发展历程中的初级阶段。

2. 决策战略管理会计阶段（20世纪50年代以后）

20世纪50年代以后，现代科学技术突飞猛进并大规模应用于生产，使生产力获得迅速发展。同时，跨国公司大量涌现，企业的规模越来越大，生产经营日趋复杂，企业外部的市场情况瞬息万变，竞争更加激烈。这些新的条件和环境，一方面强烈要求内部管理更加合理、科学，另一方面要求企业具有灵活反应和高度适应的能力，否则，就会在激烈的竞争中被淘汰。由于市场环境的重大变迁和信息技术的发展，泰罗的科学管理学说显然无法适应这种新的形势和要求，它必然要被现代管理科学取代。一般认为，现代管理科学有两大支柱——运筹学和行为科学。正是这两大支柱可以在很大程度上克服泰罗的科学管理学说的重大缺陷，能较好地适应战后经济发展的新形势，因而在企业管理工作中得到了广泛而有效的应用。为了配合职能管理与行为科学管理，责任会计、本量利分析等专门方法应运而生，并加入原有的会计方法体系中，使会计学科的深度和广度有了较大的突破。责任会计与本量利分析方法，再加上20世纪30年代形成的标准成本、预算控制、差异分析等方法，形成了现代管理会计的雏形。

现代管理科学的创立及其在企业管理中的成功运用，不仅提高了企业的经营管理水平，而且以现代管理理论武装了企业会计，使许多有效的现代技术方法渗入会计领域，充实了成本会计的内容，逐步在原有成本会计的基础上，形成了一个新兴的会计分支，使其从传统会计中分离出来，该分支即为管理会计，原来传统的会计部分一般就称为财务会计。在1952年国际会计师联合会上正式通过了“管理会计”这个专有名词，标志着管理会计学科的诞生。

进入20世纪70年代，社会经济发展出现了新的变化，顾客化生产在激烈的竞争环境下被提了出来，传统的少品种大批量生产让位于多品种少批量生产。顾客化生产就是以顾客为中心，以顾客的满意度为判断依据，在对顾客需求进行动态掌握的基础上，在较短的时间内完成从产品设计、制造到投放市场的全过程。计算机技术的不断推进，使顾客化生产有了技术上的保证，同时提高了劳动生产率和产品的市场竞争力。

此外，为了适应世界经济一体化的发展趋势，国际性经济竞争已从较低层次的产品营销型竞争发展到较高层次的全球性战略竞争，竞争战略上的得失关系到企业的兴衰成败。基于社会经济发展这一新形势，1981年，美国著名管理学家西蒙首次提出了“战略管理会计”一词。20世纪80年代末，西方会计界人士提出，既然战略管理会计源于企业未来战略管理，那么，不同的企业战略所要求的战略管理会计的侧重点也就不同。比如，迈尔斯和斯诺就根据企业对外部环境变化所持的不同战略，将企业分为防卫型、开拓型、分析型与被动型四类。随后，以哈佛大学商学院的迈克尔·波特（Michael E. Porter）为代表的美国学者对战略管理展开了系列研究。以波特为例，他先后出版了《竞争战略》(1980)、《竞争优势》(1985)、《国家竞争优势》(1990) 等著作。受这些管理学者有关战略的思想影响，战略与管理会计的结合速度加快，由此促进了战略管理会计的进一步发展。此外，哈佛大学的卡普兰教授还对作业成本法等进行了不断完善与拓展，将决策型战略管理研究推向了更高的阶段。

从英美等国家的当代管理会计发展趋势来看，20 世纪 90 年代之后的管理会计研究热点主要集中在以下几个方面：一是关于代理人理论（agency theory）的研究及其在内部控制和考评系统中的应用，二是应用行为科学进行的关于组织行为、管理决策与管理会计信息之间的关系及个人行为等方面的研究，三是关于作业成本会计（activity based-costing）方面的实地研究（field research），四是关于包括战略成本分析（strategic cost analysis）、目标成本法（target costing）、生命周期成本法（lifecycle costing）、平衡计分卡（balanced scorecard）、资源消耗会计（resour - consu - ming accounting）等内容的战略管理会计研究。近年来，基于战略视角的管理会计研究又通过战略重组、流程再造等理念，促使管理会计向内部流程重组及行业价值链、供应链的领域扩展；此外，网络经济的管理会计研究（如管理会计与科技创新渗透及相互驱动的研究等），以及有关不同国家文化背景对管理会计的影响等研究正成为现阶段的重要课题。

三、管理会计的特点

管理会计由于与传统的会计即财务会计不管从具体目标上还是从工作的具体内容上都有本质的区别，因而具有不同于财务会计的特点。

1. 侧重于为企业内部经营管理服务

管理会计工作的侧重点在于针对企业内部经营管理遇到的特定问题，进行分析研究，以便向企业内部各级管理人员提供有关价值管理方面的信息资料。其具体目标是为企业内部管理服务。

2. 面向经营管理的未来

管理会计不仅要反映、分析过去，而且要利用历史资料来预测前景、参与决策、规划未来、控制考评企业的一切经济活动。管理会计面向未来的作用时效是摆在第一位的，而分析过去是为了更好地指导未来和控制现在。因此，管理会计实质上属于算“活账”的经营型会计。

3. 不受公认会计准则的约束

管理会计主要是为企业内部改善经营管理提供有用资料，在许多方面可以不受公认会计准则的约束，只服从管理人员的需要以及系统理论的指导。

4. 兼顾企业经营的整体和局部

管理会计主要以企业内部各个责任单位为会计主体，对企业的日常经济活动的业绩和成果进行评价与考核；同时也从企业全局出发，认真考虑各项决策与计划之间的协调、配合和综合平衡，最大限度地提高企业整体的经济效益。

第二节　管理会计概述

一、管理会计的对象

关于管理会计的对象，较流行的主要有以下几种观点：

1. 现金流动论

该观点认为管理会计的对象是企业的现金流动。持有该观点的学者的理由是：通过现金的流入和流出在数量上和时间上的差别，可以把企业生产经营的主要方面和主要过程全面、系统、及时地反映出来。这样，现金流动的有关数据自然而然地成为企业生产经营活动的神经中枢，能更好地发挥信息反馈作用。例如：全面分析不同的经营方案对现金流动的影响，能有效帮助有关人员做出合理的判断和选择，进行科学的预测和决策；在日常控制中，有关人员还可依据现金流动所提供的信息，灵活地反应，针对出现的情况和问题及时采取相应的措施，调节有关活动，有效改善生产经营，努力提高经济效益。掌握了现金流动，就等于牵住了企业生产经营的“牛鼻子”，可以在预测、决策、计划、控制等各个环节更好地发挥积极能动作用。

2. 价值差量论

该观点认为管理会计的对象是价值差量。持有该观点的学者理由是：现代管理会计是以差量分析贯穿始终的基本方法，而方法决定于对象，故管理会计的对象是价值差量。同时，管理会计研究差量问题，既包括价值差量，又包括实物差量和劳动差量。后者是前者的基础，前者是后者的综合表现。在现代管理会计中，价值差量的内容最为广泛，无所不在。各种价值差量经过一系列加工处理和转换，在一定程度上可以综合地体现在企业的盈利水平上。

3. 资金总运动论

该观点认为管理会计的对象是企业及其所属各级机构过去、现在和将来的资金总运动。持该观点的学者理由是：管理会计与财务会计是并列的分支，两者同属于会计这一范畴之下，因而管理会计与财务会计有着共同的对象——资金运动。就资金运动而言，从空间上看，可分为企业和企业所属机构、各分支机构中的多层次运动；从时间上看，又是由过去、现在、将来的资金运动所形成的一个不断流动的资金流，构成一个网络结构式的资金运动系统。在这一资金运动系统中，管理会计的对象涵盖了所有时空的资金运动。再者，把资金总运动作为管理会计的对象，与管理会计的实践及历史发展相吻合。

4. 以使用价值管理为基础的价值管理

该观点认为管理会计的对象是以使用价值管理为基础的价值管理。持该观点的学者理由是：从实质上讲，管理会计的对象是企业的生产经营活动；从管理体现经济效益的角度上看，管理会计的对象是企业生产经营活动中的价值运动，管理会计是以生产经营活动中价值形成和价值增值过程为对象，通过对使用价值的生产和交换过程的优化，提供信息并参与决策，以实现价值最大增值的目的。从实践角度上看，管理会计的对象具有复合性的特点：一方面，管理会计致力于使用价值生产和交换过程的优化，强调加强作业管理，其目的在于提高生产和工作效率；另一方面，在价值形成和价值增值过程中，管理会计强调加强价值管理，其目的在于提高经济效益、实现价值的最大增值。正是因为管理会计具有的复合性特征，才使作业管理和价值管理得以统一，并构成完整的管理会计对象，从而与其他学科区别开来。

二、管理会计的目标

管理会计是为适应企业加强内部经营管理、提高企业竞争力的需要而产生和发展起来的，因此，管理会计的最终目标是提高企业的经济效益。为实现提高经济效益的最终目标，管理会计的目标包括以下两个方面：

1. 为管理和决策提供信息

管理会计应向各级管理人员提供以下经选择和加工的信息：

①与计划、评价和控制企业经营活动有关的各类信息，包括历史的信息和未来的信息，这些信息有利于各级管理者加强对经营过程的控制，实现最佳化经营；

②与维护企业资产安全、完整及资源有效利用有关的各类信息；

③与股东、债权人及其他企业外部利益关系者的决策有关的信息，这些信息将有助于投资及有关法案的实施。

2. 参与企业的经营管理

在现代管理理论的指导下，管理会计正在以各种方式积极参与企业的经营管理，将会计核算推向会计管理。管理会计以制定各种战略、战术及经营决策，帮助协调组织企业工作等方式参与管理，不仅有利于各项决策方案的落实，而且有利于企业在总体上兼顾企业长期、中期和短期利益的最佳化运行。

三、管理会计的基本假设

管理会计的基本假设，是指为实现管理会计目标，合理界定管理会计工作的时空范围，统一管理会计操作方法和程序，满足信息收集与处理要求，从纷繁复杂的现代企业环境中抽象概括出来的、组织管理会计工作不可缺少的一系列前提条件的统称。概括起来讲，管理会计的基本假设主要有多层主体假设、理性行为假设、合理预期假设、充分占有信息假设四个方面。[①]

1. 多层主体假设

多层主体假设，又称多重主体假设。该假设规定了管理会计工作对象的基本活动空间。由于管理会计主要面向企业内部管理，而企业内部可划分为许多层次，因此，管理会计假定其会计主体不仅包括企业整体，而且还包括企业内部各个层次的所有责任单位。

2. 理性行为假设

理性行为假设包含两重意义：第一，由于管理会计在履行其职能时，往往需要在不同的程序或方法中进行选择，就会使其工作结果在一定程度上受到人的主观意志影响，因此，管理会计假定，管理会计师总是出于设法实现管理会计工作总体目标的动

① 也有人将管理会计的基本假设表述为会计主体、会计分期、持续经营、多种计量和效益最大化五大假设（吴大军. 管理会计［M］. 大连：东北财经大学出版社，2015：10.）。

机，能够采取理性行为，自觉地按照科学的程序与方法办事。第二，假定每一项管理会计具体目标的提出，完全出于理性或可操作性的考虑，能够从客观实际出发，既不将目标定得过高，也不至于含糊不清、无法操作。

3. 合理预期假设

合理预期假设，也称灵活分期假设。该假设规定：为了满足管理会计面向未来决策的要求，可以根据需要和可能，灵活地确定其工作的时间范围或进行会计分期，不必严格地受财务会计上的会计年度、季度或月份的约束；在时态上可以跨越过去和现在，一直延伸到未来。

4. 充分占有信息假设

充分占有信息假设从信息收集及处理的角度提出：一方面，管理会计采用多种计量单位，不仅充分占有和处理相关企业内部、外部的价值量信息，而且还占有和处理其他非价值量信息；另一方面，管理会计所占有的各种信息在总量上能够充分满足现代信息处理技术的要求。

四、管理会计的基本原则

管理会计的基本原则是指在明确管理会计基本假设的基础上，管理会计的目标所规定的评估其信息的基本标准和工作规定。显然，基本假设是组织管理会计工作的必备前提，是实现管理会计基本原则的根本出发点。基本原则是对管理会计工作质量所提出的具体要求。两者共同服从于管理会计的目标。

按照惯例，管理会计的基本原则包括最优化原则、效益性原则、决策有用性原则、及时性原则、重要性原则、灵活性原则六个。①

①最优化原则。它是指管理会计必须根据企业不同管理目标的特殊性，按照优化设计的要求，认真组织数据的收集、筛选、加工和处理，以提供能满足科学决策需要的最优信息。

②效益性原则。该原则包括两层含义：第一，信息质量应有助于管理会计总体目标的实现，即管理会计提供的信息必须能够体现管理会计为提高企业总体经济效益服务的要求；第二，坚持成本效益原则，即管理会计提供信息所获得的收益必须大于为取得或处理该信息所花费的信息成本。

③决策有用性原则。现代管理会计的重要特征之一是面向未来决策，因此，是否有助于管理者正确决策，是衡量管理会计信息质量高低的重要标志。决策有用性是指管理会计信息在质量上必须符合相关性和可信性的要求。

信息的相关性是指所提供的信息必须紧密围绕特定决策目标，与决策内容或决策方案直接联系，符合决策要求。对决策者来说，不具备相关性的信息不仅毫无使用价值，而且干扰决策过程，加大信息成本，必须予以剔除。由于不同决策方案的相关信息是不同的，这就要求具体问题具体分析，不能盲目追求所谓的全面完整。

信息的可信性又包括可靠性和可理解性两个方面：前者是指所提供的未来信息估

---

① 美国会计学会将管理会计基本原则概括为：相关性原则、可靠性原则、一贯性原则、客观性原则、灵活性原则、及时性原则、可理解性原则、重要性原则、效益大于成本原则和激励原则（吴大军. 管理会计［M］. 大连：东北财经大学出版社，2015：10.）。

计误差不宜过大，必须控制在决策者可以接受的一定可信区间内；后者是指信息的透明度必须达到一定标准，不至于导致决策者产生误解。前者规范的是管理会计信息内在质量的可信性，后者规范的是管理会计信息外在形式上的可信性。只有同时具备可靠性和可理解性的信息，才可以信赖并可能加以利用。

必须注意的是，不能将管理会计提供的未来信息应当具备的可靠性与财务会计提供的历史信息应具备的准确性、精确性或真实性混为一谈。

④及时性原则。这个原则要求规范管理会计信息的提供时间，讲求时效，在尽可能短的时间内，迅速完成数据收集、处理和信息传递，确保有用的信息得以及时利用。不能及时发挥作用的、过时的管理会计信息，从本质上看也是没有用处的。管理会计强调的及时性，其重要程度不亚于财务会计所看重的真实性、准确性。

⑤重要性原则。虽然管理会计并不需要像财务会计那样，利用重要性原则来修订全面性原则，但也强调在进行信息处理时，应当突出重点，抓住主要矛盾。管理会计还强调：对关键的会计事项，认真对待，采取重点处理的方法，分项单独说明；对次要事项，可以简化处理，合并反映；对于无足轻重或不具有相关性的事项，甚至可以忽略不计。贯彻重要性原则，必须考虑到成本效益原则和决策有用性原则的要求，同时它也是实现及时性的重要保证。

⑥灵活性原则。尽管管理会计十分讲求工作的程序化和方法的规范化，但必须增强适应能力，根据不同任务的特点，主动采取灵活多变的方法，提供不同信息，以满足企业内部各方面管理的需要，从而体现灵活性原则的要求。

五、管理会计的职能

作为现代企业管理重要内容的管理会计，其职能必然受到企业管理职能的约束，但目前人们对企业管理的职能尚缺乏统一的认识，因而对管理会计的职能的表述也存在一定差异。多数学者认为，企业管理具有预测、决策、规划、控制和考评五项职能；也有人认为，企业管理的职能应当是计划、组织、指导和考核四项职能。当前，“五职能论”是主流观点。

1. 预测职能

预测是指采用科学的方法预计推测客观事物未来发展必然性或可能性的行为。管理会计的预测职能就是预测经济前景。发挥预测经济前景的职能，就是按照企业未来的总目标和经营方针，充分考虑经济规律的作用和经济条件的约束，选择合理的量化模型，有目的地预计和推测未来企业销售、利润、成本及资金的变动趋势和水平，为企业经营决策提供信息。

2. 决策职能

管理会计的决策职能就是参与经济决策。决策是在充分考虑各种可能的前提下，按照客观规律的要求，通过一定程序对未来实践的方向、目标、原则和方法做出决定的过程。管理会计发挥参与经济决策的职能，主要体现在根据企业决策目标，收集、整理有关信息资料，选择科学的方法计算有关长短期决策方案的评价指标，并做出正确的财务评价，最终筛选出最优的行动方案。

3. 规划职能

管理会计的规划职能就是规划企业的经济目标，是通过编制各种计划和预算实现的。它要求在最终决策方案的基础上，将事先确定的有关经济目标分解落实到各有关预算中去，从而合理有效地组织协调供、产、销及人、财、物之间的关系，并为控制和责任考评创造条件。

4. 控制职能

管理会计的控制职能就是控制企业的经济过程。发挥该项职能要求将对经济过程的当前控制同事中控制有机地结合起来，即事前确定科学可行的各种标准，并根据执行过程中的实际与计划发生的偏差进行原因分析，以便及时采取措施进行调整，改进工作，确保经济活动的正常进行。

5. 考评职能

管理会计履行考核评价经营业绩的职能是通过建立责任会计制度来实现的，即在各部门各单位及每个人均明确各自责任的前提下，逐级考核责任指标的执行情况，找出成绩和不足，为奖惩制度的实施和未来工作改进措施的形成提供必要的依据。

第三节　管理会计与财务会计的关系

按照西方会计学的一般解释，管理会计从传统会计中分离出去之后，企业会计中相当于组织日常会计核算和期末对外报告的那部分内容就被称为财务会计，成为与管理会计相适应的概念。研究新兴的管理会计与传统的财务会计之间的联系及区别，可以帮助我们深刻理解管理会计特点的关键所在。

一、管理会计与财务会计的联系

1. 管理会计与财务会计同属于现代会计

从逻辑上看，在管理会计产生之前，也无从谈起财务会计，甚至连这个概念都没有。从结构关系看，管理会计与财务会计两者源于同一母体，都属于现代企业会计，共同构成了现代企业会计系统的有机整体，两者相互依存、相互制约、相互补充。

2. 管理会计与财务会计的最终目标相同

从总的方面看，管理会计和财务会计所处的工作环境相同，都是现代经济条件下的现代企业；两者都以企业经营活动及其价值表现为对象；它们都必须服从现代企业会计的总体要求，共同为实现企业和企业管理目标服务。因此，管理会计与财务会计的最终奋斗目标是一致的。

3. 管理会计与财务会计分享部分信息

在实践中，管理会计所需要的许多资料来源于财务会计系统，它的主要工作内容是对财务会计信息进行深加工和再利用，因而受到财务会计工作质量的约束。同时，部分管理会计信息有时也列作对外公开发表的范围。如现金流量表，最初只是管理会计长期投资决策使用的一种内部报表，后来陆续被一些国家（包括我国）列作财务会计对外报告的内容。

4. 财务会计的改革有助于管理会计的发展

目前，我国的会计改革，其意义绝不仅仅限于在财务会计领域实现与国际惯例接轨，而且还在于这一改革能够将广大财会人员从过去那种单纯反映过去的、算“死账”

的会计模式下解放出来，开拓他们的眼界，使之能腾出更多的时间和精力去考虑如何适应社会主义经济条件下企业经营管理的新环境，解决面临的新问题，从而建立面向未来决策的、算“活账”的会计模式，开创管理会计工作的新局面。

二、管理会计与财务会计的区别

1. 工作主体（范围）的层次不同

管理会计的工作主体可分为多个层次，它既可以以整个企业（如投资中心、利润中心）为主体，又可以将企业内部的局部区域或个别部门甚至某一管理环节（如成本中心、费用中心）作为其工作的主体。事实上，在多数情况下，管理会计主要以企业内部责任单位为主体。这样做，可以更为突出以人为中心的行为管理。

而财务会计的工作主体往往只有一个层次，即主要以整个企业为工作主体，从而能够适应财务会计所特别强调的完整反映监督整个经济过程的要求。

2. 工作侧重点（具体目标）不同

管理会计工作的侧重点在于针对企业经营管理遇到的特定问题进行分析研究，以便向企业内部各级管理人员提供有关价值管理方面的预测决策和控制考核信息资料，其具体目标主要为企业内部管理服务，从这个意义上讲，管理会计又称为“内部会计”。

而财务会计工作的侧重点在于根据日常的业务记录，登记账簿，定期编制有关的财务报告，向企业外界有经济利害关系的团体和个人报告企业的财务状况与经营成果，其具体目标主要为企业外界服务，因此，财务会计又称为“外部会计”。

3. 作用时效不同

管理会计的作用时效不仅限于分析过去，而且还在于能动地利用已知的财务会计资料进行预测和规划未来，同时控制现在，从而横跨过去、现在和未来三个时态。管理会计面向未来的作用时效是摆在第一位的，而分析过去是为了更好地指导未来和控制现在。因此，管理会计实质上属于算“活账”的“经营型会计”。

财务会计的作用时效主要在于反映过去，对此，无论从它强调客观性原则，还是坚持历史成本原则，都可以证明其反映的只能是过去实际已经发生的经济业务。因此，财务会计实质上属于算“呆账”的“报账型会计”。

4. 遵循的原则、标准和依据的基本概念的框架结构不同

尽管管理会计也要在一定程度上考虑到“公认的会计原则”或企业会计准则的要求，利用一些传统的会计观念，但并不受它们的完全限制和严格约束，在工作中还可灵活应用预测学、控制论、信息理论、决策原理、目标管理原则和行为科学等现代管理理论作为指导。它所使用的许多概念都超出了传统会计要素等的基本概念框架。例如：在管理会计的长期投资决策中，可以不受权责发生制原则的限制而采用收付实现制；在短期经营决策中，可以不执行历史成本原则和客观性原则而充分考虑机会成本等因素；责任会计更是以人及其所承担的经济责任为管理对象，这大大突破了传统会计核算只注重物不考虑人的狭隘观念的限制。

财务会计工作必须严格遵守“公认的会计原则”（在我国叫企业会计准则），以保证其所提供的财务信息报表在时间上的前后一致性和空间上的可比性；其基本概念的框架结构相对稳定。

5. 信息特征及信息载体不同

管理会计所提供的信息往往是为满足内部管理的特定要求而有选择地和不定期地管理信息。它们既包括定量资料，也包括定性资料；其计量单位既可以使用货币单位，又可以选择实物量单位、时间量单位和相对数单位。其中，凡涉及未来的信息不要求过于精确（无此必要和可能），只要求满足及时性和相关性。由于它们往往不向社会公开发表，故不具有法律效能，只有参考价值。管理会计的信息载体大多为没有统一格式的各种内部报告，而且，对这些报告的种类也没有统一的规定。

财务会计能定期地向与企业有利害关系的集团或个人提供较为全面的、系统的、连续的和综合的财务信息。这些信息主要是以价值尺度反映的定量资料，对精确度和真实性的要求较高，至少在形式上要绝对平衡。由于它们往往要向社会公开发表，故具有一定的法律效能。财务会计的信息载体为具有统一格式的凭证系统、账簿系统和报表系统，其中，社会往往要统一规定财务报告的种类。

6. 方法体系不同

管理会计可选择灵活多样的方法对不同的问题进行分析处理，即使对相同的问题也可根据需要和可能而采用不同的方法进行处理，在信息处理过程中大量运用现代数学方法。

财务会计的方法比较稳定，核算时往往只需运用简单的算术方法。

7. 工作程序不同

由于管理会计工作的程序性较差，没有固定的工作程序可以遵循，有较大的回旋余地，所以，企业可根据自己的实际情况自行设计其管理会计工作流程。这必然导致不同企业间管理会计工作的较大差异性。

财务会计必须执行固定的会计循环程序。从凭证转换，到登记账簿，直至编报财务报告，相关人员都必须自觉地按既定的程序处理，而且在通常情况下不得随意变更其工作内容或颠倒工作顺序。因而，这项工作具有一定的强制性和程序性。在实务中，我们不难发现：尽管不同企业间的实际会计管理水平可能存在较大的差异，但如果仅从财务会计工作程序的角度看，同类企业的财务会计工作程序往往是大同小异的。

8. 体系的完善程度不同

如前所述，目前管理会计体系尚不够完整，正处于继续发展和不断完善的过程中，因而它缺乏统一性和规范性。

尽管财务会计工作也需要进一步改革，但就其体系的完善程度而言，现在已经达到相对成熟和稳定的地步，形成了通用的会计规范和统一的会计模式。也正是在这个意义上，我们说财务会计具有统一性和规范性。

9. 观念的取向不同

现代管理会计不仅看重实施管理行为的结果，而且更为关注管理的过程。在管理会计观念中，企业中的每一个人都是财富和效益的创造者，属于可开发的人力资源，不能仅将其看成被管制的对象，一味机械地实行“管、卡、压”。因此，一方面要注意合格人才的培养并核算人力资源成本；另一方面必须密切注意管理过程及结果对企业内部各方面人员心理和行为的影响，千方百计地调动起他们的积极性和工作热情，设法充分发挥他们的主观能动性。

财务会计则将其着眼点放在如何真实准确地反映企业生产经营过程中人、财、物要素在供、产、销各个阶段上分布、使用及消耗情况上，十分重视定期报告企业的财务状况和经营成果的质量。相对地，财务会计不太关心管理过程及结果对企业内部各方面人员心理和行为的影响。

10. 对会计人员素质的要求不同

鉴于管理会计的方法灵活多样，又没有固定的工作程序可以遵循，其体系缺乏统一性和规范性，这就决定了在很大程度上管理会计水平的高低取决于会计人员素质的高低。同时，由于管理会计工作需要考虑的因素比较多，涉及的内容比较复杂，也要求从事这项工作的人员必须具备较宽的知识面和较深厚的专业造诣，具有较强的分析问题解决问题的能力和果断的应变能力。再加上管理会计所涉及的问题大多关系重大，尤其是决策工作绝不允许素质较低的人员“瞎参谋、乱指挥”。因此，管理会计工作需要由复合型高级会计人才来承担。可见，管理会计对会计人员素质的要求起点比较高。

虽然会计人员素质的高低也同样会影响到财务会计工作质量的高低，但相比之下，对财务会计人员素质的要求不如对管理会计人员的要求高，而且侧重点也不同。财务会计工作需要操作能力较强、工作细致的专门人才来承担。

第五节　管理会计的内容

就目前来看，管理会计的基本内容可以分为两大类：一是规划与决策会计，二是控制与业绩评价会计。规划与决策会计是以企业经营目标为依据，在预测分析的基础上，运用一系列现代管理技术和方法，分析评价各种决策的经济效果，为各级管理人员提供所需信息的会计方法。它主要包括预测分析、短期经营决策、长期投资决策和全面预算。控制与业绩评价会计是以全面预算为依据，通过标准成本制度，实施有效的成本控制；通过划分责任建立责任会计，对企业内部各单位实施控制考核和评价，以保证企业的各个环节和各项经营活动朝着既定的目标前进。下面我们主要以近年较流行的管理会计著作的内容来描述管理会计的内容。

一、吴大军主编的《管理会计》[①]

该书分为14章，分别从管理会计的基本理论论述到管理会计新理论——战略管理会计等。其具体内容有：管理会计概述（包括管理会计的一般概念、管理会计的产生与发展、管理会计的假设与原则、管理会计与财务会计的关系等），成本性态分析（成本及其分类、成本按其性态分类、成本性态分析的程序和方法），变动成本法（成本计算的含义及分类、变动成本法概述、变动成本法与完全成本法的区别、两种成本法分期营业利润差额的变动规律、变动成本法的优缺点及应用），本量利分析原理（本量利分析概述、单一品种的保本分析、盈利条件下的本量利分析、单一品种条件下本量利分析的其他问题、多品种条件下的本量利分析、保本点的敏感性分析），预测分析（预测分析概述、销售预测、利润预测、成本与资金需要量的预测），短期经营决策（决策分析概述、短期经营决策的相关概念、短期经营决策的一般方法、生产决策、不确定

① 吴大军，牛彦秀. 管理会计［M］. 4版. 大连：东北财经大学出版社，2017.

条件下的生产决策、定价决策），长期投资决策（上）（长期投资决策概述、关于长期投资项目的几个基本概念、现金流量、货币时间价值），长期投资决策（下）（长期投资决策评价指标概述、静态评价指标的计算、动态评价指标的计算、长期投资决策评价指标的运用、投资敏感性分析、风险投资决策），全面预算（全面预算概述、全面预算的编制、预算编制的具体方法），成本控制（成本控制概述、标准成本控制系统、质量成本控制、使用寿命周期成本控制原理），存货控制（存货控制概述、材料的经济订货批量控制、不同采购方式下的材料存货控制、最优生产批量控制），责任会计（责任会计概述、责任中心、责任预算、责任报告与业绩考核、内部转移价格、内部结算方式、责任成本结转与内部仲裁），作业管理（作业管理概述、作业管理的产生、作业管理的实施），战略管理会计（战略管理会计概述、战略管理会计研究的内容、战略管理会计在实际中的应用）。

二、冯巧根主编的《管理会计》①

该书共分为15章，内容主要有：总论（管理会计的形成和发展、管理会计的对象、目标与原则、管理会计与财务会计的区别和联系、管理会计的职能与特点、管理会计工作的组织、管理会计的职业环境），成本性态分析与变动成本法（成本的分类、混合成本及其分解、变动成本法），本量利分析（本量利分析概述、单一品种条件下的本量利分析、多品种条件下的本量利分析、敏感性分析），预测分析（预测分析概述、销售预测、利润预测、成本预测、资金需要量预测），经营决策分析（决策概述、经营决策分析的常用方法、生产决策分析、定价决策分析），投资决策分析（投资决策分析概述、投资决策分析的基本方法、投资决策分析方法的具体应用、敏感性分析在投资决策中的应用），全面预算（全面预算概述、全面预算的编制程序和方法、全面预算的编制），存货管理（基本概念、存货管理的一般模型、经济订货批量模型的扩展、再订货点及储存期控制、相关存货管理方法），责任会计（责任会计概述、责任中心、内部转移价格、责任中心的业绩评价与考核），战略管理会计（战略管理会计概述、战略管理会计的基本内容、战略管理会计实践及其新发展），作业成本管理与资源消耗会计（作业成本法、作业成本管理、资源消耗会计），业绩评价与激励（业绩评价指标与流程、平衡计分卡、激励制度），环境管理会计（环境管理会计主要内容、国外EMA的研究发展），国际管理会计（国际管理会计的理论结构、跨国公司管理会计、国际管理会计其他领域探析）、管理会计的创新与发展（管理会计创新的内涵与制度基础、管理会计实务的发展战略、创建高水平、本土化的管理会计理论与方法体系）。

三、于增彪主编的《管理会计》②

该书的内容主要有：管理会计导论（管理会计信息、管理会计与财务会计、管理会计历史发展梗概、组织与管理会计、管理会计职业界），管理会计的基本理论与基本方法（管理会计的基础理论、管理会计的应用理论、以组织层级为基础的管理控制系统、管理会计基本方法），成本计算系统（成本概述、订单法、分步法、直接法、作业

① 冯巧根. 管理会计［M］. 2版. 北京：中国人民大学出版社，2013.

② 于增彪. 管理会计［M］. 北京：清华大学出版社，2014.

成本法、成本计算系统的选择与设计），成本信息在经营决策中的应用（概述、定价决策分析、生产决策分析、自制、外购决策与业务外包），成本管控（概述、降低成本、控制成本、中国成本管理战略），基层管理控制系统（概述、基层经理业绩指标、一线员工业绩指标、基层经理的业绩计量、基层经理的业绩报告、以成本为中心基层管控系统设计），本量利分析（成本、产量与利润之间的关系、盈亏临界点与盈亏临界分析、目标利润分析、本量利分析结果的敏感性分析），全面预算管理的编制过程（概述、基于会计项目的预算、基于组织结构的预算、预算编制的行为问题、基于资源的预算），全面预算管理的执行过程（概述、预算计量、预算分析与报告、预算管理与奖惩制度），中层管理控制系统（概述、中层经理业绩指标、结算中心、中层经理的业绩报告、以预算为主导的中层管控系统设计），资本预算管理（概述、投资可行性分析的相关基本概念、新建项目的评价方法、更新与技改项目的评价方法、可行性研究报告与项目申请报告、资金筹措与分配、特殊考虑），高层治理结构（公司治理的概念、公司治理结构的形式和运作、公司治理与财务会计、公司治理与管理会计、基于会计的公司治理结构变革），高层管理控制系统（概述、高层经理业绩指标、董事业绩考核、高层经理的业绩评价、高层管控系统设计），激励制度（概述、公司奖惩资源规划、高管层奖惩资源的配置与形式、中基层经理奖惩资源的配置与形式、一线员工奖励资源的配置与形式、奖惩制度兑现），管理会计信息化（管理会计信息化与信息系统集成、计算机软件开发与管理会计信息系统软件开发、会计信息系统与管理会计信息化、企业集成信息系统与管理会计信息化、XBRL 的进展与管理会计信息化）。

第五章　财务基本理论

现代的财务理论，内容众多，财务基本理论的内容主要包括财务的概念、对象、目标、职能等基本问题，它也是整个财务理论体系中的基本部分，在财务理论体系中起着奠定性的基本作用。

第一节　财务理论概述

一、财务理论概述

财务理论是财务管理理论的简称，财务管理是在一定的整体目标下，关于资产的购置（投资）、资本的融通（筹资）和经营中现金流量（营运资金），以及利润分配的管理。

由于财务管理是企业管理的一个组成部分，它是根据财经法规制度，按照财务管理的原则，组织企业财务活动，处理财务关系的一项经济管理工作。财务管理是组织企业财务活动，处理财务关系的一项经济管理工作。因此，结合财务管理的特点，财务理论可定义为，是根据财务管理假设所进行的科学推理或对财务管理实践的科学总结而建立的概念体系，其目的是用来解释、评价、指导、完善和开拓财务管理实践。

二、财务理论的发展

从西方财务管理的发展与演进来看，财务管理作为一门独立的学科产生于 19 世纪末，美国学者格林（Thomas L. Greene）于 1897 年出版的《公司理财》标志着财务管理学科的诞生。财务管理理论发展至今，大体经历了资金筹集与财务核算、内部财务控制、投资财务管理和现代财务管理四个阶段。

1. 资金筹集与财务核算阶段（19 世纪末到 20 世纪 20 年代）

这一阶段的财务管理主要注重于资金筹措和财务核算、股票和债券的发行、回收及收益的计算，处理好公司与投资者、债权人之间的财务关系，研究公司治理、证券发行和公司合并等有关法律性业务，为企业筹措资金服务。

2. 内部财务控制阶段（20 世纪 30 年代初）

在激烈的市场竞争中，要维持企业的生存与发展，财务管理的主要问题不仅在于筹措资金，更需要重视资金的运作和使用效益的提高，保持合理的资本结构和偿债能力，严格控制财务收支。因此，从这一时期开始，财务管理学的研究重心开始向内部控制（资金的内部管理）转移。

3. 投资财务管理阶段（20 世纪 40 年代到 20 世纪 70 年代）

20 世纪 40 年代和 50 年代初期，企业财务管理开始重视现金流量的分析以及从企业内部对这些现金流量进行计划和控制，资本预算也开始引起人们的关注和重视。到了 20 世纪 50 年代中期，资本预算以及货币时间价值引起财务人员的广泛关注。资本投资项目评估和选择的方法与技术得到了发展，财务管理日益重视资本在企业内部的有效配置问题。财务管理人员的责任和权力范围扩大，开始对投放于各种资产的全部资金进行管理。

4. 现代财务管理阶段（20 世纪 70 年代至今）

现代财务管理阶段的突出特征是：随着计算机技术的广泛应用，出现了计算机财务决策系统；网络技术和电子商务的发展，推动了财务管理从桌面财务走向网络财务。

三、西方财务理论的基本情况

理财学界普遍认为，1958 年美国米勒教授和莫格迪莱尼教授关于资本结构无关论的研究论文的发表，标志着现代理财学的诞生。从那以后，现代西方财务管理理论大体包括这样一些内容：

1. 有效市场理论

有效市场理论说明的是金融市场上信息的有效性，即证券价格能否有效地反映全部的相关信息。有效市场理论给财务管理活动带来了很多启示，如既然价格的过去变动对价格将来的变动趋势没有影响，就不应该根据股票价格的历史变化决定投资或融资；既然市场价格能够反映企业的状况，市场上的证券价格一般也就是合理的，因此凡是对证券的高估或低估，都应当谨慎；既然资本市场上的证券都是等价的，每种证券的净现值都等于零，因此各种证券可以相互替代，也就可以通过购买各种证券进行投资组合。

2. 资本结构理论

最初的资本结构理论认为，根据某些假设，通过套利活动，企业不会因为资本结构的不同而改变其价值，即对于企业价值来讲，资本结构是无关的。随着研究的深入，对问题的认识有了变化，即如果考虑公司所得税，由于债息可以抵税，在一定假设的前提下，企业的价值会随负债程度的提高而增加，因此企业的负债越多，价值越大。以上理论的某些假设因为在现实生活中不能成立，所以其结论不完全符合实际情况。在放宽了一些假设条件，进一步考虑个人所得税之后，得出的结论是：负债企业的价值等于无负债企业的价值加上负债所带来的节税利益，而节税利益的多少依所得税的高低而定，于是企业的资本结构仍与其价值无关。这些理论引起了很多讨论，产生了一些新的认识，诸如权衡理论、信息不对称理论等。

3. 证券投资组合理论

证券投资组合理论给出了关于证券投资组合收益和风险的衡量办法，即在一定的条件下，证券投资组合的收益可由构成该组合的各项资产的期望收益的加权平均数衡量，而风险则可由各项资产期望收益的加权平均方差和协方差衡量。计量出了证券投资组合的价值，投资者便可以通过适当的证券组合，提高投资效益。

4. 资本资产定价模型

资本资产定价模型用于对股票、债券等有价证券价值的评估。按照资本资产定价模型，在一定的假设条件下，某项风险资产，比如某股票的必要报酬率等于无风险报酬率加上风险报酬率。资本资产定价模型回答了为补偿风险，投资者应当获得多大报酬的问题。

5. 股利理论

股利理论是关于企业采取怎样的股利发放政策的理论，分为股利无关论和股利相关论两类论点。在股利无关论看来，在完全市场条件（即具备一定的假定条件）下，由于存在套利活动，投资者对于企业留存较多的利润用于再投资，还是发放较多的股利并无偏好，他们可以通过套利自动补偿损失。既然投资者不关心股利的分配，企业的价值就完全由其投资的获利能力决定，企业的股利政策不影响企业的价值。股利相关论则认为，现实中不存在股利无关论提出的完全市场条件，企业股利的分配是在种种制约因素中进行的，企业不可能摆脱这些因素的影响。这些因素既有法律、社会的，又有股东的，还有企业自身的。由于存在诸多影响股利分配的因素，企业的股利政策与其价值必然相关，企业的价值就不会仅仅由其投资的获利能力决定。从这一基本观点出发，又形成了若干股利政策影响投资者行为的理论，如信息传播论等。

四、我国财务理论的发展

我国财务理论研究的起步较晚，是从20世纪60年代才开始。早期的财务理论的研究主要是结合社会主义计划经济的现实情况，研究企业财务本质，经济核算的实质、客观依据、考核指标体系、国民经济核算和专业核算与群众核算的关系，社会主义经济中是否存在利润等问题。由于历史的局限，当时的财务理论与实践与西方存在本质的不同，并不是现代准确意义的财务理论。此外，这一时期的财务理论研究还涉及社会主义的资金理论、成本理论、财务与会计的关系等问题。

改革开放后，随着我国在理论研究领域不断开放和吸收引进西方先进的理论与方法的不断深入，财务理论的研究才真正进入实质阶段。这一阶段，财务管理理论研究的成就主要表现在如下方面：

①对财务本质的继续讨论。部分学者提出价值分配论、价值运动论、本金投入与收益等。关于财务的职能，一些学者提出财务的两种职能、三种职能、四种职能、六种职能等观点。

②关于财务管理假设。共同的认识是财务管理的假设并非一个而是一组，但对其组成持有不同看法，如：有的认为应包括理财主体与自主理财假设、资金市场健全假设、连续经营假设；有的认为应包括独立理财主体假设、谋求价值增值假设、财务风险假设、财务关系客观性假设、利益平衡分配假设、财务环境与财务文化决定假设、财务可管理假设等。

③关于财务管理的目标。一些学者认为财务管理的目标包括：企业利润最大化、经济效益最大化、企业净现值最大化、所有者财富最大化、企业价值最大化、资金运

动合理化。还有人认为财务管理的目标应当是多元的和具体的。

④关于财务的主体。一些学者提出作为企业财务主体的应当是企业本身。

⑤从产权角度对财务管理进行研究。有人主张应重视从产权角度对财务管理进行研究，并论述了产权理论与财务管理的关系、产权管理中的财务问题。还有人将产权分析与财务管理理论相结合，提出了所有者财务的观点、出资者财务的观点、经营者财务的观点。

⑥关于预算管理。有人认为实行预算管理是改善企业经营的重要措施，并从预算与国有企业改革、预算管理的内涵与本质、预算管理模式、预算管理特征、预算管理的前提与条件等方面对预算管理进行了探讨。

第二节　财务管理的概念和对象

一、财务管理的概念

在西方国家，基于实证性的考虑，对于财务管理较有权威性的表述是“确定资金和资源的最佳利用，以使企业价值增值的过程”。

在我们国家，关于财务管理的概念，更多是基于规范性的考虑，把企业财务管理的概念表述为：企业财务管理是以企业财务为对象，通过组织、控制和协调资金运动过程，以使资金运动过程所体现的经济关系得以正确处理，也使企业得到最优化的经济利益的一项经济管理工作。

二、财务管理的对象

企业的资金运动和它所体现的经济关系是企业财务的内涵，是企业财务管理所要组织、控制和协调的客体，因此企业的资金运动和资金运动所体现的经济关系是对企业财务管理对象的质的规定性。

1. 企业的资金运动

企业的资金运动表现为资金的筹集、资金的投放、资金的营运、资金的分配四个阶段内容的统一。

①资金筹集是指企业从有关渠道采用一定方式取得企业经营所需资金的活动。

②资金投放是指企业将从有关渠道取得的资金投入企业经营过程或其他企业，以谋取收益的活动。

③资金营运是指企业对通过资金投放所形成的各项资产的利用和调度活动。

④资金分配是指企业根据国家的有关规定和企业经营的需要，将从经营中收回的资金分配用于不同方面的活动。

企业财务活动的上述四个方面，既相互区别，又相互联系、相互依存。正是这些既有联系又有区别的财务活动，构成了企业财务活动的完整过程。

2. 企业资金运动所体现的经济关系

企业资金运动所体现的经济关系即财务关系，是企业在组织财务活动过程中发生的企业与有关各方之间的关系。其主要包括：①企业与政府之间的财务关系；②企业与投资者及接受投资者之间的财务关；③企业与债权人及债务人之间的财务关系；④企业与职工之间的财务关系；⑤企业内部各部门（单位）之间的财务关系。

第二节　财务管理的目标与职能

一、财务管理的目标

财务管理的目标是指财务管理系统运行和财务管理工作期望达到的境界或结果。

尽管我国与西方国家在财务管理目标的确定与表述方面有所不同，但有一点却是相同的，即东西方学者都认为：财务管理的目标必须统一在企业目标之下，财务管理的目标是企业目标的具体化，企业目标必须在财务管理目标中得到体现。

1. 西方国家财务管理目标

大多数学者均认为，应该把西方国家的企业目标概括为“股东财富最大化与企业应承担的社会责任的统一”。

股东财富是指股东所拥有的货币、实物和金融资产的数量。由于普通股股东与优先股股东在权利、责任、利益方面都存在着一定的差别，大多数人认为，普通股股东才是企业真正的股东。因而，股东财富最大化中的股东，专指普通股股东，而不包括优先股股东。

一般认为，企业应承担的社会责任主要包括：为每一位社会公民都提供公平的就业机会、对员工实行合理的工薪制度，保护消费者的利益；支持社会公益事业的发展；积极参与环境保护活动，防止大气和水质的污染，维护生态平衡；等等。

在此之前，西方国家的企业还采用过利润最大化、每股收益最大化等目标。

依据企业目标与财务管理目标之间的关系，在西方国家的企业中，财务管理部门还必须对上述企业目标做更加具体的解释，以作为财务管理的目标。解释的方法有三种：一是以流动性与获利能力为主线，要求最大限度地减少风险，并保持对经营活动的有效控制；二是以风险与收益为主线，要求在既定的风险水平上使收益最大；三是以风险与收益为主线，但要求在收益最大的同时风险最小。

我们较为赞同第三种方法。因为：①不管是第一种方法所强调的风险水平和收益水平，还是第二种方法所强调的资产流动性和获利能力，其实都受制于企业的资产结构、财务结构、资本结构，将财务管理的目标定位于优化三个结构能使各个局部问题得到更高程度的统一；②这种方法将财务管理的目标定位于一种状态或境界，而不是一种具体的水平，可以使财务管理的各种具体操作更具灵活性；③在不同时期和不同的条件下，风险水平、收益水平、资产流动性、获利能力对于财务决策的重要性不是一成不变的，从而“最优化”的含义也各不相同，将财务管理的目标定位于一种状态或境界，可以使财务管理做出各种具有针对性的决策。

2. 我国企业财务管理目标

考虑到我国目前经济发展水平、资本市场发展状况、企业组织形式以及经济建设中的主要矛盾等现实，我们认为，我国市场经济条件下的企业目标，既不能是利润最大化，也不能是股东财富最大化。目前，我国理论界和实业界一致认为，在我国市场经济条件下，最少是在市场经济发展的现有条件下，企业目标只能是经济效益最优化。

我们认为，应该把经济效益最优化的企业目标，在财务管理中具体化为提高企业的获利能力、偿债能力和营运能力。把财务管理的目标定位为提高企业的三个能力，或者说以提高企业的获利能力、偿债能力和营运能力作为财务管理的目标，有三个好处：一是避免了抽象的表述，二是使财务管理的目标变得可以计量，三是把财务管理目标置于一个动态的过程而不是一个具体的水平。

二、财务管理的职能

财务管理的职能是财务管理机制的应用所产生的效果，也称财务管理的内在功能。它具体是指财务管理能够解决企业财务活动中矛盾的能力。

1. 中西方关于财务管理职能研究的主要观点

对财务管理职能的研究，在我国与西方国家之间，由于研究指导思想与研究思路的不同，其具体职能也有一定的分歧。

在以美国为代表的西方国家，关于财务管理职能的研究有两种观点或称两种思路：一是按财务管理与流动性和获利能力的关系进行研究，二是按管理对象的不同进行研究。第一种观点认为财务管理与流动性有关的职能主要有：①预测现金流量的职能；②筹措资金的职能；③管理内部资金流转的职能。财务管理与获利能力有关的职能主要有：①控制成本的职能；②制定产品价格的职能；③预测利润的职能；④计量最低报酬的职能。第二种观点认为财务管理职能主要有：①管理资产的职能；②管理资金的职能。

在我国，关于财务管理职能的研究，也有两种思路：一是基于财务管理的社会主义特色进行研究，二是基于财务管理的市场经济环境进行研究。在第一种思路下，财务管理的职能主要有：①根据需要筹集资金的职能；②决策资金投向的职能；③提高资金使用效益和经济效益的职能；④正确地进行资金分配的职能。该观点认为财务管理的四种职能呈现出一种相互作用，相互制约的辩证关系。在第二种思路下，财务管理职能主要有：①决策的职能；②调控的职能；③反馈的职能；④监督的职能。由于这一结论是基于财务管理的市场经济环境而得出的，我们也支持这一观点，认为它们就是财务管理的具体职能。

2. 财务管理的具体职能

①决策的职能。所谓决策的职能，就是财务管理对企业财务活动进行预测、决策和计划（预算）的能力。

②调控的职能。所谓调控的职能，就是财务管理对企业资金供求的调节能力和对资金投放与资金耗费的控制能力。

③反馈的职能。所谓反馈的职能，就是财务管理能够根据反馈的信息对企业财务活动进行再管理的能力。

④监督的职能。所谓监督的职能，就是财务管理能够保证企业财务活动全过程的合法性与合理性的能力。

三、财务管理的原则

财务管理的原则，是指财务管理主体在组织财务活动、选择财务行为、处理财务关系时所必须执行的要求和必须遵循的规范。

依据市场经济的客观要求和财务管理自身的特点，财务管理应遵循以下几项原则：

1. 货币时间价值原则

货币时间价值是客观存在的经济范畴，它是指货币经历一段时间的投资和再投资所增加的价值。从经济学的角度看，即使在没有风险和通货膨胀的情况下，一定数量的货币资金在不同时点上也具有不同的价值。因此在数量上货币的时间价值相当于没有风险和通货膨胀条件下的社会平均资本利润率。货币时间价值原则在财务管理实践中得到广泛的运用。长期投资决策中的净现值法、现值指数法和内涵报酬率法，都要运用到货币时间价值原则。筹资决策中比较各种筹资方案的资本成本、分配决策中利润分配方案的制订和股利政策的选择，营业周期管理中应付账款付款期的管理、存货周转期的管理、应收账款周转期的管理等，都充分体现了货币时间价值原则在财务管理中的具体运用。

2. 资金合理配置原则

拥有一定数量的资金，是企业进行生产经营活动的必要条件，但任何企业的资金总是有限的。资金合理配置是指企业在组织和使用资金的过程中，应当使各种资金保持合理的结构和比例关系，保证企业生产经营活动的正常进行，使资金得到充分有效的运用，并从整体上（不一定是每一个局部）取得最大的经济效益。在企业的财务管理活动中，资金的配置从筹资的角度看表现为资本结构，具体表现为负债资金和所有者权益资金的构成比例、长期负债和流动负债的构成比例，以及内部各具体项目的构成比例。企业不但要从数量上筹集保证其正常生产经营所需的资金，而且必须使这些资金保持合理的结构比例关系。从投资或资金的使用角度看，企业的资金表现为各种形态的资产，各形态资产之间应当保持合理的结构比例关系，包括对内投资和对外投资的构成比例。对内投资的构成比例包括：流动资产投资和固定资产投资的构成比例、有形资产和无形资产的构成比例、货币资产和非货币资产的构成比例等。对外投资的构成比例包括：债权投资和股权投资的构成比例、长期投资和短期投资的构成比例等。上述这些资金构成比例的确定，都应遵循资金合理配置原则。

3. 成本-效益原则

成本-效益原则就是要对企业生产经营活动中的所花费的与所取得的进行分析比较，将花费的成本与所取得的效益进行对比，使效益大于成本，产生“净增效益”。成本-效益原则贯穿于企业的全部财务活动中。企业在筹资决策中，应将所发生的资本成本与所取得的投资利润率进行比较；在投资决策中，应将与投资项目相关的现金流出与现金流入进行比较；在生产经营活动中，应将所发生的生产经营成本与其所取得的经营收入进行比较；在不同备选方案之间进行选择时，应将所放弃的备选方案预期产生的潜在收益视为所采纳方案的机会成本与所取得的收益进行比较。在具体运用成本-效益原则时，我们应避免沉没成本对我们决策的干扰。沉没成本是指已经发生、不会被以后的决策改变的成本。因此，我们在做各种财务决策时，应将其排除在外。

4. 风险-报酬均衡原则

风险与报酬是一对孪生兄弟、形影相随。投资者要想取得较高的报酬，就必然要冒较大的风险，而如果投资者不愿承担较大的风险，就只能取得较低的报酬。风险-报酬均衡原则是指决策者在进行财务决策时，必须对风险和报酬做出科学的权衡，使所冒的风险与所取得的报酬相匹配，达到趋利避害的目的。在筹资决策中，负债资本成本低，财务风险大，权益资本成本高，财务风险小。企业在确定资本结构时，应在资本成本与财务风险之间进行权衡。任何投资项目都有一定的风险，在进行投资决策时必须认真分析影响投资决策的各种可能因素，科学地进行投资项目的可行性分析，在考虑投资报酬的同时考虑投资的风险。在具体进行风险与报酬的权衡时，由于不同的财务决策者对风险的态度不同，有的人偏好高风险、高报酬，有的人偏好低风险、低报酬，但每一个人都会要求风险和报酬相对等，不会去冒没有价值的无谓风险。

5. 收支积极平衡原则

财务管理实际上是对企业资金的管理，量入为出、收支平衡是对企业财务管理的基本要求。资金不足，会影响企业的正常生产经营，坐失良机，严重时，会影响到企业的生存；资金多余，会造成闲置和浪费，给企业带来不必要的损失。收支积极平衡原则要求企业一方面要积极组织收入，确保生产经营和对内、对外投资对资金的正常合理需要；另一方面要节约成本费用，压缩不合理开支，避免盲目决策。企业应保持一定时期资金总供给和总需求动态平衡和每一时点资金供需的静态平衡。要做到企业资金收支平衡，在企业内部，要增收节支，缩短生产经营周期，生产适销对路的优质产品，扩大销售收入，合理调度资金，提高资金利用率；在企业外部，要保持同资本市场的密切联系，加强企业的筹资能力。

6. 利益关系协调原则

企业是由各种利益集团组成的经济联合体。这些经济利益集团主要包括企业的所有者、经营者、债权人、债务人、国家税务机关、消费者、企业内部各部门和职工等。利益关系协调原则要求企业协调、处理好与各利益集团的关系，切实维护各方的合法权益，将按劳分配、按资分配、按知识和技能分配、按绩分配等多种分配要素有机结合起来。只有这样，企业才能营造一个内外和谐、协调的发展环境，充分调动各有关利益集团的积极性，最终实现企业价值最大化的财务管理目标。

第三节　现代企业财务管理的内容和过程

一、现代企业财务管理的内容

1. 资金筹集管理

资金筹集是现代企业采用一定方式从有关渠道取得经营所需资金的行为。由于采用不同方式所取得的资金具有不同的资金成本，而筹资方式的不同组合又会给现代企业带来不同的风险，因此，资金筹集管理就是选择最恰当的方案，规避财务风险以获得所需的资金。

2. 资金投放管理

资金投放是现代企业将从有关渠道取得的资金投入其内部或外部以谋取收益的行为。不同的投资项目会对现代企业的效益在时间和形式上产生不同的影响，而且不同的投资及其不同的组合会产生不同的风险。因此，资金投放管理就是选择最恰当的投资方案，在成本与效益、风险与收益最优组合的条件下使用资金。

3. 资金营运管理

资金营运是现代企业对资金投放所形成的各项资产的利用、调度和管理的行为。资金营运管理就是选择最合理的资源配置方案，最大限度地利用各项资产。

4. 资金分配管理

资金分配是现代企业根据国家的有关规定和自身经营的需要，将从经营过程中收回的资金分配用于不同方面的行为。资金分配管理就是选择最佳的利润和税后利润分配方案，在保证各方利益的同时，使现代企业的财务状况得以改善、财务能力得以提高。

二、现代企业财务管理的过程

1. 财务预测

财务预测是财务管理人员在历史唯物主义观点的指引下，根据现代企业财务活动的历史资料和其他相关信息，结合现实条件和未来可能具有的条件，采用定性和定量的方法，对未来财务活动的发展趋势以及可能达到的状况进行判断和测算的过程。作为整个现代企业财务管理过程的首要环节，财务预测是进行财务决策的基础、编制财务预算的前提、实施财务控制的标准、开展财务分析的根据。

2. 财务决策

财务决策是对财务预测所提出的诸多财务方案进行可行性研究，从中选出最优方案的过程。它以资源的优化配置为目标，本着成本-效益原则，主要研究现代企业经营决策中的资金筹集、投放、营运、分配的时间以及方向、数量等问题，是各项经营决策的核心和综合反映。其科学性直接决定着财务预算的合理性、财务控制的有效性和财务分析的有用性。没有财务决策，其他环节的工作就失去了意义。

3. 财务预算

财务预算是对财务决策所选定的最优方案的数量化、具体化、系统化的反映。它为各项财务活动确立目标和任务，既为财务控制提供依据，又为财务分析和业绩评价提供尺度。财务预算在现代企业财务管理全过程中起着承上启下的作用，使得现代企业财务管理更有秩序。它以财务预测和财务决策为前提，又是财务控制和财务分析的基础。

4. 财务控制

财务控制是根据一定的标准，利用有关财务信息，影响与调节现代企业的财务行为，使之按照预定目标进行的过程。它是实现现代企业财务管理目标的基本手段。

5. 财务分析

财务分析是根据财务预算、财务报表以及有关资料，运用特定方法，借助有关指标来了解和评价现代企业财务状况和财务能力，考核财务效果，以便为其他管理环节反馈信息的过程。财务分析作为现代企业财务管理全过程的最后一个环节，标志着上一个财务管理循环的完成，也意味着下一个财务管理循环的开始，是两个循环交替的转换点。

中篇　会计研究方法

研究方法，作为哲学术语，是指在研究中发现新现象、新事物，或提出新理论、新观点，揭示事物内在规律的工具和手段。研究方法是人们在从事科学研究过程中不断总结、提炼出来的。会计学科发展至今，其体系已相对完善，学科分支和门类也逐渐齐全。其发展也是与其他学科相互交叉融合，相伴发展，所形成的会计理论也日益丰富，会计学科分支和边缘理论也日益细化。因此，对会计科学的研究方法也是从传统的研究方法过渡到现代的研究方法、由较单一的研究方法向多样化研究方法、由规范研究方法为主向规范研究和实证研究并重方面转变。

第六章 会计研究方法概述

会计理论主要来源于三个方面：一是从许多前人的过去经验所积累起来的思想、著作中汲取的，二是自觉总结分析、认识现实而形成的思想、观念，三是基于对会计未来发展趋势的分析、预测而形成的推理、判断。不论是哪一种情况，要形成理论，都需要运用一定的思维、论证的方法。会计理论研究方法是人们研究会计理论时所运用的思维、判断和推理方法。

第一节 两种基本思维方法

一、两种基本思维方法的形成

人类所从事的活动一般可划分为实践活动和认识活动，相应地，亦就产生了两类最根本的人类活动方法——实践方法和认识方法。

理论思维方法按性质可区分为科学思维和哲学思维两种不同的思维方法，但在相当长的时期内，科学是蕴含在哲学母体之中，相互掺和在一起的。实证科学通过近代科学革命才最终从哲学中独立出来，成为以实证方法和形而上学的思辨方法为代表的科学方法，与哲学方法真正成为两种在本质上有区别的思维方法。而这来自19世纪法国哲学家孔德①的以反形而上学为宗旨的实证主义的哲学运动。孔德认为发现事物内在本质的企图是徒劳无益的，应代之以努力发现存在于现象之间的一致关系。问题的提法不是“为什么”，而是“怎么样”。科学方法是一切领域应遵循的方法，而科学的唯一目的是发现自然规律或存在于事实中间的恒常关系。这只有依靠观察和经验才能做到。这样取得的知识就是实证的知识，也只有为实证科学所证实的知识才能成功地运用到人类实践的各个领域。后经20世纪初的马赫主义和20世纪二三十年代的维也纳学派对实证方法的进一步阐述及反对思辨的形而上学的努力，才逐渐形成了科学与哲学

---

① 奥古斯特·孔德（1798年1月19日—1857年9月5日），法国著名的哲学家、社会学和实证主义的创始人，开创了社会学这一学科，被尊称为“社会学之父”。他创立的实证主义学说是西方哲学由近代转入现代的重要标志之一。

分离的思潮。实证性的各种学科连续地从其母胎哲学中脱离出来，以实证为代表的科学和以思辨方法为代表的哲学这一人类理论思维的两个基本方法才正式分别开来。

人类活动与方法的基本关系如图 6.1 所示。

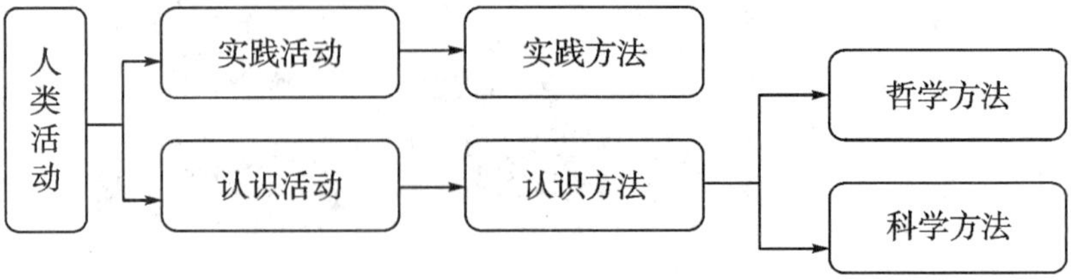

图 6.1　人类活动与方法的基本关系

二、哲学方法与科学方法的区别与联系

1. 哲学方法

哲学方法是哲学研究方法的简称，哲学方法就是思辨的方法。思辨可以有三种形式：演绎式思辨、归纳式思辨和顿悟式思辨。有人也认为哲学方法是形而上学的思辨方法。[①] 哲学方法的基本特征有：

①思辨性。哲学研究就是对经验研究的结果及经验研究的本身所进行的反思和反观。反思是对经验研究结果和认识的根本规律问题的反复思考和再认识，反观是对本体问题的进一步洞察。由于哲学研究是以经验为基础，但又必须超越经验，即分析问题时使用的是超验的概念或原理，因而其表现出与实证研究不同的思辨性的特征。

②抽象性。哲学研究虽然不能停留在直接经验之中，必须超越经验去探求包含在经验之中的普遍的概念、范畴、规律和原理，但这些概念或原理与经验之间的联系不是直接的，需通过较多的中间层次的过渡才能达到，这种间接性的研究亦就是哲学理性思维的抽象性。

③难以确定性。哲学研究的命题是普遍的、一般的，是一种将“思维和存在”的研究关系作为问题而进行的反思，亦即是对主体与客体、观察与理论、逻辑与直觉、真理与价值、理解与解释等一系列科学活动的基础性问题的反思。面对这些具体问题的研究，经常显现出歧义性，且对同一问题，不同人的研究结果往往不同。

④难以检验性。因为哲学研究的难以确定性，它不可能像实证科学那样在可控条件下对具体结论进行实验的检验，即使进行检验亦需通过大量的、长期的实践活动的积累。而实践活动本身的复杂性和哲学思辨结论的抽象性以及两者之间的错综复杂性，检验结果亦不可能具有像实证科学那样明晰和不可辩驳。[②]

思辨性是哲学的最基本的特性，虽然其带来了难以确定性和难以检验性，但亦带来了与科学方法的不同功能。第一，思辨性对科学思想和理论的发展具有开拓和突破性的作用。倘若没有超越的思辨性观念，很多重要的科学发现是产生不了的，正如爱因斯坦所言：“只有最大胆的思辨，才有可能把经验材料之间的空隙弥补起来。”[③] 思辨的优越性就在于能弥补经验的不足或局限。第二，思辨性是对科学活动表现出理性原

① 劳秦汉. 会计理论方法体系［M］. 北京：中国财政经济出版社，2002：38.
② 劳秦汉. 会计理论方法体系［M］. 北京：中国财政经济出版社，2002：39.
③ 爱因斯坦. 爱因斯坦文集：第 1 卷［M］. 并良英，范岱年，译. 北京：商务印书馆，1977：585.

则，使科学认识符合对世界总的看法，亦即哲学思辨的理性原则可以使人们集中力量去发展真正的科学，避免在伪科学上耗费精力和时间，发挥出方法论的作用。第三，思辨性保证了科学理论体系的开放性。科学理论中某些超验的思辨性基本假设的存在，一方面可以激发科学家探索真理的勇气和热情，另一方面也为理论体系的吸纳、补充、完善或新理论体系的建立，亦即理论体系的融合开放留有余地。

2. 科学方法

科学方法是人们在认识和改造世界中遵循或运用的、符合科学一般原则的各种途径和手段，包括在理论研究、应用研究、开发推广等科学活动过程中采用的思路、程序、规则、技巧和模式。简而言之，科学方法就是自然科学即实证科学的方法，其基本特征如下：

①具体性。科学不像哲学那样对世界只进行普遍性的总体研究，而是分门别类地一个一个地进行研究。其对象是具体的，采用的实证研究过程是具体的，得出的研究结果亦是具体的。

②经验性。科学不像哲学那样通过对经验的反思来超越经验，而是通过观察、实验，用实验得到的结果进行检验，力求不脱离或超越经验。

③精确性。科学不像哲学那样对研究的结果有多种解释和抽象，而得到的结论必须是明晰的、单一的和确定的，其误差只能限定在一个允许的范围之内。

④可检验性。科学不像哲学那样难以进行重复实验的检验，而是可以被另外的研究者进行重复检验，即在可控条件下可重复接受实验的检验。[①]

可检验性是科学的最基本特性，标志着科学实验是最基本的科学实践活动。实验方法是最重要的科学方法，无论提出假说还是鉴别假说都必须遵循科学实验检验这个原理。可检验性这一特性最终为科学活动立下了三条标准：一是科学理论是客观的，是关于事实的。科学理论应当远离价值判断，因为科学理论不仅应当解释已知的实验事实，而且还应当预言今后可能得出的实验事实。二是为科学假说（命题）提供了一个重要的方法论原理，科学假设在原则上和技术上都是应当可检验的，如果在原则上和技术上都不能被检验，那就不能称之为科学假说。三是任何一项科学实验事实，应能被另外的研究者重复实验而实现，否则就不能被认可。

3. 哲学方法与科学方法的关系

虽然近代科学以科学从哲学中分离相独立为标志[②]，但其形成却是哲学家与科学家、思辨方法与实证方法共同作用的结果。尽管两者是不同性质的思维方法，但仍具有不可分割的联系。正如德国哲学家康德早就预言和躬行过的那样：给经典物理学提供哲学基础，同时把哲学放在经典物理学成果的背景之上，是他最有意义的任务。因此，哲学方法和科学方法作为人类理论思维的两种最基本的方法。它们的联系：其一，两者作为理论思维，具有高度的相关性和复杂的相似性；其二，两者作为不同的理论思维方式，又表现为两个既相互对立又相互补充的思想维度。两者的相似之处在于都是运用概念的逻辑，都是以概念的逻辑去把握世界、描述世界和解释世界，都试图为

① 劳秦汉．会计理论方法体系［M］．北京：中国财政经济出版社，2002：38.

② 科学不等于科学方法。《韦伯斯特新世界大辞典》给“科学”下的定义是：科学是从确定的研究对象的性质和规律这一目的出发，通过观察、调查和实验而得到的系统的知识。

解释世界而提供某些“原理”或“公理”，因为思维的逻辑化是理论思维的首要前提。因而两者作为理论思维方法都具有知识体系、思维方式和逻辑规范的三重内涵，都具有时空上的兼容性和逻辑上的展开性以及解释性、规范性、批判性和理想性的基本特点与功效。两者的区别在于分别集中地表现着人类理论思维的两个基本维度：哲学集中地表现着反思思维和存在关系的维度，科学集中地表现着思维和存在高度统一的维度。前者体现在具体方法上即抽象上的思辨方法的思辨性，后者体现在具体方法上则为实证方法的可检验性。因此，哲学方法与科学方法的关系不是普遍性与特殊性，亦不是一种特殊性与另一种特殊性的关系，而是以“思维和存在的关系问题”为中介所构成的认知活动与反思活动的关系。

三、孔德的实证主义

实证主义是一种强调感觉经验，排斥形而上学的西方哲学流派。实证主义作为经验主义的一种表现形式，产生于19世纪三四十年代的法国和英国。在这之前，牛顿的经验论已涉及实证问题，而且19世纪初法国空想社会主义者圣西门最初使用“实证主义”一词。但严格地讲，实证主义的创始人是法国哲学家、社会学家奥古斯特·孔德。从1830年开始，孔德陆续刊布其六卷本《实证哲学教程》，标志着实证主义的形成。所以人们通常也把这种源于孔德，主张社会科学与自然科学具有一致性，并寻求普遍规律性的观点称为实证主义。实证主义的发展大致经历了三个阶段：以孔德和涂尔干为代表的经典实证主义阶段，20世纪40至60年代的工具实证主义阶段和后实证主义阶段。①

按照孔德的观点，实证主义从广义上说是由哲学和政治体系构成的，前者是基础，后者是一个庞大体系的目的。狭义上说，实证主义就是孔德创立的实证哲学。孔德认为，人类历史经历了从迷信或玄学到科学的过程。当社会由科学家管理时，人们进入了现实的阶段。科学本身是关于描述、推论、控制和问题的。科学家从观察到的一些事件着手，通过描述，精确地推断出自然规律的规则，一旦那些规则被掌握，便可以反过来推测这些事件。最后，当目标为描述和推断所操纵时，科学规则便对自然的可能性做出了控制。所以，真正的科学家应该把可以观察到的事件作为参考实体，而对那些无法观察到的事件避免做出为什么发生的解释。如果对无法观察到的事件进行解释，那就可能使人回到形而上学的迷信行为，这是与实证主义背道而驰的。

孔德实证主义思想的核心是经验证实原则。经验证实原则是实证主义哲学的一个最基本原则，主张一切科学知识都建立在经验事实的基础上，科学是通过观察和实验的经验事实来证明的。在孔德看来，人类社会已经进入科学时代、实证阶段，因此要把人类智力和精神的极致——科学知识、科学理论、科学体系，以及与之相应的科学方法、科学逻辑引入哲学，进行一次哲学革命，建立一种新的哲学。这个哲学的突出特性就是：利用经验证实的方法检验以往的一切知识。检验过程中，要突出实证科学的经验性、真实性、有用性、肯定性、精确性、建设性、系统性、相对性、实践理性，以及各门学科的重建性。所有这些特性全都是对以往形而上学的背叛，特别是对那种思辨的、虚设的、含混不清的和无用的唯心主义哲学的背叛。他说：“从培根以来，一

① 林聚任，刘玉安. 社会科学研究方法［M］. 济南：山东人民出版社，2008：25.

切优秀的思想家都一再指出，除了以观察到的事实为依据的知识以外，没有任何真实的知识。”这是对经验证实原则重要性的肯定。至于在人的主观经验之外是否有事物的客观存在，那是一个超越人的经验之外无法认识的问题。为此，他否定理性作用的无所不能和绝对性，指出：“实证哲学的根本特点是认为人的理性必然不能说明一切高不可攀的玄妙奇迹”，“事实上非常清楚，我们的能力根本无法把握事物的内在本性、一切现象的起源和目的之类的问题”，“人类精神如果不钻进一些无法解决的问题，而仅限于在一个完全实证的范围内进行研究，是显然可以在其中为自己最深入的活动找到取之不尽的养料的”。

实证主义有以下几个方面的基本特征：

①以现象论的观点为出发点。现象即实在，是有用的、确定的、精确的、有机的和相对的。与现象的这些属性相对应，“实证”一词也具有同样的意义，一切知识都是对这些现象的共存和相继的描述。实证主义者把现象当作一切认识的根源，要求科学知识是“实证的”。

②对经验进行现象主义解释，主张从经验出发，拒绝通过理性把握感性材料；认为通过对现象的归纳可以得到科学定律，强调经验上的实证对科学理论的重要性。

③把处理哲学和科学的关系作为其理论的中心问题，带有一定程度的科学至上和科学万能倾向。实证主义者认为：科学即实证知识，它是人类认识发展的最高阶段；研究人的心理和行为以及社会状况都要靠实证的科学方法；科学和科学方法使哲学也成为实证的。

第二节　会计研究方法的含义

会计活动是人类活动中的一项，因此会计活动也分为会计实践活动和会计理论研究活动两类，相应地也就形成了会计工作方法和会计理论研究方法（以下简称会计研究方法）两类方法。前者基本上属于实践方法，后者基本上属于认识方法。而人类的认识方法是人类主体对认识客体进行反映、评价、重构，以理论思维为主导成分的一种属于主观观念领域的程序、方式的总称，是以理论思维为内核的一种活动方式。因而会计研究方法从其本质上来讲，是一种理论思维方法。

一、会计研究方法的含义

1. 方法与会计研究方法

据《辞海》《现代汉语词典》等辞书释义：方法是指为了达到某个目的而采取的途径、步骤、手段等。“方法”一词，在西方起源于希腊文，即为沿着某种道路前进的意思，后引申为达到某种目的的途径、方式等。在我国，“方法”一词最早载于《墨子·天志》一书：“中吾矩者，谓之方，不中吾矩者，谓之不方。是以方与不方，皆可得而知之。此其何故？则方法明也。”其含义为做事的规矩、法度，后亦引申为做事的手段、工具等，故方法的现代含义不外乎就是人们对完成任务、达到目的的途径、方式、手段、规则、程序的总称。对任何事情的认识，不管是理性认识还是感性认识，都得有一定的方法，不同的对象有不同的方法。会计研究方法就是研究会计理论问题、认识会计现象的思路和手段。同其他研究方法一样，会计研究方法也是一种认识活动，也应遵循人类认识活动的一般规律。探索会计理论研究方法的过程，本身也是形成科学认识的过程。正因为如此，该过程也受制于科学知识原则的规范，如受一定的世界观、方法论、认识论的制约。换言之，应该在哲学认识、方法论指导下来概括出会计理论研究的方法。

会计理论研究，简称会计研究，是研究者对会计研究对象进行主观观察、分析，并得出符合逻辑化结果的过程。会计理论研究能否正确地透过表象探索出被研究对象的本质和动机，在很大程度上取决于研究方法。这也就是不同会计理论研究者对相同研究对象进行研究而得出不同观点和结论的主要原因。因此，为了使会计理论研究得出正确的观点和结论，并被人们普遍接受，必须选择科学的研究程序和方法。[①] 科学的研究方法是会计理论研究者接触会计理论研究对象的必经之路，是研究者确定研究方向的航标。同时，由于不同的研究者会强调侧重使用某些研究手段进行会计理论研究，从而也产生不同的会计理论研究学派，甚至于有人把研究方法和研究学派等同或混用理解。[②]

会计研究方法从总体上讲，虽然属于理论思维方法的范畴，但作为一种具体的只针对会计活动进行研究的认识方法，仍有其特殊性。而所谓的会计研究是指钻研、推究会计这一事物道理的活动，即会计研究主体对会计研究客体进行钻研、推究，最终取得会计理论成果的整个活动过程。因而会计研究的目标是通过对会计活动和会计发展规律的探讨以推动整个会计事业的发展，会计研究的内容是特定（经选题确定）的会计问题，会计研究的程序是确定研究课题、收集资料、研究资料、取得研究成果和检验评价成果。尽管会计研究成果主要是通过会计主体的劳动即会计研究者的研究劳动才能获取，但研究者不可能赤手空拳上阵，必须凭借一定的劳动工具即一定的会计方法才能展开研究。而会计方法一般又可分为会计工作方法、会计研究方法、会计教学方法、会计法制方法四类，会计研究者为取得研究成果所凭借的主要是其中的会计研究方法。

因此，会计研究方法也就是会计研究主体（研究者）为取得会计理论研究成果而作用会计研究客体（特定的会计活动对象）所凭借的途径、方式或手段的总称。不同的会计研究方法既体现了会计研究者的不同的理论思维方法，也体现了最终所得到的会计理论研究成果上的差异。

2. 会计研究方法的特征

正因为会计研究方法是在一定的会计环境下形成的，又受到各种因素的影响，因而它一般具有以下几个基本特征：[③]

---

① 科学（认识世界的实践方法），指的就是分科而学，后指将各种知识通过细化分类（如数学、物理、化学等）研究，形成逐渐完整的知识体系。它是关于发现发明创造实践的学问，是人类探索研究感悟宇宙万物变化规律的知识体系的总称。科学是一个建立在可检验的解释和对客观事物的形式、组织等进行预测的有序的知识的系统。在一个旧的，密切相关的意思，“科学”还指可合理解释以及应用型知识本身。科学的专业从业者习惯上被称为科学家。因此，这里科学的研究方法里的“科学”应理解为合理的、正确的、先进的、有用的。

② 因为英文中“方法”一词一般用“method”表示，但有时也用“approach”来表示。实际上“approach”这一词有“入门、探讨、态度、方法”等多重含义，更强调一种看问题的切入角度，更接近学术上所说的“学派”的含义。所以方法和学派是有区别的。

③ 劳秦汉. 会计理论方法体系［M］. 北京：中国财政经济出版社，2002：39.

①主体性。会计研究方法的产生、发展、选择、应用都是由人，即会计研究主体来进行和完成的，人是世界上唯一能真正创造和掌握使用会计研究方法的主体。同时，会计研究方法还要服从和服务于会计研究主体的愿望与目的，一切会计研究方法从根本上都是为了会计研究主体的研究工作而存在的，从这一意义上看，没有会计研究主体也就没有会计研究方法。

②中介性。会计研究主体——人，既存在于发展的世界之中，又能将世界作为自己的客体即研究对象。而会计研究方法就是联系人与世界、会计研究主体与客体的中间环节，这正是会计研究主体认识世界、改造世界即认识会计活动对象、作用和改造会计活动对象中不可缺少的中介，是会计研究水平和研究者自身发展水平的标志。

③客观性。会计研究方法虽然通常都表现为主观形态和思想形态，研究者有选择和应用的自由，但其选择和应用却不是主观任意的，而必须符合和适应其应用的客观条件。

④实践性。会计研究方法虽然是一种理论思维方法，但其存在和发挥功效的依据仍是实践即会计研究活动的实践。因为其来自会计研究者的研究活动，并随着会计研究活动实践的发展而不断修正、补充、完善和发展，且被会计研究活动实践证明了是正确有效的方法，它还能进一步作用于以后的会计研究活动的实践。

二、会计研究方法的意义

俄国著名科学家巴甫洛夫指出："科学是随着研究方法所获得的成就而前进的。研究方法每前进一步，我们就更提高一步，随之在我们面前也就开拓了一个充满着种种新鲜事物的、更辽阔的远景。因此，我们头等重要的任务是制定研究方法。"[①] 可见，会计研究方法对会计理论研究有着重要的意义。具体可归纳为以下几个方面：

1. 会计研究方法是进行会计理论研究的前提

从一定意义上讲，会计研究工作中最为重要的事情在于选择恰当的研究方法。正如吴水澎教授在给孙芳城教授等所著的《会计理论比较研究》一书做的序中指出的那样："会计理论的突破，在相当程度上取决于方法上的突破。"[②] 也就是说，研究人员在进行会计研究之前，明确并正确地选择对所研究的问题采用的研究方法，是进行会计理论研究的必要前提条件。

2. 会计研究方法本身就是会计理论体系的组成部分

会计和其他学科一样，不仅是知识和学说的总和，而且还包括认识过程的研究方法。这意味着会计理论研究方法的研究成果不仅可以直接丰富和发展会计理论的内容，同时，它还有助于人们从方法论的高度，统一研究者对一些重要理论问题的认识，有助于多出成果和快出成果。吴水澎教授曾指出："会计理论的研究方法比起该门科学的原理和所得出的科学结论，在空间上更为广阔，在时间上更为久远。因此，会计理论研究方法是一种更本质的会计理论，应该列在会计理论体系中的最高层次。"[③]

3. 正确运用会计研究方法是提高会计理论研究水平的保证

会计理论研究方法可以视为完成会计研究任务的重要手段，会计理论研究方法的

---

① 巴甫洛夫. 巴甫洛夫选集［M］. 吴生林，贾耕，赵璧如，等译. 北京：科学出版社，1955：38.
② 孙芳城，孔庆林，李孝林，等. 会计理论比较研究［M］. 上海：立信会计出版社，2011：4.
③ 孙芳城，孔庆林，李孝林，等. 会计理论比较研究［M］. 上海：立信会计出版社，2011：4.

多样性为会计研究工作者提供了广泛的选择性。会计理论研究方法运用恰当，不仅可以圆满地实现会计研究目标，而且可以提高会计理论研究水平。正如阎达五教授所言："研究方法是实现研究目标、规范研究行为的重要手段。研究方法的多样性为研究工作者提供了广泛的选择性。研究方法运用得当，不仅可以圆满地实现研究目标，而且可以收到事半功倍的效果。"①

三、会计研究方法与会计方法的关系

一般而言，会计方法是指用来核算和监督会计对象、执行会计职能、实现会计目标的手段。会计方法是人们在长期的会计工作实践中总结创立的，并随着生产的发展、会计管理活动的复杂化而得到逐渐完善和提高。显然，会计方法与会计研究方法是有本质的区别的。在我国，对会计研究方法进行论述和著述颇多，较为系统和专门论述会计研究方法的是于玉林教授所著的《现代会计方法学》、劳秦汉所著的《会计理论方法体系概论》和吴溪主编的《会计研究方法论》。于玉林教授在其所著的《现代会计方法学》中，在第二篇专门对会计研究方法进行了系统阐述，他共列举了现实法、推理法、模型法、归纳法、演绎法、比较法、分类法、假设法、移植法、系统法、行为学法、实证法等41种。② 而劳秦汉在其所著的《会计理论方法体系概论》中，在论述了会计理论方法体系的含义及其构架的基础上，还尝试建立了由会计研究的哲学方法、会计研究的一般方法和会计研究的具体方法构成的会计方法体系。一般方法包括系统方法、逻辑方法、数学方法、历史方法，具体方法包括伦理法、社会学法、经济学法、事项法、实证法和行为法。③ 可见，以上两本著作实际上论述的方法学主要是会计理论的研究方法。于玉林教授在其另一本著作《会计基础理论研究》中，也专门分析和区分会计方法和会计研究方法的界限，认为："会计方法是用来反映和监督会计对象，完成会计任务的手段，包括会计核算方法、会计分析方法、会计控制方法、会计监督方法、会计检查方法等，而人们认识会计的思维方法形成会计研究方法，它是认识会计理论和研究会计理论而形成的方法。"④ 而吴溪主编的《会计研究方法论》一书，则从会计理论出发，探讨了会计学的研究范式、理论与实证研究的关系和具体的档案式研究方法、实验式研究方法、实地研究方法、案例研究方法等，还对财务会计、财务管理、管理会计、审计、税务五个领域方法的应用进行了具体的讨论。该书是从更大的"会计观"来系统论述会计研究方法的著作。

四、会计研究方法与会计理论的关系

1. 会计研究方法对会计理论的作用

①会计研究方法贯穿于会计研究的全过程，会计理论成果的取得离不开会计研究方法的运用。会计研究是会计研究主体选定或确立研究课题，然后运用一定的会计研究方法作用于会计研究客体即特定的会计活动对象，最终取得会计理论研究成果并加以实践检验的一个完整的研究活动过程。这个过程从头到尾都离不开会计研究方法的

---

① 阎达五，赵月园.《会计研究》百期回顾及中国会计理论研究透视［J].会计研究，1996（2）：45-49.
② 于玉林.现代会计方法学［M].上海：立信会计出版社，1997.
③ 劳秦汉.会计理论方法体系概论［M].北京：中国财政经济出版社，2002.
④ 于玉林，李端生.会计基础理论研究［M].北京：经济科学出版社，2001：266-278.

运用。在选题上，其所研究的会计问题是研究者通过对原有会计理论与现行会计实践的比较、反思和初步探索的反复思考才确立起来的，而这一切都离不开理论思维方法即会计认识方法的指导。在对会计问题的研究过程中，研究者更需凭借一定的会计研究方法才能对研究对象进行资料收集、加工和整理，当对会计问题的理性认识运用抽象思维的方法上升为会计理论后，还需通过一定的检验手段即会计研究中的观察、调查、评估等验证方法对其进行实践的检验。由此可见，会计研究方法伴随着整个会计研究的过程，没有会计研究方法的正确运用就根本不会有会计理论成果的产生。

②不同的会计研究方法决定着不同的会计理论。从表面上看，会计理论学派和不同风格的会计理论的形成是由于会计学者观点倾向、文化背景、志趣爱好不同。但他们所采用的会计研究方法的不同是造成会计理论之间差异甚至对立的直接原因。因为不同的会计研究方法是研究者不同的思维方法和价值观的体现，必将导致会计理论在内容、结构、风格上的差异。正如黑格尔所言："方法并不是外在的形式，而是内容的灵魂和概念。"[①] 如采用归纳法的利特尔顿的《会计理论结构》和采用演绎法的佩顿的《会计理论》，虽然都是研究会计理论的著作，但因会计研究方法的不同而成为两个不同会计研究流派。如对企业财务会计的确认、计量和报告的同一问题分别运用事项法、经济学法和伦理法进行研究，所得出的会计理论成果无论在内容上、结论上甚至风格上都将有所不同。

③会计研究方法的创新和发展推动着会计理论的突破与发展。从科学史和会计史看，每一次科学或会计理论的突破都与研究方法的创新密切相关。如 20 世纪初，从事会计理论研究的人员主要来自实务界，有关的会计理论成果只是对现行实务的描述和解释。20 世纪 20 年代以后，由于会计研究方法有所突破，采用了较为规范的会计研究方法，尤其是演绎法，于是真正的会计理论才得以起步。20 世纪六七十年代，经济学的实证研究方法逐步引入会计理论研究中，于是在西方，实证会计理论很快就替代了规范会计理论成为会计研究的主流派。正如巴甫洛夫所指示的："初期的研究障碍，乃在于缺乏研究方法。无怪乎人们常说，科学是随着研究方法所获得的成就而前进的。研究方法每进一步，我们就更提高一步，随之在我们面前也就开拓了一个充满着种种新鲜事物的、更辽阔的前景。因此，我们头等重要的任务乃是制定研究方法。"[②]

2. 会计理论对会计研究方法的作用

①会计理论为会计研究方法提供导向。经过实践检验的会计理论，在指导会计研究者确立研究目标和研究课题、选择研究对象、收集加工资料和最后形成会计理论成果以及到实践中检验成果等方面都起着很大的指导作用，即会计理论本身也有着指导包括会计研究活动在内的会计认识活动和实践活动的方法性功用。只不过在会计研究过程中，会计研究方法是具体性的指导，会计理论是方向性的指导。对会计理论的研究正因为有了正确的会计理论作为研究方法上的导向，会计方法的选择和运用的准确性、合理性才能得以保证。因此，在一定意义上讲，会计理论的重要性并不在于它的结论，而在于它所提供的方法性指导。

②会计理论的发展也反作用于会计研究方法的发展。既有的会计理论不是完美无

① 黑格尔. 小逻辑［M］. 贺麟，译. 北京：商务印书馆，1980：412.

② 巴甫洛夫. 巴甫洛夫选集［M］. 吴生林，贾耕，赵璧如，等译. 北京：科学出版社，1955：40.

缺的知识体系，其所面临的是一个复杂多变的会计环境和日新月异的会计实务状况。这就决定了为适应环境和指导会计实务的需要，会计理论必须不断地革新、补充和发展，以便实现研究方法突破下的会计理论的突破与发展。

③会计理论的层次结构性决定了会计方法的综合性和体系性。由于会计理论是以会计概念和会计准则为形式的、与会计实务相对应的一套系统的逻辑推理知识，具有从起点理论到基础理论到规范理论再到直接指导会计实践的实务理论这样一个逻辑严密的层次结构，因而必然要求与之相配套的会计研究方法是多种类的包括哲学方法、一般方法、具体方法甚至是专门方法的综合性应用。各种会计研究方法之间亦必然会表现出一定的逻辑结构而形成一个相对独立的体系。

第三节　会计理论研究方法的分类

一、会计理论研究方法的基本分类

1. 按照研究方法的性质来分类

不同的研究方法有不同的特性，按研究方法的性质来分，会计研究方法可分为经验会计方法、理论性会计方法、思维会计方法和事物属性会计方法。

经验会计方法，又称为实证性会计研究方法，是以经验作为主要手段来对会计理论进行研究。其适用的对象主要是具体的会计实务理论或部分会计应用理论。

理论性会计方法是通过理论研究的一般逻辑思维，对会计理论进行研究。理论研究的逻辑思维一般有两种，即归纳和演绎。其一般适用于会计基础理论（也称基本理论或抽象性理论）的研究。

思维会计方法是通过对会计的表象和会计要领等来对会计问题、会计理论进行判断、推理和想象的研究方法。其主要应用于会计伦理、会计道德、会计行为等理论的研究。

事物属性会计方法是通过会计的属性来研究一系列理论问题。其一般适用于对会计本质和会计性质的研究。

2. 按照研究方法的理论性程度来分类

按照研究方法的理论性程度来分，会计研究方法可分为理论性研究方法和非理论性研究方法。

理论性研究方法是指采用抽象和高度哲学的思维形式来对会计理论进行研究的方法，亦即上述的理论性会计方法。这种方法主要应用于基础理论和抽象理论的研究。

非理论性研究方法，主要是指以实用主义和权力主义为主，对会计理论进行研究。其一般是实证、实验等研究形式，主要特征是要求与现时的社会及实践一致。这种研究方法主要适用于具体应用和实务理论的研究。

3. 按照研究方法所起的作用来分类

按照研究方法所起的作用，会计研究方法可分为获得科学认识的研究方法、获得理性认识的研究方法和获得感性认识的研究方法三类。

获得科学认识的研究方法包括历史法、系统法等。这类方法由于能够全面、系统地对某一类问题进行研究，从而使得获得的认识具有较大而全的指导性，且获得的理论具有通用一般的参考作用。

获得理性认识的研究方法包括假设法、逻辑法、数学法等。这类方法是帮助人们把从实践活动中所获得的感性认识升华到理性认识，并总结出在某一领域和某个方面具有通用参考价值的理论知识。

获得感性认识的研究方法包括观察法、实验法、调查法、试点法等。这类方法是指能直接从实践活动中获得初级的认识。这种认识一般为感性认识。这类方法所总结归纳出来的理论知识只能够具体指导实践活动中某个具体的领域。

4. 按照研究方法的层次分类

按照研究方法的层次分类，会计研究方法可分为上层的会计研究方法、中层的会计研究方法和下层的会计研究方法三类。

上层的会计研究方法主要是哲学方法，也称为方法论。方法论也称方法的方法，是一切方法之母，是所有研究方法产生的源泉。由于哲学是关于世界观的基本学说，所以哲学方法是会计研究方法最上层的研究方法，也是所有方法派生的源头。

中层的会计研究方法，即指一般的科学研究方法，一般包括数学方法、系统方法、逻辑方法、历史方法四大类。这类方法一般适用于各类具体学科的研究，对一般学科研究来讲具有通用的使用范围，对每一门学科的研究都能够获得具有通用参考价值的理论知识。

下层的会计研究方法主要是指适用于某些特定领域或科学分支甚至某一科研课题的专门方法。

5. 按照理论研究的学术流派来分类

在理论研究的发展历史中，研究流派主要分为规范性学术流派和实证性研究流派，因而也产生两类对应的方法，即规范研究方法和实证研究方法。

规范研究方法主要是指一种运用演绎和归纳方法，注重从逻辑性方面概括指明“应该怎样”“应当怎样”或“应该怎样解决”的方法。其涉及伦理标准和价值判断问题。其主要特点是在进行分析以前，要先确定相应的准则，然后再依据这些准则来分析判断研究对象目前所处的状态是否符合这些准则，如果不符合，那么其偏离的程度如何，应该如何调整。

实证研究方法是指以实施结果为标准，验证与衡量理论或观点、假说的正确性，也就是通过确认假设，以事实、实际的情况和由观察数据产生的相互关系等为对象，经过实验而求得近似正确的一种方法。其研究方法是从个别到一般，由特殊到普遍的归纳模式，研究方法总体上是归纳性的。这种研究方法主要回答“是什么”的问题。这种工具性、科学性的分析活动一般都能够得出在经验上可检验、可确证结论的研究活动。价值中立是该方法的核心原则。

二、科学研究的两种思想流派——规范派与实证派

1. 理论概述

①规范研究。规范研究主要是一种运用演绎和归纳方法，从逻辑性方面概括指明“应该怎样，应当怎样，或应该怎样解决”的一种研究思路。它涉及伦理标准和价值判断问题。其主要特点是在进行分析前，要先确定相应的准则，然后再依据这些准则来分析判断研究对象目前所处的状态是否符合这些准则，如果不符合，那么其偏离的程度如何，应该如何调整。它具有以下几个方面的共性。第一，规范研究基本上都面向元问题而展开。所谓元问题，就是一切人文学术和社会科学研究。其包括各种学科都

试图解决和无法回避的基本问题。第二，基本价值理念的多元性。规范研究受研究者的基本价值理念的引导，它无须宣称价值中立，但在多元主义的规范研究中，研究者不仅秉承基本价值的共同性，更为主要的是坚持其特殊性。第三，阐释方式的多重性并存。规范研究是阐释的，而不是解释的。但是在规范性研究中的演绎法通常以归纳法得出的相关结论为其假设或前提，如果这假设、前提就是错的，那么也难保证推出的结论是正确的。这就是说，规范性研究方法在研究过程中缺乏严格的事实检验。

②实证研究。实证研究要求事先对现实提出一些前提或假定，然后通过经验及实际证据来证明，进而用数据去修订有关的具体原则、准则和程序。实证研究方法有两个特点，即科学性和务实性。实证研究过程对假定的验证可以被重复，是一种严格的定量分析与定性分析相结合的方法，同时，实证研究方法更注重在研究过程中联系实际运用，要求理论研究要面向具体实践进行现实问题研究。此外，实证研究认为“存在的便是合理的。不符合客观唯物主义的要求，会阻碍科学研究的发展”①。这种研究方法主要回答“是什么”的问题。这种工具性、科学性的分析活动一般是能够得出在经验上可检验、可确证结论的研究活动。价值中立是该方法的核心原则，它主要包含这样的两个方面：一是研究者在研究的过程中，不能持有某种价值判断，使研究的过程和成果不受成见、偏见的影响；二是在研究成果的表述中，价值陈述和事实陈述应当分开。研究者不可以因为自己的个人偏好而影响研究成果的客观性和科学性。然而，实证研究方法具有缺少理论特征、缺少对深层规律的探索，以及缺少相关知识和理论的整合的重大缺陷。

2. 规范研究与实证研究的区别

①哲学基础不同。规范研究是建立在思辨哲学、先验哲学基础上，其借助的主要工具是哲学思辨。“思辨”是研究者将自己的态度、社会责任、职业道德与研究对象的命运、发展融为一体的过程，是思维与实践、主观与客观对“自我”的考验、折磨。而实证研究是建立在实证主义的哲学基础上，强调感觉经验，排斥形而上学传统，用经验资料进行论证。它的基本手段是一套定性与定量的工具性手段。对于实证研究成果的检验也交由符合事实的各种经验性手段来进行。

②是否以一定的价值判断为理论前提。规范研究是从一定的价值判断出发来判断某一具体事物的好坏，受研究者的基本价值理念的引导，无须宣称价值中立，可坚持其特殊性。实证研究则强调社会的客观性和科学性，有意避开价值问题。

③研究对象不同。规范研究基本上都面向元问题而展开，规范研究直接切入价值问题并对价值问题进行论证。而实证研究不对元问题进行表态，仅仅对社会现象进行个例或分类的描述、分类与类型构建，并对价值主张进行中立化的处理。

④关于学术成果的认可。规范性研究得出的结论，不能根据客观事实来回答它们。规范理论没有真假之分，只有“有道理”与“没道理”“可接受”与“不可接受”之分以及相应程度的区分。对于规范理论的认可，不是一个短暂的过程可以完成的。而实证研究的内容具有较强的客观性，所得出的结论可以通过事实来检验。只要研究资料具有可行性、数据分析具有科学性、解释具有有效性，其对问题的研究就能得到认可。

---

① 张大勇. 规范研究与实证研究初探［J］. 现代经济信息，2010（4）.

3. 规范研究与实证研究的优劣分析

（1）规范研究的优缺点。

①规范研究的优点。规范研究所依赖的归纳法或演绎法发展历史悠久，较完善。其中，演绎法更侧重于逻辑推理，形成的理论各内容之间具有较强的逻辑性。因而，规范研究对理论的论证具有重要作用，规范研究从假设或初始理论命题推导出下一层次的理论命题，并可对某一个理论命题做出演绎证明。这样，在对理论进行实践检验前，可预先对理论进行检验以使理论具有更加严密的逻辑性，这在对基本理论和整个理论体系的研究中尤其具有重要意义。同时，规范研究还对已有理论进行逻辑检验，以发现错误理论及现存理论的内部矛盾。

②规范研究的缺点。第一，方法论上存在缺陷。规范研究忽略了对作为演绎逻辑推理起点的假设或前提的判别和检验。规范研究强调价值判断而不强调可证伪性，不少理论未经过验证，仍属于学术上的假设和推论。也正因如此，有些理论的实际意义较小，有些理论甚至不切合实际。依据演绎法形成的理论还存在着这样的问题：推导结论的正确与否取决于前提命题是否正确，如果前提命题错误，则很可能整个理论都是错误的。第二，研究方法不太精确。无论是演绎法还是归纳法都侧重定性分析而忽略定量分析。纯粹的定性分析可能难以揭示事物间微妙的区别和联系，尤其当分析过程中涉及的变量较多时。第三，运用规范研究得到的结果往往由于缺乏经验支持而仅代表了闭门造车式的个人观点和论断。

（2）实证研究的优缺点。

①实证研究的优点。第一，研究方法较为精确和科学。实证研究是一种定性和定量分析相结合的方法，从理论到假设再到假设的操作化，主要依靠定性、概念化的逻辑分析；而分析实际数据、对假设进行检验主要依赖于数量方法，由于采用定量分析的种种技术，使得实证研究的结论具有较高的准确性。这与当代社会科学发展的大方向趋同，具有较强的科学性。第二，实证研究紧密结合实际，具有较强的实践意义。运用实证研究得到的实证理论不仅对所观察到的现象提供解释，能说明程序、方法在应用程序上存在差异的原因，而且还对未观察到的现象和那些虽已发生，但尚未通过数据收集和分析获得系统性证据加以证实的现象提供解释。

②实证研究的缺点。第一，实证研究力图使用有限的事实和现象去证明普遍命题，因而其研究结果具有概率或偶然性。第二，实证研究过分强调模型化和定量化，经常忽略某些想法，导致研究对象过于简化和研究的系统性偏差。第三，实证研究在进行理论研究的过程中完全排除价值判断也有不尽合理之处。作为研究者，在进行实证研究的过程之中，不可能完全避免个人偏好所带来的先入为主的干扰。

由此可见，两个方法是互利的研究方法，因此一个研究者完全有可能在研究实践中交替使用它们。这种交替，首先由研究者的研究问题决定，其次由研究者对于两种方法的娴熟把握度决定。实证研究在方法阐述上的成熟、在研究操作指引上的规程化以及在研究客观性与可靠性上累积的信任，使得愿意使用实证研究方法的研究者能够自如地运用。但实证研究方法具有缺少理论特征、缺少对深层规律的探索，以及缺少对相关知识和理论的整合的重大缺陷，因此，若研究者在实证研究中能通过规范研究的方法对相关理论进行深层次地探索和整合，必能取得较好的效果。

第七章　会计理论研究的方法论概述

方法论是关于方法的方法，它是一系列有关方法的理论与学说，是抽象的、概括的“方法哲学”。社会科学研究方法论的核心是方法选择的价值、规范和标准问题。它涉及什么问题是值得研究的，其理论根据是什么，资料获取的原则是什么，如何进行解释，如何确定众多具体方法的评价体系等。

第一节　哲学的基本内容

一、哲学作为方法论的理由

哲学是关于世界观的学说，哲学的价值与宗旨就在于其能使人自发地对世界观形成系统，使人具有内在一致性的世界观而成为自觉的主体，使人的经验性的方法形成理论，从而使人得以在具备最大普遍性的哲学方法论的指导下自觉地认识世界和改造世界。就此意义而言，哲学世界观与哲学方法论虽然是完整的哲学理论体系的两个基本方面，但两者不是彼此独立的和不可分割的，而是有机的统一体。世界观强调的是人对世界、主体对客体在世界整体中的地位与作用的观点与态度；而方法论强调的是人对世界、主体对客体进行认识与改造的手段和规则。两者反映了同一关系的两个不同侧面。因为人们形成了一定的世界观，必然会以这些观点、看法去指导自己的行动，这些观点、看法、甚至态度亦就成为人们用来观察、分析、思考和解决各种问题的基本原则和哲学依据，这就是所谓的方法论以及与此相关的根本思想方法和工作方法。因此，所谓哲学方法论（亦称一般方法论），就是关于认识世界和改造世界的根本方法或普遍方法的学说。其所提供的是最一般的方法，是一切方法的最高层次的哲学方法，即适用于包括会计科学在内的各门具体科学和一切实际工作并能带来活动成效的最根本方法。由此可见，一定的哲学方法论原则在运用于认识过程和实践过程时表现为方法论。从哲学发展史和哲学的现实性来看，一定的方法论又必然会以一定的哲学方法论原则作为内在依据和理论前提。爱因斯坦这样谈论哲学：如果把哲学理解为在最普遍和最广泛的形式中对知识的追求，那么，哲学显然就可以被认为是全部科学之母。

二、哲学的内涵和派别

1. 哲学的内涵

哲学是关于世界观的学说，是人类认识世界、建立正确世界观和方法论的科学实践活动，是人类生存发展社会意识的具体存在和表现形式，是以世界的各种事物作为研究对象，以创立基本概念、发现世界的一般规定和规律确立系统化的理论体系作为基本任务的社会科学。从更大的方面讲，哲学是严密逻辑系统的宇宙观。它研究宇宙的性质、宇宙内万事万物演化的总规律、人在宇宙中的位置等一些基本的问题，是对自然、社会和思维发展即适用于各门具体科学的研究方法进行指导的方法论。

后现代主义把哲学定义为创造概念的学术。[①] 哲学所涉及的研究范畴是其他学科的总和，它给出对世界本质的解释，在很大程度上影响着接受者的世界观。哲学是研究范畴及其相互关系的一门学问。范畴涉及一门学科的最基本研究对象、概念和内容，哲学具有一般方法论的功能。

哲学基本问题有两方面的内容：

第一方面：思维和存在、意识和物质何者为本源的问题。对这一方面的问题历来有两种根本不同的回答，由此在哲学上形成了唯心主义和唯物主义两大阵营、两个基本派别、两条对立的路线。凡是认为意识是第一性的、物质是第二性的，即意识先于物质的哲学派别属于唯心主义，凡是认为物质是第一性的、意识是第二性的，即物质先于意识哲学派别属于唯物主义。除了这两种根本对立的回答外，还有一种回答，认为物质和意识是两个独立的、互不依赖的本原，持这种观点的哲学流派属于二元论流派。

第二方面：思维和存在的同一性问题。对这一方面的问题，绝大多数哲学家，包括唯物主义哲学家和一些唯心主义哲学家都做了肯定的回答。唯物主义和唯心主义对这个问题的解决在原则上是不同的。唯物主义是在承认物质世界及其规律的客观存在，承认思维是存在于反映的基础上，承认世界是可以认识的；唯心主义则把客观世界看作思维、精神的产物，认为认识世界就是精神的自我认识。也有一些哲学家如大卫·休谟（David Hume）和伊曼努尔·康德（Immanuel Kant），否认认识世界的可能性，或者否认彻底认识世界的可能性，为哲学史上的不可知论者。

2. 两大哲学流派

所谓的哲学流派，就是一群哲学家以自己独特的角度认识与解释世界，并有一套比较完整的理论体系。根据这一标准，可把哲学流派划分为唯物主义和唯心主义两个基本派别。

（1）唯物主义。

唯物主义认为世界按它的本质来说是物质的，是在人的意识之外，不依赖于人的意识而客观存在的。物质是第一性的；意识是物质存在的反映，是第二性的。世界是可以认识的。唯物主义一般是先进阶级的世界观，它经历了朴素唯物主义、形而上学

① 后现代主义是20世纪70年代后被神学家和社会学家开始经常使用的一个词，起初出现于20世纪二三十年代，用于表达“要有必要意识到思想和行动需超越启蒙时代范畴”。后现代主义认为对给定的一个文本、表征和符号有无限多层面的解释可能性。这样，字面意思和传统解释就要让位给作者意图和读者反映。

唯物主义和辩证唯物主义三个发展阶段。唯物论是一种哲学思想。这种哲学思想认为在意识与物质之间，物质决定意识，意识是客观世界在人脑中的反映。其基本观点为：将世界的本源归结为物质，主张物质第一性，意识第二性，认为意识是物质的产物。该哲学流派一直强调感官认知与理性推理及客观证据。由于自然科学发展的局限，该流派在关于世界的起源方面的研究仍有不完善之处，有待于进一步发展。

（2）唯心主义。

唯心主义即唯心派。马克思主义认为唯心主义是哲学两大基本派别之一，与唯物主义对立。在哲学基本问题上，唯心主义主张精神、意识或理念为第一性，物质为第二性，即物质依赖意识而存在，物质是意识的产物的哲学派别。它是哲学中与思想、心灵、语言及事物等彼此之间关系的讨论及看法。该流派将世界的本源归结为精神，主张意识、理念（法则）等是第一性的，物质是第二性的，物质是意识的产物。唯心主义十分复杂，大体可以分为两类：主观唯心主义和客观唯心主义。主观唯心主义主张个体意识第一性，客观唯心主义主张客体意识第一性。

（3）其他哲学观点。

①可知论：认为世界是可以被认知的，认为人可以凭借感觉器官及其延伸（科学仪器）完全认知世界，而至今尚未被认知的部分只是由于技术的不发达，人完全认识世界是必然。

②不可知论：认为世界是不能被认知的或不能被完全认知，此处的不能完全被认知并非“尚未被认知”，而是指世界的某些部分或某些层面，人类是永远无法知道其真相的。“概念世界”是研究不可知论时不可不提的概念。

③二元论：认为世界的本源是意识和物质两个实体，试图调和唯物主义和唯心主义的哲学观点。二元论主张世界有精神和物质两个独立本源的哲学学说，它和一元论相对立。

④知识论：除了包含唯物、唯心、二元等思想的本体论外，还有知识论。知识论分为经验主义和理性主义两个对立学说。

第二节　会计理论研究的方法论

一、会计理论研究的方法论的含义和特征

1. 会计理论研究的方法论的含义

会计理论研究的方法论就是会计研究方法的方法，即把会计研究方法作为研究对象，通过对具体会计研究方法的抽象和概括，形成关于会计研究方法的理论学说。哲学的价值就在于能使人智慧，而其之所以能使人智慧，关键就是其能使人在普遍性的哲学方法论的指导下自觉地认识世界和改造世界。一定的世界观原则在运用于认识和实践过程时即表现为方法论，一定的方法论亦总是以一定的世界观为内在依据和理论前提的。有什么样的世界观就会有什么样的方法论，有什么样的方法论亦就会有什么样的世界观。我们之所以在会计研究中坚持马克思主义的哲学方法论，其根本原因就在于我们所具有的辩证唯物主义世界观。

2. 会计理论研究的方法论的特征

会计理论研究的方法论作为研究会计研究方法的理论有着一些本质特征。

（1）系统性。由于会计理论研究的方法论是对各种具体会计研究方法的抽象和概括，而各个具体的会计研究方法看上去零散，实际上是相互联系、相互作用的，是一个具有一定层次结构的整体，由此而形成的关于会计研究方法的理论必然具有严密的系统性。

（2）间接性。就主客体关系而言，会计研究方法是直接面对研究客体；而会计理论研究的方法论虽然也体现着主体对客体的关系，但其所直接面对的是会计研究方法，而不是会计研究客体，其只能通过会计研究方法这个中间环节去间接地面对、认识和改造会计研究客体。

（3）普遍性。就适用范围而言，会计研究方法只面对个别的会计研究对象，即会计活动的某个方面或某个问题，其适用的范围是有限的；而会计理论研究的方法论面对的是一类或整体性的会计研究对象，即整个会计活动，其适用的范围具有普遍性。

（4）理论性。就表现形态而言，会计研究方法是具体的、应用性的；而会计理论研究的方法论则是抽象的、理论性的。

二、哲学作为会计理论研究的方法论的基本理由

既然会计理论研究是对会计本质和内在规律的一种理性认识而形成会计知识体系的过程，则其就必须遵循人类一般认识活动的规律，即通过长期的会计实践，在取得低级阶段的感性认识基础上，经过思维运动上升到高级阶段的理性认识，然后又转过来指导会计实践。因而对会计理论研究方法的研究，实际上就是要解决如何使人们对会计的感性认识上升到理性认识，形成会计理论的问题。故对会计的理性认识阶段，本质上就是一个对会计这一客观事物的思维和认知的过程，会计理论研究的方法论从根本上来说亦就是会计的认识论。理性思维和认知的正确与否取决于认识是否科学，所以会计理论研究的方法论毫无疑问要受到哲学世界观和认识论的制约和影响。

而哲学的价值与宗旨就在于其能使人自发的世界观形成系统，使人具有内在一致性的哲学世界观而成为自觉的主体，使人的经验性方法形成理论，从而使人得以在具备最大普遍性的哲学方法论的指导下自觉地认识世界和改造世界。就此意义而言，哲学世界观与哲学方法论虽然是完整的哲学理论体系的两个基本方面，但世界观强调的是人对世界、主体对客体在世界整体中地位与作用的观点与态度，方法论强调的是人对世界、主体对客体进行认识与改造的手段和规则。两者反映了同一关系的两个不同侧面。因为人们形成了一定的世界观，必然会以这些观点、看法去指导自己的行动，这些观点、看法、甚至态度亦就成为人们用来观察、分析、思考和解决各种问题的基本原则和哲学依据，这就是所谓的方法论以及与此相关的根本思想方法和工作方法。因此，所谓哲学方法论（亦称一般方法论），就是关于认识世界和改造世界的根本方法或普遍方法的学说，其所提供的是最一般的方法，是一切方法的最高层次的哲学方法，即适用于包括会计科学在内的各门具体科学和一切实际工作并能带来活动成效的最根本方法。由此可见，一定的哲学方法论原则在运用于认识过程和实践过程时即表现为方法论。从哲学发展史和哲学的现实性来看，一定的方法论又必然会以一定的哲学方法论原则作为内在依据和理论前提。会计理论研究的方法论的实质就是哲学方法论在

会计这一具体学科上的运用，是对会计研究的一般方法和具体方法提供普遍指导所具有的哲学性质的考察和反思，是一种在哲学方法论即哲学世界观、认识论、方法论的统一高度上为会计理论研究指明研究方向和提供研究通道（各种研究方法）的路标。故而确立一种什么样的哲学方法则又成为会计理论研究的方法论的关键和构建会计理论研究方法体系的基石。

之所以说马克思主义哲学的方法论是指导包括会计研究在内的一切科学研究的科学世界观和方法论。这是因为从思想内容上看，马克思主义哲学的方法论是一个科学体系。在这个体系中，唯物主义和辩证法，唯物辩证的自然观和历史观第一次实现了高度的有机统一，代替了唯心主义和形而上学。从其研究对象上看，马克思主义哲学的方法论是关于自然、社会和思维发展的普遍规律的科学。各门具体科学是特殊，是其基础，而其是一般，对具体科学有指导关系。从社会作用上看，马克思主义哲学的方法论又是以实践为基础的科学性和革命性相统一的无产阶级哲学，因为其将实践引入了认识论，并强调自己的理论都必须付诸实践，指导实践。实践性以及由此而来的科学性是其基础和灵魂。因此，将马克思主义哲学的方法论作为会计研究方法体系的最高层次——方法论。

三、会计理论研究的方法论——马克思主义哲学

由于马克思主义哲学所揭示的是思维自觉反映存在运动的规律，积淀着人类在其前进中所创建的全部科学反映世界的认识成果，就其客观内容和普遍意义而言，马克思主义哲学是关于自然、社会和思维发展的普遍规律的理论即哲学世界观，此其一。由于马克思主义哲学从认识和实践主体与客体交互作用的关系及其历史发展来研究思维自觉反映存在运动的规律，为人类的全部历史活动提供认识基础，就其研究对象和理论性质而言，马克思主义哲学就是关于思维与存在统一规律的理论即哲学认识论，此其二。由于马克思主义哲学所揭示的思维自觉反映存在运动规律，既是对思维的历史和成就的总结，又是思维自觉地向存在接近和逼近的方法，就其理论价值和社会功能上看，它又是人类认识世界的伟大工具即哲学方法论，此其三。由此可见，马克思主义哲学即辩证唯物主义是从现实的人及其历史发展出发，以实践论的思维方式回答了作为哲学基本问题的思维和存在的关系问题，从而实现了世界观、认识论和方法论的高度统一。其不仅为人们正确认识世界和改造世界提供了一般的认识论和方法论，而且也为人们从事某一领域（如经济领域）或某一学科（如会计学科）的研究提供了立场、观点和方法。因此，马克思主义哲学无疑是指导会计理论研究方法的理论基础与武器，即科学的会计研究方法论。其创立不仅是哲学世界观的革命性变革，亦是哲学认识论与方法论的革命性变革。“哲学把无产阶级当作自己的物质武器，同样，无产阶级也把哲学当作自己的精神武器。”①

我们之所以要把马克思主义哲学包括唯物论方法、辩证方法、认识方法在内的哲学方法论作为会计理论研究方法体系中的最高层次——方法论，其根本原因就在于：

第一，方法论的实质就是哲学方法论在会计研究主体对会计研究客体在研究过程

① 中共中央马克思恩格斯列宁斯大林著作编译局．马克思恩格斯选集：第1卷［M］．北京：人民出版社，1995：15.

中的运用，是哲学思维在会计研究者头脑中的反映和意识中的集中体现。在长期的研究过程中，这一哲学思维潜移默化地影响会计研究者所从事会计研究的立场、观点和方法，构成了会计研究者较为稳定的思维方式或方法偏好，并最终凝固为会计研究者在会计研究中的某种思维定式。

第二，马克思主义的唯物论、辩证法、认识论本身就是高度统一的认识世界和改造世界的伟大工具，亦是指导人们从事某一领域或某一学科研究的哲学方法论。当其转化为会计研究的方法论时，通过相互依存渗透，共同转化的合力，更直接地为会计研究者提供了进行会计研究的有力的精神武器。会计研究者在长期的会计研究实践中，无论是有意或无意都得接受一定方法论的指导。正如恩格斯所强调的："马克思的整个世界观不是教条，而是方法，它提供的不是现成的教条，而是进一步研究的出发点和供这种研究使用的方法。"① 另外，会计理论是会计研究者对研究客体的主观能动思维的产物，是理性思维概念和逻辑化的结果。而马克思主义哲学方法正是一种具有思辨性的研究方法，能指导会计研究者超越经验去探求包含在经验之中的普遍概念、范畴、规律和原理，从而使会计理论具有理性思维的抽象性。因而以马克思主义哲学方法论作为会计研究的方法论，不仅能增强会计研究中的哲学意识和哲学思辨成分，而且也进一步增强了揭示会计活动本质和规律的会计理论研究成果的深刻性。

第三节　马克思主义哲学方法论的主要内容

马克思主义哲学方法论即辩证唯物主义和历史唯物主义，诞生于19世纪40年代的欧洲，是对当时欧洲社会科学的重大优秀成果在批判和吸收基础上的概括和总结。以亚当·斯密和大卫·李嘉图为代表的古典经济学，以圣西门、傅立叶和欧文为代表的空想社会主义，黑格尔的唯心主义辩证法和费尔巴哈的形而上学的唯物主义，都是马克思主义哲学的直接理论来源。

一、辩证唯物论

马克思主义辩证唯物论分析阐述了物质和意识的辩证关系，对哲学基本问题的第一方面（思维和存在的关系，即物质和意识谁是本原、谁是派生、谁决定谁的问题）做了既唯物又辩证的回答。对这个问题的不同回答，是划分唯物主义和唯心主义的唯一标准。唯物论承认物质第一性、精神第二性。唯物论在哲学发展史上经历了古代的朴素唯物主义、近代的形而上学的唯物主义，最后发展成为马克思主义辩证唯物论三个阶段。马克思主义辩证唯物论认为：从世界观的角度来说，世界的本质是物质的，精神（意识）只不过是物质的派生物，物质决定精神，物质是世界的本源，物质世界是多样性的统一。而在哲学中，物质是对世界上一切具体实物、物质形态及其属性的最高抽象。无论是自然界中的实物还是人类社会中的经济关系，无论它们是否具有一定的形体、质量，哲学上的物质范畴只概括了世界上一切物质的共同本质或唯一特性，

① 中共中央马克思恩格斯列宁斯大林著作编译局. 马克思恩格斯选集：第1卷［M］. 北京：人民出版社，1995：406.

即客观实在性。列宁在《唯物主义与经验批判主义》一书中对物质所下的定义，代表了马克思主义辩证唯物论的统一认识："物质是标志客观实在的哲学范畴，这种客观实在是人通过感觉感知的，它不依赖于我们的感觉而存在，为我们的感觉所复写、摄影、反映。"① 强调物质客观实在性的同时，马克思主义辩证唯物论还强调物质是运动的，运动是物质的根本属性，而且任何客观事物的存在和运动都是在一定的时空中进行的，时间和空间是物质运动的存在形式。从方法论角度来说，人类对世界的认识和改造必须建立在尊重、认识和利用对象本身客观规律的基础上。尊重事实、重视客观实在性、实事求是、一切从实际出发是包括科学研究在内的认识和改造世界的根本方法和必须遵循的基本原则。

马克思主义辩证唯物论方法具体到对会计研究的方法论指导上，内容主要包括人类社会经济活动中的会计关系是种客观实在，会计本质是物质的，运动是会计的根本属性，空间和时间的运动着的会计所存在的形式。这是研究和解决一切会计问题的方法和基础。

二、唯物辩证法

马克思主义唯物辩证法在考察了世界的本质问题以后，进一步考察世界的状态问题。其内容可以概括为：两大基本特征、三条基本规律、五对基本范畴。在唯物论与唯心论两大基本哲学派别中，同时还交织着辩证法和形而上学的对垒，前者所要回答的是世界的本质是什么，后者所要回答的是世界的状况怎么样。辩证法和形而上学对垒的焦点就是世界以什么样的普遍状态存在着。坚持用联系的、发展的观点看世界的，则为辩证法；采用孤立的、静止的观点看世界的，则为形而上学。在哲学发展史上亦经历了朴素辩证法、以黑格尔为代表的唯心主义辩证法、马克思的唯物辩证法三个阶段。马克思的辩证法认为：世界是统一的物质世界，联系与发展是世界的客观本性，构成唯物辩证法理论体系基本内容的对立统一规律、质量互变规律、否定之否定规律的三大基本规律和原因与结果、必然性与偶然性、可能性与现实性、内容与形式、现象与本质的五大范畴，是从不同角度和方面揭示着世界联系与发展的辩证性质。规律即事物发展中本质的、必然的、稳定的联系；范畴即基本的概念，是人的思维对事物、现象普遍本质的概括和反映。

从逻辑形式上看，范畴表达为概念，规律表达为判断。从内容上看，范畴侧重于从事物的发展中揭示事物的联系，规律侧重于从事物的联系中揭示事物的发展。而且各个规律、范畴在揭示世界联系与发展中的地位、作用亦是不一样的，其中对立统一规律作为唯物辩证法的实质与核心，具有特殊的地位和作用。研究这些规律和范畴的目的，就在于通过研究客观事物某些普遍的、根本的联系，揭示客观事物发展的最为基本的法则与秩序，提高人类包括会计科学研究在内的认识世界和改造世界过程中的自觉性、主动性、预见性和效率。因而辩证法与唯物论的高度统一所形成的马克思主义的唯物辩证法，为人们提供了关于物质世界普遍联系和永恒发展的科学的世界观和方法论。

---

① 中共中央马克思恩格斯列宁斯大林著作编译局. 列宁选集：第2卷［M］. 北京：人民出版社，1995：89.

三、认识论

马克思主义认识论，是在辩证唯物论和唯物辩证法对客观世界进行考察的基础上，进一步考察人（即主体）同客观世界（即客体）的关系，即主体能不能认识客体和怎样进行认识。这是马克思主义哲学对哲学基本问题第二方面的科学回答（思维能不能认识存在，即意识能不能认识物质）。对这个方面的不同回答，是划分可知论和不可知论的标准。认识论，亦称知识论，源于希腊文中“知识”与“学说”两词，意即“关于知识的学说”。从哲学史上看，作为一种哲学观的“认识论说”，是在反思“普遍规律说”的过程中形成的。其研究对象不是“整个世界”，而是作为哲学基本问题的“思维和存在的关系问题”（认识与实践关系问题）。认识论不仅是哲学理论的重要组成部分，而且是对哲学的一种理解和解释方式。因而现代哲学对认识论内涵的理解为：认识论是哲学中专门研究人类认识本质与规律的部分，即关于认识的哲学理论。德国古典哲学的奠基人康德，从认识主体与认识对象的矛盾以及认识内容与认识形式的矛盾去探索思维与存在的关系问题，集中地研究了主体的认识能力问题；德国的另一位古典哲学的集大成者黑格尔，从思维的矛盾运动中去论证思维与存在的统一性，力图在辩证法的本体论、认识论、逻辑学的统一中去解决思维与存在的关系问题；而费尔巴哈则在批判黑格尔的唯心主义过程中，将思维与存在的关系归结为思维与感性存在的关系。马克思、恩格斯在批判地继承了以上先哲的基础上，从现实的人及其历史发展出发，以实践论的思维方式去回答作为哲学基本问题的思维与存在的关系问题，从而实现了世界观、认识论和方法论的统一，即创立了科学的马克思主义哲学认识论——能动的革命反映论。

之所以说马克思主义哲学的认识论是能动的革命反映论，是因其将反映论的原则贯彻到底，将实践观点、辩证观点引入认识论。它指出人的认识本质是实践基础上主体对客体的能动反映，从而正确、全面地解决了认识主体、客体及主客体关系的问题，即认识的主体是从事改造世界这一实践的人，人是因为成为社会实践的主体才成为认识主体的。虽然认识的客体是客观世界，但只是进入社会实践活动领域并在其中与主体发生联系的那部分客观事物才是认识客体。主体与客体既是反映与被反映的认识关系，又是改造与被改造的实践关系，并且首先是改造与被改造的实践关系。“生活、实践的观点，应该是认识论的首要的和基本的观点。”① 除实践观外，唯物辩证法亦是贯穿于反映论的，即人的认识是充满了主体与客体关系、认识与实践关系、感性认识与理性认识关系、绝对真理与相对真理关系等一系列矛盾运动的辩证过程。尤其是其中的感性认识与理性认识关系问题，即从初级阶段的感性认识到高级阶段的理性认识，是第一次飞跃，但认识过程并未完成，还必须从理性认识再回到实践中去，为实践服务并接受实践的检验，实现认识过程中的又一次意义更为重大的飞跃，才能完成一个比较完整的认识过程。由实践到认识，再由认识到实践，这样循环反复以至无穷，就是认识从简单到复杂、从低级到高级、从有限到无限的发展过程。

这一认识运动无限发展规律深刻地体现了辩证唯物论与辩证唯物法的高度统一，体现了实践是马克思主义认识论乃至全部哲学的本质特征，在指导我们进行会计研究

① 中共中央马克思恩格斯列宁斯大林著作编译局. 列宁选集：第2卷［M］. 北京：人民出版社，1995：103.

中具有重要的方法论意义。首先，马克思主义认识论指导我们会计认识来源于会计实践，在初级阶段产生的会计感性认识，随着会计实践的发展而逐步发展成为高级阶段的会计理性认识，会计理性认识反过来又回到会计实践，如在会计实践中达到了预期目的，证明会计理性认识是正确的，则就完成了一个具体过程的会计认识运动。这亦就是会计认识论的基本原理。其次，马克思主义认识论指导我们在会计研究中必须坚持主观与客观、理论与实践之间具体的、历史的统一，即对会计这一事物的主观认识要与一定时间、地点、条件下的会计的客观实践相符合，要与不断变化发展的会计的客观实践相适应。具体而言，当会计这一事物的实践的具体过程已经向前发展的时候，对会计的主观认识亦要随之发展。如果对会计的主观认识仍停留在原来的阶段，会计理论落后于会计实际，就会犯僵化、保守和阻碍会计实践与会计理论发展的错误。当会计的客观实践的具体过程尚未结束，原有的矛盾尚未充分暴露和展开，向另一具体过程转化的条件尚不具备的时候，如果对会计的主观认识企图超越历史阶段，把将来才能付诸实施而目前尚只处于探索研究阶段的会计事务勉强提到现在做，就会犯会计理论脱离实际的错误。

第八章 会计理论研究的一般方法

马克思主义哲学方法虽然是关于自然、社会和思维发展的普遍规律的理论，即适用于对各门具体科学的研究方法进行指导的方法论，但其并不能代替各门具体学科的研究方法。因为对哲学范畴的研究不能包揽或替代对具体过程的研究，包括会计科学在内的各门具体科学的研究必然还会有建立在其基础上的适合于各门学科特点的一般方法。

所谓科学研究的一般方法，是指适用于一般科学研究（一般学科）的基础研究方法。其能适用于整个一般科学研究的特殊性，决定了会计学科研究的一般方法是方法论的补充和发展，是哲学方法的具体化，是方法论在会计学这一类学科研究思维过程中的延伸。其主要内容一般可划分为数学方法、历史方法、系统方法、逻辑方法四大类。①

第一节 数学方法

一、数学方法的概念与特点

1. 数学方法的概念

数学方法有两个不同的概念，在方法论中的数学方法是指研究和发展数学时的思想方法。而这里所要阐述的数学方法则是在科学研究中经常采用的一种以数学理论为依据而进行学科研究的思想或手段。其内涵是：它是科学抽象的一种思维方法，其根本特点在于撇开研究对象的其他一切特性，只抽取出各种量、量的变化及各量之间的关系，即在符合客观条件的前提下，使用科学概念或原理符号化、公式化，利用数学语言（即数学工具）进行逻辑推导、运算、演算和量的分析，以形成对研究对象的数学解释和预测，从而通过量的方面揭示研究对象的规律性。这种特殊的抽象方法，被称为数学方法。②

---

① 劳秦汉. 会计理论方法体系概论［M］. 北京：中国财政经济出版社，2002.

② 周新年. 科学研究方法与学术论文写作［M］. 北京：科学出版社，2012.

简单来讲，数学方法是指运用数学所提供的概念、理论和方法对研究对象进行定量的分析、描述、推导和计算，以便从量的关系上认识事物发展变化规律的研究方法。马克思认为："一种科学只有成功地运用数学时，才能达到真正完善的地步。"①

2. 数学方法的特点

数学是关于量及其关系的科学，是从量的角度来研究、反映客观世界及其规律的工具。运用这个工具来进行科学研究的方法叫数学方法。各门学科用数学方法研究问题，已经成为当今科学发展的一个重要趋势。从形式上看，数学方法有以下几个特点：

（1）数学方法具有高度概括性和抽象性。

在应用数学方法研究事物规律时，总是抛弃客观事物的其他一切特征，只保留事物的空间形式和量的关系，而且由于数学体系是由抽象的概念和它们的关系构成的，是被人们用形式化的符号来描述的，这些抽象概念，如点、线、面、集合等，只有靠思维才能把握。

（2）数学是研究量的关系及结构的科学。

数学抽象表面上看起来远离了物质世界，远离了各种物质运动的具体的质的形式和特点。但它的概念是明确定义的，它的理论是按照严格的逻辑法则推得的。它更深刻地反映和揭示着客观规律。因此，数学结论具有逻辑的必然性和量的确定性。数学上的点，显然是一种抽象，但是它可以代表力学系统中的一个质点，代表电学系统中的一个点电荷，代表微观世界中的一个粒子；数学上的线，同样可以代表行星运动的轨道、抛物运动经过的路线、磁极之间的磁力线、基本粒子中轨道等。所以说，用数学来描述、刻画客观规律，具有符号形式化、精确数量化、概括公理化的特点和优点，这些特点和优点从特殊规律中概括出一般规律，或从一般规律中演绎出特殊规律，都变成了一种数学公式和方程的演算过程。这就大大简化、加速了思维过程。

（3）数学研究对象决定了数学的普适性。

在原则上，数学适用于任何学科，这是因为现实世界的任何物质形态及其运动形式都具有一定的空间形式和数量关系。哪个地方存在着量和量的关系，哪个地方就可以应用数学和数学分析。而在21世纪的今天，数学方法已征服了一切领域，现代数学已从刻画物理学、化学、生物学中一些极其复杂的微观领域的运动规律，到被用来研究人口学、人种学、考古学、新闻学、经济学、法学等社会科学乃至文学艺术等问题。

二、数学方法的功能

1. 数学方法是表述科学概念及理论的重要形式

数学方法是简明精确的形式化语言。随着科学研究的深入发展，许多自然科学规律和复杂现象的联系，单凭日常的自然语言已经很难说清楚了，必须借助于数学方法和数学语言。例如：描述一个企业的未来的发展情况，需要利用该企业日常的财务数据来推算。数学语言是一套抽象的符号系统，它能在科学研究中进行定量描述和理论概括，把握自然界更深刻、更普遍的本质和规律。

2. 数学方法为科学技术的发展提供可靠的依据

一门科学从定性描述到定量的分析及运算，是这门科学发展成熟的重要标志，数

① 拉法格. 回忆马克思恩格斯［M］. 马集，译. 北京：人民出版社，1973：7.

学方法的应用在其中起着桥梁和杠杆的作用。可靠的数学定量计算可以弥补实验等环节的不足，可以对理论性结论进行定量验证。在当代科学飞速发展的今天，许多宏大复杂的技术工程，如不进行严密的理论分析和定量计算，将会出现严重的错误和后果。随着电子计算机的日益普及和完善，运用数学方法及时、准确地解决科学技术中复杂的计算问题，大大促进了科学技术的发展。

3. 数学方法是形成和发展科学理论的有力工具

科学理论的数学化可使理论更加简洁清晰、更加严密、更加便于推导。这是由数学的特点决定的。人们在科学实验和观测中得出的大量数据通过数学方法计算和分析后，可以总结概括出经验公式并发现新的定律。数学公理化方法的运用，已成为概括和整理已有的科学知识，建立科学理论体系的一个有效的手段。这种由数学方法建立的理论体系具有系统化、形式化、规范化的特点。运用数学方法进行推理演算，比常识、观测更可靠、更可信，还会显示出在科学研究中的预见作用。正如在实证研究中，用定量分析得来的公式化结论比通过规范研究而推量得到定性化结论更具有说服力。

三、数学方法的分类

按照自然事物和现象的类型，根据理论计算和解决实际问题的需要，数学方法可以分为以下几种：①

1. 常量数学方法

我们所用的初等数学方法，便是常量数学方法，主要有算术法、代数法、几何法和三角函数法。常量数学方法被用于定量揭示和描述客观事物在发展过程中处于相对静止状态时的数量关系和空间形式（或结构）的规律性。

2. 变量数学方法

变量数学方法是定量揭示和描述客观事物运动、变化、发展过程中各种变化关系的一种数学方法。其中，最基本的是解析几何法和微积分法。解析几何法由数学家笛卡儿创立，是用代数方法研究几何图形特征的一种方法。微积分法是由牛顿和莱布尼茨创立的，这种方法主要应用于求解某种变化率（如物体运行速率、化学反应速率等）、求曲线（曲面）切线（切平面）、求函数极值、求解振动方程和场方程等问题。

3. 必然性数学方法

必然性数学方法的研究对象服从于确定的因果联系、连续变化的过程，其应用于必然性自然事物和现象。描述必然性自然事物和现象的数学工具，通常用经典数学的各种方程来表示，主要有代数方程、函数方程、常微分方程、偏微分方程和差分方程等。我们利用方程可以从已知数据，在遵循推理规律和规则的条件下，推算出未知数据。

4. 随机性数学方法

随机性数学方法是进行定量研究、揭示和描述随机事物和随机现象领域的规律性的一种数学方法。对于自然界中大量存在的或然现象，其变化发展往往有两种或多种不同的可能性。但从大量同类事件或同一事件多次重复出现的总体来看，这种变化是有规律的。随机性数学模型一般用的数学工具是概率论和数理统计。

① 周新年. 科学研究方法与学术论文写作——理论·技巧·案例［M］. 北京：科学出版社，2012：89.

5. 突变性数学方法

突变性数学方法是揭示和描述突变事物和突变现象规律性的一种数学方法。它是20世纪70年代由法国数学家托姆创立的。托姆用严密的逻辑和数学推导，证明在不超过4个控制因素的条件下，存在着7种不连续过程的突变类型，它们分别是：折转型、尖角型、燕尾型、蝴蝶型、双曲脐点型、椭圆脐点型和抛物脐点型。突变的数学方法，成为解决科学领域中复杂问题强有力的数学工具。

6. 模糊性数学方法

模糊性数学方法是用定量方法去研究、揭示和描述模糊事物、模糊现象和规律性的一种数学方法。自然界存在着大量模糊事物、模糊现象和模糊信息，我们无法用精确数学方法处理。模糊数学方法的创立，使人类找到了处理该类问题的有效方法，人们称这种方法的效果是“模糊中见光明”。“模糊数学”并非数学的模糊，这种数学本身仍是逻辑严密的精确数学，只是因用于处理模糊事物而得名。运用模糊数学模型对模糊现象进行数学的逻辑的分析判断，可用来解决计算机模式识别、自动控制、信号处理中的一些问题，是发展人工智能的重要数学手段。

7. 公理化数学方法

公理化数学方法，是指从初始科学概念，或不证自明的数学公理出发，遵循逻辑思维规律和推理规则，运用正确逻辑推理形式，对一些相关问题进行处理，从而建立起数学模型的一种特殊方法。公理化方法由古希腊数学家欧几里得首创，并构成了欧氏几何学理论体系，公理化方法的核心是研究如何把一种科学理论公理化，进而建成一个公理化理论体系。在这种体系中首先建立公理，即把某学科中一些初始科学概念公理化，然后由公理推演出定理及其他，从而构成一个公理化理论体系。

四、数学方法的应用

1. 数学方法应用的基本条件和基本模型

应用数学方法来解决具体问题，要结合具体对象的特点进行抽象和概括。在解决科学技术问题时，最常用、最重要的方法就是数学模型方法。运用数学模型方法解决科学技术中的实际问题首先是建立数学模型。数学模型将我们所观察到的现象及经验材料提炼为数学问题，即科学抽象为一套反映对象的定量关系和运动规律的数学公式或具体的算法。在科学研究中，经常需要进行科学抽象，并通过科学抽象，运用数学方法去定量揭示研究对象的规律性。其基本过程是：先将研究的原型抽象成理想化的物理模型，也就是转化为科学概念；在此基础上，对理想化的物理模型进行数学科学抽象（科学抽象的一种形式），使研究对象的有关科学概念采用符号形式的量化，初步建立起数学模型，即形成理想化了的数学方程式或具体的计算公式；对数学模型进行验证，即将其略加修正后运用到原型中去，对其进行数学解释，看其近似的程度如何。近似程度高，说明这是一个较好的数学模型；反之，则是一个较差的数学模型，需要重新提炼。建立数学模型基本过程的基本原理见图8.1。

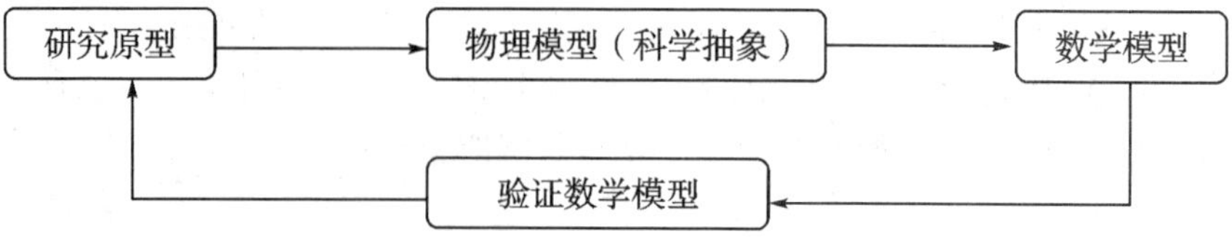

图8.1 建立数学模型基本过程的基本原理

因此，有时数学方法又称数学建模法，之所以其第一步要抽象为物理模型，是因为数学方法是一种定量分析方法，而自然科学中的量绝大多数是物理量。数学模型实质表达的是各物理量之间的相互关系，而且这种关系需要表达成数学方程式或计算公式。而验证过程则通常为研究对象中各种物理量的测定（通过实验）过程。因此，数学建模过程的第一步又常称为物理建模；换言之，没有物理建模，就难以进行数学建模。但是，若只有物理建模，就难以形成理论性的方程式或计算公式，就难以达到定量分析研究的目的。

数学模型必须具备如下的条件：既反映现实原型的本质，又要进行必要合理的简化；能通过数学模型对所研究的问题进行理论分析、逻辑推导，得出确定的解；在数学模型上求得的结果能回到具体研究中去解决实际问题，能为人们提供更多的信息。

有了各种不同的数学模型，就可以针对不同的具体对象来应用数学方法。当然，在解决具体问题的过程中，还可能发现新的数学关系，丰富和发展数学模型。电子计算机的出现，为数学方法应用于解决科学技术问题开辟了新的局面。电子计算机的发展，不仅大大提高了计算速度，也提高了求解方程的能力，从而为求大型科学问题和工程问题的数值解提供有力的工具。

2. 数学方法在会计及研究中的应用

会计和数学的关系源远流长。“数学犹如会计方法体系形成之经脉，犹如会计理论建设之支柱，会计的存在与发展与数学的发展形成相依为命的关系。社会越是往更高级的阶段发展，数学对会计的发展便越是显得重要，会计对数学的依赖程序也便越来越强，而数学在会计学建设中更加深入而广泛的应用，又不断地提高着会计方法发展的科学性，不断提高着会计控制的能力，以及会计学的科学性。”[①] 在会计理论研究（特别是管理会计理论研究）中运用数学方法具有历史的必然性。

会计与数学的关系极其密切，两者有着共同的历史起点，人类早期的一些计算的行为很难说是数学的还是会计的，在会计与数学的漫长历史发展过程中，两者应是“同源异流”，有着深厚的历史渊源。具体表现在会计和数学都采用定量分析方法，会计中亦大量存在着数、数量计算与数量关系，两者对事物的认识过程都以对事物量的认识为基本特征，只不过数学反映的是量的一般规律，会计反映的是量的价值规律。会计学作为经济科学的组成部分，其研究的范畴主要是社会经济活动中以货币表现的数量关系，会计对这些价值形态的经济数量关系的处理程序方法就成了一个提供与利用会计信息的管理系统，从而揭示出会计的以数量关系所表现的经济活动的规律性。由此可见，会计本身就是一个数据处理系统，而数学亦就是会计不可缺少的表达语言之一。随着生产力和科学技术尤其是会计科学本身的发展，数学在会计中的运用更为广泛，除会计中涉及数量计算的所有领域外，还涉及一部分已不再是直接的数量计算领域。现代会计尤其是运用了电子计算机技术后，与数学的结合更为密切。因此，数学方法自然愈来愈成为会计研究的重要手段，即运用数学的概念、逻辑和方法，对会计实践的运动规律进行定量化研究，将会计研究对象中的相互联系、相互制约因素用数学运算符号或模型予以表示。具体而言，通过数学方法对会计研究对象的数量计算可以提供定量分析的依据；通过数学方法用符号形式的图表、图形等数学语言来表述

① 郭道杨. 会计史教程：第1卷［M］. 北京：中国财政经济出版社，1994：119.

概念和理论，为会计研究提供简明的表达形式；通过数学方法的逻辑推理，为会计研究提供逻辑思维的方式。

但就数学方法而言，其本身存在着一定的缺陷，如极端的抽象性和过分严格的逻辑推理，使其与现实之间会出现较大的误差，不太适用于错综复杂环境下的研究对象，从而影响了数学方法在实践中应用的效果。故而在会计研究的运用中不可避免地会有一些局限性，主要表现在以下两个方面：其一，在数学中，无论是研究对象还是研究对象所处的环境，都是经过严格抽象后的产物，而会计研究对象和会计所处的环境是一个实实在在的客观存在的事物和受到社会经济、政治、法律、科教、文化等错综复杂环境因素影响的现实的环境，数学的抽象和会计的现实之间所表现出来的差距是不可否认的。数学方法所反映的只是理论和假说的逻辑结构及其相互关系，并不能产生理论观点和假说，数学方法运用的内容和效果皆取决于会计学科的性质。其二，数学方法只是一种量的分析方法，而会计的本质是一种为完成和履行双重受托责任而提供和利用会计信息的管理活动，其性质不是一种单纯的数和数量关系，技术性仅仅只是其属性的一个方面，它还具有另一个方面的社会属性。因而对其量的分析必须要以质的分析为前提，数学方法只能是一种配合质的分析的辅助性的会计研究方法。所以在数学方法的应用上要避免出现两个极端：一是不顾客观实际情况和效果的好坏，大量滥用数学分析和数学模型，将会计研究改写成为数学式的研究，会计语言几乎成为数学符号；二是认为数学方法不切实际和复杂深奥，弃之不用而束之高阁。

数学方法具有高度的精确性、严密的逻辑性、严格的确定性和广泛的应用性，采用数学方法可以精确地研究和描述会计对象各范畴之间的数量关系。但是，数学方法所做的量的分析必须以质的分析为前提。不能过高地估计数学方法的作用，滥用数学方法或者拒绝数学方法都不利于会计理论的研究。

第二节　历史法

一、历史法概述

历史法就是根据历史唯物主义的观点和方法，在占有大量历史资料的基础上，通过考察与研究事物的历史发展进程，概括和总结出其发展的规律性，并将其延伸到现时研究对象中的一种研究方法。

所谓历史，《现代汉语词典》将其解释为：“自然界和人类社会的发展过程，也指某种事物的发展过程和个人的经历。”[①] 因而历史方法也就是指通过追溯研究对象（某种事物）的发展过程来探求研究对象发展变化规律的一种思维方法。具体而言，就是按照所研究事物的历史顺序，把该事物在历史上发生的具体事实以一定的方式组织和揭示出来，从而概括出其历史发展规律或得出一定的历史结论。

人是社会历史的主体，历史不过是追求着自己目的的人的活动，在此意义上，历史表现为人们自己创造自己的历史，表现为人的活动过程。但人们创造历史的活动又

① 社会科学院语言研究所词典编辑室. 现代汉语词词典［M］. 北京：商务印书馆，1996：776.

不是随心所欲的，而是在既有的、一定的历史条件下进行的，是一个不以人的意志为转移的历史过程，表现为制约和规范人们的创造活动的历史规律。因此，人与历史是不可分割的，人是历史性的存在，“历史观”同作为“世界观”理论的哲学是密切相关的。如黑格尔的“思维与存在的关系”是“概念规定”与“无人身的理性”关系；费尔巴哈的“思维与存在的关系”是“感性对象”与人的“感性存在”的关系。“人”和“世界”在这样的关系中都是非历史、超历史的“抽象存在”。而马克思主义哲学的“思维和存在的关系”是以人的实践活动及其历史发展为基础的，“人”是从事实践活动的历史性的存在，“世界”则是人类实践活动的对象，“人”与“世界”的关系是在人类的实践活动及其历史发展中形成和演进的。因而我们必须“历史地”理解和解释人与世界、思维与存在的关系，这就是马克思主义哲学的世界观与历史观的统一，即历史唯物论的方法。

二、历史法在会计研究中的运用

将历史方法运用到会计理论研究中，就是要依据马克思主义的历史唯物论方法的要求，明确“会计研究对象”在会计发展历史中的与“会计人”的关系，即必须以会计人的会计实践活动及其历史发展为基础，来“历史地”理解和解释会计人与会计事物、会计理论思维与会计存在的关系，在占有大量历史资料的基础上概括出会计发展的规律，并将其延伸到具体的会计研究对象中。由于会计认识是一个无限的发展过程，一定的会计认识都是建立在一定历史阶段上的会计存在即会计实践活动基础之上的，历史的追溯既是会计发展到今天的基础，也是会计发展到明天的导向。对任何具体会计对象的研究都必须联系其特定的历史条件进行考察，就此而言，历史方法也就是判别会计认识是否具有历史真实性即正确性的标准之一，因为历史从哪里开始，思想进程也应当从哪里开始。历史方法可以缩短认识会计事物发展规律的进程，便于对会计理论进行会计实践（历史事实）的检验，从而正确解释会计的现在、科学地预测会计的未来和形成会计理论体系的有效方法。

历史方法在会计研究中是被广泛运用的。无论是对整个会计史的研究，还是对会计思想史、会计法制史、会计教育史、会计理论发展史、会计方法发展史、西方会计史、比较会计史的研究，甚至对一些会计具体研究对象如会计对象、会计假设、会计目标、会计属性、会计职能、会计准则、会计制度、会计道德、会计工作组织、会计专门研究方法等的研究，基本上采用历史方法进行必要的梳理，从而便于得出正确的结论和预测出会计研究对象未来的发展趋向。比如在会计思想史的研究中，首先应按照研究对象——会计思想发展的历史顺序，将人类的 20 多万年会计思想发展过程从低级到高级、从简单到复杂分为会计思想起源、单式簿记思想、复式簿记思想、现代会计思想四个阶段。在各个不同的历史阶段，会计思想发展的方式与重点虽有所不同，但不同历史阶段的经济水平和科技文化水平即会计环境决定着不同历史阶段的人类会计思想的发展水平，而一定历史阶段的人类会计思想水平又制约着同一阶段的会计理论、会计组织、会计法制建设、会计教育和会计工作水平。研究者通过一定方式将不同历史阶段的会计思想与会计环境这种相互促进、相互制约关系的具体史实（事实）组织和揭示出来，从而得出了人类会计思想是社会生产发展到一定历史阶段和社会经济不断发展的产物，会计思想是发展的科学和国际化的科学，人类会计思想的发展反过来对于社会经济的管理和发展又具有很大的促进作用等结论以及国际会计一体化和会计宏观控制思想是社会经济和科技文化发展的必然趋向与结果。又比如，在对我国会计制度这一具体会计研究对象的研究中，研究者先按历史顺序将其分为会计制度单行和会计制度与会计准则并行两个历史阶段，不同阶段的会计制度在形式与内容上虽有所不同，但都是与当时的经济、政治、法律、科技文化环境相适应的。研究者通过对具体会计制度的揭示，得出在不同的历史阶段会计制度发挥着对会计业务起主导规范和补充规范的作用，并预计会计制度的发展趋势是：在较长的一个时期内，会计制度能与会计准则并存和互补互用，但从长远看，必将被会计准则取代。

会计理论和实践在历史演进中所反映出来的种种规律性，以及它们在不同历史时期所表现出来的各种特点，是我们研究现代会计理论和预测未来会计理论发展趋势的重要依据。“以铜为镜，可以正衣冠；以古为镜，可以知兴替；以人为镜，可以明得失。”这是我国传统的历史借鉴观，也是我们研究会计理论的重要方法论。此外，历史法具有直接、具体，便于对会计理论进行检验，缩短认识事物发展规律的过程等优点，从而正确地解释现在，科学地预测未来。历史法已经成为会计理论研究中的一种重要方法。美国会计学家佩顿和利特尔顿的《公司会计准则结论》、井尻雄士的《传统会计计量的原理与机制》都是运用历史法研究会计理论的经典著作。

第三节　系统方法

一、系统与系统方法的含义

系统是由若干相互联系、相互作用的要素构成的，是具有特定功能和运动规律的整体。任何自然现象和社会现象，从星系到原子，从生物种群、生物个体到细胞，从整个社会到一个国家、一个家庭，都是一个系统整体。系统作为一个普遍的概念，反映的是客观事物最普遍的特性、联系和关系。系统是指“在一定的环境之中，为达到规定的目的而存在的有机集合体”①。关于系统研究方法有几种观点：孙宝厚（1989）认为：“所谓系统论的方法，就是按照客观事物本身的系统性，把人们所要研究的对象放在系统的形式中加以考察的科学方法，即从系统的观点出发，着眼于整体与部分、整体与环境的相互联系，综合地、精确地考察研究对象，以求得整体的最佳功能或者说是最佳处理问题的科学方法。”② 于玉林（1997）认为：“系统法是把对象作为系统，进行综合和分析，实行量化和优化，建立模型的方法。”③ 李孝林（2004）认为：“系统研究方法就是将研究对象置于系统中，从系统与要素、要素与要素、系统与环境等角度出发，对研究对象进行定量化、模型化和择优化研究的科学方法。”④ 可见，系统法是从系统的思想出发，对事物进行系统分析和处理的方法。

系统科学是关于系统及其演化规律的科学。尽管这门学科在 20 世纪上半叶才产

① 宋原放. 简明社会科学词典［M］. 上海：上海辞书出版社，1984：490.
② 孙宝厚. 会计系统论［M］. 北京：经济科学出版社，1989：9.
③ 于玉林. 现代会计方法学［M］. 上海：立信会计出版社，1997：187.
④ 孙芳城，孔庆林，李孝林，等. 会计理论比较研究［M］. 上海：立信会计出版社，2011：84.

生，但由于其具有广泛的应用价值，发展十分迅速，现已成为一个包括众多分支的科学领域。它包括一般系统论、控制论、信息论、系统工程、大系统理论、系统动力学、运筹学、博弈论、耗散结构理论、协同学、超循环理论、一般生命系统论、社会系统论、灰色系统理论等分支。这些分支各自研究不同的系统。自然界本身就是一个无限大、无限复杂的系统，在自然界中包括许许多多不同的系统，系统是一种普遍存在。一切事物和过程都可以看作组织性程度不同的系统，从而使系统科学的原理具有一般性和较高的普遍性。

系统方法是把研究对象放在系统的形式中加以考察的一种方法。它是从整体观点出发，综合运用现代科学技术和先进工具，精确、定量地考察系统与要素之间、整体与外部环境之间、要素与要素之间的关系和联系，以便获得最优效果的方法。它具有整体性、科学性、综合性的特点。利用系统的原理，研究各种系统的结构、功能及其进化的规律，称为系统方法。它已在各研究领域广泛应用，目前在生物学领域（生态系统）和经济领域（经济管理系统）中的应用最为引人注目。系统科学研究有两个基本特点：一是它与工程技术、经济建设、企业管理、环境科学等联系密切，具有很强的应用性；二是它的理论基础不仅是系统论，而且依赖于各有关的专门学科，与现代一些数学分支学科有密切关系。正因为如此，人们认为系统方法一般指研究系统的数学模型及系统的结构和设计方法。

现代系统科学除系统论外，还包括控制论、信息论（合称“老三论”）和耗散结构论、协同论、突变论（合称“新三论”）等分支系统，现代系统科学方法自然亦就包括了“新老三论”的六种具体的系统科学研究方法。因而所谓系统方法就不仅是指系统论的方法，而是指把研究对象作为整个科学系统，从系统论、控制论、信息论、耗散结构论、协同论、突变论等综合角度进行考察的系统科学研究方法，为人们提供了观察和研究包括会计运动在内的事物运动变化与发展的全新视角与途径。而会计研究对系统科学成果的运用恰恰又在于会计学与这些横断学科有着较强的对应性与相关性。因此，系统方法实质上是一个由多种具体的系统科学研究方法组成的体系，从而使会计理论的研究更为广阔、具体。

二、系统方法的特点

1. 整体性

整体性就是把研究对象作为一个有机的整体系统去看待。虽然系统中每一个要素，就其单独功能而言是有限的，却是系统所必有的要素。就整体系统而言，缺少了任何一个要素都难以发挥整个系统的功能。这正如一辆汽车一样，它是一个完整的系统，任何一个部件出现缺损，都可能影响整个系统功能的发挥，甚至一个微不足道的螺丝钉的缺损，都可能造成某种事故的发生。因此，必须把研究对象作为发生质变的有机整体去看待。这里的计算关系应该是“1+1>2”，这就如同“二人一条心，黄土变成金”的格言所表示的含义，即系统的整体功能，大于各要素的功能之和。这被称为系统各要素功能的非加性规律。这一规律要求人们在对系统的研究中，必须从有机整体的角度去探讨系统与组成它的各要素之间的关系；同时，需要研究系统与周围环境之间的联系和关系，从有机整体的角度去发挥系统的功能，把握系统的性质与运动规律。

2. 综合性

综合性一方面指客观事物和工程都是一个系统，是由诸多要素按一定规律组成的复杂的综合体，有其特殊的性质、规律和功能；另一方面指对任何客观事物和具体系统的研究，都必须进行综合考察，即从它的组成部分、结构、功能及环境的相互联系、相互作用和相互制约等方面进行综合研究。而系统的最优化目标就是根据系统科学方法，对研究对象进行综合考察来确定的。

3. 动态性

动态性是指在物质系统的动态过程中，揭示它们的性质、规律和功能。因为客观世界中实际存在的一切系统，无论是在内部的各要素之间，或系统与环境之间，都存在着物质、能量、信息的流通和交换，所以实际系统都处于动态过程之中，而不是处于静态，因此必须坚持动态性原则。

4. 模型化

模型化是指在考察比较大且复杂的系统（如大型工程项目）时，因复杂系统因素众多、关系复杂，一时难以完全把所有因素和关系都搞清楚，甚至有的因素也没有必要完全弄清楚，而开始研究和处理问题时又往往要求进行定量分析，这就需要建立数学模型，即将系统加以简化抽象为理想模型，从而通过对模型的实验、研究，达到较好地解决实际问题的目的。

5. 最优化

最优化是指在运用系统科学方法解决实际问题时，从多个可能的方案中选择出最佳方案，使系统的运行处于最佳状态，达到发挥最优功能的目标。按照最优化原则，系统内部各要素之间与系统和环境之间的联系或结构都必须处于最优状态，以发挥系统的特殊功能。

三、系统方法的具体内容

1. 系统分析与综合

首先，要识别某一领域是全称集合 U，了解系统 S 是 U 的子集，明确 S 的补集是环境 E；其次，要把 S 从 U 中分离出来，定出 S 与 E 的界面，再分离出 S 的主要成分，从中研究系统结构与功能的特性，找出成分之间以及成分与环境之间的相关性，描述系统中物质、能量和信息三者的相互关系；最后，综合分析它们如何组合成有机的整体。

2. 建立系统的模型

系统模型的建立要求把系统的各个要素或子系统加以适当的筛选，用一定的表现规则变换成简明的映像。系统的模型可以用来说明系统的构成和行为的数学方程和图像，甚至用物理形式表达。我们通过模型可以有效地求得系统的设计参数和确定各种制约条件。模型建立以后，我们还要采用一定的仿真方法（借助于计算机）或物理方法测试和计算模型，并根据测试和计算结果，进而改进模型。模型在一定程度上可以做到确切反映和符合系统的客观实际，消除定性分析中的主观臆测成分，以便我们确切掌握系统的各个功能及功能之间的关系，了解并确定系统存在的价值以及价值之间的关系。

3. 系统的选择优化

从数学上讲，优化是指在若干约束条件下选择目标函数，并使它们得到极大值或极小值。就大系统而言，要想求得总体优化是相当困难的。因为大系统结构复杂、因素众多，不仅评价目标有很多，甚至彼此还有矛盾，所以不可能选择一个对所有指标都是最优的系统。如果采用局部优化的办法，一般不能使总体优化，甚至某一局部的改进反而使总体性能恶化。因此，需要采用分解和协调方法，以便在系统的总目标下，使各个子系统相互配合，实现系统的总体优化。所谓分解，就是把一个大系统分解为许多子系统，而子系统再将信息反馈给大系统，并在大系统的总目标下加以权衡，然后大系统将指示下达给各个子系统，这就是协调。在大系统与子系统之间如此反复交换若干次信息后，就可以求出系统的优化解。

四、系统方法的一般程序

系统方法作为一种一般科学研究方法的新方法，已经在许多工程项目中显示出了传统方法不可比拟的优越性。研究者在应用系统方法时，一般分为以下几个步骤：

1. 问题表述

研究者通过调查研究，弄清问题的实质，明确所研究的对象中矛盾和问题的所在，用逻辑的、条理清晰的方式来表达对情况的了解。例如，要建设一条公路，这条公路是哪个等级、公路经过哪些地区、建设公路所带来的效益如何、建设公路有无必要。

2. 系统设计

系统方法迄今为止的成功经验表明，如果能够明确提出系统目标，而且所要求的各种技术和科学足够成熟，工作进程就顺利。因此，在弄清问题的基础上，应当提出解决问题需要达到的目标和标准。

3. 系统综合

研究者把可能达到的预期目标的政策、活动、措施和控制，形成整个系统概念，并综合为一个系统，提出解决问题的多个方案。系统综合看来很简单，却往往是创造性所在，关键是综合的方案要向最优化的目标努力。

4. 系统分析

系统分析是系统工程中最重要的方法和过程，是系统工程的核心。系统的最优化，是系统分析的出发点和归宿。对于大型复杂的系统，为了对众多的备选方案进行分析比较，总是要建立一定的模型。有了模型，就可以进行模拟实验，可以进行电子计算机仿真。研究者通过对模型的模拟，就可以了解系统的功能。因此，系统分析就是根据系统综合所建立的系统推论其各种特性，就是对系统的效果和后果进行分析。在系统分析中，电子计算机起着非常重要的作用，这不仅因为有时计算复杂而繁重，还因为电子计算机可以通过系统仿真来进行模拟实验，通过仿真和模拟来显示系统的性能。现在，系统仿真已被广泛应用于许多领域。

5. 系统选择

一个系统优化的过程是指使系统的目标函数在约束条件下达到最大值或最小值。这就是对系统分析的结果做出评价，并与目标进行比较，选出最优化系统。在现代科学发展过程中，最优化已形成一门专门的科学与技术，运筹学是求出最优解的有效方法，如线性规划、非线性规划、动态规划、排队论、对策论等，已在系统工程获得广泛应用。

6. 系统决策

在选择最优系统时，有时最优系统可能有好几个，除了定量目标外，有时还要考虑定性目标，如政策方针、人们的心态和素质、社会环境等，这些不能完全由数学模型决定。这就需要人们根据更全面和综合的要求做出决策，从中选出一个或几个方案、模型来试用。

7. 实施计划

根据最后选定的方案、模型，研究者开始实施，并在实施中进行评价验证，不断将问题反馈到前面各个步骤中去，使问题进一步明确，使目标进一步集中，使综合的方案得到进一步修正，直至达到预期最优目标为止。

五、系统方法在会计领域中的应用

根据系统方法的内容和特点，我们不难得出会计理论研究的系统方法就是运用系统理论原理和方法对会计问题进行研究，将“新老三论”等理论引入会计理论的研究和构建中。

从传统的观点来讲，用系统方法来研究会计理论问题需要注意以下几点：第一，要明确处理系统方法中的因果联系，规定会计信息系统的目标、范围及框架；第二，系统应由两个以上要素组成，并保持一定的有序结构，所以要研究会计系统所包含的那些相互联系、相互作用的构成要素以及它们之间的层次关系；第三，每个系统都有一定的目标，它体现了该系统相互作用并推动整个系统的运行；第四，会计是一个开放系统，它同环境保持着密切的物质、能量和信息的交换，但会计系统又是动态性的，它必须根据环境的变化而变化。

从现代的观点来看，运用系统方法在会计中的研究涉及范围广泛：①应用系统分析法来研究会计学体系和会计要素部分与整体的关系；②应用结构分析法来揭示不同层次的会计问题之间的关系；③应用功能分析法来模拟影响价值增值运动各因素之间的相互关系；④应用黑箱分析法来探索未知的会计问题；⑤应用信息分析法来考察会计信息系统运行中信息的传递和处理方式；⑥应用耗散结构分析法来研究会计信息系统的对外开放的模式；⑦应用突变分析法来描述会计变量在一定条件下的突然变化的过程；⑧应用协同分析法来研究会计信息系统的分工与协作的问题；⑨应用反馈控制法来考察评价有关会计管理、控制的理论模式。[①]

可见，系统方法应用于会计领域的研究能使研究会计问题比较全面，容易形成体系。李孝林教授等在 1989 年就提出运用系统理论来研究会计对象、结构和性质，并深入研究和发展会计理论，建立前后一贯的会计理论体系。[②]

---

① 吴祥云，叶郁芬. 对建立具有中国特色会计理论研究方法体系的思考［J］. 四川会计，2000（9）：6-9.

② 李孝林. 会计理论系统论——兼议建立前后一贯的理论体系［J］. 北京商学院学报，1997（6）.

第四节　逻辑方法

一、逻辑与逻辑方法

逻辑，源自古典希腊语“logos”，最初的意思是“词语”或“言语”，（引申出意思“思维”或“推理”）。1902 年严复译《穆勒名学》，将其意译为“名学”，音译为“逻辑”。因为该词是由日制汉语“伦理”一词分拆而来，所以日语还把它译为“伦理学”。传统上，逻辑被作为哲学的一个分支来研究。自从 19 世纪中期开始，逻辑经常在数学和计算机科学中研究。逻辑的范围非常广泛，从核心主题如对谬论和悖论的研究，到专门的推理分析如或然正确的推理和因果关系的论证，均有涉及。

在我国古代，逻辑学又被称为理学、理则学、名学、刑名之学等。

狭义上，逻辑既指思维的规律，也指研究思维规律的学科即逻辑学。广义上，逻辑泛指规律，包括思维规律和客观规律。逻辑包括形式逻辑与辩证逻辑。形式逻辑包括归纳逻辑与演绎逻辑，辩证逻辑包括矛盾逻辑与对称逻辑。对称逻辑是人的整体思维（包括抽象思维与具象思维）的逻辑。

因此，逻辑方法简而言之就是人们在逻辑思维过程中，根据现实材料按逻辑思维的规律、规则形成概念、做出判断和进行推理的方法，包括形式逻辑方法和辩证逻辑方法两大类。形式逻辑方法包括普通（传统）逻辑方法（如综合、抽象、概括、定义、划分等）和现代形式逻辑方法（如形式化方法、公理化方法）。形式逻辑是宇宙中感性存在的逻辑，是感性直观意义上的直接性的逻辑，是现象的逻辑，是外逻辑，是静逻辑，它的客观基础是感性经验与直观。简单一句，形式逻辑是存在逻辑。形式逻辑是感性直观的逻辑，应用在数学等一些计量科学领域，是一种静态的抽象逻辑。形式逻辑是间接应用的，在物理学上，是与物理学公式结合的，理论上不是必然性的，应用上也不是必然的，应用一旦出现问题，极有可能是物理学公式与应用的环境不相符合，需要修改。这是一个间接应用的逻辑。辩证逻辑方法包括归纳与演绎结合、分析与综合结合、逻辑的与历史的结合、抽象上升到具体等方法。辩证逻辑是宇宙、历史与理性的演化逻辑，是在终极意义上的一种本原性的逻辑，是内逻辑，是动逻辑，它的客观基础是理性与概念或者说绝对理念。简单一句，辩证逻辑是概念逻辑。辩证逻辑是宇宙本原的逻辑，更多地应用在本体论、历史、美学意识形态等领域，可以说是一种模态逻辑。它在应用上是或然性逻辑，应用的准确性的高低依赖于应用者所综合考虑的因素的多少与应用者的综合水平的高低。这是终极逻辑，应用不准确，辩证法原理是不变的，不用修正。这也是一个直接应用的逻辑。

二、形式逻辑方法

形式逻辑方法是一种使用概念、判断，进行推理和论证，帮助人们正确地进行思考和准确表达思想的程序化程度很高的方法。它包括一系列的具体方法，主要有以下几种：

1. 比较法

比较法是对一事物与其他事物通过对比、分析，以认识它们的共同点、差异点与本质的逻辑方法。按比较对象不同，比较法可分为同类比较法和异类比较法；按比较对象的空间范围不同，比较法可分为国内比较法和国际比较法；按比较对象的时间范围不同，比较法可分为短期比较法、中期比较法和长期比较法；按比较对象的项目不同，比较法可分为单项比较法和多项比较法；等等。

2. 分类法

分类法是根据对象的共同点和差异点，把对象划分成不同的种类并形成有一定从属关系的不同等级系统的逻辑方法。按事物的外部标志或外在联系可进行现象分类，如按外部标志可将会计分为工业会计、农业会计、商贸会计、基建会计等；按事物的本质特征或内部联系可进行本质分类，如按本质特征可将会计规范分为会计法律规范、会计技术规范和会计道德规范等。

3. 类比法

类比法是根据两个（类）对象之间在某些属性上相同而推出它们在其他属性上也相同的一种逻辑方法。按类比的内容不同，类比法可分为性质类比法、关系类比法和综合类比法；按类比的方向不同，类比法又可分为正类比方法和反类比法。

4. 移植法

移植法是将某一学科的概念、原理、方法以及其他方面的成果移用到另一学科中而取得进展的研究方法。移植法按其研究对象的移植范围不同，可分为纵向移植法（如将经济学或文化学的概念、原理、方法移用到会计学中的会计经济学或会计文化学的研究）、横向移植法（如将决策理论、行为理论引入会计学中的决策会计、行为会计的研究）和综合移植法（如将“新老三论”和环境工程理论综合地移用到会计学中的会计系统工程学、会计环境工程学的研究）等。

5. 归纳法

归纳法是从个别性知识的前提引出一般性知识结论的逻辑方法。如通过对大量个别的会计业务的处理，可将会计对象归集为资产、负债等六大要素，以便于会计的确认、计量、记录与报告。这也是进行会计理论研究最常用的逻辑方法之一。归纳法的基本程序如图 8.2 所示。

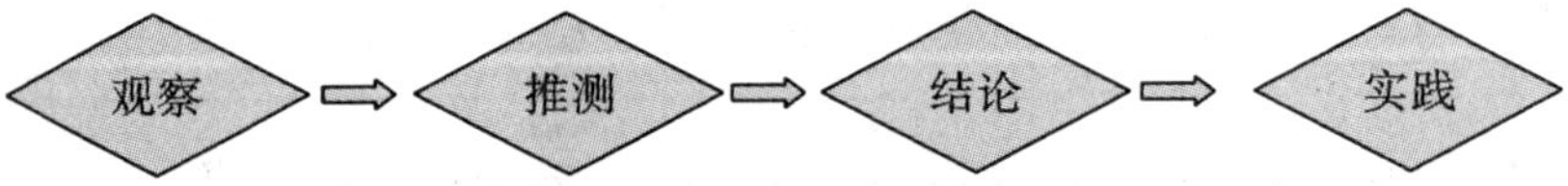

图 8.2　归纳法的基本程序

6. 演绎法

演绎法是从一般性知识（原理）出发推演出个别性知识结论的逻辑方法。如从会计目标出发，通过对会计报表要素定义、会计信息质量特征评估等，组成一个财务会计概念框架用以指导和建立（推演）出一套会计准则。它和归纳法通常被称为最常用的两种会计理论研究逻辑方法。演绎法的基本程序如图 8.3 所示。

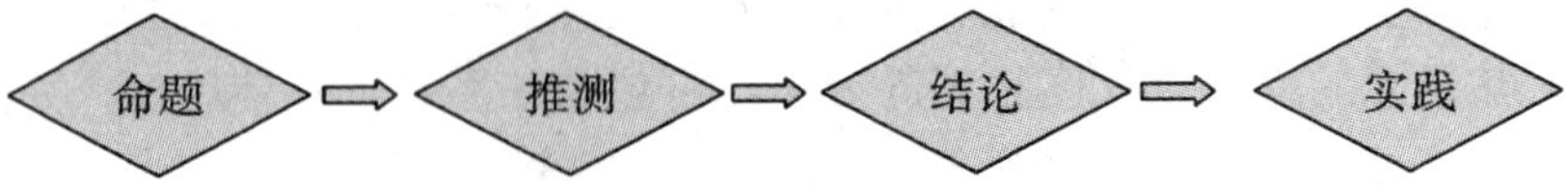

图 8.3　演绎法的基本程序

7. 分析法

分析法是人们在思维过程中把思维对象分解为各个组成部分、方面和因素来分别加以考察研究的逻辑方法。如对会计对象的研究除在总体上对价值运动的时空量进行把握外，还将其分解成资产、负债等六个要素进行分别考察和研究，以便对会计对象有更深入和具体的认识。

8. 综合法

综合法是人们在思维过程中把思维对象的各个组成部分、方面、因素结合为一个整体，从而从整体上加以考察研究的逻辑方法。如对会计计量模式的研究就是把会计计量单位、计量尺度和计量属性等结合为一个整体，从而从整体上加以研究，以便对会计计量有更全面和深刻的认识。

9. 概括法

概括法是将对个别思维对象的认识推广到该类思维对象的普遍的、一般的认识的逻辑方法。如对某地区、某行业的个别企业的会计信息失真甚至造假账的认识，扩大到对该地区或该行业甚至全国企业的会计信息失真较为严重这一普遍的认识。

10. 证明法

证明法是论证的一种形式，即引用已知为真的命题来确定某一命题真实性的逻辑方法。如在一般的物价变动情况下，按货币面值/历史成本会计计量模式进行计量，并不影响企业的真实收益，由此而得出货币计价和币值不变假设是合理可行的。

11. 反驳法

反驳法是引用已知为真的命题来确定某一命题虚假性的逻辑方法。如“运用会计是国际通用商业语言和技术性较强的特征”，以及“在阶级产生前的氏族公社就已有原始社会会计的记数和阶级消亡后的共产主义社会仍需会计核算”，来反驳“会计具有阶级属性”的观点。

三、辩证逻辑方法

辩证逻辑方法是把思维形式与思维规律作为自己的研究对象，并从客观对象的内在矛盾入手来分析和解决思维矛盾运动的逻辑方法。它是形式逻辑方法的发展与深化。马克思将其概括为两个阶段：“在第一条道路上，完整的表象蒸发为抽象的规定；在第二条道路上，抽象的规定在思维行程中导致具体的再现。”① 亦即理性思维是一个辩证发展的过程，可分为两个阶段：一是初级抽象阶段，即抽象的规定是从感性具体上升而来，是对象具体在实践中映入人的头脑，通过感觉、知觉、表象等过程，形成感性具体的过程；二是高级抽象阶段或辩证思维阶段，即具体的再现是由初级抽象上升而来，通过分析、取舍，抽取出必然的本质的属性，然后进入理性具体的过程。因此，“具体→抽象→具体”是辩证逻辑方法的基本思维步骤，包括一系列的具体方法。具体内容如下：

1. 初级抽象阶段的方法

①资料法，是按研究课题的内容和目标，通过收集阅读印刷品和视听材料等文献

① 中共中央马克思恩格斯列宁斯大林著作编译局. 马克思恩格斯选集：第2卷［M］. 北京：人民出版社，1972：102.

而获得相关研究材料的方法。如在会计研究中通过收集、阅读和整理会计、经济及其相关的书籍、报刊以及其他资料，而得到会计研究的直接材料和与会计研究课题相关的材料。

②观察法，是按照一定的研究目的，有计划地通过感觉器官或借助科学器具，对研究对象进行观测、考察而获得经验事实的方法。如对某产品成本控制的研究，通过实地观察和实验观察，确定出该产品的原材料、燃料、辅助材料的单位消耗定额以及加工费用、包装费用的单位定额，然后汇总制定出该产品的单位成本控制标准。

③调查法，是按照一定目的要求，对研究对象进行查阅相关资料、访问、直接问询、现场蹲点、摸底、开会等而获得事实材料的方法。如对国有或国有控股企业实施财务总监委派制，是否符合会计的属性和相关法律的要求？是否有实效？对此，我们必须深入企业中进行实地摸底调查，才能掌握第一手材料。

④实验法，是按研究项目的内容与要求，利用一定的物质手段（实验场所），有控制地将所研究的对象加以简化和纯化，以观察其发展变化而获得其某种特殊性质和规律认识的方法。如对学习和推广“邯钢”的模拟市场核算和成本否决的企业内部经济责任制这一项目的研究，可以在一个公司（企业）的分厂或车间中先行模拟实验，取得效果与经验后，再在全公司或全厂推广。

2. 高级抽象阶段的方法

①分析与综合方法，是研究和认识过程中的两个侧面，通过两者的相互依存、补充、转化而形成的一种部分与整体相结合的具有辩证关系的逻辑研究方法。如在会计理论方法体系构建的研究中，先要将该体系分解为理论体系和研究方法体系两大组成部分及每一个部分的构成层次与具体构成要素，并逐一分析、认识其本质与内部联系。但这种分析又必须以对会计理论方法体系的整体认识为指导，亦即对该体系的分析是构建整个体系的基础，而对整个体系的把握又是分析该体系的前导。只有通过对会计理论方法体系从分析到综合的反复多次的认识，才能对其有一个较为深入和全面的认识和把握。

②归纳与演绎方法，是科学研究中的两种既相互联系又相互区别的最基本的个别与一般相结合的存在着辩证关系的逻辑方法。如在对会计职能的研究中，通过对会计具体功能的观察研究，归纳出确认、计量、报告、分析、预测、决策、控制、考评八个具体职能，并在此基础上再概括出反映与管理两大基本职能。而这一切又都建立在对会计本质的认识和把握的基础之上，亦即只有充分认识到会计的本质是一种为解除和完成双重受托责任而对会计信息进行反映和利用的会计信息管理活动，才能推演出其外在表现功能即会计职能。因而对会计职能这一个别事物的归纳，必须要以会计的本质这一演绎的结论为指导，而对会计本质认识的演绎又是在对会计外在表现的包括会计功能、作用等在内的个别具体事物认识的基础上采用归纳法形成的，亦即只有通过归纳与演绎的相互结合、转化，从个别到一般，又从一般到个别，才能不断地认识和把握会计职能。

③抽象与具体方法，是研究和认识过程中的两个既相互依存又相互促进的从感性具体阶段到理性具体阶段的具有辩证关系的逻辑方法。如在对会计假设的研究过程中，首先对日常的，大量具体的会计事项处理中所呈现出来的会计的空间范围、时间范围、计量尺度、计量单位等属性、特征、条件有了一个直观的认识，亦即这些有关会计的

多样性的具体事物是可以感知的。而这一感性具体要上升到理性具体，必须通过抽象的方法即把大量的具体会计事项的每个属性、特征或条件分别提取出来加以考察，舍弃个别的、偶然的、非本质的，抽取出必然的、普遍的、本质的属性、特征或条件，从而形成各种抽象的规定，并用相关的概念如会计主体、持续经营、会计分期、货币计量与币值不变四个会计假设来表示。正如马克思所指出的："分析经济形式，既不能用显微镜，也不能用化学试剂。二者都必须用抽象力来代替。"在此抽象规定即四大假设的基础上，研究者对会计事项处理的前提条件已形成了完整的、统一的、深刻的认识，再现客观存在的具体会计业务事项时，必然会自觉地在四大假设允许的条件下进行处理，从而达到认识的高级阶段。

④比较与分类方法，是先通过对研究对象的对比分析，找出其共同点与差异点，再根据共同点与差异点，将研究对象划分成不同种类并形成具有一定从属等级系统的对比与划分相结合的逻辑方法。如在对世界会计立法模式的研究中，先将世界上主要国家的会计立法模式逐一进行分析、对比，找出各国会计立法模式的共同规律即共同点：它们在立法原则和立法思想上需要向一方利益倾斜，即所制定的法律要维护一个集团或一个阶层的利益。在此基础上，再将利益倾斜相同或相似的国家划归为一类，从而大体上区分出投资者利益需求型、债权人利益需求型、企业利益需求型、政府税收利益需求型、国家计划利益需求型共五大会计立法模式类型。

第九章

常规科学研究方法与会计理论研究的具体方法

科学研究方法是用科学的理论、原则和手段来指导和进行科学研究的方法。科学的研究方法不但是“打开科学宝库的钥匙”“攻克科学城堡的武器”，还是“驶达真理彼岸的航船”。科学研究方法是多种多样的，这是由于现代科学技术是一个极为庞大的体系。各种方法在科学研究中成果发表和应用的不同阶段，有着各自的特点和作用。而科学研究过程中的内在逻辑和特点，又使各种方法形成一个完整的系统。随着研究过程的进行和深入，各种方法依次发挥作用，又依次更替。本章主要分常规科学研究方法和会计研究的具体方法两类进行探索。

第一节　常规科学研究方法[①]

中国古代教育思想强调：“授人以鱼，仅供一饭之需；授人以渔，则终生受用无穷。”科学研究方法好比捕鱼的技巧、引路的灯塔，如果没有掌握正确的科学研究方法，研究者难免会在研究中“误入歧途”，一切努力和付出都会失去价值。因此，从事科学研究必须重视科学研究方法。科学研究方法必须可行、科学，才能在较短时间内使研究者获得研究的较好效果，使科学成果最大化。

一、观察法

1. 观察法的定义

观察是人们通过感官或借助一定的科学仪器，进行有目的、有计划、有组织、有思维参与且比较持久的知觉事物的过程。观察法是人们对自然状态下的客观事物进行系统考察和描述的方法。科学的观察方法是进行自然科学研究的一种最基本的方法，也是在科学研究中获得第一手资料和感性认识的必不可少的环节。

科学观察和日常观察有所不同。科学观察是人们根据研究课题，利用眼睛、耳朵

---

① 本部分的分类方式参照了周新年的《科学研究方法与学术论文写作——理论·技巧·案例》。

等感觉器官或通过辅助仪器和其他科学手段，有目的、有计划地对处于自然状态下的客观事物进行系统观察的一种科学研究方法，具有目的性、计划性、系统性和重复性；日常观察是人们通过看、触、尝、嗅等，消极接受外界对感官的刺激。科学观察在科学研究中的含义还包括理解，或从理性上领会的意思。它有着明确的观察对象和目的，是人们为了揭示自然现象中的规律而积极地对客观事物进行考察的方法。

在科学研究中，观察法有很大的作用。例如：生物学家达尔文通过科学观察，创立了生物进化论；生理学家巴甫洛夫在实验室里贴上“观察、观察、再观察”的字幅，告诫自己要用心去观察。

2. 观察法的作用与不足

在科学研究领域中，许多做出伟大贡献的人，都与他们长期善于观察有关。如，关于达尔文和他的南美之旅，我们都非常熟悉。达尔文在加拉帕戈斯群岛对物种进行了详细的观察，并构建了适者生存理论的雏形。科学观察是按照预定的目的，有计划地、全面地、深入地进行的，其具有以下优点：①能直接通过观察，而不需要其他中间环节，即可得到比较真实的材料；②在日常的自然状态下进行，能获得丰富、具体、真实的资料；③能及时发现正在发生的问题；④手续简便，容易进行；⑤在观察中记录资料，并可以排除各种偏见。

用辩证的观点看待观察，它在科学研究中也有不足之处：①受观察者本人限制，观察人的知识经验、理论水平、方法阅历、世界观等因素会影响观察的全面性和深入性；②受观察对象的制约，观察人不可能随时随地跟踪或观察到受观察对象；③受观察时间的限制，任何事件的发生都有不确定的因素和偶然性，时间不可倒退。

3. 观察法的类型

（1）按观察的手段不同，可分为直接观察和间接观察两种。

直接观察是指观察者通过自己的感官，直接去感知和描述事物的各种现象。它的优点是直观、生动、具体，可以免除因中间环节的误差而引起的对观察对象认识的错误，运用起来也比较方便。但直接观察法也有很大的局限性，这主要是受人的感官的生理阈值制约，超过感官生理阈值的自然现象就难以用直接观察去感知描述。因此，直接观察一般只能得到研究对象的比较粗糙的感性材料，不能精确地把握研究对象的各种属性，而且每个人的感觉能力又同研究者的经验、知识和心理因素等有关，观察结果也会因人而异。

间接观察是观察者利用科学仪器，或其他技术手段来考察研究对象的方法。它的优点是准确、迅速、观察范围大。科学仪器帮助人们扩大了感官的感知范围，提供了准确的观察手段，使获得的感性材料更加客观化和精确化。例如：现代电子显微镜最大放大倍率超过300万倍，研究者通过电子显微镜能直接观察到某些重金属的原子和晶体中排列整齐的原子点阵。间接观察在很大程度上依赖于仪器，而仪器的精确水平会影响到观察的结果，而且它不如直接观察的感觉直接。

在科学研究中，直接观察和间接观察都是需要的，直接观察是间接观察的基础，间接观察是直接观察的发展。这是因为间接观察通过仪器，扩大了人的感官的功能，而仪器所观察到的现象还须通过感官进入人的头脑。

（2）按观察的性质，可分为质的观察和量的观察。

质的观察是把重点放在对客观事物的性质、特征或确定研究对象及其他事物的定性关系方面。这种方法被广泛运用于自然地理学、古生物学与临床医学以及动植物分类学中。

量的观察又叫观测或测量，它是从量的方面对事物进行考察的一种研究方法，其目的在于精确地把握客观事物的特征及其数量关系。这种方法被广泛运用于天文学、物理学、气象学、经济学和工程技术等领域中。

观察方法还可以有其他不同的方法，但直接观察、间接观察、质的观察、量的观察乃是基础的观察。其他诸如分类观察、比较观察、自然观察、实验观察等，都是基本观察的派生和综合。

4. 观察法的策略

每次观察都要有明确的目的和计划。在科学研究活动中，观察的目的越明确、具体，计划步骤越周详，观察效果就越好。应当防止盲目观察。观察之前要学习有关观察对象的理论知识。有了理论知识的指导，学会观察的方法，观察才能深刻，才能调查到主要特征。没有理论指导的观察是肤浅的观察。

①选择不同观察方式或观察顺序。如按照“整体→部分→整体”“部分→整体→部分”的顺序，可相应选择“由近及远”“由远及近”的方法。

②学会运用各种感官进行观察。参加的感官越多，越能收集到全面和真实的信息。

③用已有经验多角度、多层次进行观察。随时提取与观察事物有关的各个方面的信息，并与观察对象进行比较。研究者要从多角度、多层次进行分析。分析得越仔细，观察便越全面、越深入。

④对观察活动全程进行自我监控。观察者首先要养成边思考、边观察的习惯；在观察前要深思熟虑，带着一些问题，有计划地写出提纲；在观察中抓住主要矛盾，仔细观察，不遗漏细节。观察之后，观察者要善于抓住本质和规律，做好观察记录，防止遗漏和遗忘。观察者还要对观察记录内容做出合理分析，碰到与目的相矛盾的情况，要认真分析原因，做出解决方案，必要时可以改变计划、步骤、方法等，直到问题解决。

二、测量法

1. 测量的含义

测量，就是按照一定的规则把所观察到的对象的性质，以数值化表述出来的过程，表明被测对象通过作业和活动所达到的程度。简单地说，测量就是根据某种原则，利用数值描述和确定活动效果的一种方法。测量更多地运用于教育科学研究。例如：在教育活动中，要对学生的结果进行评定，要了解教育目标和教育计划的实际效果，要知道课程、教育和教学方法是否适合学生身心发展状态和要求，就要进行测量。

在进行测量时，一般是使用测量表或者其他测量工具来进行，其中包括问卷、论文考试、智力测试、能力倾向测验和人格测量等。测量以后就可以进行评价了。评价是根据测量的结果，对被测对象的属性、作用进行价值判断。

2. 测量的类型

（1）按测量的对象分类，可以分成个别测量和团体测量。

个别测量，即一个主试者面对一个被测试对象进行的“一对一”的测量。它的优点是对被测试对象的观察机会多，分析问题及时；缺点是费时，很难在短时间内收集到大量资料。

团体测量，即一个主试者面对多个被测试对象进行的“一对多”的测量。它的优点是节省时间和人力，短时间内能收集到大量资料；缺点是被测试者的反应不容易控制，不容易分析个人的动机、心理感受以及其他因素对被测试者的影响。一般情况下，个别测量的效果比团体测量的效果好，团体测量常运用于选拔学生。

（2）按测量的材料分类，可以分成语文测量和非语文测量。

语文测量，即使用语言或文字的测量，多用语言或文字说明法，受测试者用语言文字回答问题。它的缺点是受测试者的文化程度会影响测试成绩。

非语文测量，即测量题目采用图画、符号、工具、模型作为测量材料，受测试者可以用实际工作来完成测量。它对不同文化背景的人群的测量非常适用。

（3）按测量参照系分类，可以分成常模参考测量和标准参照测量。

常模参考测量，即在较大范围内取样的基础上，以常模作为参照来解释分数的测量。常模是比较标准，即在能力测量或其他测量中得到的标准化样本的分数。个别被试的分数与这个分数做比较，就可以确定个别测试的水平的高低。

标准参照测量，即通过被试者应该完成的课题项目的客观标准，来判定被试者的能力与作业水平，目的是揭示被试者能够做什么程度的测量。它不与他人的作业做比较，也不需要与同辈集体比较。

（4）按测量的情况分类，可以分成智力测量、能力倾向测量和成就测量。

智力测量，即对人们的感觉与思维能力，包括记忆、推理与观点表达能力等方面的测量。其目的是综合评定人的智力水平。

能力倾向测量，是一种高度标准化的素质测评方法，是由智力测量发展而来的，用于了解特殊能力差异，且含有对今后工作绩效的预测性。

成就测量，即通常所说的考试。成就测量主要是针对特定领域，为测量被测试者对有关知识和技能的掌握程度而设计的。

3. 测量的条件

测量依赖于四个条件，即信度、效度、难度和区分度。前两个条件是对整个测量而言，后两个条件主要是对测量的项目而言。

（1）信度。

信度是测量结果的稳定性或可靠程度，即测量结果是否真实、客观地反映了受测试者的水平。如果一个人在数次接受同一测量时，都能获得相同或近似的分数，说明数次测验的结果一致性，即几次测量的相关系数越高，信度越大。统计信度可以采用以下几种方法来进行：

①重测法。重测法是用一种测量方式测试一组被试者，经过一段时间以后，再用同一测量方式测试同一组被试对象；然后，根据两次测量的分数求相关系数，并按照数值的大小测定信度的高低。一个良好的测量，它的信度系数一般要求在 0.9 以上。这两组分数的相关系数越高，表明测试结果的前后一致性和稳定性越高。重测法测量的是稳定性系数。

②复份法。复份法是用两套同质的试题，对一组被试者进行同一目的的测试，然后计算分数的相关系数的高低。这种方法是测量分数的等值性。两次测量应该有相同的内容，同类的题目与相近的难度应该是等值的。复份法可以避免重测法因为记忆和

练习导致学习成绩的升高的影响。但因两次测量的内容相似，因而影响信度系数，系数可能会出现纠偏的现象。

③分半法。分半法是把部分测量题分为奇数题和偶数题，平分两半，求出其测验成绩，再求出两类题得分的相关系数。这就是分半信度。这种方法可以反映测量题目的内容的一致性，把一次测量看作最短时距离的两次测量，从二者相关数据分析测量成绩的稳定性。

（2）效度。

效度是指测量结果的准确性和有效程度，即测量是否达到了预期的目的。效度可以从四个方面理解：第一，测量的效度始终是对一定测量目的而言的；第二，测量的效度是对测量的结果而言的，对于任何一种测量来说，只有当它的测量结果真实，正确地反映想测量的功能和特征时，才能确认这种测量是有效度的；第三，一种测量的效度只有高或低的问题；第四，测量目的不同。

效度有不同的种类：内容效度、效标效度和结构效度。

①内容效度是指测量题目在多大程度上概括了所需要的整个内容。测量目的与学科的内容一致性的程度越高，内容效度越好。

②效标效度是指测量的结果与预期的结果的相关度。一个测量效度的高低，可以用被测试者的另一个测量结果作为标准，然后以两次测量结果的相关系数来说明其效果。效标效度有两种：一是同时效度，是指选用已被认为有效的测量的结果作为标准，由被测试者在新测量和有效测量中分别获得的两组分数求相关系数，以统计效度的高低；二是预测效度，是指测量分数与未来测量分数的相关程度。

③结构效度，即一种测量的结果可以用该测量所假定的结构来解释其效果。

（3）难度。

难度是指测量试题的难易程度。难度的测定一般从两个方面考虑：一是通过试题的人数与总人数之比；二是被测试者所得分数的平均值与该题满分之比。比值越小，题目难度越大；反之，测试题越容易。

难度与测量分数的分布有一定的关系。如果测量分数呈正态分布，中等难度的题目区分较高；如果测量分数呈正偏态分布，能将成绩好的被试者的分数拉开，这种较难的试题对高水平的被试者区分较高；如果测量分数呈负偏态分布，则能将低水平的被试者的考试分数拉开。

测量题目难度以多大为适宜，无统一标准。一般来说，作为检查性测量，是以0.6~0.8为宜；作为选拔性测量，则以0.4~0.9为宜；在常模参考性测量中，测验的平均难度以0.5左右为宜。

（4）区分度。

区分度又叫鉴别力，是指测量对被试者实际水平的区分程度。区分度越高的题目，对被试者的特性能力和学业水平有较高的鉴别力，即好生得高分，差生得低分；区分度低的题目，好生和差生得分差不多。

4. 测量的要求

①注意数量比。对测量的事物和人的属性加以数量比，用可以比较的数量来表述。

②处理好测量的数据。在运用测量数据时，最基本的要求是单位的一致，这样才能排列成等级进行比较，也便于分析数量的差异。分析测量的结果，不仅要用分数来

表明成绩，而且对测量的数据要以统计的方法加以处理，使分数的意义更为明确。

③注意消除误差影响。测量中产生误差不可避免，偶然因素的存在会使评分者的心理状态等受到影响，因而可以在测量中采用循环法和提高评分者的思想觉悟与责任感来消除。

④间接性、相对性和无可比性。测量的一些项目，如智力、能力倾向、创造力、兴趣、态度、人格等，不能如对待物质实体那样进行直接的测量，只能从观察有关的因素或观察个人的行为表现着手，对某种属性或观念进行推论，所以测量是间接的。合理科学的测量不像自然科学测量的结果一样有绝对的意义。此外，不同测量成绩之间因为单位与参照点不同，所以没有直接可比性。

三、实验法

1. 实验法的定义和特点

实验法是人们根据研究的目的，利用科学仪器和设备，人为地控制或模拟自然现象的发生发展过程，在特定的观察条件下探索客观规律的一种方法。

实验法是在人为控制下去观察事物的运动规律，因此，它比观察法具有更多的优越性，能获得更多的科学事实。实验是一种感性活动。研究者通过实验，能够直接改变事物，赋予观察更多的主动性，因而，能更好地发挥自身的主观能动性。实验也是变革事物的一种社会实践，它是生产实践和理论研究的桥梁。现代科学中，新的技术成果都是先在实验室中发明创造出来的，如真空管、晶体管、大规模集成电路等。许多新的理论的验证也是在实验室里完成的，如电磁学、量子光学、量子化学、超导研究等。事实上，没有实验，就没有近代科学，也没有现代自然科学的发展。因此，实验方法是科学研究中普遍应用和不可缺少的方法。

与生产力相比，实验法可以简化和纯化研究对象。自然界或生产实践系统常是各种因素交互作用，有各种功能或属性，主次难以直接分清，若研究者将研究对象置于严格控制的实验条件下，将自然过程或生产过程加以简化和纯化，突出主要因素，排除次要因素、偶然因素和外界因素的干扰，使对象的某些功能或属性以纯粹的形式呈现出来，从而可以揭示出支配自然或生产的客观规律性。

实验法能强化研究对象，能够保证在各种特殊条件下进行研究。有很多事物的本质和规律在自然条件下难于显现和控制，在生产条件下也难以实现，只有在实验条件下才能揭示出来。因此，用各种实验手段来强化研究对象，有普遍的科学意义。

科学发现需要重复进行实验，而实验恰好具有可以加速或延缓、再现或模拟某些自然过程的优点。

2. 实验法的类型及应用

①比较实验。为了确定两种以上研究对象之间的异同、优劣等，研究者常用比较实验的方法。在比较实验中，可以进行单因子比较，也可以进行多因子比较。

②定性实验。为了判定某种因素是否存在，某些因素是否有联系，某个因素是否起作用，某些物质有哪些成分等，研究者常用定性实验的方法。其重点是为了弄清研究对象的各种属性和特征。

③定量实验。定量实验是为了深入了解客观事物和自然现象的量的特征，揭示各个因素之间的数量关系而安排的实验。在科学研究的过程中，从定性到定量，是人们

认识深化，从感性上升为理性的标志。定量实验离不开仪器、设备和测量工具，而仪器、设备和测量工具和被研究的对象之间存在着相互的作用，观测手段对被研究对象的作用是不容忽视的，特别是在微观领域内的实验。因此，在分析评定从研究对象所获得的信息时，必须考虑测量和研究手段，说明实验的条件。

④析因实验。对于已知结果而未知影响结果的各种因素的情况下，可以安排析因实验，以找出引起变化的原因。

⑤模拟实验。对于某些研究对象，不可能或不允许进行实际实验，如天体、大气环流、截流造坝等。为了取得对研究对象的认识，可以通过模拟的方法做出研究对象的模型，在模型上模拟研究对象的实际情况，这种实验称为模拟实验。模拟实验根据实际需要和研究目的的不同，有局部模拟实验和整体综合模拟实验。

3. 实验法的基本要求

①实验法是由被研究对象、仪器、设备、测量工具和研究者组成的一个相互联系的有机整体。研究者应具有辩证的头脑，以唯物主义思想进行实验设计、实验观察、实验数据的处理以及实验结果的分析。

②研究者应有科学的态度、严格认真的精神，并进行详细周密的实验记录，以保证在相同的实验条件下，可重复出现相同的实验结果。

③实验法离不开仪器、设备、测量工具。在实验过程中，要确保各种仪器、设备的准确性，要充分认识和认真考虑仪器、设备对研究对象的影响。

④实验是在人为条件下的观察，所以应该遵循观察方法的基本原则和要求。

四、统计法

1. 统计法的含义及功用

统计，总括起来就是计算的意思。它指的是对某种现象进行有关数据资料的收集整理、计算和分析的过程。因此，统计法，就是通过观测、调查和实验对所有收集的数据资料进行整理、计算、分析解释和统计检验的过程；也可以说是将大量杂乱无章的数据资料加以处理，使之便于分析和应用，并可以进行推论的一种过程。一般来讲，统计法有如下的功用：

①提供清晰而正确的问题分析。某学生英语、高等数学考试成绩都为85分，一般认为他成绩优秀。如果用统计方法，可以计算出全班英语、高等数学考试平均分分别为85分和75分，标准差同为5分。这样就可以认为该学生英语一般，而高等数学成绩高于全班86.4%的学生。可见，统计方法可以使问题分析清晰而准确。

②是一种科学预测的方法。统计法对数据进行整理、描述、分析，寻找变量之间的关系和类型，如相关关系或因果关系。这样就可以对一些现象今后的发展趋势做出估计和判断，使研究者发现直觉思维难以观察的规律，这就是科学的预测。

③可训练科学思维。统计法可以训练科学思维，使研究者学会科学地进行推理、抽象的思维方法。现在，许多定性研究方法，如谈论法、观察法，要求对收集来的数据进行深入的统计分析。

2. 使用统计法需要注意的问题

①统计法万能的思想是错误的和片面的。统计方法是科学研究的重要工具，但是不能以工具代替研究。首先，统计法要以定性分析为基础，在学科理论和思想指导下

进行的统计分析才是有用的。统计法是为了揭示数据的特征和规律性，这种定量的分析方向、范围必须由定性来规定，而不是由观察者随便确定的。脱离了定性分析的统计方法只能是“无本之木”。其次，统计法需要用一定的方法和公式。这些方法和公式需要研究者具备一定的专业知识；否则，统计法只是在数据上绕圈子，只是数学游戏，而不具备任何意义。同时，统计法得出的规律和特征也需要借助专业学科理论知识来科学地进行解释。

②统计法本身并不决定研究的科学价值。高水平的有创意的研究，如果没有适当的统计分析方法的辅助，就不能显示其高水平的创造性。同样，好的统计分析方法也不可能提高低劣的研究价值。科学研究的重点在于问题的提出和实验的设计，统计方法只是为了更好地实现研究者的构想、分析与总结研究的结果，帮助研究者揭示规律和关系。在统计分析时，要在定性分析的指导下整理。研究者应在分析研究数据的过程中，选择正确的统计方法，防止统计的“乱用”和“滥用”。违背统计法的原则，为了说明自己臆测的规律而伪造数据或选用证明自己的假设的数据的做法，是违反科研道德的行为。

3. 统计法的种类

从具体应用的角度看，统计法可以分为描述性统计、推断性统计和实验性统计三种。

①描述性统计。它是指对数据进行整理、分类和简化，并描述数据的全貌，以表明研究对象的某些性质的统计。描述性统计包括数据的初步整理、数据的集中趋势的度量以及相关系数的度量等几个方面。其目的在于使大量零散的、杂乱无章的、纷繁的数据清晰直观地显示出研究对象的特征，以利于进一步分析。

②推断性统计。它是在描述性统计的基础上，从不同研究对象的全体中抽取一部分样本进行研究，以样本研究的结果来推断全体的情形，从而找出研究对象的基本规律。也就是研究对象的全体是一个未知数，研究者通过抽取一个样本，根据经过调查或者实验所得的已知情况，来推断全体的情况。

③实验性统计。就是实验者为了揭示实验中自变量与因变量之间关系，在实验之前所制订的实验计划。其主要目的在于研究如何科学地、更有效地进行实验。其中包括怎样进行选择抽样方式、如何计算样本容量、如何安排实验因素、如何控制无关因素等。

上述三类统计的内容是相互联系的，描述性统计是推断性统计的基础，推断性统计可以通过样本信息估计、推测总体从已知情况推测、估计未知情况。只有进行良好的实验设计，研究者才能获得真实有价值的数据，对这样的数据进行统计处理才能得出正确的结论。良好的实验设计又必须以统计原理为根据，符合统计方法的要求。

五、经验法

1. 经验法的含义

经验总结方法，常称为经验法。经验是人们在实践活动中获得的知识和技能。由于经验往往是个人或者团体活动在特定的条件与机遇下获得的，有偶然性和特殊性，所以经验并不一定是科学的。

经验法是对实践活动所提供的事实，进行分析、归纳和总结，使经验理论化、系统化的一种方法。在总结经验时，要用科学的理论为指导，分清正确与错误、现象与本质、必然与偶然；对经验中涉及的人物、事件、时间、地点、数据、成果一定要辨别真伪；同时，经验一定要观点鲜明、正确，既有先进性、科学性，又有代表性和普遍意义。

2. 经验法的步骤

（1）确定总结对象。

确定总结对象就是依据经验总结的目的与任务，从实际出发，认真总结具有代表性的地区、单位或个人的先进事迹和实践贡献，有计划、有目的地进行总结。

确定总结对象一定要突出先进性，同时，也要注意对象的正反两个方面的经验和教训。在进行抽样时，要采用随机分层两种形式。总结范围的确定既要考虑到“点”，也要重视“面”。

（2）总结经验计划。

总结经验计划是对总结经验过程的设想。总结经验要注意以下几点：要明确总结的目的、任务和基本要求，集体讨论，提出初步方案；组织力量、合理分工、明确职责；总结计划要有严密性，同时要考虑灵活性。

（3）全面收集资料。

收集资料一般分为三步。第一步，通过各种手段，与不同层次的人接触，在不同层面上收集资料，然后对资料进行分门别类的整理，区别真伪，以便如实反映总结对象的全貌，认真分析事实本身所提供的比较可靠的论据。第二步，讨论经验，形成初稿。经验总结的初稿写出以后，应邀请专家，召开讨论会。第三步，写出书面总结报告。修改初稿，写出正式书面报告，或报上级部门，或传发相关单位人员，或在报刊上发表。

3. 经验法的要求

①选择有典型意义的对象。权衡总结对象本身所提供的主要内容，看它是否有广泛的群众基础，能否对现实中提出的问题给予比较全面的回答和说明；认真分析它在改革发展中的现实意义，看它是否具有典型示范的作用，即发挥以点带面、推动全局的作用；看它是否是客观实践活动的产物。

②要用整体观念进行全面考察。注重全面考察，系统了解，从事物发展的整体出发，既要了解事物的外部联系，又要把握事物的内部结构。

③定性与定量分析相结合。在总结经验的过程中，不能先入为主、怀有偏见和受他人暗示。实践活动提供了什么事实，就总结什么经验。为了提高经验总结的可信度，应特别重视事实的定量分析，尽可能用数据来说明问题。

④要总结出规律性的结论。在总结过程中，要做出客观的、公正的评价，就必须在尊重事实的基础上，分清主流，抓住本质，克服和避免主观片面性、随意性，这样才能总结出规律。

⑤要有改革创新思维精神。在进行经验总结时，思想观念也应该转变，以创新的精神去发现问题，总结新经验。在总结的方式上，应克服束缚，大胆进行探索。

六、模拟法

模型和模拟方法，常被称为模拟法。

1. 模拟法的特点

模拟法不是直接研究对象本身，而是根据对象客体本质和特性，人为地建立或选择一种与对象客体（原型）相似的模型，然后在模型上进行实验研究，并将研究结果类推到原型中，从而达到认识对象的目的。一般讲，模拟法有如下特点：

①可在模型上直接观察到物理现象的过程，直观性强；

②能将原型中的综合过程全面反映出来，综合性强；

③可在模型系统中直接对实际系统中的某些部件、装置进行实验，具有灵活性；

④由于模型和原型之间有一定差异，模拟法是一种间接性的方法，因而在分析结果时要给予充分的注意。

2. 模拟法的种类

模拟法可分为物理模拟方法和数学模拟方法两类。

在早期的科学研究中，都是采用物理模拟方法。例如：制造飞机模型进行风洞实验，以便研究飞机的空气动力学特性；建造房屋模型，在实验室中模拟地震现象，研究房屋的抗震性能等。这种模拟都是以与原型之间的物理相似为基础的。

数学模拟方法是以模型和原型之间具有相同的数学方程式为基础的一种模拟方法。随着电子计算机的产生和发展，数学模拟方法被用于更多领域。

3. 模拟法的原则

模拟法的基础是建立模型。模型的好与坏，直接影响模拟结果的客观性的高低，因此，模拟法的原则，就是建立模型的原则有以下几个方面：

①建立模型要以对客观事物的观察和实验为基础。只有对客观事物进行了深入细致的观察和实验，掌握了支配现象基本的东西以后，才能用模型去反映它、模拟它。模型在科学研究过程中要能真正代替原型，具备代表性条件。

②根据模型在模拟法中的作用，模型必须与原型相似。不管是物理模型还是数学模型，都必须是原型本质特征的抽象和反映，此称为反映条件。因此，模型应当具有对各种观察、实验事实做出科学解释的功能。

4. 模拟法的要求

模拟法的以下三条要求缺一不可，否则模型的特殊性质就失去了。

一是模型要简明清晰。如果模型与原型一样，或比原型更复杂，那么，模拟也就毫无意义。

二是模型要切题。模型只应当包括与研究目的有关的方面，而不是包罗万象。对同一研究客体，由于研究目的的不同，模型也应有所不同。

三是模型要精密。由于同一研究客体的模型的精密度可以分成许多等级，不同的研究课题对精密度的要求也不一样，因此必须选择适当的精密度。

七、调查法

调查是在一定的理论指导下，通过观察、列表、问卷、访谈、个案以及测验等方法，收集研究资料，从而对客观世界的现状做出科学的分析和认识，并提出具体的工作建议的实践活动。调查法是一种科研方法，是一种直接研究的方法，多适用于研究现实问题，更适用于描述大的总体的性质、倾向和态度。它一般多用于对一个群体、城市、地区或单位的某一专题的调查；同时，可用于一般科研过程中的局部调查、个性调查。调查法将在下一章专门论述，在此将不再赘述。

第二节　会计理论研究的具体方法①

会计理论研究的具体方法没有既定的模式和分类，应视具体研究情况而定。西方国家在会计研究中所采用的传统方法和现代方法的具体方法为：前者一般可包括伦理法、社会学法和经济学法；后者一般可包括实证法、事项法和行为法。

一、伦理法

伦理法亦称道德法，即按照公正、真实和公允的道德标准作为业务处理和编制财务报表的依据及以此进行会计研究的一种专门方法。伦理法是指从伦理学的角度，对会计理论问题进行研究。这种方法由于是偏重从伦理角度对会计问题进行研究，所以这种方法主要适用于对会计行为理论的研究。

按照西方的观点，伦理法又称道德法。它提出一些要求财务报告或会计信息应符合的道德标准，并将其作为建立会计原则、准则或理论体系的依据。这些道德标准主要包括公允（fairness）、真实（truth）、合理（justice）、不偏不倚（unbias）等。例如：美国会计学家斯科特（D. R. Scott）在1941年的论著《会计原则的基础》中就提出：确定会计实务的基础涉及社会组织赖以建立的原则。因此他采用一些社会伦理标准作为构建会计理论的依据：①会计程序对一切利益集团都必须公平；②财务报告应真实或不弄虚作假；③会计数据应当是“公允”的或“无偏向”的。另一位美国会计学家帕蒂洛（James W. Pattillo）也强调应当把道德标准作为会计的主要概念，即财务会计的基本标准应当是道德标准，它的方法应符合逻辑和前后一致，而其推理过程的最终验证在于现实中的应用②。

美国会计学家亨德里克森将道德标准概括为“公正、真实、正当而又无偏见”③。公正、真实、正当而又无偏见是指财务报告不受不正当的权势或偏见的影响，不应带有损害其他人而为任何特定个人或集团服务的目的，特别不要对企业的管理当局或业主的权利有任何偏见。尽管西方会计界对道德标准的含义仍有不同的解释，但官方会计法规系统中还是普遍接受“真实、公允、不偏不倚”等这些基本的道德标准。例如：英国1948年的《公司法》第149条规定：在会计年度结束时，公司必须按照“真实和公允的观点”，提供资产负债表来表达公司的财务状况，提供损益计算书来表达会计年度中的利润或亏损。此外，它还要求特许会计师（chartered accountants）在查账报告中要说明公司的财务报表是否符合“真实和公允的观点”④。国际会计准则委员会（IASC）在1985年《编制财务报表的概念结构》征求意见稿中要求：“财务报表经常被描述为按真实和公正的观点反映财务状况、经营成果和财务状况的变化……”⑤ 美国虽然在公认会计原则中没有明确提出真实和公允的规定，但财务报表仍然要受到基本道

① 姜永德. 会计理论：比较、借鉴、思考［M］. 成都：西南财经大学出版社，2014.
② 葛家澍，林志军. 现代西方会计理论［M］. 厦门：厦门大学出版社，2001：34.
③ 于玉林，李端生. 会计基础理论研究［M］. 北京：经济科学出版社，2001：281.
④ 魏明海，龚凯颂. 会计理论［M］. 大连：东北财经大学出版社，2006：24.
⑤ 于玉林，李端生. 会计基础理论研究［M］. 北京：经济科学出版社，2001：281.

德标准的约束。[①]

可见，伦理法的优点是能以社会道德标准的要求来衡量会计信息质量，并以此作为标准来提供财务报告，能够约束会计行为和会计信息的公正性，保护会计相关利益集团的利益，并且能够建立一个在世界范围内较统一的会计原则制定标准。其缺点是，由于这些道德标准较抽象和理论性，而依其思想构建的会计原则又必须根据人的主观意识的判断和评价，如果在缺乏道德水准和素养的情况下，会使会计原则的使用结果出现偏离。

二、社会学法

社会学法就是用社会学的方法来研究和构建会计理论，强调会计信息要能反映企业经营活动对社会的影响，或企业所应承担的社会责任。这一研究方法是把“公允性”的概念扩展到“社会福利”方面，并强调会计技术和方法的社会效应。根据社会学法，对现有会计原则、准则和程序的评价，都要依据它们所规定的财务报告对社会各个集团利益的影响。这一确定方法还包含一种期望：会计数据要有助于社会福利决策。为了实现这一目标，社会学法假定已经存在一种“既定的社会价值”，可以用来作为建立会计理论的标准。

但是，怎样确定和衡量“社会价值”，仍是一个难题。西方国家不少著名的会计学者，如莱德、利特尔顿和齐默尔曼等人，在20世纪60年代初期曾提出，会计应服务于公共利益；贝德福德还进一步认为，社会利益的最大化与会计上的收益计量密切相关，因为收益对社会是最有益的。[②] 所以在过去一段时期，有不少学者倡导应用社会学法来构建会计理论，并试图建立财务会计的一个新分支——社会经济会计。这一分支的基本目标是鼓励在自由市场经济中运行的企业，通过财务报表来反映其对社会环境的影响，即要明确企业的“社会成本”和“社会效益”的内在特性，形成多种形式的社会责任会计与报告。

由于社会学法强调会计应提示企业对社会的责任，因此，20世纪60年代后期以来得到许多西方国家政府、民间组织、政治力量和公众舆论的支持，并且在财务会计理论与方法中得到充分反映。[③] 进入20世纪80年代以后，社会学法在构建会计理论方面的作用已被越来越多的人认识，正如美国著名会计学家贝克奥伊援引贝德福德对经营收入的尺度所指出的那样：“系统阐述会计理论的社会学方法有助于一门新的会计学科分支的发展，如众所周知的社会经济会计。社会经济会计的主要目的就是鼓励企业法人在自由市场体系里通过会计报表所反映的信息进行他们私营的生产活动。许多年后，

---

① 魏明海，龚凯颂. 会计理论［M］. 大连：东北财经大学出版社，2006：24.

② 葛家澍，林志军. 现代西方会计理论［M］. 厦门：厦门大学出版社，2001：34.

③ 例如，英国1976年发布的《公司报告》讨论稿第一章中，用三节篇幅论述了公司的社会经营责任。此报告认为，公司的社会经营责任产生于公司对社会的受托责任。如同公司的董事被认为是股东的代理人一样，公司同社会的人力资源、物质资源、能源和管理能力存在竞争。经济主体利用社会的资源，就必须对各项社会资源（包括人力资源）、环境保护和公众福利负责。又由于所有的社会团体相互依存，它们有责任维持或增进人们的生活标准，并且为社会创造财富。《公司报告》提出了一些新的年度报表，如增值表和雇员（就业）报告等，并特别强调要研究“社会会计”，尽可能提示企业经营活动使社会发生的成本与效益关系。在美国，也有人提出财务报表的目标之一是确定、描述并计量能影响社会的企业活动。报告这些信息，对于说明该企业在社会环境中的作用是重要的。

人们在这一学科分支里的兴趣有增无减，作为一种社会责任的结果，为一些组织、政府或公众倾向性地采纳。”①

三、经济学法

经济学法是指运用特定的经济学研究方法或以经济的基本理论为基点来对会计问题进行研究。传统的经济学法侧重于不同的会计技术方法对宏观经济指标变动的控制能力的影响。社会学法强调反映社会福利，伦理学法强调公允、真实和无偏见地对社会所有集团提供会计信息，经济学法则讲求总体的经济影响和后果。经济学法认为，对不同会计技术方法的选择将取决于它们对宏观经济目标的影响，或者说，以经济学法构建会计理论的基本观点是：①会计政策和会计程序应当反映经济现实；②会计方法的选择还应当考虑经济后果。这里的经济现实主要是一个国家的总体经济形势，而经济后果则主要体现政府宏观经济政策的预期目标。

20 世纪 70 年代以后，美国财务会计准则委员会更加注意会计准则的经济后果能否符合经济现实。不少重要的准则公告的制定和修改都充分考虑了经济现实和宏观经济政策的影响。例如，它在 1979 年 9 月发表第 33 号财务会计准则公告《财务报告与物价变动》(SFAS No. 33）就是因为当时的通货膨胀率已达到两位数，它才要求一部分证券公开上市的大公司在财务报表之外补充提供有关物价变动调整的资料或其他信息。但是到了 1986 年，由于美国通货膨胀率下降，再加上许多公司反映这种补充资料的效用低于其编制费用，因此财务会计准则委员会于 1986 年 12 月又公布了 SFAS No. 89 以取代 SFAS No. 33，即对提供有关物价变动补充资料的规定做了两项重要的修订②。这些会计准则与方法技术的变动，也就是对经济现实或有关经济后果的一种积极反应。

经济学法的另一种含义着重于微观经济范畴中的企业行为。会计理论的微观经济学观旨在解释不同会计方法程序对企业或其他经济个体行为的影响，微观经济学对西方财务会计方法和理论具有显著的影响。例如，一些会计学家企图说明企业管理当局为什么及在何种条件下将选择可导致高收益（或低收益）水平的会计方法，以及管理当局改变会计政策的动因。又如美国财务会计准则委员会的财务会计概念框架（CF）项目的一个基本假设是，会计信息将影响微观经济中企业的不同利害关系集团（如投资人、债权人、管理当局、顾客和员工工会等）的决策需要。因此，制定会计准则或者企业在选择会计政策时，必须考虑不同会计方法程序对企业相关利益集团或人士的可能经济后果。

四、事项法

事项法以统计学的原理和价值工程等理论和方法，对会计事项进行研究，以数学模型为代表，主要运用于管理会计理论的研究。事项法主张按照具体的经济事项来报告企业的经济活动，并以此为基础重新构建会计体系。事项法的主要倡导者是美国会计学家乔治·索特（George Sorter)，他在 1969 年发表的《构建基本会计理论的事项

---

① 贝克奥伊. 会计理论［M］. 杨进，王海民，刘韬，等译. 西安：陕西人民出版社，1991：16-17.

② 修订的具体内容可参见葛家澍、林志军的《现代西方会计理论》。

法》一文中全面阐述了以事项法为基础形成的基本会计理论。[①]

现有传统的会计方法可以看作“价值法”或“使用者需要法”，即会计信息主要属于价值信息，并主要通过几张总括的通用财务报表将信息传递给使用者。按照价值法理论，会计的目的是确定资本价值和最佳收益，这就可以根据资产负债表和收益表数据来决定使用者的决策模式，但是，事项法恰恰与之相反。事项法认为，资产负债表是间接反映会计主体从开始至今的事项报表，是把各种事项的影响在各种账户中加总起来并结出余额。比如存货账户，既不反映价值也不反映成本，而是反映所发生的采购和消耗活动，因而不必论证原始成本是否合理，亦不用确定采用何种计价标准；资产负债表应该方便使用者重建它所汇总反映的事项，使用者可以根据它得出自己感兴趣的事项的信息；事项法下的损益表反映企业的经营事项或活动，不关心最后的收益数字，而是关心企业的经营活动，损益表的编制应遵循经营性规则，对每一类事项的反映都应为对未来同类事项进行预测提供方便等。

从事项法的观点来看，会计的目标在于提供与各种可能的决策模型相关的经济事项，会计人员的任务只是提供有关事项的信息，而让使用者自己选择适用的事项。所谓事项，是指可以观察到的，亦可用会计数据表现其特性的具体活动、交易和事件。所以，资产负债表是一个企业自创立以来的所有有关会计事项，通过账户分类汇总后以余额间接表现的报表。表上的所有汇总数字都可在汇总后以余额间接表现，表上的所有汇总数字都可以分解，分别列示企业开业以来的全部事项。不同的使用者则可以从自己感兴趣的事项中取得有用信息。[②]

事项法的主要缺陷在于：①大量事项的列示，会造成会计信息超载。面对大量信息，使用者可能无所适从。此外，对大量信息的处理会使会计成本增加。②事项标准不完善，可操作性较差。③事项法要求信息使用者自己去加工、处理、评价和判断大量的事项信息，这会受到使用者知识能力的限制。

五、实证法

所谓实证法，是指通过收集被观察事物或现象的经验性（或历史性）数据来验证一些理论假说或命题，借以建立相应的理论体系。[③] 简而言之，就是通过实际调查研究并运用数理统计等理论来研究某个会计理论的方法。实证法来自西方哲学流派中的实用主义，据《韦氏新国际辞典》的解释，实用主义就是“各种概念的含义要从它们的结果中寻找，思想的职能在于行动的指南，而真理要明显地根据信念的实际后果去验证”。也就是说，实用主义只承认已存在的事实，一切关于事实的概念都要以经验的实证材料为依据。所以，用实证法来构建会计理论，就是要根据实际效用或实在的因果关系来选择会计概念、原则、准则和程序。如果这些概念、原则、准则和程序有助于管理当局的经营目标，或者有助于投资人、债权人或其他使用者理解财务报表，并帮助他们进行合理的决策，这将被认为是有用的；否则就是不可取的。

在会计理论研究中引进实证法，最早是由美国会计学家詹森（M. C. Jensen）倡导

① 葛家澍，林志军. 现代西方会计理论［M］. 厦门：厦门大学出版社，2001：41.

② 葛家澍，林志军. 现代西方会计理论［M］. 厦门：厦门大学出版社，2001：42.

③ 葛家澍，林志军. 现代西方会计理论［M］. 厦门：厦门大学出版社，2001：30.

的。他在1976年发表的《关于会计研究和会计管制现状的反映》中提出："由于规范的理论占优势，会计研究是不科学的。"他认为，发展实证会计理论将能解释："①已存在的会计现实或'为什么会计是这样'；②为什么会计人员从事这样的工作；③这些现象在人们和资源利用方面产生什么效果。"① 1986年，实证会计理论创立者中的两位美国著名学者瓦茨和齐默尔曼发表了他们的代表作《实证会计理论》一书，比较完整地介绍了实证会计理论的形成与发展过程，把实证会计理论提高到一个新的水平。实证会计理论的贡献在于：通过对某项财务会计实务或某个财务会计准则的成本与效益的分析，来解释和预测企业管理当局、审计人员及会计准则的制定机构对会计准则和会计程序的有意识的选择。把"实证法"引进会计领域，会计理论研究人员就能设立各种影响会计实务因素的假设和假说，然后采用科学的调查方法（如数理统计方法等）进行实际调查，以证明有关假设和假说的现实性。

实证会计研究的过程大致是：确立研究课题→寻找相关理论→提出假设和命题→操作假设和命题→设计研究方案→收集数据资料→分析数据以检测假想或命题→分析研究结果。

会计理论研究中广义的实证法具有多重含义：其一，它是指对某种特定会计理论的验证，即对于会计界提出的某种新观点、新思想、新方法的正确性，通过调查研究和典型试点（近似于自然科学中的实验方法）等手段来加以验证并做出肯定、否定或局部修正、发展的结论；其二，它对于存在较大分歧的各种不同观点和方法、理论借助于会计实践结果和各种有说服力的事实资料来进行谁是谁非的裁决，从而得出对会计规律的正确认识；其三，它是指对会计领域某个问题的研究事先没有任何倾向性的结论，在长期的会计实践或通过广泛的调查研究取得大量的第一手资料和感性认识的基础上，经过深入细致的分析论述得出某种研究结论或使零散的经验系统化、规范化并上升为会计理论。不难看出，采用实证方法进行会计理论研究，在目前至少有以下几个方面的作用：第一，有助于会计界逐步形成不唯书、不唯权威，只唯实的学术研究气氛；第二，有助于会计界不同学术观点的统一，尽快形成统一且实用的会计理论体系；第三，有助于把理论联系实际落到实处，促使研究者面向会计改革的实践进行现实问题的研究；第四，有助于在实践中检验和发展已有的会计理论。

六、行为法

行为法就是将会计看成一种行为过程而把行为科学引人会计学中，旨在考察人类行为与会计信息之间和会计信息与信息使用者行为之间的关系及以此进行会计研究的一种专门方法。

采用行为法进行会计研究的主要原因和依据，是行为科学的日益兴起。行为科学是指运用心理学、社会学、人类学、经济学、管理学等相关学科的理论来研究人类行为一般规律的一门综合性应用学科。其最早产生于美国，1924年至1936年，由美国哈佛大学教授梅奥主持研究的"霍桑实验"的成功，标志着行为科学的正式创立。梅奥通过实验，得出了人不只是"经济人"，更主要的是"社会人"的结论。只用金钱作

① 葛家澍，林志军. 现代西方会计理论［M］. 厦门：厦门大学出版社，2001：31.

为刺激人的积极性的唯一动力是远远不够的，而应注重人在家庭、社会和企业中的相互关系，重视经济组织内人的反应行为的适应性管理。自此以后，研究者运用各种相关学科的知识，推动着行为科学理论的发展，如马斯洛的需求五层次论、赫茨伯格的双因素论、麦格雷戈的 X-Y 理论等。

最先将行为科学理论引入会计中进行行为会计研究的是美国。1953 年，美国会计学者阿基里斯在《哈佛商业评论》上发表了《预算对人的影响》的论文，标志着会计界研究会计信息对人行为的影响即会计行为研究的开始。此后，在权威性刊物《会计评论》《会计研究》上发表的会计行为方面的研究成果陆续增多。1960 年，会计学者德万在《会计研究》上发表了《研究方法与会计理论的建立》一文，公开提出用行为法来研究会计理论。此后，行为法在会计领域研究的发展也就越来越快。1969 年，布鲁恩斯、德卡斯特尔汇集了 20 世纪 60 年代行业会计研究成果的精华，出版了《会计与行为含义》一书。20 世纪 70 年代初，卡普兰编写出版了《管理会计与行为科学》的教材。1974 年，霍普伍德出版了《管理会计与人类行为》的专著。随着行为会计理论研究的扩展与深入，1981 年，美国会计学会成立了“会计、行为与组织兴趣组”，1989 年创办了《行为会计研究》年刊，这表明行为法在会计研究的运用中已趋于成熟。

虽然运用行为法进行会计研究已得到公认，但关于会计行为法的本质因其受制于会计行为的主、客体与目标而观点纷呈：如著名会计学家亨德里克森认为“这种理论着眼于向决策制定者传送信息的贴切性以及不同的个人或集体得到会计信息后所产生的行为”①；日本的《会计学大辞典》对其解释为“会计行为是提供会计信息的行为，即会计信息的生产活动和分配活动”②；而对行为法的本质阐述较为详尽的则是美国的另一位著名会计学家贝克奥伊，其在《会计理论》一书中专辟了“行为法的本质”一节进行了论述，认为“建立会计理论的行为法特别强调信息交流与决策之间的相关性即交流决策模型，以及信息交流引起的个人与集体的行为方式即决策者模型。行为法认为会计是一门面向行动的科学，其目的在于通过传递会计信息内容直接地或通过会计人员的行为间接地影响人们的行动，即行为。行为法虽是一种较新的理论，但它激发了会计学家研究的热情，并将人们研究的重点引导到会计人员活动的行为结构上。……行为会计的基本目的就是在所有可行的会计环境中解释和预测人类的行为”③。

根据行为法的本质可知，行为法在会计中应用的范围是相当广泛的，包括：行为科学概念在会计信息管理系统设计和建立方面的应用，人们对会计报告格式和内容反应研究的应用，人们进行决策时的信息处理方式与将行为信息传递给使用者的程序方法的应用，激发和影响管理该组织的人的行为、愿望和目的的策略的应用等。因而其主要内容总体上可以概括为三个方面，即人类行为对会计系统设计、建立和运用的影响，会计系统对人类行为的影响以及预测人类行为的方法与改变人类行为的策略研究。而其所涉及的会计行为的当事人主要有：会计信息管理系统的信息提供者与使用者（基本当事人）、注册会计师与会计准则制定者（派生当事人）以及会计研究者和会计

① 亨德里克森. 会计理论［M］. 王澹如，陈今池，译. 上海：立信会计图书用品社，1988.
② 番场嘉一郎. 新版会计学大辞典［M］. 司徒淳，译. 北京：中国展望出版社，1985：7.
③ 贝克奥伊. 会计理论［M］. 杨进，王海民，刘韬，等译. 西安：陕西人民出版社，1991：49.

教育工作者（广义当事人）。

行为法将心理学、社会学、人类学等多门相关学科的理论方法引入会计研究中，拓展了会计研究的视野，开辟了在所有可行的会计环境中解释和预测人类行为的研究。但由于对会计行为的研究大多是在没有一个明确的理论框架下进行的，亦即有关行为法在会计研究中的应用缺乏一种严格的理论与方法体系的指导，加之资料收集等具体方法上存在的诸如缺乏预测所需的精确性、过分依赖于实证研究方法等缺陷，因而在建立并证实各种与会计理论相关的行为假定这一内涵目标的实现上，有着较大的难度，从而也就影响了人们对研究结果进行有效的概括和总结以及做出有意义的评价与说明。

第十章 社会调查研究方法

社会调查研究方法简称调查法。社会调查是指人们运用特定的方法和手段，从社会现实中收集有关社会事实的信息资料，并对其做出描述和解释的一种自觉的社会认识活动。马克思主义者历来重视调查研究，认为没有经过调查研究而获得的知识是不会对人类有益处的。调查研究是马克思主义的基本工作方法，是辩证唯物主义的重要组成部分，也是做好一切工作的基础。因此调查方法对我们研究社会问题、了解社会现象、创新工作方式具有重要的意义，也是我们日常工作中最常用的一种方法之一。

第一节 社会调查概述

一、社会调查的含义和作用

1. 社会调查的含义

社会调查研究，简称社会调查或调研，是“调查”和“研究”两项内容的合称。“调”，有计算、算度的意思；“查”，有寻检、查究、考核、考察的意思；“研”，有细磨、审察的意思；“究”，有穷尽、终极、推求、盘根究底的意思。由此可见，调查研究是一种有目的、有意识的自觉认识活动。其中，调查主要是通过对客观事物的寻检、考察和计算来了解社会事实的一种感性认识活动；研究则主要是通过对考察、了解的客观事实真相进行审察、追究和思维加工，以求得认识社会现象本质及其发展规律的一种理性认识活动。因此，我们可以说，社会调查研究是人们有目的、有意识地通过对社会现象的考察、了解和分析、研究来认识社会生活本质及其发展规律的一种自觉认识活动。① 具体来说，这一定义包含以下几层含义：

第一，社会调查是人们一种有意识、有目的的自觉认识活动。任何社会调查都是有目的有意识进行的，它与人们日常生活中对社会现象的一般观察和了解有着本质的区别。

第二，社会调查以社会自身作为调查研究对象。社会调查不仅要研究以人和人群

① 张晓琼. 社会调查研究方法教程［M］. 济南：山东人民出版社，2011：4.

共同体为重点的各种社会要素，而且要研究以生产方式为基础的各种社会结构，以及与之相联系的有关政治、法律制度和社会文化、社会意识、社会生活等各方面的社会问题。

第三，社会调查是一门方法的科学。社会调查的方法既包括考察、了解社会实际情况的各种感性认识方法，如实地考察、参与观察、个案访谈等；又包括对收集的感性材料进行统计分析和思维加工的各种理性认识方法，如调查资料的整理与统计分析、思维加工、撰写报告等。前者回答社会是什么，后者回答社会为什么是这样。

第四，社会调查的目的是了解社会生活的真实情况，研究各种社会现象的因果关系，探索社会生活的本质及其发展规律，并进而寻求改造社会、建设社会的道路和方法。

2. 社会调查的作用

从社会调查的含义可见，社会调查的主要作用包括以下几点：

第一，认识社会现象的真实情况。由于受历史时代、认识能力等主客观条件的限制，人们绝对准确地认识社会现象是不可能的。但是任何事物都具有质的规定性和相对稳定性，人的认识能力和条件总是在不断完善、发展和提高的，因而在相对确实、相对明晰、相对稳定的范围内正确认识社会现象是完全可能的。人们通过社会调查，可以了解和描述社会现象的真实状况，为深入认识社会现象奠定基础。

第二，研究社会现象的客观原因。任何社会现象的发生都是有自觉意图和预期目的的，但是任何主观动机和愿望——不论是国家的、集团的还是个人的，都是由不断变化的需求、特定的政治、经济等客观条件决定的。因此，只要我们对社会现象的认识和了解不仅仅停留在主观动机的层次，而是透过造成某种社会现象的主观动机，探索隐藏在这些动机背后的经济、政治等客观动因，就能揭示出产生某种社会现象客观的和物质的原因。如果说，社会调查所具有的了解和描述状况的作用可以理解成回答社会现象是什么或怎么样这类问题的话，那么，社会调查的第二个作用——解释社会现象发生的原因，就可以理解成回答社会现象为什么是这样或为什么会如此的问题。

第三，预测社会的发展趋势。除了对过去和现在的社会现象进行解释外，社会调查还可以对未来的社会现象（或者说对社会现象的发展趋势）做出一定的预测。当然这种预测同样要以对社会现象的准确描述和正确解释为基础。

第四，探索社会现象的本质及其发展规律。社会现象总是个别的、多样的、变动不定的、不可再现的，总是带有某种程度的偶然性。社会规律则不同，它是同类事物中具有普遍性、可重复性和相对稳定性的东西，是事物内在的、本质的、必然的联系。因此，社会调查的目的就是要从大量个别的、复杂多变的同类社会现象中，去寻找那些共同的、不断重复的、相对稳定的东西，从各种各样的偶然事件、偶然现象中去寻找那些内在的、必然的东西，从而揭示出社会现象的内在本质及其发展规律。

第五，寻求改造旧社会、建设新社会的道路和方法。认识社会现象的真实情况，研究社会现象的客观动因，探索社会现象的本质及其发展规律，最终目的都是改造旧社会、建设新社会，都是为了服务整个人类。

总之，社会调查的基本任务就是透过带有主观性、偶然性、复杂性、流动性和模糊性的社会现象，去认识社会现象的真实情况和客观原因，揭示社会现象的本质及其发展规律，为了服务全人类去寻求改造旧社会、建设新社会的道路和方法。[①]

二、社会调查研究方法的界定

社会调查研究方法指的是通过自填问卷或访谈调查等，针对被调查者的观点、态度和行为等方面，系统地收集信息和进行分析，来认识社会现象及其规律的社会科学研究方式。它是最常用的定量研究方式之一。从以上定义出发，社会调查研究方法具体表现出以下几个基本特征：

第一，研究内容的广泛性。在实际调查中，社会生活的各个方面都可能成为调查的内容。从人们的生活状况、社会问题、舆情民意、市场动态到学术问题等，社会调查涉及各个领域；从某一群体客观的社会背景、社会行为和活动到其主观的意见和态度，社会调查关注社会成员的各个层面。

第二，资料收集工具的特定性。社会调查研究所采用的是调查问卷这种特定工具，并且有一套系统的、特定的程序要求，强调从某个调查总体中抽取一定规模的随机样本进行问卷调查。这种随机抽取的、有相当规模的样本特征是调查研究方式所特有的。

第三，获取资料的及时性和全面概括性。由于采用科学的抽样程序，社会调查研究可以节省时间，快速、高效地收集到有关某一调查总体的详细资料和信息。

第四，资料分析的定量化。社会调查研究在本质上是一种定量的研究方式，它所获得的量化资料必须依据社会统计学的基本原理和方法，并借助于福特和计算机辅助，才能完成相关的处理和分析，得出研究的结论。

三、社会调查的分类

按照不同的标准，社会调查可分为不同的类型。

1. 按照调查对象的不同，社会调查可分为全面调查和非全面调查

①全面调查。它是指对调查对象的全部单位无一例外逐个进行调查的研究方法，又称为普遍调查，简称“普查”。全面调查经常被用来进行全国性调查或者地区性调查。根据调查对象的范围大小，全面调查有宏观、中观和微观之分，只要是对总体中每个单位进行的调查，都是全面调查。

全面调查具有重要意义。对国家来说，全面调查一般都是对某些重大国情国力进行的调查，如人口普查、经济普查、土地普查等，它对于正确认识国情、制定经济社会发展规划、搞好社会管理具有重要意义。对于一个社区、一个单位来说，全面调查也是正确认识自身现状、科学规划未来的一项基础性工作。

全面调查的最大优点是调查资料的全面性和准确性。与其他社会调查类型相比较，全面调查所收集的资料最全面、误差最小、精确度最高，调查的结论具有很高的概括性和普遍性，因此全面调查成了了解国情、省情、区情的最重要方法。

全面调查的局限性主要表现在两个方面：一是工作量大、花费大、组织工作异常复杂，而且时效性较差；二是调查内容有限，只能调查一些最基本、最重要的项目，很难对有关问题进行深入研究，因此只适用于对有关全局的基本情况进行调查。

②非全面调查。它是指对调查对象选择部分内容进行调查的研究方法。其按照选

① 水延凯. 社会调查教程［M］. 北京：中国人民大学出版社，2007：6-10.

取调查的样本情况来分，又包括典型调查、个案调查、抽样调查和重点调查几种类型。

典型调查是从调查对象中选择具有代表性的单位作为典型，并通过对典型的调查来认识同类社会现象的本质和发展规律的方法。其优点是调查对象少，各种投入少，可以进行深入分析和专题研究；缺点是典型不易选取，选取结果对结论的推论有较大影响。

个案调查是对特定研究对象进行详细调查的研究方法，其中的调查对象就是“个案”。个案的对象可以是个人、家庭、小群体，也可以是一个小型社区、组织、社会事件等。其优点为调查研究内容全面系统、深入细致和灵活多样；其缺点在于代表性差、推断性差，缺乏定量分析。个案调查的调查对象是个别的，调查方法是直接的，这与典型调查有相似之处。但是，个案调查与典型调查存在着明显的区别：一是调查对象的特点不同，个案调查的对象都是特定的、不可替代的，不存在选择问题；二是调查的主要目的不同，个案调查的主要目的是就事论事，解决特定具体问题，一般不存在探索规律等问题。

抽样调查是一种非全面调查的方法，是按照科学的原理和计算，从若干个体组成的总体中抽取部分个体进行调查，并把调查的结论或数据推算到总体中去的一种调查方法。抽样调查的优越性，表现在它的经济性、时效性、准确性和灵活性上。

重点调查是对调查对象总体的一部分重点对象专门进行的调查。重点调查的优点是：调查单位不多，花费力量不大，却能了解到对全局具有决定性影响的基本情况，因此，它是一种具有广泛用途的调查类型。重点调查类似于典型调查，二者的调查对象都只是一个或几个单位。它又不同于典型调查，二者的区别主要有三点。一是调查对象的选择不同。典型调查是选择同类事物中具有代表性的单位作为调查对象；重点调查则是选择同类社会现象中具有集中性的单位作为调查对象。二是调查的主要目的不同。典型调查的主要目的是认识同类事物的本质及其发展规律，主要是定性调查；重点调查的主要目的是对某种社会现象总体状况做出基本估计，主要是定量调查。三是调查的具体方法不同。典型调查只能是面对面的直接调查；重点调查既可以是直接调查，也可以是通过电话、表格等方式进行的间接调查。

2. 按照调查目的的不同，社会调查可分为探索性调查、描述性调查和解释性调查

①探索性调查。它是调查者对于确定的调查课题和调查对象进行初步了解和熟悉的研究方法。调查者通过初步考察，获得对调查对象的感性认识和理性思考。通常在下列三种情况下需要进行探索性调查：一是调查者所涉及的调查课题或现象是非常独特的，很少有人进行这方面的研究；二是调查者本人对所涉及的研究课题不太熟悉，了解不多；三是为进一步调查提供研究思路和研究假设，或者从中尝试和发展一种新的研究方法，或者对研究方法进行预演，从中发现问题，从而形成和完善调查设计。

②描述性调查。它是调查者为了系统地了解社会问题或社会现象的状况及其发展过程，通过对现状的准确、全面描述，反映总体的特征及其分布，解答社会现象是什么的问题的研究方法。描述性调查是科学研究的基础，是科学研究的起点。也就是说，任何科学研究都是从描述性调查开始的，人们只有全面清楚地了解和掌握社会现象的状况、特征及其分布，才有可能发现和揭示社会现象变化和发展的内在规律，才有可能解释社会现象之间的相互关系和发展趋势。

③解释性调查。它是要说明社会现象发生的原因，探索社会现象的发展趋势，揭

示社会现象之间的相互关系和因果关系，解答社会现象为什么的问题的研究方法。它是在描述性研究的基础上进行的，因为没有对社会现象的状况及其特征的准确了解，就不可能深入地发现社会现象的内在规律，也不可能探索社会现象的变化和发展的趋势。

3. 按照调查的时间的不同，社会调查可分为一次性调查、经常性调查（周期性调查、阶段性调查、不定期调查）和追踪调查

①一次性调查。它是指只进行一次或只能进行一次的调查。

②经常性调查。它包括周期性调查、阶段性调查和不定期调查。周期性调查是指每月、每季、每年或若干年定期进行的调查。阶段性调查是指不以时间长度为转移，而以事物发展阶段为依据的连续调查。不定期调查是指根据实际需要而组织的连续调查。

③追踪调查是指在不同时期对同一调查对象进行的定点调查。追踪调查可以分为长期追踪调查、周期性追踪调查和不定期的追踪调查。

4. 按照调查的方式的不同，社会调查可分直接调查和间接调查

①直接调查。它是调查者直接接触调查对象进行的调查。如实地观察、口头访问等。

②间接调查。它是通过某种中介间接向调查对象进行的调查。如文献调查等。

此外，按照调查空间的不同，社会调查可分为区域性调查、全国性调查和国际性调查，农村调查、城市调查，山区调查、平原调查，牧区调查、农业区调查等；按调查资料性质的不同，社会调查可分为定性调查和定量调查；按调查对象状态的不同，社会调查可分为静态调查和动态调查。

四、社会调查的基本程序

调查研究作为社会科学研究的一种基本方法，符合科学研究的一些基本程序。也就是说，它是从理性认识出发，经由研究假设、经验观察、归纳概括或检验假设这几个阶段，再返回到新的理性认识。其具体程序可以划分为确定课题、研究设计、调查实施、资料分析和总结五个阶段。[①]

1. 确定课题阶段

确定课题阶段也称选题阶段。从程序上看，它是调查研究的第一步，是开始一项调查活动的起点。调查课题一旦确定，整个调查活动的目标和方向也就随之确定。因此，选题工作的好坏，在一定程度上决定着整个调查活动的成败，决定着最终调查结果的优劣。

具体来说，这一阶段的主要任务包括：①通过对现实问题的探讨，来选择、确定研究课题，明确调查任务；②经过初步探索和文献考察明确课题的目的、意义和要求；③确定研究的指导思想和理论基础，澄清研究的基本概念；④提出理论性假设。

2. 研究设计阶段

研究设计阶段也称准备阶段，它涉及调查的思路、策略、方式、方法、具体技术工具和调查员等各个方面。这一阶段对于一项调查研究有重要的意义，如果说选题阶

① 林聚任，刘玉安. 社会科学研究方法［M］. 济南：山东人民出版社，2004：237.

段的意义在于确定调查的目标和方向，那么研究设计阶段的全部工作就可以理解为实现调查目标而进行的道路选择和工具准备。如果准备工作比较充分，就能保证一项调查活动的顺利进行和调查目标的完满实现，从而使调查具有更大的理论价值和应用价值。具体来说，这一阶段的主要任务包括：①按照调查研究的目的要求，明确调查内容和调查范围；②确定调查研究的类型和方法；③明确分析单位和调查指标，将调查内容具体化和操作化，设计调查问卷；④制订抽样方案，明确调查地区、单位、对象，选择抽样方法；⑤制订调查方案和调查大纲、表格，培训调查人员。

3. 调查实施阶段

调查实施阶段也称收集资料阶段。这一阶段的主要任务是直接深入社会生活，按照调查设计的内容和要求，利用各种调查方法系统、客观、准确地获取经验材料。由于资料的客观性、准确性是一项调查研究成功的基本保证，因此，为了获得真实可靠的资料，调查者还应注意以下几个问题：①获得被调查地区、单位与个人的支持与协助；②熟悉调查对象及他们的生活环境；③发挥研究者的灵活性和主动性，根据实际情况对调查方案进行及时的修正或补充。此外，调查人员还应当认真、详细、准确地做好观察和访问的记录。

4. 资料分析阶段

资料分析阶段也称研究阶段，这一阶段的主要任务就是在全面占有调查资料的基础上，对资料进行系统的整理、分类、统计和分析。其中，资料的整理、分类是指对资料进行检查、核对、归类，即去粗取精、去伪存真，将大量的原始资料简化、系统化、条理化，使之适宜于进一步分析；而资料的统计、分析则要求在分析资料时，要采取由此及彼、由表及里、层层深入、具体分析的方式。当然，在这里需要指出的是，对资料的加工和处理方式主要是利用计算机进行定量的统计分析。

5. 总结阶段

总结阶段也称总结与应用阶段，这一阶段的主要任务包括：①撰写调查研究报告；②将调查的成果以不同的形式应用到社会实践或理论领域；③总结本次调查工作中的优缺点，为今后的研究提供正反两方面的经验；④对整个调查研究过程及其成果进行评估。

应当说，总结阶段实际上是返回调查研究的出发点，即对社会领域中某一理论问题或应用问题进行解答，以便深化对社会的认识或制定解决问题的方针、政策和措施。与此同时，通过总结和应用，我们也能够发现和提出新的问题，为下一步的调查研究工作打下良好的基础。由此可见，调查研究的五个阶段是一个相互关联的、完整的循环过程。

第二节　社会调查的选题与准备

一、选择社会调查课题

选择社会调查的课题就是选择社会调查研究活动所要调查研究的具体问题，是进行调查研究的首要步骤。只有选择一个合适的调查研究课题，才能期待有好的调查研究成果。在选题过程中，研究者需要在掌握各种信息的基础上，选择社会需要解决的重大问题或理论问题，同时被选择的问题又能符合自己的研究条件和能力，从而使调查研究有个良好的开端。

1. 社会调查课题的类型

社会调查课题的类型很多，按照不同的划分标准，对社会调查课题可以做出不同的分类。

（1）按调查目的的不同，社会调查课题可划分为理论性课题和应用性课题。

理论性课题是以揭示某种社会现象的本质及其发展规律为主要目的而进行调查研究的课题。理论性课题侧重于通过调查研究，从大量的社会现象中找出规律，充实社会科学理论知识。其主要目的是增强人们对社会事物的认识，提高人们对社会现象及其内在规律的理解。

应用性课题是以提出解决某种社会问题的具体方案或对策为主要目的而进行调查研究的课题。应用性课题侧重于有针对性地解决现实社会问题。其主要类型包括社会状况研究、社会问题研究、社会政策研究、社会影响评估等。这类研究通常是描述性的，它的关注点比较集中地体现在迅速了解现实的社会问题，尽可能广泛地从总体上描述社会现象的状况和特征，并且有针对性地提供政策建议等方面。

（2）按调查深度的不同，社会调查的课题可分为描述性课题、因果性课题和预测性课题。

描述性课题是指针对社会现象的真实情况进行准确、具体的描写或叙述，回答“是什么”的问题。例如人口普查、大学生学习状况调查等。对社会现象的描述应当注意两个方面：一是描述的准确性，二是描述的概括性。准确性的要求指的是对社会现象的分布状况、基本特征等，都要做出定量和精确的描述和说明；概括性的要求则是指调查结果所描述的不应当是个别或片面的，而应当是能反映出总体及各个组成部分一般状况的普遍现象，或者说，根据样本调查的结果，应能够反映出总体的水平和趋势。

因果性课题是指那种解释两种或两种以上社会现象之间的因果关系，揭示现象发生或变化的内在规律的课题，主要回答“为什么”的问题。人们对事物和现象的认识不会只停留在全面了解其状况的层次上。社会调查研究者在认识到现象“是什么”以及其状况“怎么样”的基础上，还需要进一步明白事物和现象“为什么”是这样。由于因果性课题的目标是回答“为什么”，是解释原因，是说明关系，因而它的理论色彩往往更浓。除了与描述性课题研究一样，具有系统性和周密性以外，它还比描述性课题研究显得严谨，针对性也更强。

预测性课题是指在说明社会现象的现状及其因果关系的基础上进一步预测今后发展趋势的课题，主要回答“将怎样”“应怎样”的问题。预测性课题是一种对所研究的现象或问题进行初步了解，以获得初步的印象和感性认识，同时为今后更周密、更深入的研究提供基础和方向的研究课题。预测性课题的主要目的，是通过对所调查的问题或现象进行考察，达到对这一现象的初步了解；同时，还可以为更深入、系统、周密的研究提供指导和线索。

（3）按调查内容的不同，社会调查课题可划分为综合性课题和专业性课题。

综合性课题指全局性、宏观范畴的课题。这种课题必须从多方面、多学科、多视角来考察。

专业性课题是指某一具体专业、方向的课题。根据专业的不同又可分为政治性课题、经济性课题、文化性课题和社会性课题四类。

（4）按调查研究课题来源的不同，社会调查课题可分为自选课题、委派课题、科研课题。

自选课题是指研究者根据自己所从事的科研、教学或实际工作的需要，或者是根据自己的专业领域、研究方向或研究兴趣，并结合社会的某种需要，自己选定的课题。这类课题的确定，主要取决于研究者本人，因而研究者具有很大的主动权和决定权。

委派课题是指由有关机构、部门、单位或个人根据各自的某种需要确定并委派或指派研究者进行调查的课题。对于研究者来说，这类课题的确定不存在选择的问题，研究者只需要按照这些机构、部门、单位或个人的要求去完成即可。

基金课题是由某类型的基金会向社会或专业人员广泛征求申请并择优录取而提供资助的课题。这类课题既有一定的指导性和规定性，又有一定的自主性和灵活性。

2. 选择社会调查课题的原则

社会生活复杂多样，并非所有的问题都能够或值得进行社会调查研究。为了选好题、选准题，必须明确选题时所依据的主要原则。在实践中，选题通常应遵循下列原则：

①需要性原则。它是指在选择社会调查课题时应当选择当前社会发展迫切需要解决的理论问题和应用问题，以及虽然目前还不迫切需要但具有潜在的理论价值和应用价值的问题。离开了解决社会问题的客观需要，为调查而调查，就不可能正确选择社会调查课题。

②科学性原则。它是指选择社会调查课题时设计的指标必须符合实际情况、符合科学，即选择社会调查课题时一定要以科学理论和客观事实作为依据，遵循客观规律和认识规律，理智地选择。

③创造性原则。它也可以称作创新性或独特性原则，指的是社会调查课题应该具有某种新的东西，具有某种与众不同的地方，具有自己的特点。创新性社会调查课题要能够提供新知识、新方法、新观点和新思想，或能够解答空白领域中的问题。它既可以是别人从未做过调查的首创性课题，也可以是过去做过而现在尚未调查过的追踪性课题，或从新视角、新侧面研究老问题的扩展性课题等。

④明确性原则。它指的是通过对社会调查课题进行某种界定，给予明确的陈述，以达到将最初头脑中比较含糊的想法变成清楚明确的调查课题，将最初比较笼统、比较宽泛的调查范围或领域变成特定领域中的特定现象或特定问题的目的。这是选择社会调查课题过程中十分重要的一个环节。要使所希望调查的问题明确化，我们可以从两个方面着手：一是缩小课题的内容范围，二是清楚明确地陈述调查的问题。

⑤可行性原则。可行性原则是指调查研究者是否具备开展或完成某一调查研究课题所需要的主客观条件，也就是指调查研究者在现有的主客观条件下去从事这项调查研究是否行得通。在许多情况下，越是具有重要价值和创新性的调查问题，它所受到的主客观限制往往也越多，也就是说，它的可行性往往也越差。

以上各项原则并不是孤立的，而是存在着某种层次上的联系：科学性是首要前提，需要性是最基本的标准，创造性则是在其他原则的基础上提出的新的标准，明确性、可行性在某种意义上可以说是调查课题选择中的决定性标准。

3. 社会调查课题的来源

社会调查课题一般来源于以下四个方面。

①现实生活。现实社会生活是产生社会调查课题的源泉。在现实社会生活中，存在着各种可以作为社会调查课题的社会现象、社会行为、社会问题、社会事件等。但一般人由于时刻生活在其中，对它们早已熟视无睹，未能有意识地加以注意。当然，从现实社会生活中发现调查课题，关键是要善于观察、勤于思考，养成对各种社会现象、社会行为、社会心理、社会问题提问的习惯。

②个人经历。个人经历和经验是人们参与社会生活的特定记录，也是人们对社会生活的认识、感受的积累和沉淀。这种经历形成了人们观察各种事物、理解各种现象的基本视角和出发点。因此，对于以观察和理解社会现象为目的的社会调查研究来说，同样也离不开个人经历和经验的帮助。许多有价值、有新意并切实可行的社会调查课题，有时正是从调查研究者个人的经历和经验中，特别是个人特定的生活环境、生活感受中发现和发展起来的。

③相关文献。随着社会的发展，信息传播的载体也越来越多样化。因而，我们可以将文献定义为包含我们希望研究的现象的任何信息形式。根据文献具体形式和来源的不同，我们既可以将其分为个人文献、官方文献及大众传播媒介三大类，又可以把它分为原始文献（也称为初级文献或第一手文献）和二次文献（也称次级文献或第二手文献）两大类，还可以将之划分成现时性文献和回顾性文献，或者文字文献、画面文献、声音文献等。

④实地考察。实地考察是一种深入调查研究对象的生活背景中，以参与观察和非结构访谈的方式收集资料，并通过对这些资料的定性分析来理解和解释现象的社会调查方式。按照不同的标准，实地考察常常被区分为参与观察、个案研究等类型。实地考察是一种定性研究方式，也是一种理论建构型的研究方式。实地考察方式的基本特征是强调“实地”，即调查者一定要深入研究对象的社会生活环境中去，且要在其中生活相当长一段时间，靠观察、询问、感受和领悟去理解所调查的现象。其基本的逻辑结构是：调查者在确定了所要调查的问题或现象后，不带任何假设进入现象或对象所生活的背景中，通过参与观察和收集各种定性资料，在对资料进行初步的分析和归纳后，又开始进一步的观察并进行归纳；通过多次循环，逐步达到对现象和过程的理论概括和解释。

总之，社会调查课题的产生与研究者所掌握的理论知识、实践经验，所具有的观察能力、分析能力密不可分。

二、设计社会调查方案

凡事预则立，不预则废。要进行科学的社会调查研究，就必须设计详细、周密的调查方案。调查方案的设计是指对整个调查研究工作进行规划，制定出探索特定社会现象或事物的具体策略，确定研究的最佳途径，选择恰当的研究方法，同时，它还包含着制定详细的操作步骤等方面的内容。调查方案的设计是整个调查过程的行动纲领，又是研究计划的说明书，还是对研究过程、方法的详细规定。它对于保证整个调查工作的顺利进行具有重要的指导作用。

1. 社会调查方案的主要内容

社会调查方案的具体内容涉及从调查题目研究开始，直到资料收集、分析、报告撰写为止的整个过程。因此，我们在设计具体方案时，应将它与调查过程中的各个阶段、各个方面联系起来进行统筹考虑，既使各个阶段相互衔接，又使各个方面的内容都围绕调查的总目标而展开。从大的方面说，一项调查的具体方案中应包括以下几个方面的内容：

（1）调查目标。

调查目标主要说明为什么要进行这项调查研究，从事这项调查研究在理论上和实践上有什么价值。调查目标一般可分为研究成果目标、成果形式目标和社会作用目标三个方面。研究成果目标是指通过社会调查要解决什么问题，解决到什么程度。成果形式目标是指调查成果用什么形式表现出来。社会作用目标是指社会调查究竟要起到什么样的社会作用。

（2）调查类型。

在设计调查方案中，调查类型的确定是一项重要的内容。不同的调查目标，要确定不同的调查类型。如按照所选择的调查对象的不同，需要确定是做全面调查还是非全面调查；按照调查的目的不同，需要确定是做选择探索性调查、描述性调查还是解释性调查。根据调查的时间要求的不同，需要确定选择一次性调查、经常性调查还是追踪调查；根据调查所需要的调查方式的不同，需要选择直接调查还是间接调查等。

（3）调查内容。

社会调查课题的确定只是指出了我们所要开展的调查研究对象的大致范围或基本方向，我们还要确定究竟要调查研究哪些具体现象，由此再确定调查的各项指标，然后根据各项调查指标具体设计问卷、观察表格和调查提纲。所谓调查指标，是指调查过程中用来反映社会现象的特征、属性、状态等特性的项目。例如姓名、性别、年龄、产值、利润、发展速度等，都是我们常用的调查指标。设计调查指标，一般都是以一定的研究假设为指导。每一研究假设总是由若干概念组成的，每一概念又需要通过若干调查指标来反映社会现象，这样就会形成一个完整的调查指标体系。这就是说，设计调查指标的过程，实际上就是“理论→概念→指标”的分解过程。

（4）分析单位。

分析单位是指社会调查中所研究的对象。换句话说，分析单位就是社会调查研究中将被分析和描述的对象（人或事物）。分析单位一般主要有四种类型：个人、群体、组织、社区。无论哪一种类型的分析单位都具有两个特点：第一，调查所收集的资料直接描述分析单位中的每一个个体；第二，将这些对个体的描述聚合起来，可以描述由这些个体组成的群体（调查的样本），以及由这一群体代表的更大的群体（总体），或者用这种描述的聚合去解释某种社会现象。在设计调查方案时，对调查的基本单位、数量及其选取方法等，都应该根据需要和可能做出具体设计和安排，否则就会出现调查单位确定不准确的问题，并给以后的调查带来影响。

（5）调查方法。

在社会调查研究中，调查者可以选择的调查方法主要有三类：实地调查、文献调查和统计调查。由于每一种调查方法的内在逻辑、所回答的问题类型以及我们应用它们调查社会现象及人们的行为时所具有的优点和局限性各不相同，因而在具体应用上也应有所选择。实地调查能收集到较真实可靠、直观、具体、生动的第一手材料，具有深入、灵活、经济的优点。文献调查由于主要利用第二手资料进行调查研究，不接触调查研究对象，因此具有很明显的间接性、无干扰性和无反应性。统计调查是有计划、有组织地收集数据信息资料，因而其结果具有准确性、及时性、完整性等特点。选择何种调查方法在很大程度上取决于调查者的调查目的和方法论倾向。调查者应根据方便、科学、经济、可行的原则，选择恰当的研究方式，充分考虑不同的研究方法可能对结果产生的不同影响。

（6）调查的时间进度和经费使用计划。

调查时间是指调查工作何时开始、何时结束。调查的进度安排是指根据每一阶段（选题、准备、调查、研究、总结阶段）以及每一具体步骤所需的统筹安排。因为一项社会调查课题从定下题目到完成报告，往往有时间上的限定或要求。为了在规定的时间范围内保质保量地完成调查任务，顺利达到预定的调查目标，调查者应该在开始课题调查之前对整个调查工作的时间分配和进度进行安排。每一阶段所分派的时间要合适，还要留有一点余地。特别要注意给调查的设计和准备阶段多安排一些时间，不要匆匆忙忙地开始收集资料的工作。

（7）调查人员的选择、培训和组织。

对于一项较大规模的调查研究来说，往往需要许多调查研究者的共同努力才能完成。同时，它还可能会涉及挑选、培训调查员的问题。因此，在社会调查方案设计中，必须对调查的组成人员及其在调查中所承担的任务进行全盘考虑、明确分工，制定相应的组织管理办法。对调查员进行挑选和培训工作也要事先进行规划，制订出切实可行的培训方案，以保证调查工作的顺利进行。

2. 设计社会调查方案的基本原则

科学设计社会调查方案，必须遵循以下基本原则：

（1）实用性原则。

实用性原则是编制调查方案的首要原则，它要求调查方案的编制必须从调查课题的实际需要出发，并充分考虑调查工作的主客观条件。只有实用性较强的调查方案，才能成为调查工作的行动纲领。因此，调查总体方案各项内容的编制都必须从实际出发，着眼于实际应用。

（2）时效性原则。

时效性原则就是要求调查方案的编制要充分考虑时间效果，特别是应用性调查课题往往有很强的时间性。对于某些政策性很强的课题，特别是预测性课题，更应做超前的调查。当然，强调时效性原则也并不是越快越好，对那些学术性很强的理论课题，往往要做深入、持久、反复的调查，所以调查工作的周期性可适当安排得长一些。

（3）经济性原则。

经济性原则就是编制调查方案时必须考虑人力、物力、财力和时间的节省，力争用最少的投入取得最好的调查效果。例如：在调查类型的选取上，能做抽样调查的就不做普遍调查，能做典型调查的就不做抽样调查；在调查方法的设计上，能通过文献调查法解决的问题，就不必进行现场调查；能通过观察法、访问法解决的问题，就不必去做实验调查。

（4）弹性原则。

弹性原则是指在编制调查方案时，对于调查工作的具体安排和要求，应留有一定的余地，保持一定的伸缩性。因为任何调查方案都是一种事前的安排和设想，它与客观现象之间总会存在一定的距离。所以，只有具有一定灵活性的调查方案才是真正能够使用的调查方案。

应该指出，设计调查方案并不都是只设计一套调查方案。对于某些重大的、复杂的调查课题来说，往往需要设计几套不同的调查方案，经过可行性研究之后，再从中筛选出最佳方案作为调查研究工作的实施方案。

第三节　社会调查的基本方法

一、抽样调查法

1. 抽样调查法的含义

抽样调查法是从全部调查研究对象中，抽选一部分单位进行调查，并据以对全部调查研究对象做出估计和推断的一种调查方法。显然，抽样调查法虽然是非全面调查，但它的目的在于取得反映总体情况的信息资料，因而，也可起到全面调查的作用。从抽选样本的方式看，抽样调查分为概率抽样和非概率抽样两类。概率抽样是按照概率论和数理统计的原理从调查研究的总体中，根据随机原则来抽选样本，并从数量上对总体的某些特征做出估计推断，对推断出可能出现的误差可以从概率意义上加以控制。因此，习惯上将概率抽样称为抽样调查。

抽样调查法的基本程序如图 10. 1 所示。

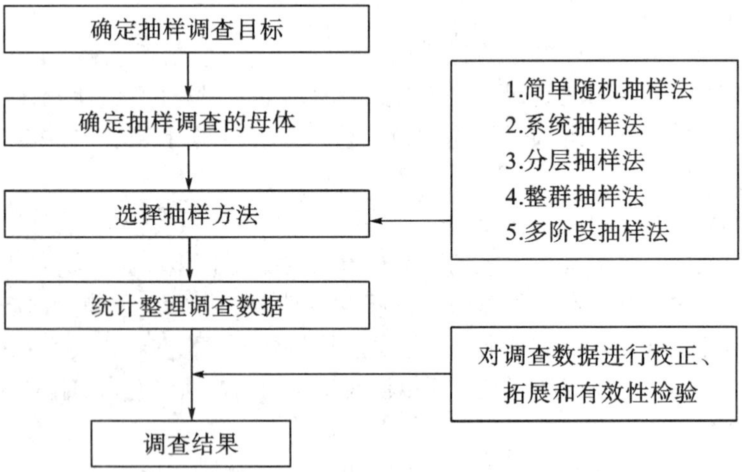

图 10. 1　抽样调查法的基本程序

抽样调查法的主要优点是：

①抽样调查法可以减少调查的工作量，调查内容可以求多、求全或求专，可以保证调查对象的完整性。

②抽样调查法可以从数量上以部分推算总体，利用概率论和数理统计原理，以一

定的概率保证推算结果的可靠度，起到全面调查认识总体的功能，可以保证调查的精度。

③因为抽样调查是针对总体中的一部分单位进行的，抽样调查法可以大大减少调查费用，提高调查效率。

④抽样调查法收集、整理数据、综合样本的速度快，保证调查的时效性。

2. 抽样调查法的类别

按照抽样调查所选取的样本来看，抽样调查法可分以下几种：

①简单随机抽样法。这是一种最简单的一步抽样法，它是从总体中选择出抽样单位，从总体中抽取的每个可能样本均有同等被抽中的概率。抽样时，处于抽样总体中的抽样单位被编排成编码 1～n，然后利用随机数码表或专用的计算机程序确定处于 1～n 的随机数码，那些在总体中与随机数码吻合的单位便成为随机抽样的样本。这种抽样方法简单，误差分析较容易，但是需要样本容量较多，适用于各个体之间差异较小的情况。

②系统抽样法。这种方法又称顺序抽样法，是从随机点开始在总体中按照一定的间隔抽取样本的方法。此法的优点是抽样样本分布较好，有好的理论，总体估计值容易计算。

③分层抽样法。分层抽样法是根据某些特定的特征，将总体分为同质、不相互重叠的若干层，再从各层中独立抽取样本的方法。它是一种不等概率抽样。分层抽样法利用辅助信息分层。各层内应该同质，各层间差异应尽可能大。分层抽样法能够提高样本的代表性、总体估计值的精度和抽样方案的效率，抽样的操作、管理比较方便。但是抽样框较复杂，费用较高，误差分析也较为复杂。此法适用于母体复杂、个体之间差异较大、数量较多的情况。

④整群抽样法。整群抽样法是先将总体单元分群，并随机选择群体作为抽样样本，调查样本群中的所有单元。整群抽样样本比较集中，可以降低调查费用。此种方法的优点是组织简单，缺点是样本代表性差。

⑤多阶段抽样法。多阶段抽样法是在两个或多个连续阶段抽取样本的一种不等概率抽样法。阶段抽样的单元是分级的，每个阶段的抽样单元在结构上也不同，多阶段抽样的样本分布集中，能够节省时间和经费。调查的组织复杂，总体估计值的计算复杂。

3. 抽样调查的误差

抽样调查的结果和真实值之间存在的差异称为误差。抽样调查理论的中心任务之一便是研究抽样调查中的误差。抽样调查误差理论将全部误差分解为随机误差和系统误差两个部分。随机误差是样本与总体之间的随机差异导致的，它存在于所有取样过程中，是无法避免的。这种类型的误差不会影响估计参数的均值，通常所计算的抽样误差就是这部分随机误差。对随机误差的研究，由于有强有力的概率论与数理统计理论和方法的支持，其理论已非常成熟，只要能设计出样本估计量，就能给出相应估计量的随机误差公式。由于系统性误差产生的原因很多，而且多属非随机性因素，主要受主观因素的影响，因此系统性误差的出现是无规律的。

构成系统性误差的因素有很多，大致可归纳为以下四种类型：

①设计误差。它是指因在抽样调查方案设计过程中的错误而导致产生的系统性误

差。抽样方案的设计涉及抽样框的编制、目标量和估计量的设计、样本容量的确定和抽样方式的选择等。抽样方案设计得是否合理还直接关系到在样本的抽取过程中是否严格地遵循随机性原则，若破坏了随机性原则，必然会产生系统性误差。

②估计量偏误。它是指所选择的估计量（实则是估计方法）破坏了估计的优良标准之一——无偏性，致使产生统计性误差。

③调查误差。它是指在取得样本数据资料过程中产生的误差。这部分误差通常与调查者、回答者、资料收集方式和问卷等因素有关，它们会在调查过程中形成无回答和回答出现偏误等情况，进而形成系统性误差。

④编辑误差。它是指在调查者取得样本资料之后，在整理、汇总、归类、计算、录入等过程形成的误差。

因此，为了提高调查精度，我们一方面可以采取完善抽样调查方案、合理选择抽样方法、提高抽样调查数据的准确性、减少编辑误差和调查误差等手段（即系统误差），另一方面要合理确定样本量的大小（即随机误差）。我们通过对误差的分析可知，如果要提高调查的精度，一个重要方面就是确定合理的样本量。样本量大小的确定是一个平衡问题，如果在数据收集和分析过程中采用大的样本容量，达到给定研究目标和精度要求的费用就很高；太少的样本则使结果受变异性的影响。

4. 抽样调查的设计

首先，确定初级抽样单位（PSU）。初级抽样单位可以是固定的常规单位，确定初级抽样单位需要有这些初级抽样单位的具体名录，以及每个初级抽样单位中被调查人员的具体数目。其次，确定抽取哪些初级抽样单位。如果初级抽样单位比较少，我们可以全部抽取；如果初级抽样单位太多，我们可以随机抽取部分的抽样单位。最后，在选取的初级抽样单位中选择具体的调查对象。如果将第二步中选取的初级抽样单位的组成人员全部作为调查对象，称为二阶段整群抽样；如果只是在初级抽样单位中按人数的多少，来决定在每个抽样单位中抽取多少人，则称为 PPS 抽样，此时，需要进行一定的计算。

5. 抽样调查的应用领域

抽样调查主要应用于以下几个方面：

①某些总体本身的性质决定了不能对其进行全面调查而又要全面了解的情况，例如无限总体（连续生产产品的质量等）。

②某些总体理论上虽然可以全面调查，但实际上不可能也不必要的情况，例如调查城市居民出行情况。

③某些总体理论上虽然可以全面调查，但是实际上不可能的情况，例如破坏试验（灯泡寿命试验、炮弹的杀伤力试验等）。

④某些特殊总体，要求具有相当资格的调查员才能进行。为此，只能采用抽样调查。例如对科学技术方面总体的调查。

⑤为了提高时效，要求在短时间内取得关于总体的情况。

⑥利用抽样调查原理还可以对某些总体的假设进行检验来判断这种假设的真伪，以决定行动取舍。

二、社会测量法

1. 社会测量法的含义

社会测量法是指运用一定的测量工具，按照一定的测量规则对社会现象的特征或属性（研究变量）进行测算或量度，并赋予一定数值的过程，是对所确定的研究内容或调查指标进行有效观测与度量的方法。社会测量法是心理学家莫里诺（J. L. Moreno）于1934年提出的一种研究方法。它主要用于研究团体内（特别是小团体）成员之间人际关系和人际相互作用的模式，即所谓社会结构。通过社会测量，人们可以了解人的人际知觉方式、团体凝聚力等团体特征。莫里诺认为，在每一个群体中，成员与成员之间由于存在着交往和相互作用的关系，所以，他们的心理上必然会产生相互影响，而这种相互影响也一定会反映在他们彼此之间的行为上。那么，如果考察成员之间在特定情境下的相互选择行为或行为意向，就应该能够了解成员之间的心理联系状况。因此，只要测定成员在群体中对其他人的选择和他自己被选择的情况，就可以了解成员与他人的关系的状况，也可以了解该成员在群体中的地位以及整个群体的结构状况。从总体上看，社会测量法具有以下几个显著特点：

①涉及社会性的变量。它主要研究人际关系及人际结构特征，强调人与人之间的相互作用。

②社会测量是对人的某种评价，因此，它容易引起被测试者较强的兴趣与动机。

③测量结果特别适合于小团体研究。它在研究团体效率和凝聚力方面等具有很强的应用性。

2. 社会测量法的基本内容

（1）测量标准的选择。

第一，在确定标准时，需要考虑标准的性质、数目以及可以选择的数目。标准的多少根据研究的要求而定，一般情况下不宜太多。因为太多、太严的标准将会给被测试者的选择带来困难，如找不到可选的对象。

第二，如果按标准的重要性划分，可以将它们分成强标准和弱标准。强标准是指对工作或生活有重要意义和长期影响的标准，例如一起工作、一起学习等。弱标准往往是临时和短期的活动或任务，比如让受测试者选择与谁在一起参加某次活动。

第三，选择标准时，应注意使标准尽可能具体，让受测试者充分了解标准的内容，如说明一起参加什么工作或活动，避免由于理解不同而导致的偏差。

第四，标准可以用积极方式提出，也可以用消极方式提出。积极方式如："你喜欢与谁一起讨论工作计划？"消极方式如："你不希望与谁一起参加某一活动？"消极方式容易引起受测试者的焦虑和不安，因而要谨慎使用。

第五，每次测量一般使用一个标准；只有在有特殊需要时，才用多个标准和更多选择。

（2）社会测量法的基本实施程序。

①有明确的指导语，指出测量目的。

②让被测试者在自愿基础上参加测量，并向他们说明，不公开测量结果，使他们无拘束地参加测量，避免影响正常团体气氛和成员之间关系。

③让被测试者在限定范围内选择适当对象。同时，根据研究的目的和任务，向被

测试者说明测量意义，熟悉他们的情况，建立融洽的合作关系，使测量顺利进行。

根据要求，社会测量法常用以下几种方式：

①等级排列法。等级排列法首先是将团体其他成员按喜爱程度排出等级顺序，然后对等级顺序进行加权记分。例如，给“最好”的同伴记3分，给“第二好”的同伴记2分，给“第三好”的人记1分，再以这些分数乘以被选次数，得出每个人的等级分数。

②靶式社会图。这种方式以靶图方式标出被选频次。靶心为频次最高的人，越向外围，被人选择的次数越少。

③猜测技术。这种方法给被测试人呈现一些有关积极或消极特征的简短描述，让他们列出与这一系列描述相匹配的人，然后根据这些选择做出分析。

（3）社会测量法的应用。

社会测量法主要可以帮助调查者了解群体内部三个方面的问题：群体中最受欢迎的人、群体中有无非正式小群体、群体内部的人际关系整体状况。这种方式，不仅可以把群体成员心理上的结合加以数量化，而且揭示出群体内的人际关系状况是不为当事人所觉察的，比如成员之间的好感或情绪方面的联系等。

另外，运用这种方法了解一个群体内的人际关系状况相对比较节省时间，因而，社会测量法一经问世，就受到许多心理学家、社会学家的广泛注意，被广泛运用于工厂、机关、学校等团体的各个方面的人际关系测查和人员选拔、人事推荐等。大量的研究者还为社会测量法的发展做了很多工作，提出了一系列测量方法的改进措施，如现在被广泛运用于儿童群体人际关系测量的“同伴提名法”、用于测量群体成员选择动机和被成员重视的人员范围的“参照测量法”和“关系测量法”等。

三、问卷调查法

1. 问卷调查法的概念和特点

问卷调查法也称问卷法，是调查者运用统一设计的问卷向被调查者了解情况或征询意见、收集信息的一种调查方法。问卷调查法具有以下特点：

（1）针对性。

问卷调查具有较强的针对性，总是针对某一具体问题、现象或某一种思想倾向设计问卷，并且抽取的样本、调查的对象、使用的方式、手段、问卷类型等都具有一定的针对性。问卷从各个不同的侧面客观地反映社会情况和问题，通过对客观事物的真实反映来表达调查者的立场观点和思想倾向，对社会的某些特定方面具有很强的指导意义。

（2）统一性。

问卷调查要求使用统一拟制的问卷。任何问卷调查的问卷都是统一编制的一组与调查课题有关的问题。每份问卷具有统一提问、回答的内容和形式，对于所有被调查者都以同一种问卷进行询问，并且问卷的拟制、印发、回收也是在统一时间进行。问卷的统一性可以保证按统一标准对不同地区、不同人群共同体的不同被调查者进行调查，收集统一标准下的不同资料，即以标准化工具收集资料，从而有利于对调查数据进行统一的处理和把握，更能够反映调查的真实性和普遍性。

（3）灵活性。

虽然问卷调查要求利用统一问卷进行调查，但是实际调查方式不要求统一。实际调查的方式，既可以是派调查员送问卷给被调查者当面填答，也可以是邮寄或由调查员分发给被调查者自己填答后再寄回或收回，还可以通过将调查者集中起来一起填答后当场收回。因此，问卷调查方式灵活、方便，有利于酌情调查实施。

（4）匿名性。

问卷调查一般不要求被调查者在问卷上署名，有的甚至单位名称、住址等也不写，填写地点可以在被调查者家中，也可以是调查人员不在场的情况下填写，即无须监督，被调查者独自完成问卷的填写，不受他人的干扰和影响。这样，被调查者能减轻心理压力，消除顾虑，对不愿意面对面交流的敏感性或威胁性问题能做出真实的回答，从而有利于调查者收集到客观真实的资料。

（5）高效性。

问卷调查相对于其他调查形式而言，适用范围广，样本较大，可以突破空间的限制，可以大面积同时调查。又因大多数问卷都是封闭式问卷，因此，在资料的收集整理过程中，调查者可以对答案进行编码，并输入计算机，以进行定量处理和分析。在社会调查中，如果运用电子计算机作为统计分析的工具，那么，问卷调查法就是一种切实可行的大容量、高效率的定量调查方法。由于问卷调查是用一份问卷代替派人专访，可以在很短的时间内同时调查很多人，因而可以节省大量的人力、物力和时间，具有很高的效率。

但是，问卷调查法又存在可控性差、质量和回收率难以保证、对被调查者文化水平有一定的要求，而且往往只能获得有限的书面信息等缺点。因此，问卷调查法虽然是社会调查中十分有用的资料收集方法，但并不是万能的方法，它有自己的适用范围。在调查研究工作中，调查者应该根据不同的调查目的和调查对象，采用不同的调查方法，以获得最佳的调查效果。

2. 问卷的类型

由于问卷调查者的调查目的、调查内容和调查方式等不同，在调查中所采用的问卷也会存在差异。不同种类的问卷分别适用于不同的情况，有着各自的优缺点。调查者可以根据具体情况选择合适的问卷和调查方式。

（1）根据问卷填答方式的不同，问卷可分为自填式问卷与访问式问卷。

①自填式问卷。自填式问卷是指调查者将调查问卷发送给被调查者，由被调查者本人填写，然后再由调查者收回的问卷。自填式问卷的优点是节省时间、经费和人力，调查的范围广，对象多，效率高；此外，自填式问卷还具有很好的匿名性，能够使调查者收集到客观真实的资料，还可以避免人为因素的影响，比较适合对一些敏感、隐私问题的调查。但自填式问卷的回收率和质量往往很难保证，在没有人监管的情况下，常常会出现被调查者态度不积极、责任心不强、随意、懈怠、乱答等现象。自填式问卷对被调查者的文化水平有一定的要求，要能够看懂、理解并能够填答问卷，因而，自填式问卷不适用于文化水平较低的群体。

②访问式问卷。访问式问卷是指调查者依据结构式调查问卷，向被调查者逐一地提出问题，并根据被调查者的回答进行填答的问卷。访问式问卷的优点是有利于选择访谈对象和控制访谈过程，有利于利用各种访谈方法和技巧，有利于对访谈的结果做

出正确的分析和评价，而且回复率高、效率高。但是，访问式问卷费人、费物、费时，只适用于较小的调查范围，而且访问结果受调查者的主观素质、合作态度以及调查人员和访问对象之间相互关系的影响。有些问题如涉及个人隐私或比较敏感话题的问题，就不适于当面访问。访问问卷的实施可以选择当面访问也可以选择电话访问。

（2）根据问卷载体的不同，问卷可分为纸质问卷和网页问卷。

①纸质问卷。传统的问卷最常用的载体是纸张。调查单位或个人通过雇佣专门人员来分发这些纸质问卷并回收答卷。这种问卷的缺点在于，分析与统计结果比较麻烦，成本比较高。

②网页问卷，又称电子问卷。它是以计算机网络为载体，通过网上传递问卷并由填答者在网上填送的一种问卷调查方式。现在已经涌现出一些问卷调查的相关网站，它们提供设计问卷、发放问卷、分析结果等一系列服务。这种方式的优点是无地域限制，成本相对低廉；缺点是答卷质量无法保证。更有甚者，现在一些问卷调查网站提供了一种更先进的方式来承载问卷——Flash 问卷。这种问卷的优点是借助 Flash 的优势，可以将问卷传播到任何角落。目前，这种 Flash 问卷越来越多地在国内外使用。

3. 问卷的结构

尽管在实际的社会调查中所使用的问卷种类不同，但从问卷的结构看，一般都包含标题、封面信、指导语、问题及答案、编码、结语等几个部分。

①标题。问卷标题是对调查主题的概括说明，意在使被访问者对回答内容有一个大致的了解。

②封面信，即一封致被调查者的短信。它通常放在问卷的最前面。其内容包括调查的目的、意义、调查者的身份、调查的大概内容、调查对象的选取方法、关于匿名的保证以及对回答者的要求。一般是要求回答者如实回答问题，最后要对回答者的配合予以感谢，并且要有调查者的机构或组织的名称、调查时间等说明。

③指导语。指导语是用来指导被调查者正确地填答问卷的各种解释和说明，对回答该问卷需要注意的问题和带有共性的要求进行逐一提示。它的作用类似于商品的使用说明书。指导语可分为卷头指导语和卷中指导语两类。

④问题及答案。问题及答案是问卷的主要组成部分，一般包括调查询问的问题、回答问题的方式以及对回答方式的指导和说明等。

⑤编码。在规模较大的问卷调查中，大量调查结果只有借助于计算机才能进行处理和分析。这就需要对回答结果进行编码，即将文字资料转换成数字形式。编码的目的就在于对被访者的每一种回答分配一个计算机能够识别的代码，这个代码就是代表该项回答内容的编码。

⑥结束语及其他。结束语可以是简短的几句话，对被调查者的合作表示真诚感谢，也可稍长一点，顺便征询一下对问卷设计和问卷调查的看法。

4. 问卷设计的原则与步骤

（1）问卷设计的原则。

①明确问卷设计的出发点。问卷作为调查者用来收集资料的工具，对其进行设计时，自然要考虑调查者的需要，即问卷设计要紧紧围绕所研究的问题和所要测量的变量来进行。尽可能做到所收集的正是所需要的资料，不多也不少，既不能漏掉必需的资料，也不能包揽许多无关的资料。

②明确阻碍问卷调查的各种因素。设计问卷时要考虑到被调查者的社会背景、文化程度、心理反应、主观意愿、客观能力等多种因素，尽可能使问卷适合于被调查者。阻碍被调查者合作的因素主要有主观和客观两方面的障碍。主观上的障碍就是由被调查者心理上和思想上对问卷产生的各种不良反应所形成的障碍。客观上的障碍就是由被调查者自身的能力、条件等方面的限制所形成的障碍。

③明确与问卷设计紧密相关的各种因素。一份问卷的设计工作远远不只是列出一组问题，还会涉及许多在问卷上看不到的因素，并受这些因素的影响和制约。这些因素包括调查目的、调查内容、样本的性质等。

（2）问卷设计的步骤。

一份好的问卷，要经过多次反复才能够形成。在正常情况下，问卷设计要经过如下几个步骤：

①探索性工作。设计调查问卷之前，设计者要先熟悉、了解被调查对象的基本情况，以便对问卷设计中遇到的各种问题的提法和可能的回答有一个初步的考虑，也就是先摸摸底。摸底探索工作的常见方式是进行初步结构式访问，即问卷设计者围绕着所要研究的问题，亲自与各类对象进行自然式交谈，从中熟悉和了解他们对某一问题的看法，经过初访，就能够根据实际情况恰当地设计出有关问题的各种答案，从而避免在设计问卷时出现含糊不清的问题和不符合实际情况的答案。摸底访问是设计问卷之前必须进行的一项重要工作。它既是进行问卷设计的基础，又是整个调查研究工作从研究设计阶段向资料收集阶段过渡的必经环节。

②建立分析框架和变量清单。经过了探索性工作阶段，设计者往往对所要调查的各种问题及其可能的答案有了初步印象和了解，接下来就要具体确定变量分析框架，以便依据分析框架来设计问卷。对于问卷设计而言，完善的分析框架可以减少甚至避免问卷设计的盲目性。建立分析框架，研究者首先要考虑从研究问题出发，究竟需要测量哪些变量；其次要弄清楚变量之间的因果关系如何。一般情况下，分析框架需要有一份详细的变量及其指标的清单；对于那些解释性的分析，最好能做出变量关系的逻辑框图。

③设计问卷初稿。设计问卷初稿一般采用两种方法，即卡片法和框图法。

卡片法的具体内容：第一，根据探索性工作所得到的印象和认识，以及建立的分析框架和变量清单，把每一个问题和答案写在一张卡片上，一题一卡（不能一卡多题或一题多卡）；第二，根据卡片上问题的主题内容，将卡片分成若干类，即把询问同类事物问题的卡片放在一起；第三，在每一类卡片中，按询问的先后顺序将卡片进行前后排序；第四，根据整张问卷的逻辑结构排出各类卡片的前后顺序，使卡片连成一个整体；第五，根据被调查者填写问卷是否方便，反复检查问题的前后顺序及连贯性，对不当之处逐一调整和补充；第六，把调整好的问题卡片上的内容依次写到纸上，形成问卷初稿。

框图法的具体内容：第一，根据研究假设和所需资料的内容，在纸上画出整个问卷的各个部分及前后顺序的框图；第二，具体写出每一部分中的问题及答案，并安排好这些问题相互间的顺序；第三，根据回答者阅读和填写问卷是否方便等，对所有问题进行检查、调整和补充；第四，将调整的结果整理成文，形成问卷初稿。

④问卷的试用与评价。任何调查问卷的设计都不可能一次成功，往往要经过多次

反复修改。问卷初稿设计出来之后，不能马上用于正式调查，必须经过试用、评估和修改之后，才能最后定稿并用于正式调查。问卷初稿的试用有客观检验法和主观评价法两种。

问卷的评价就是对问卷的设计质量进行一次总体性评估。对问卷进行评价的方法有很多，包括专家评价、客户评价、被调查者评价和自我评价。

⑤修改定稿并打印。根据问卷的试用和评估情况，设计者需逐一对问卷初稿中的缺点和不足进行认真分析和修改，最后才能定稿。一般来说，印刷和纸张的质量因问卷调查的性质不同而不同。在邮寄问卷和自我填答问卷中，问卷印刷的质量将可能对问卷的回答和回收率造成影响，因此问卷要求具备较高的印刷质量。而在电话访谈中，问卷印刷的质量相对来讲要求就不是很高，只要适合访谈人员的工作就可以了。

5. 问题的类型及答案的设计

问题和答案是整张问卷的核心部分，科学地设计问题和答案是获得可靠调查资料的重要环节。

（1）问题的类型。

①从形式上看，问题可分为开放式问题、封闭式问题和混合式问题三类。

开放式问题是指不为回答者提供具体答案，而由回答者根据自己的情况自由填答的问题。开放式问题的主要优点是允许回答者充分自由地发表自己的意见，因而所得资料丰富生动。其缺点是资料难于编码和统计分析，对回答者的知识水平和文字表达能力有一定的要求，填答所花费的时间和精力较多，还可能产生一些无用的资料。

封闭式问题是指提出问题的同时，会给出若干个答案，要求被调查者根据实际情况选择一个作为回答。封闭式问题的优点是填答方便、省时省力，资料易于做统计分析。其缺点是资料失去了自发性和表现力，回答中的一些偏误也不易发现。

混合式问题是指封闭式问题与开放式问题的结合，它实质上是半封闭、半开放的问题类型。

②从内容上看，问题可分为背景类问题、行为类问题和态度类问题三类。

背景类问题主要收集了解与被调查者背景资料有关的信息，包括年龄、性别、职业、文化程度、婚姻状况、身份等。

行为类问题问的是客观事实，即客观存在和发生的情况，主要收集被调查者与调查内容相关的客观事实和行为。

态度类问题即认知问题，主要了解被调查者对客观事实的了解程度和态度两个方面，以反映被调查者的主观认识和感受，包括情感、意见、动机、信念、价值观、满意度等。

（2）答案的设计。

在社会调查中，由于大多数问卷主要由封闭式问题构成，而答案又是封闭式问题非常重要的一部分，因此，答案设计的好坏就直接影响到调查的成功与否。答案的设计一般要遵循以下原则：

①简洁性原则。问卷的答案要简单，切忌答案冗长。为了使问题的答案清晰、精确和相关，研究者常常使用冗长而复杂的选项。实际上，这种情形应该避免。因为受访者通常不愿意多费时间去琢磨某个选项。问题的答案选项应该能够让受访者快速阅读且理解准确，这样才能轻松地选择答案。

②明晰性原则。一般在答案的设计中应尽量用简单易懂、不易引起歧义和误解的术语和词语。答案应尽可能简单明确，不要使用晦涩难懂的行话。因此，答案的表述必须简单易懂、标准规范，分类应符合已有的各种统计分类标准。如果不按统一标准来执行，不同的人可能就有不同的分类方法，所得的资料将不能在大范围内使用。

③相关性原则。设计的答案必须与所询问问题具有相关关系，而且与实际情况也应相符合。不能答非所问，或与问题相去甚远，这样获得的资料对调查题目没有说服力，从而引起结论的偏误。

④同层性原则。同层性原则是指设计的答案必须具有相同层次或类别的关系。

⑤穷尽性原则。所谓穷尽性，是指答案包括了所有可能的情况，不能有遗漏。对于任何一个被调查者来说，问题的答案中总有一个是符合它的情况的。如果有某个被调查者的情况没有被包括在答案的选项中，那么这一问题的答案就不是穷尽的。

⑥互斥性原则。它指的是设计的答案必须是互相排斥的，不能相互交叉重叠或包含。即对于每个被调查者来说，最多只能有一个答案适合他的情况。假如一个被调查者对某一问题的回答可同时选择两个或更多的答案，那么这一问题的答案就不具有互斥性。

⑦可行性原则。设计的答案必须是被调查者能够回答也愿意回答的，或者说，被调查者都具有回答这些问题的知识和能力。如果向被调查者询问一个他们一无所知的问题，那么被调查者是无法回答的。

6. 问题的语言、数量与顺序

（1）问题的语言及提问方式。

语言是问卷设计的基本材料，要设计出含义清楚、简明易懂的问题，必须注意问题的语言。问题措辞的基本原则是简短、明确、通俗、易懂。

在问卷设计中，对问题的语言表达和提问方式有下列常用的规则：

①问题的语言要尽量简单。无论是设计问题还是设计答案，所用语言的第一标准应该是简单。要尽可能使用简单明了、通俗易懂的语言，而不要使用一些复杂的、抽象的概念以及专业术语。

②问题的陈述要尽可能简短。问题的陈述越长，就越容易产生含糊不清的地方，回答者的理解就越有可能不一致；而问题越短小，产生这种含糊不清的可能性就越小。有的社会学家提出，短问题是最好的问题，因此我们在陈述问题时，最好不要用长句子，要使问题尽可能清晰、简短，使回答者能很快看完，很容易看懂，一看就明白。那种繁杂的问题只会引起被调查者的反感，进而影响调查的顺利进行。

③问题要避免带有双重或多重含义。双重（或多重）含义指的是在一个问题中同时询问了两件（或几件）事情，或者说，在一句话中同时问了两个（或几个）问题。

④问题不能带有倾向性。问题的提法和语言不能使被调查者感到应该填什么，或者感到调查者希望他填什么。也就是说，问题的提法不能对回答者产生某种诱导性。应保持中立的提问方式，使用中性的语言。

⑤不要用否定形式提问。在日常生活中，除了某些特殊情况外，人们往往习惯于肯定形式的提问，而不习惯于否定形式的提问。当以否定形式提出问题时，由于人们不习惯，常常容易漏掉问题中的“不”字，并在这种理解的基础上来进行回答，这样就恰恰与他们的意愿相反了。而这种误答的情形在问卷结果中又常常难以发现。因此，

在问卷设计中不要用否定式提问。

⑥不要问回答者不知道的问题。这就是说，我们所问的问题都应该是被调查者能够回答的，或者说被调查者确实具有回答这些问题的知识能力。如果向被调查者询问一个他们一无所知的问题，那么被调查者是无法回答的。

⑦不要直接询问敏感性问题。当问及某些个人隐私或对人们具有威胁的一些问题时，人们往往具有一种本能的自我防范心理。因此，如果直接提问，则可能会引起很高的拒答率。所以，对这些问题最好采取某种间接询问的形式，并且语言要特别委婉。

（2）问题的数量。

一份问卷应该包括多少个问题，这要由调查的内容，样本的性质，分析的方法，拥有的人力、财力、时间等各种因素来决定，没有固定的标准。但一般来说，问题不宜太多，问卷不宜太长，通常以回答者能在20分钟以内完成为宜，最多也不要超过30分钟。问卷太长往往导致回答者心理上的厌倦或畏难情绪，影响填答的质量和问卷回收率。当然，若是研究的经费和人员相当充足，能够采取结构式访问的方式进行调查，并付给每一位被调查者一份报酬或赠送一点纪念品，问卷本身的质量又比较高，调查的内容又是回答者熟悉的、关心的、感兴趣的事物的话，那么，问卷设计就可以长一些。反之，当调查的内容是回答者不熟悉、不关心、没有兴趣的事物，采用的是自填式问卷的方式，研究者的经费又相当有限，除了两句感谢的话以外，不可能给被调查者更多的酬谢或回馈，而只可能占用被调查者本可以用于休息和娱乐的时间，那么，此时的问卷一定不能长，一定要尽可能简短。

（3）问题的顺序。

问卷中问题的前后顺序及相互间的联系，既会影响到被调查者对问题的回答结果，又会影响到调查的顺利进行。因此，安排好问卷中问题的顺序，对提高调查质量有重大的作用。一般来说，问题的顺序通常有下列常用的规则：

①把简单易答的问题放在前面，把复杂难答的问题放在后面。问卷开头的几个问题一定要相当简单，回答起来一定要非常容易。这样可以给回答者一种轻松的、方便的感觉，以便于他们继续填答下去。如果一开始填写时回答者就感到很费力，很难填写，就会影响他们的情绪和积极性。

②把能引起被调查者兴趣的问题放在前面，把容易引起他们紧张或产生顾虑的问题放在后面。如果开头的一批问题能够吸引被调查者的注意力，引起他们对填答问卷的兴趣，那么调查便可能较顺利地进行。相反，如果开头部分的问题比较敏感，一开始就直接触及人们的心灵深处，触及有关伦理、道德、政治态度、个人私生活等方面的问题，那么，往往很容易导致被调查者产生强烈的自我防卫心理。被调查者的这种自我防卫心理将会引起他们对问卷调查的反感，有碍他们对调查的合作，阻碍调查的顺利进行。

③把被调查者熟悉的问题放在前面，把他们感到生疏的问题放在后面。这是因为任何人对自己熟悉的事物总能谈些看法，说出些所以然来，而对不熟悉的事物，则往往难以开口，说不出什么来。如果以被调查者熟悉的内容开头，就不至于使调查一开始就卡住而无法继续进行。

④一般先问行为方面的问题，再问态度、意见、看法方面的问题。这是由于行为方面的问题涉及的只是客观的、具体的事实，因此往往比较容易回答；而态度、意见、

看法方面的问题主要涉及回答者的主观因素，多为回答者思想上的东西、内心深处的东西、不宜在陌生人面前表露的东西。如果一开始就问这方面的问题，常常引起被调查者心理上的戒备或反感情绪，就会出现较高的拒答率。

⑤个人背景资料一般放在结尾，但有时也可以放在开头。这是因为个人背景资料虽然是事实性的，也十分容易回答，但由于它们是除回答者姓名以外的其他主要个人特征（比如年龄、性别、文化程度、婚姻状况、职业等），也属较敏感的内容，所以不宜放在开头，而适合放在末尾。但是，由于个人背景资料通常都是社会调查中最常用、最主要的自变量，如果一份资料缺少这些变量，实际上也就成了废卷，因此，只要调查的内容不涉及比较敏感的问题，并在封面信中做出较好的说明和解释，这一部分问题也可以放在问卷的开头。

⑥若有开放式问题，则应放在问卷的最后面。这是因为，回答开放式问题要比回答封闭式问题需要更多的思考和书写时间，无论是把它放在问卷开头，还是放在问卷的中部，都会影响被调查者填完问卷的信心和情绪。而将它放在问卷的结尾处，由于仅剩这一两个问题了，绝大多数被调查者是能够完完整整地填答完它们的。退一步说，即使被调查者不愿意填答开放式问题，放弃了回答，也不会影响到前面的问题和回答。

⑦按逻辑次序排列问题。一般人大体是按某种常见的顺序，如时间顺序，安排其对问题的回答的。因此，研究人员在设计一份问卷时应遵循这一常识。除时间顺序外，大多数问卷有某种构成或参考框架，一般根据所研究的题目而定。

7. 问卷设计中的常见错误和提高问卷设计质量的途径

（1）问卷设计中常见的错误。

在问卷设计中，由于设计者考虑不充分、不全面，往往容易出现如下错误：

①概念抽象。将抽象概念变为具体可测量的指标，是问卷设计的关键环节。因此，概念的操作化如果做得不好，就会直接影响到问卷的设计。

②问题含糊。所谓问题含糊，指的是问题的含义不清楚、不明确或者问题有歧义。

③问题带有倾向性。问卷作为社会调查中的一种测量工具，应该具有客观性和中立性，因此问卷的问题不应该带有倾向性，以免对被访者产生误导。

④问题提法不妥。这种类型的错误通常是由调查者在设计问卷时没有很好地为被调查者着想，或者忽视了被调查者填答问卷所面临的各种主客观障碍，提出的问题不尽合理造成的。

⑤问题有多重含义。

（2）提高问卷设计质量的途径。

问卷设计的质量，是问卷调查顺利实现的重要因素。一般来讲，提高问卷设计质量的途径可从以下几个步骤入手：第一，要对问卷的特点和适用范围有明确的认识；第二，设计问卷的人的头脑中一定要想着被调查者，要记住问卷是给人看的，它的对象是有思想、有感情、形形色色、各不相同的人；第三，问卷设计也是一门严肃的科学，它同样需要精益求精的治学态度；第四，在问卷设计中，一定要具体情况具体对待，要有灵活性。学习问卷设计不能只从书本上学，还要从设计调查问卷的实践中学。要提高问卷设计的水平，除了掌握上述有关知识外，还要在以下三个方面打下坚实的基础：一是语文知识水平，二是社会调查研究方法的知识，三是社会生活知识。

四、访谈法

1. 访谈法的概念和类型

访谈法，即访谈调查法，是访谈者根据调查研究所确定的要求与目的，按照访谈提纲或问卷，通过个别访问或集体交谈的方式，系统而有计划地收集资料的一种调查方法。访谈调查一般都是访谈者向被访者做面对面的直接调查，是通过口头交流方式了解社会实际情况、获取社会信息的口头调查。它是一种访谈员通过口头交谈等方式向被访者进行调查的方法。访谈法本来是特指直接的、面对面的口头交流，但随着现代化信息技术的发展，目前已增加了电话访问、网上交流等间接访谈方式。

社会调查中常用的访谈法有很多种，根据不同的分类标准，大致可以分为下述类别和半结构式访谈。

（1）按照调查者对访谈结构的控制程度的不同，访谈法可分为结构式访谈、无结构式访谈。

①结构式访谈，也称标准化访谈或封闭式访谈。它是指访问者根据事先设计好的有固定结构的访问提纲（问卷）进行的访谈，按相同的方式和顺序向受访者提出相同的问题，受访者从备选答案中选择回答，实际上是一种封闭式的口头问卷。因此，在结构式访谈中，整个访谈是得到严格控制和标准化的。在结构式访谈中，访谈对象是按照统一的标准与方法选取，访谈中所提的问题提问的方式、对疑问的解释以及调查结果的答案记录都严格遵守问卷的要求或访谈任务书的统一标准要求，甚至连访谈的时间、地点、周围环境等外部条件，也要求同访谈任务书保持基本一致。统一的问卷是结构式访谈的主要工具。如果我们将问卷发放给被调查者并由其自填时，我们就说使用了问卷法；如果我们将问卷用来向被调查者提问并用来记录调查答案时，我们就说是在运用结构式访谈法。

结构式访谈一般多用于大规模的社会调查。其优点是访问结果便于量化，可以进行统计和定量分析；不足在于访谈缺乏弹性，难以灵活反映复杂多变的社会现象，难以对社会问题进行深入探讨，也不利于充分发挥访问者和被访者的积极性和主动性。

②无结构式访谈，又称为非标准化访谈、深度访谈、自由访谈或开放式访谈。它是一种无控制或半控制式的访谈，事先没有统一问卷，只有一个题目或大致范围或一个粗线条的问题大纲，由访谈者与访谈对象在这一范围内自由交谈，具体问题可在访谈过程中边谈边形成边提出。

无结构式访谈对于提问的方式和顺序、回答的记录、访谈时的外部环境等没有统一要求，不依照固定的访问程序进行访谈，可根据访谈过程中的实际情况做各种安排。无结构式访谈鼓励受访者自由表达自己的观点，具有较强的灵活性，并且细致深入，可以对感兴趣的问题细致追问，挖掘出生动的实例，得到更为深入的信息，但费时、费力，结构不完整，难以量化。

无结构式访谈的方式一般分为重点访谈、深度访谈、客观陈述式访谈、集体访谈四种。

重点访谈，又称为重点集中访谈，是集中于某一特定问题或经验的访谈。重点访谈法是由美国社会学家默顿等人创造的。重点访谈法关注的不是对访谈对象的重点挑选，而是指访谈所侧重的内容。其具体做法是将调查者置于一定情境中，如让他们听一段音乐、看一部特殊题材的影片，使访谈对象因为受到某种刺激而产生特殊反应；调查研究者从这些反应中获取被访者的体验和感受等信息，再进行分析、描述和解释。重点访谈法后来在大众传媒、社会及心理效果的研究中广泛使用。

深度访谈，又称为临床式访谈。它是为收集个人特定经验的过程、动机及其情感资料所做的访谈。目前，它广泛用于对普通个人的生活史及有关个人行为、动机、态度等的深入调查。

客观陈述式访谈，又称非引导式访谈。它是让访谈对象客观地陈述对自己和周围社会的认识的访谈方式，即访谈者鼓励访谈对象把自己的信仰、价值观、行为以及生活环境客观地加以描述。这一类型常用于了解有关个人、组织、群体的客观事实及访谈对象的主观态度。在客观陈述式访谈中，访谈者基本上只是一个听众。访谈一般从中立的简单提问开始，在访谈过程中，访谈者的所有提问几乎完全依赖于尽可能中立的简单提问，以避免访谈者的主观因素对访谈对象的影响，使回答者能自由地谈出其最深层的主观思想，自然流露出甚至连访谈对象自己都没意识到或不愿承认的情感。访谈者从访谈对象那里获得客观资料后再进行加工，形成对这些资料的某种解释。当然，这些资料的解释难免会受到被访者主观的影响。为了避免这一点，调查者必须对调查对象的背景、价值观念、对被调查问题的态度等进行较为深入的了解，否则就无法判断资料的真伪。

集体访谈，也称会议调查法，就是调查者邀请若干被调查者，通过集体座谈方式或集体回答问题的方式收集资料的调查方法。集体访谈既可以是有结构访谈，也可以是无结构访谈；既可以是访谈者与被访者面对面口头的直接调查，也可以是书面咨询或电话会议、网络会议的间接调查。

③半结构式访谈。半结构式访谈又称半标准化访谈，有事先拟好的访谈提纲和主要问题，有结构式访谈的严谨和标准化的题目，但在访谈时具体如何发问，则根据当时的情境灵活决定，因此也给被访者留有较大的表达自己想法和意见的余地，并且访谈者在进行访谈时具有调控访谈程序和用语的自由度。半结构式访谈兼有结构式访谈和非结构式访谈的优点，既可以避免结构式访谈的呆板、缺乏灵活性、难以对问题做深入的探讨等局限，也可以避免非结构式访谈的费时费力、容易离题、难以做定量分析等缺陷。

（2）按照访谈规模的不同，访谈法可分为个别访谈与团体访谈。

①个别访谈。它是指访谈者与被访者一对一的面谈，整个访谈过程不受第三者的直接影响。访谈者与被访者有更多的交流机会，被访者更易受到重视，安全感更强，访谈内容更易深入。个别访谈是访谈法中最常见的形式，只要访谈者控制好谈话情境，就能较好地激发被访者的谈话兴趣，特别适合于无结构式访谈。

②团体访谈。它是指访问者邀请若干个被访者，通过集体座谈的方式收集有关资料的方法，就是通常讲的开调查会、座谈会。团体访谈是调查研究中一种常用的方法，它扩大了调查对象。被调查者可以是几个人，也可以是一个小组或一个班级。这样既可以减轻被调查者的心理压力，又可以提高收集资料的效率。另外，通过座谈的方式进行调查，可以集思广益，互相启发，彼此对证，能在较短的时间里收集到较全面的材料和信息。但这种访问也容易产生“团体压力”，使个人顺从多数人的意见而不敢表达意见。因此，对于某些敏感的问题，不适宜采用这种方法。与个别访谈相比，团体

访谈难以进行深入细致的交谈。

（3）按照访谈的正式程度的不同，访谈法可分为正式访谈与非正式访谈。

①正式访谈。它指的是研究者事先有计划、有准备、有安排、有预约的访谈。就是双方事先约好时间、地点，就一定问题和范围进行交谈，这种形式有利于获取较为深入和细致的资料。

②非正式访谈。它指的是研究者根据研究对象日常生活的安排，在与对方一起参加活动时，根据当时情景自然地交谈，也就是研究者在实地参与研究对象社会生活的过程中，随时碰上的、无事先准备的、更接近一般闲聊的交谈。

（4）按照访谈中双方接触方式的不同，访谈法可分为直接访谈与间接访谈。

①直接访谈。它也被称为实地访问、面访，是指双方面对面地坐在一起进行访谈，研究者可以看到对方的表情、神态和动作，便于掌握更详细的资料，特别适用于电话不够普及的地区，或是题目太长、太多，题意很复杂的调查。不过，直接访谈所需的人力、物力规模也最大，若想要扩大样本的分散性，在实施上就很不容易。

②间接访谈。它是指双方事先约好时间，通过电话和网络等通信手段进行的访谈。这样可以解决因距离遥远或时间不足造成的困难，也可使被访谈者避免尴尬。其中，电话访问最容易接触到受访者，联系、响应率比较高，更可快速知道研究结果，需求经费中等，特别适用于访问工作繁忙、居住分散的异地人员。一般来说，电话访问和直接访谈在抽样、测量、访问等方面的效果较接近，适合以追求数据质量、有推论总体必要的调查；而网上访问则在研究的作业成本上占优势，适合经费有限、寻找初级资料的调查，但应十分谨慎，避免做对总体的推论。

（5）按照访谈次数的不同，访谈法可分为一次性访谈与多次访谈。

①一次性访谈。它又称横向访谈，是指在同一时段对某一研究问题进行的一次性收集资料的访谈调查。一般来说，横向访谈的内容比较单一，主要以收集事实性材料为主，更多地用于描述性的研究。被访者有一定数量，通常是从总体中随机抽样获得的，研究是一次性完成的。由于横向访谈收集资料的时间较短，一次性解决问题，因此更多的人乐意采用此法。横向研究常用于定量研究。

②多次访谈。它又称纵向访谈或重复性访谈，是指随时间的推移多次地收集固定研究对象有关资料的跟踪调查，即对同一样本进行两次以上的访谈以获取资料的调查方式。这种访谈常用于个案研究或验证性研究。它是一种深度访谈，它可以通过对研究对象自身的前后比较来了解事物发展的变化趋势，逐步由浅入深，以探讨问题的深层意义。

2. 访谈的基本程序和技巧

一般来说，访谈大体分为准备、进行、结束和记录整理四个阶段。在各个阶段，访谈人都应该掌握必要的技巧，以使得访谈达到应有的目标。

（1）准备阶段。

在访谈的准备阶段，一般应做好以下四项工作：

第一，准备详细的访谈提纲。研究者要根据研究的目的和理论假设，准备详细的访谈提纲，并将其具体化为一个个访谈问题。访谈的问题要能涵盖研究主题所涉及的范畴，又要有层次性。提问的方式、用词的选择、问题的范围要适合被访者的知识水平和习惯，简单明了，通俗易懂。问题编制完成后，最好请有经验的研究者或同行提出修改意见，有条件的话可进行小范围的预先访问。

第二，选择适当的被访者并了解被访者。访谈对象的选择要服从访问内容的需要，访谈前要尽可能收集有关被访者的材料，对其经历、个性、地位、职业、专长、兴趣等有所了解，了解得越清楚，访谈时就会越有针对性。要分析被访者能否提供有价值的材料；要考虑如何取得被访者的信任和合作。

第三，确定访谈的方式与进程。为了使访谈规范，能获得实效，需事先安排访谈行程，将访谈人员、被访者、访谈日期及时间做适当的安排。访谈时间最好是被访者工作、学习不太繁忙，并且心情比较舒畅的时候。访谈地点和场合的选择要从被访者方便的角度考虑，要有利于被访者准确地回答问题，要有利于形成畅所欲言的访谈气氛。一般来说，有关个人或家庭的问题，以在家里访谈为宜；有关工作方面的问题，以在工作地点访谈为宜。但是，如果被访者不愿在家或在工作单位会见访谈人员，那么也可以选择其他合适的场所进行访谈。

第四，准备访谈所需的材料与工具。访谈前要对访谈内容所涉及领域的相关知识有个充分的了解，对有关材料做充分的准备，如纸、笔、本、访谈记录表、录音机、录音笔、摄像机、地图、定位仪、各种证明材料、证件等。

（2）进行阶段。

在访谈的过程，一般要做好以下几项工作：

第一，要做自我介绍与访谈介绍。访谈者在接近被访者时，首先要做自我介绍，必要时可出示身份证明，然后要说明来访的目的以及为什么进行这项研究，进而强调本研究的重要性，希望得到被访者的支持与合作。此外，还要告诉被访者他是如何被挑选出来的，并承诺保证机密处理其答案，为其保密。访谈者通过这些介绍可以消除被访者的顾虑，建立起融洽的谈话氛围。

第二，提问要清楚明确。访谈者要抓住合适的时机切入调查主题，适时提出第一批问题。所提问题要口语化，以使用简单句为好，要让被访者一听就明白意思。语气要委婉，根据对象特点使用不同口气。若采用结构式访谈，必须使用统一的访谈问卷，按事先准备好的访谈问题依次提问，不得任意增删文字或更换题目顺序。若采用无结构访谈，则要求所提实质性问题短小、具体，尽量避免使用深奥的、抽象的专业术语。在提问的过程中，发问要自然顺畅，发问的语气和态度不要咄咄逼人，切不可像老师问学生、法官审犯人那样。访谈中要注意把握方向或主题焦点，尽量减少题外话，以便集中注意力讨论重要问题；对被访者的跑题以及转换话题和追问等，要根据当时的情境，及时而自然地进行。

第三，要耐心听取回答，尽量不要给予任何评价。访谈人员发问后，要有礼貌地、耐心地倾听被访者的陈述，边听边记录。访谈人员对所提的问题要保持客观、公正的立场，当被访者对问题不理解或理解错了，访谈人员可以重复问题，有时候也可以适当做些解释，但不能给予任何暗示。尤其是涉及不同观点或是有争议的问题，访谈人员更应保持中立态度，无论被访者回答正确与否，都不宜做肯定或否定的评价，不要发表见解，不要表示批评、惊讶、赞成或不赞成的态度。但是，在问答过程中，访谈人员要适当地给予积极的反馈，让被访者明白自己的角色。如不断地使用“是”“懂了”“明白了”“请继续说”等非指导性的话语，或用点头、目光和手势等非语言信息鼓励被访者继续讲下去。

第四，积极维持被访者的访谈动机。被访者的合作是访谈得以成功的必要条件。当访谈双方的关系趋向紧张，被访者情绪低落，开始厌倦回答问题时，这时访谈人员必须设法缓解紧张气氛，可以转换一个被访者感兴趣的话题，也可暂停交谈，休息放松一下，借此维持被访者的访谈动机。

第五，注意非言语交流。访谈是通过语言交流传递信息的，但是除了语言之外，目光、姿态等也能表达某种意义。有时非言语行为比言语行为更能表现交谈双方的态度、关系及互动的状态。因此，访谈人员要善于察言观色，善于分析和利用有关身体语言等信息。如：访谈过程中，被访者连连点头，意思是赞成、同意；匆匆记录问题，表示问题可能非常重要；与访谈者保持较远距离，可能暗示对访谈不感兴趣或怀有敌意；东张西望，表明注意力已经转移；频频看钟表，意味着希望尽快结束访谈等。

（3）结束访谈。

结束访谈是访谈的一个十分重要的阶段和步骤，而不是无足轻重的一个细节。这一分阶段主要注意两个事项：

一是掌握好访谈结束的时机。一般情况下，被访者保持注意力的时间为：电话访谈20分钟左右；结构式访谈45分钟左右；团体访谈和无结构访谈不要超过2小时。以上这些数据可供访谈人员实施访谈时参考。至于一次访谈究竟花多少时间为宜，应根据访谈的实际情况灵活控制，以不妨碍被访者的正常工作和生活秩序为原则，如被访者要上班或上课、到了该吃饭的时间等。另外，还要时刻体察访谈过程中的情感表现，如被访者说话音调的转变、节奏变化以及被访者行为的某些暗示等。当感到被访者有点不耐烦了，或被访者不停地看时钟，或访谈已超过事先约定的时间，或被访者家中来了客人需要接待，或被访者有要事需要处理，这时访谈者应该考虑尽快结束会谈。当感到交谈难以进行、话不投机时，也是谈话该结束的时候了。

二是做好结束语。访谈结束时，不要忘了对被访者的支持与合作表示感谢。访谈者应该向被访者表示通过访谈自己获得了很多有价值的材料和信息，学到了很多知识。如果这次访谈尚未完成任务，还需进一步调查的话，那么必须与被访者约定下次再访的时间和地点，最好还能简要说明再次访问的主要内容，让被访者有个思想准备。

（4）整理记录访谈。

访谈的目的就是要获得资料。在访谈调查中，资料是由访谈者记录而来的。做好记录需要一些特殊的技巧，结构式访谈的记录比较简单，只需按规定的记录方式，把被访者的答案记录在事先设计好的表格、问卷上就可以了。无结构式访谈的记录比较困难。

①记录访谈的基本要求。

第一，访谈过程中要随问、随听、随记，以免遗忘有关信息。

第二，要逐字逐句记录，尽量记录被访者的原话，不要添油加醋。

第三，少做概括性的记录，不要对被访者的回答内容做摘要，以免掺杂人的主观成分。

第四，访谈记录表上要写明访谈人员的姓名、访谈日期、时间、地点等资料，以便于分析查考。

第五，访谈记录中除了被访者的回答外，追问、评注、解释、访谈情境和特殊事件的描述等都需要加括号，以示区别。

②记录访谈的主要方式。

从记载的时间上来分，记录访谈可分为现场记录和事后记录两种；从手段上分，记录访谈可分为纸笔记录手段和辅助记录手段。

现场纸笔记录指的是边访谈边用纸笔进行记录，这种方式需要征得被访者的同意，其优点是资料完整，不带偏见，但可能会影响访谈的进行。访谈现场的记录主要是内容型记录，记的是被访者所说的内容。它有时也可以记访谈者在访谈过程中观察到的东西，如访谈的环境、被访者的行为、神情、反应等；有时也可以记录访谈者自己在访谈现场的感受和体会，对事实做简略的评论。现场通常采用的纸笔记录方式主要有三种。一是速记，即用缩略语和特定的符号来全面记录被访者的回答。这种记录方式需要速记的技巧，事后还要对速记进行翻译和整理。二是详记，即用文字当场做全面详尽的记录，这种记录方式往往记录不全，因为纸笔记录速度跟不上讲话的速度。三是简记，即只记录那些访谈人员感兴趣的内容和要点。这种记录方式比较常用，为了快速、准确地记录，通常要有访谈记录表，访谈人员只需在事先设计好的记录表上勾勾画画，做上记号。

事后记录是在访谈之后靠记忆来补记访谈的内容，这种方式用于被访者不希望现场记录，或当场记录会使谈话显得过于正式、拘谨，会影响被访者回答的情绪的场合。但这种方式会因记忆不准或消失而影响资料的完整性。一般需要其他辅助手段来进行。

纸笔记录往往难以获得完整的谈话资料。为了获得更完整的访谈资料，可利用录音或录像的方法来辅助访谈记录。采用录音或录像可以保留完整的谈话资料，避免纸笔记录的误差，使整个访谈情境可以重复、再现，便于资料的分析和整理，访谈人员也不必为笔录而分心，可专心于谈话内容。录音或录像有着上述明显的优点，是一种比较理想的访谈记录方式，但它的运用必须征得被访者的同意。如果被访者不喜欢谈话被录音录像，访谈人员不能强求。

五、观察法

1. 观察法的含义和类型

所谓观察法是指观察者根据一定的目的、调查提纲或观察表，用研究者的感觉器官或者辅助工具直接地、有针对性地、能动地了解处于自然状态下的社会客观现象的方法。它的主要作用在于收集可靠的资料，并通过对这些资料的分析得出科学结论。它通常用于在实地调查中收集社会初级信息或原始资料，而且通常结合其他调查方法共同使用。

通常来讲，观察法的种类也比较多，其常见的分类有以下几种：

（1）根据观察内容是否有预定的、标准化的观察项目和要求，观察法可分为结构式观察和非结构性观察。

①结构式观察。它也称为有结构观察、有控制观察或标准化观察，是根据事先设计好的观察项目和要求进行的观察。它是观察者根据观察目的，制定出研究的理论框架，按照详细的规定和计划，采用标准的观察程序和手段进行的。它有明确的目的和计划，有严格而详细的观察项目。结构式观察可以获得比较翔实的观察材料，并且对

观察材料可以进行定量分析和比较研究，但这种观察缺乏弹性，比较呆板，而且比较费时。

②非结构式观察。它也称为无结构观察、无控制观察或非标准化观察，是没有先期具体设计要求的观察。这种观察并不预先规定标准化的观察项目和要求，仅根据研究的目的和任务灵活地进行。它没有严格的观察计划，观察提纲比较松散，观察的标准化程度较低，观察的问题结构性不是很强。

（2）根据观察者是否参与被观察对象的活动，观察法可以分为参与观察和非参与观察。这是观察法中常用的一种分类方法。

①参与观察。它也称为介入观察、内部观察、局内观察，它是指观察者参与被观察者的社会环境、社会关系之中，成为被观察对象所在的群体中的一员，并通过参与观察者的日常共同活动从内部进行的观察。这种方法常用于对社区或某些特殊群体的典型调查和个案研究，目的是全面地、深入地描述某一特定的社会现象。这种方法是社会学与人类学研究中常用的一种方法。

②非参与观察。它也称为局外观察，是指调查员以旁观者、局外人的身份，从侧面对调查对象进行的观察。观察者无须参与被观察者的活动，只需在距离被观察者很近的地方观察，对被观察者及其活动不表露任何兴趣，只听、只看，并适当做些记录。在这种情况下，观察者得不到同参与者一样的真实的感受和体验。这种方法通常在观察者无法进入被观察对象内部或无须介入被观察对象的活动时采用。社会调查中会在不同程度上采用这种方法，如教育科学工作者或管理者要了解学生的学习情况，进入学生课堂进行观察。非参与观察法可以使用现代科学仪器和观察工具，如录音录像器材、望远镜等。

（3）根据观察者是否通过感官直接感知外部事物，观察法可以分为直接观察和间接观察。

①直接观察。它是观察者直接运用自己的眼、耳、鼻、手、舌等感觉器官，通过感知认识活动，直接感知要观察的外部事物。这种观察带有一定的真情实感。但是由于观察者认识事物的能力有区别，并带有一定的主观见解，所以观察到的结果往往因人而异。

②间接观察。它不是观察者直接运用自己的感觉器官直接感知要观察的外部事物，而是通过观察与被观察事物有关的事物和被观察事物的行为后果，观察要观察的外部事物。间接观察是通过历史和文化遗迹来观察社会事实的观察方法，主要包括物质痕迹观察和行为标志观察两种类型。

（4）根据观察者是否对实施观察的环境和条件进行控制，观察法可以分为实验室观察与实地观察。

①实验室观察。它是指调查研究者在具备各种观察设施的实验系统内，通过模拟一定的社会活动过程和社会环境条件对被观察者实施的有控制的观察。

②实地观察。它是指研究者在现实生活场景中或者说在自然状态下对被观察者不加任何控制和影响的观察。

2. 观察法的原则和实施步骤

（1）观察法的原则。

运用观察法进行社会调查时，一般应遵循以下原则：

①客观性原则。研究者进行社会调查的目的是收集到真实可信的资料，通过对这些资料进行科学分析得出正确的结论。观察法的实质就是要求得出的结论必须真实可靠，必须客观地、真实地反映事物本身。而在社会生活中，观察者与被观察者总有这样或那样的联系，观察者对社会现实的感知也总会受到种种联系的影响。

②全面性原则。观察的全面性，是观察的客观性原则的内在要求。任何客观事物都有多方面的属性、多方面的联系、多方面的表现形式，要正确认识客观事物，必须从不同侧面、不同角度、不同层次进行全面的观察，才能认识到事物的全貌，从而正确认识事物。

③深入性原则。在观察中，要坚持观察的客观性和全面性，就必须进行深入、细致的观察。

④持久性原则。观察事物时必须坚持长期持久。因为短时间内不能了解一个事物发展的全过程，事物在发展过程中总是千变万化的，甚至会出现一些偶然现象。要想了解它的真实面貌，必须坚持持久观察。

⑤遵守法律和道德原则。在观察过程中，一定要有关法律和法规的有关规定。法律上禁止观察的地方不要去观察，如不可在没有得到许可的情况下，私闯调查对象的住宅、偷看他人的私人信件或干出其他违法的事情来。此外，还应该遵守一般的道德规范，不可在违背被观察对象意愿的情况下进行观察。

（2）观察法的实施步骤。

观察法的完整步骤可以排列成：选定内容→制订计划→设计提纲→进入现场→实地观察→记录结果→整理和分析→检验结果→撰写报告。[①] 由此，观察的步骤一般可以概括为三个阶段：

①观察的准备阶段。准备阶段需要做好以下工作：

第一，确定观察的目的和任务；

第二，确定观察的对象；

第三，确定观察的具体手段；

第四，制定观察提纲；

第五，确定观察的时间、地点和范围；

第六，选择和培训观察人员。

②实施观察阶段。进入观察的实施阶段后，应该做好以下工作：

第一，进入观察现场；

第二，与观察对象建立友好关系；

第三，进行观察和收集资料；

第四，从观察场所退出。

③观察整理阶段。在观察整理阶段，应做好以下工作：

第一，整理观察资料；

第二，分析观察收集到的资料；

第三，撰写观察研究报告。

① 张兴杰. 社会调查［M］. 南京：南京大学出版社，2008：188.

六、文献法

1. 文献法概述

（1）文献与文献法的概念。

文献是指记录有知识的一切载体，是把人类知识用文字、图形、符号、声频或视频等技术手段记录在一定物质载体上的结合体，或固化在一定物质载体上的知识。一切载体包括手稿、书籍、报刊、学位论文、档案、科研报告等印刷品，也包括简帛、胶片、视盘、文物等实物形态材料，还包括电子形态的数据资料。

文献法，也称历史文献法、历史法，就是通过收集和分析研究各种现存的，以文字、数字、符号、画面等信息形式出现的有关文献资料，从中选取有用的信息，进而探讨和分析社会行为、社会关系及其他社会现象，以达到某种研究目的的方法。

（2）文献法的特点。

文献法具有以下特点：

①历史性。从时间角度看，文献法是一种针对历史的研究。要是先于研究者当前研究成果的文献，研究者都可进行研究。

②灵活性。从操作角度看，文献法不受时空限制，具有相当强的灵活性。如文献研究可不用亲临现场，在研究时不受教育环境、学校、工作计划，以及学生、教师、家长等因素的制约和限制；在时间上，既可在工作时间研究，也可在业余时间研究。

③间接性。文献研究能够研究不可能实际接触的对象。研究者通过查阅文献获得资料，并在此基础上完成研究，不是直接地参与实践。文献法是一种非接触性研究方法。

④样本容量大、费用低。样本容量在很大程度上影响着结果的可靠性和代表性。大样本研究可以比较容易地获得可靠的有意义的结果，并便于做出有价值的判断，且文献研究费用低、易实施。

⑤便于做纵向分析。文献法适合于对研究对象在一段时期的发展变化开展研究。研究角度往往是探寻一种趋势，或弄清一个演变过程。

⑥继承性和创造性。文献法的根本目的就在于比较和借鉴，通过检索、收集、鉴别以及研究与运用这一系统化过程，最终实现对某一时代或社会现象的某些特点进行描述的评论，分析其形成的客观原因；对原有文献加以重新组合、升华，从而找出事物间的新联系、新规律，形成新观点，创造出新理论。

⑦非介入性和无反应性。文献研究不介入文献所记载的事件，不接触有关事件的当事人，因此在调查研究过程中不存在与当事人之间的人际关系问题，不会受到当事人反应性心理或行为的影响。

（3）文献法的局限性。

文献法虽然具有很多优点，但它仍存在着不少缺陷。其不足主要表现在以下几个方面：

①有倾向性。文献本身的目的是多种多样的，可能以各种方式使文献资料带有一定程度的倾向性。例如：自传之类的个人文献，由于种种原因可能出现某些夸大、偏袒甚至捏造的情形。

②信息缺损。对于缺乏有关背景知识的研究者来说，从文献资料中难以获得完整

的信息，因为对很多重要事件的描写是从当事人的经验背景出发的。还有许多领域的文献不可以利用，或根本无信息记录，或有记录却是保密的或已被破坏的文献。

③抽样偏差。一般地，教育程度低的人比教育程度高的人遗留文献的可能性小，他们阅读的频率也不如后者。因而，他们的意见未在大众传媒中得到很好的反映，这就导致了在选取资料的过程中有可能出现抽样偏差。

④针对性差。大多数文献都不是为了社会研究而写的。当我们查询文献资料时，往往出现这样的情况：需要的材料太简单，不需要的材料却很详细。

⑤整理困难。各种文献类别不同，缺乏标准形式，因此整理起来颇费精力。

⑥滞后现实。再新的文献资料都是对过去社会现象的记录，而社会生活是不断变化发展的，所以文献资料难以反映最新的事物、现象、情况，滞后于现实。

⑦可靠性难以评估。文献法作为收集第二手资料的方法，其最大缺点就在于其可靠性难以评估，所以收集资料时要特别注意鉴别资料的真伪。

2. 文献的检索和收集

文献法的实施是从文献的检索和收集开始的。

（1）文献检索。

文献检索就是研究者运用科学的方法从图书馆和资料中心查找文献资料的活动。在研究活动中能根据研究的需要，快速有效地从数量庞大、种类繁多的文献中检索出有价值的情报资料，是每个研究工作者必备的能力。从众多的文献中迅速准确地查找出符合特定需要的文献，是资料查找、收集的过程，也是分析、研究的过程。文献检索的方法一般有以下几种：

①顺查法。按时间顺序，以所研究课题的发生时间为检索起点，按事件发生、发展时序，由远及近、由旧到新进行查找。顺查法一般可以查全，可以随时比较、筛选，查出的结果基本上能反映事物发展的全貌。这种方法适用于范围较广、内容较复杂、所需文献较系统全面的研究课题以及学术文献的普查；其缺点是较费时间，工作量大。

②逆查法。逆查法也称倒查法，与顺查法的行程相反，是按由近及远、由新到旧的时序进行查找。这种方法适用于新文献的收集和新课题的研究。这种课题大都是需要最近一个时期的较新论文、专著，不太关注该课题的历史渊源和全面系统的资料；缺点是虽然省时间，但易漏检。

③追踪法。追踪法又称引文查找法，是以已掌握的文献中所列的引用文献、附录中的参考书目或引文注释为线索，步步追踪查找有关主题的文献。一般先追踪查找权威性的专著、期刊或经典研究报告。这种方法不需要检索工具，文献涉及范围比较集中，获取资料迅速方便，并能以滚雪球的方式扩大检索范围，容易获得研究课题重要的、丰富的原始资料。其缺点是所查的资料受原作者引用资料的局限性及主观随意性的影响，会有遗珠之憾；资料往往无年代顺序，比较杂乱，且缺少最近年代的研究成果。因此，要注意文献的可靠性，一般在检索工具缺乏的情况下使用。

④综合查找法。这种方法就是将各种检索方法综合加以使用以达到检索目的的方法。

以上各种检索方法各有优缺点，研究者在查阅文献资料的时候应根据自己的实际情况、检索条件、研究要求等做出选择。

（2）文献收集。

根据检索结果获取文献称为文献的收集。文献收集的渠道主要有个人、机构和互联网三种。

一般来说，可以将文献分为未公开发表和公开发表两大类进行收集。未公开发表的文献主要有个人写的日记、信件、自传、回忆录等文献，以及政府部门、企事业单位、社会团体的内部文件、规章制度、统计报表、总结报告，宗族的族规、家谱等。未公开发表的文献数量相对较少，查找的办法大都只能根据已知的线索或主观判断查找。

公开发表的文献包括所有的各种类型的正式出版物和在互联网上发表的文献，是文献的主体，数量十分巨大。研究者可以充分利用现有的图书情报资料和网络资源（图书馆、情报所等）或互联网去查找收集。对于某些特别的历史档案，研究者可到专门的档案管理机构去采取借阅、复印等方式收集。此外，在某些特殊情况下，还可通过上级主管部门下达指令采用征集、调拨等方式收集。

第四节　社会调查报告

一、社会调查报告的含义及类型

1. 社会调查报告的含义

社会调查报告是反映社会调查成果的书面报告，是研究者对某一事物、某一事件、某一方面或某一问题，进行充分调查研究之后，根据调查资料所写出的反映真实情况的书面报告。它以文字、图表等形式将调查研究的过程、方法和结果表现出来。其目的是要让别人了解你所做的研究。

调查报告的主要特点有以下几个方面：

第一，真实性。调查报告必须真实、客观地反映社会调查研究的内容和结果。

第二，针对性。调查报告必须是针对某一事物、某一事件、某一方面或某一问题所做的有实际意义的描述、分析和建议。

第三，典型性。调查报告无论是观点还是事实，都应当具有典型性和代表性。

第四，指导性。调查报告应为人们提供决策依据和解决问题的办法以及理论研究的参考，即使是描述式调查报告，也要做到给人以启示。

第五，时效性。调查报告必须及时地服务于当前的社会需要。

2. 社会调查报告的类型

社会调查报告不仅涉及的内容纷繁复杂，应用范围也非常广泛，而且其表现形式也是多种多样的。根据社会调查的对象、范围、具体内容以及阅读对象的不同，调查报告可以分为以下几种类型：

（1）按社会调查的内容的不同来划分，社会调查报告可分为综合性调查报告和专题性调查报告。

①综合性调查报告。它也叫概况调查报告，是指对调查对象的基本情况和发展变化过程做比较全面、系统、完整、具体反映的调查报告。这类调查报告一般着重分析

社会的基本状况，研究带有共性的问题，提出具有普遍意义的建议。

②专题性调查报告。它是指围绕某一特定事物、问题或问题的某些侧面而撰写的调查报告。这类调查报告的特点是内容比较专一，问题比较集中，篇幅一般都比较短小，依据材料不及综合性调查报告那么广泛，反映问题也不及综合性调查报告普遍，但它能够帮助有关部门及时了解和处理现实生活中急需解决的具体问题。

（2）按社会调查的主要目的的不同来划分，社会调查报告可以分为应用性调查报告和学术性调查报告。

①应用性调查报告。它是以解决现实问题为主要目的而撰写的调查报告。这类调查报告又可分为社会情况调查报告、政策研究调查报告、总结经验调查报告、揭露问题调查报告等。同时，应用性调查报告也为有关部门了解情况、解决问题提供依据。

②学术性调查报告。它是以揭示社会现象的本质及其发展规律为主要目的而撰写的调查报告。这类调查报告，主要是通过对现实问题的调查和研究，来达到对客观社会现象做出科学的理论概括和说明的目的。它可分为理论研究的调查报告和历史考察的调查报告。

由于应用性调查报告与学术性调查报告在目的、读者对象等方面的不同，因此，在撰写的格式和要求上也不完全一样。应用性调查报告往往更强调对调查结果的描述、说明和应用，而对调查的方法、过程及工具等就不太关心。同时，应用性调查报告的语言往往也更加大众化，对社会现象的描述和分析也没有十分固定的格式，并且更多地采取直观的方式进行说明。学术性调查报告则往往需要运用各个学科的有关理论和概念，在形式上也有比较固定、严格的格式，结构更加严谨，论述的语言也要求更加客观、更加严密。

（3）按社会调查报告的主要功能的不同来划分，社会调查报告可以划分为描述性调查报告和解释性调查报告。

①描述性调查报告。它着重于对所调查的现象进行系统、全面的描述，其主要目标是通过对调查资料和结果的详细描述，向读者展示某一现象的基本状况、发展过程和主要特点。对于那些以弄清现状、找出特点为目的的社会调查来说，描述性调查报告是其表达结果的最适当的形式。

②解释性调查报告。它的着眼点则有所不同，它的主要目标是要用调查所得资料来解释和说明某类现象产生的原因，或说明不同现象之间的关系。这类报告中虽然也有一些对现象的描述，但这种描述不像描述性报告那样全面、详细。此外，这种描述也只是作为合理解释和说明现象原因及关系的必要基础或前提而存在，即为了解释和说明而做必要的描述。

二、社会调查报告的结构

各种报告的写作形式虽然各不相同，但是它们都包含了或者可以归纳为前言、正文、结论。例如社会调查报告可分为前言、主体、结论三个部分，经验总结报告可分为情况概述、经验总结、存在的问题和今后意见三个部分，实验报告可以分为前言、实验过程和结果、讨论和结论三个主要部分。

1. 社会调查报告的基本结构

社会调查报告的基本结构是指社会调查报告这一文体的大体式样。一般来说，社会调查报告由标题、前言、主体、结尾四部分构成，有的社会调查报告还有附录。

（1）标题。

标题就是题目，调查报告的标题通常有三种写法。

一是用调查对象和主要问题做标题，如“大学生学习动机的调查”。这种标题直观、简明、朴实，但较呆板，缺乏吸引力。

二是用一定的判断或评价做标题，如“城乡协作的一种好形式”等。这种标题的优点是，既表明了作者的态度，也揭示了主题，又富有吸引力。但调查对象和所要研究的问题在标题中不易看出。因此，采用这种标题时，一般都要有副题。

三是用提问做标题，如“青少年为什么沉迷于网络?”“农民工的权益为什么得不到保障?”等。这类标题比较尖锐、鲜明，而且有较大的吸引力，一般用于揭露问题的社会调查报告。

标题的写法灵活多样，无论采用哪种标题方法，都要求概括、简明、新颖、对称，即标题能总括全篇的内容，用最简洁的文字说明调查报告的主题，有新鲜感，富有吸引力或感染力，还要与调查报告的内容相对称，既不能“帽大于头”，也不能“帽小于头”。

（2）前言。

前言又称引言、导言，是社会调查报告的有机组成部分。前言写得好，对激发读者的兴趣具有重要的作用。一般来说，前言有以下几种写法：

第一，主旨直述法，即在前言中着重说明调查的主要目的和宗旨。这种写法有利于直接说明调查者的目的和意图，有利于读者具体把握调查报告的主要宗旨和基本精神。

第二，情况交代法，即在前言中着重说明调查的目的、时间、地点、对象、方法以及调查工作的过程和具体情况。这种写法有利于读者了解进行调查工作的历史条件和具体情况，多用于比较大型的社会调查报告。

第三，结论先行法。这种写法开门见山、单刀直入，直接把调查结论写在开头处，使人一目了然。

第四，提问设悬法。这种写法常用于重在总结经验或揭露问题的调查报告。

前言部分的写作方法非常灵活，没有固定不变的模式。究竟采用哪一种写法，要视社会调查报告的种类、目的、主体部分所使用的材料，以及社会调查报告的篇幅等情况，做适当选择。但是，一般来说，前言部分应围绕着为什么进行调查（研究背景与研究目的）、怎样进行调查（调查过程与研究方法）和调查的结论如何等内容来构思和设计。前言的文字应力求简短，有的可以简略到一两句话，只有比较大型的社会调查报告，才可写得详细一些。

（3）主体。

主体是表现社会调查报告的重要部分。这一部分写得如何，将直接决定着社会调查报告质量的高低和作用的大小。主体部分的写作应考虑三个因素：

一是表现主题的需要。什么写法能更好地表现主题，就采取什么写法。

二是调查材料的情况。材料不同，社会调查报告主体的写法也不一样。

三是谋篇布局，即如何安排结构。

结构在社会调查报告中有重要作用，它和主题、材料一样，都是构成社会调查报告的重要因素。如果把主题比作社会调查报告的灵魂，把材料比作社会调查报告的血肉，那么，结构就是社会调查报告的骨架。一篇质量较高的社会调查报告，除了要有深刻的主题、丰富的材料外，还必须有完美的、恰当的结构，三者缺一不可。

（4）结尾。

从形式上看，社会调查报告的结尾一般有三种情况：没有结束语、有极简短的结束语、有较长的结束语。从内容上看，有以下几种写法：

第一，概括主题，深化主题。概括地说明全篇报告的主要观点，进一步深化主题，增强调查报告的说服力和感染力。

第二，总结经验，形成结论。根据调查的实际情况，总结出工作的基本经验，形成调查的基本结论。

第三，指出问题，提出建议。根据调查的情况，指出当前存在的问题，并针对发现的问题提出改进工作的具体建议。

第四，展望未来，说明意义。由点及面、由此及彼扩展开去，展望未来，指出调查问题的重要意义。

调查报告的结尾，要根据写作目的、内容的需要，采取灵活多样的写法，话多则长，话少则短，意尽即止，切不可画蛇添足，损害正文。

（5）附录。

附录是社会调查报告的附加部分。社会调查报告的正文包容不了，或者是没有说到而又需要附带说明的问题或情况，全文结束时，可将这些问题或情况写出来附于社会调查报告的正文之后。附录的内容一般是有关材料的出处、参考的资料和书籍、调查统计图表的注释和说明以及旁证材料等。

三、社会调查报告的写作程序

社会调查报告的写作一般要经历以下几个程序：

1. 拟定提纲

研究者必须统筹规划好文章的结构，组织材料，草拟提纲。拟定报告撰写提纲的过程，实际上是对所从事的研究工作进行全面总结和构思的过程，是对收集到的大量材料经过比较、提炼，进行必要的取舍和增删，精选出最有价值的论点和论据的过程。在这个过程中，对篇章结构、中心思想、内容表达层次，每一章节叙述什么内容，穿插哪些图表、照片等，都要做缜密考虑。研究者可以先列出初步的提纲，然后修改补充为详细提纲。有了详细提纲，研究者便可以从全局着眼，开始撰写。

2. 撰写初稿（前言、正文、结论）

撰写初稿是撰写过程的中心工作。对社会调查报告的三个主要组成部分（前言、正文、结论）的写作要求如下：

（1）前言。

前言是调查报告的开场白。前言部分必须说明进行这项工作的缘由和重要性；前人在这一方面的研究进展情况，存在什么问题；本研究的目的、采用什么方法、计划解决什么问题、在学术上有什么意义等。前言写作要求简明扼要，直截了当。

（2）正文。

正文是社会调查报告的主体，占报告的绝大部分篇幅，也是社会调查报告的关键部分，体现着报告的质量和水平。所以，必须重视正文部分的撰写。

各种不同类型的社会调查报告在正文部分叙述的内容不尽相同，但要写好正文部分，必须掌握充分的材料，然后对材料进行分析、综合、整理，经过概念、判断、推理的逻辑过程，最后得出正确的观点，同时要以本研究的观点为核心，用材料说明观点，做到材料与观点的统一。这是基本的要求。

对初学者来说，往往易出现两种缺陷：一种是只限于表述自己的论点，而缺乏科学的论证，只有论点，没有材料，缺乏说服力；另一种是罗列大量材料，平铺直叙，看不出其主要论点是什么。出现上述问题的原因就在于没有能以确凿的论据来说明论点，做到论点与论据的有机统一。为了科学、准确、生动形象地表达研究成果，提高说服力和可信性，还应减少不必要的文字叙述，而采用图表来集中反映数据和关键的情节。当然，选用的图表也要注意少而精，且准确无误。

（3）结论。

社会调查报告的结论部分是作者经过反复研究后形成的总体论点，它是整篇报告的归宿。结论必须指出哪些问题已经解决了，还有什么问题尚待研究。有的报告可以不写结论，但应加以简单的总结或对结果开展一番讨论；有的报告可以提出若干建议；有的报告不专门写一段结论性的文字，而是把论点分散到整篇文章的各个部分。不论是哪种类型的社会调查报告，都必须总结全文，深化主题，揭示规律，而不是对正文部分内容的简单重复，更不是谈几点体会、喊几句口号。写结论必须十分谨慎，措辞严谨，逻辑严密，文字简明具体，不能模棱两可，含糊其词。

3. 修改定稿

初稿完成后，我们还需要仔细审阅。审阅时，我们往往会发现或大或小的问题。有的人感到修改比写初稿还难。因为初稿是我们精心写出来的，我们觉得很恰当的才写进去，要我们自己去发现哪些地方不恰当就不那么容易了。只有对自己高标准、严要求，我们才能修改得好。修改初稿首先要经过反复审阅，对那些可有可无的叙述要大刀阔斧地砍掉，对累赘语言不能手软。当然，初稿写好后，我们不必马上修改，因为人的思维一般都有滞后性一写完就修改，往往跳不出原构思的“圈子”。所以搁置一段时间后再修改，原先的思路淡了，或许我们能得到新的启发，这时修改的效果就会更好些。

一篇社会调查报告经过反复修改后，还应当请人指点，再行修改。一篇社会调查报告只有经过精雕细琢，精益求精，才能达到比较成熟的程度。

4. 其他标识

在撰写调查报告的时候，我们免不了会引用相关文献里的观点、数据、图表等。对于这些引用的信息，就需要在报告的适当位置加以注明，以便读者核查，这就需要我们做好参考文献及注释的标识工作。

参考文献是研究者撰写报告时所参考的文献书目，一般集中列于文末，以“参考文献”作为标识，文献序号用阿拉伯数字加方括号表示。

如果需要解释某些内容，或者引文来自经典著作、领导讲话、文件法规、内部资料，以及转引自有关文章或著作，均可对其进行注释（说明作者、题名和出处）。常见的注释方法有脚注和尾注两种方法。脚注即用阿拉伯数字加圆圈标注，一般标在文中被注明内容的后右上角；注释内容放在该页页脚。尾注则把注释内容放在该报告的结尾处。

【拓展知识】

撰写调查报告十忌

（1）引言过于冗长，迟迟不能进入主题。

（2）基本概念不准确。

（3）材料没有取舍和整理，显得杂乱。

（4）成果与过程之间缺乏联系。

（5）成果与研究目标脱节。

（6）缺乏自己的认识和有当地特色的操作措施。

（7）言过其实，缺乏一分为二的观点。

（8）写成工作报告，缺乏学术性。

（9）语言华而不实，或晦涩难读。

下篇　会计理论的发展

会计理论的发展受一定时期经济、政治、文化、社会等会计环境的影响和制约，会计理论的发展对会计环境又产生反作用和影响。在知识经济占主导地位的21世纪，经济的知识化、政治的多元化、科技及文化的高度信息化、全球社会融合的国际化将引起社会经济的深刻变化，这无疑会对会计系统产生巨大影响。会计发展的历史告诉我们，会计环境特别是社会经济环境的变化将推动会计大发展。

第十一章　会计发展的影响因素及面临的挑战

会计的发展总是受环境因素的影响而得到发展的。随着现代社会进入知识经济时代和信息化社会时代，高度发达和发展的信息技术对我们会计发展产生了巨大的影响，从而对会计理论及其研究也产生了巨大的影响。

第一节　会计发展的影响因素[①]

一、政治环境因素

一个国家的政治制度约束着会计组织制度建设、会计理论研究、会计教育。任何有损于政治制度、国家利益、社会安定和会计组织制度建设、会计理论研究、会计教育等都必然会招致政府行政、法律等的强制干预和严厉惩处。一国的政策措施也对会计产生重大的影响。政治环境因素不同，各国的会计研究指导思想就不同，对会计认识也不同。

不管会计作为一个信息系统还是一种管理活动，政治环境对它产生着广泛和深刻的影响。第一，不同国家的政治制度、政治体制决定了会计的不同模式。在某种意义上，会计行为反映了一定的国家意志。政治制度的变革与发展必然引起会计制度相应的变革和发展。第二，政府的工作重心的转移决定了不同时期会计工作的特征。国家的某一时期的重大方针政策对会计具有直接的推动力和约束力。第三，安定和平的政局、民主开明的政治、稳定连续的政策为会计的发展创造了良好的基础条件；反之，则会对会计的发展造成阻滞的影响。

二、法律环境因素

法律环境是对会计发展具有直接影响力的一个因素。每个国家的会计都受到法律

---

① 本部分主要以笔者的毕业论文《论会计环境》为基础，同时参考了汪学习的《影响会计理论和实务的环境因素》、郭道扬的《会计环境论》、祝华民的《社会文化对会计的影响》。

的影响，但由于种种原因，其影响的方式和程度在不同的国家有所不同。可以说，不同的法律制度会造就不同的会计制度。在实行"立法会计"的大陆法系国家（如德国、法国等），政府对会计准则、会计程序和会计方法都做了法律规定，其会计实务受到公司法、税法、商法、证券交易法、会计法、银行法等法律的严格约束，使其会计规范具有统一性和强制性的特点；在实行"民间会计"（也称"协会会计"）的英美法系国家（如美国、英国等），用于规范会计实务的详细和具体的会计准则、程序和方法是通过民间会计职业团体来制定的，从而使其会计规范具有灵活性和权威性的特点。当然，这并不是说，在这些国家中，会计规范的建立可以不受政府的监督和法律的约束。实际上，政府（如美国的证券交易委员会）仍参与了一定的会计立法。另外，一个国定法律制度是否完善、法律体系是否健全、执法力度的轻重、国民法律意识的强弱等法律环境的好坏直接影响到会计信息质量的高低。

三、经济环境因素

经济环境是指经济体制、经济发展水平、物价变动水平、金融、证券市场的发展和完善程度等具体因素的总和。它是影响会计发展的主要因素。

一个国家的经济体制主要由所有制、宏观调控程度、经济类型、企业组织形式等基本要素组成。一个国家处于何种经济体制就必须建立与之相配套的会计模式。故而，经济体制的变革势必导致会计的变革。经济发展水平对会计理论和会计实务的发展产生重大影响。经济发展水平越低，经济业务和会计实务就越简单，会计理论所要解释的问题就越少；反之，经济发展水平越高，经济业务和会计实务就越复杂，会计理论所要解释的问题就越多。一般地讲，经济发展水平越高，会计的认识就越科学，会计各方面的工作就越完善。经济环境因素对会计的影响主要包括以下几个方面：

第一，不同的社会经济结构对会计提出了不同的要求。世界各国的社会经济结构的组成和发展重点各不相同，体现了不同的经济结构特征。如：有的国家以矿产、石油的开采和输出为主；有的国家则侧重于新技术和新工艺，但原料和市场均依赖于国外；还有的国家具有农工商及其他产业较全面发展的先进的经济结构。经济结构的特征直接影响着会计的内容及其处理方法。如：以自然资源的开采和利用为主的经济结构，导致了固定资产折旧、递耗资产摊销等方面会计方法的高度发展；以先进技术和新工艺为特征的经济结构，对研究与开发费用的核算比较重视。

第二，经济的发展水平决定着会计的发展水平。从历史的角度加以考察，会计是伴随着经济的发展而不断发展的。从当今世界各国的发展差异来看，发达国家和地区的会计水平也大大高于经济落后的国家和地区的会计水平。究其原因，主要是由于经济落后国家和地区经济活动的规模不大，经济业务比较单一。而随着经济的发展和复杂的新经济业务的层出不穷，经济关系也日趋复杂，会计实践活动随之日益增多，会计理论研究的内容也随之不断扩大和深化，会计显得越来越重要。

第三，不同的经济体制对会计有着很大的影响。目前，世界各国实行不同的经济体制，经济体制包括了社会再生产全过程的各个方面，对会计的影响很大。世界上各种不同会计模式的形成，在很大程度上取决于各国采用的不同的经济体制。

第四，不同的所有制结构对会计目标、会计作用的影响也很大。在以公有制为主导的社会中，国家始终是重要的投资主体，满足政府宏观经济管理对财务信息的需要便是会计的主要目标之一，维护国有资产的安全、完整，并实现其保值增值是会计的一项重要任务；反之，在以私有制为主体的社会里，会计的目标主要是为私人投资者提供投资决策所需的财务信息，以维护私人投资者的经济利益。

第五，政府的经济政策也必然影响会计的各个方面。经济政策主要是政府根据经济形势的发展变化为干预经济而制定的各项调整措施与规定，主要体现在财政、税收、金融、价格以及市场体系等方面。这些政策对会计各个方面均有约束力，各项经济政策的变化以及经济政策在执行过程中的反复，将直接从正反两个方面影响、反映其内容的方式和方法，因而也必然影响会计的理论和方法。

第六，经济的稳定程度也是影响会计发展的重要因素。在币值稳定的情况下，会计活动通常采用历史成本计价原则。在比较严重的通货膨胀情况下，常规的历史成本会计已不能较好地反映企业的财务状况和经营成果，通货膨胀会计应运而生。如在巴西、智利、阿根廷等南美洲国家，其会计报表通常对一般物价指数加以调整，以维护会计信息的相关性和有用性。

第七，不同的企业筹资机制也会对会计造成影响。筹资机制主要是指作为国民经济基本单位的企业的资本供给渠道。企业资本来源的渠道不同，其所有者对企业经营管理的要求就不同，因而直接影响着企业财务报告的重点和会计制度的设计。如法、德、意等欧洲大陆国家的企业资本来源主要集中于银行和政府，很容易直接获得投资决策所需要的财务信息。因而，政府及社会公众对会计信息的揭示程度要求较低；相反，美国公司的资本主要来源于广泛的社会投资者，分散的投资者为了维护自身的利益，必然要求会计充分揭示投资决策所需的财务信息，并且特别强调揭示内容的公允性和客观性。

第八，不同的企业管理体制、组织方式给企业会计带来了新的课题。企业类型、组织形式的多元化，使会计工作不断向新的领域拓展。第二次世界大战后，西方国家的企业大量兼并收购重组，便产生了相应的会计标准与实务；租赁业务的广泛开展促使租赁会计产生；股份公司的出现促使股份制会计产生；企业向集团化跨国化发展促使企业集团会计和跨国公司会计产生等。

第九，企业整体管理水平和企业会计基础工作的完善程度影响着企业会计的规范化程度。企业整体管理水平的提高，是会计准则在企业中得以顺利实施的保证。没有健全的内部控制制度，会计的职能和作用就难以得到充分发挥。会计基础工作的好坏，是影响会计工作质量和效率高低的主要因素之一。

第十，不同的企业规模和会计目标也影响着企业会计。一般而言，企业规模不同，所提供信息的性质和内容也可能相差很大。企业的会计目标制约着企业的会计行为。为了满足不同信息需要者对会计信息的需要，企业会计不能不通过不同的方法提供企业各个不同侧面的财务信息资料。

四、科技教育环境因素

科学技术的发展对会计方法、手段革新，拓宽、深化会计工作领域起着重要的促进作用。科学技术也为会计发展提供物质条件和基础。计算机在会计上的运用改变了传统的手工操作，而互联网技术在会计上的应用更是给会计带来了一场技术上的革命，对会计理论和实务操作将产生深远的影响。科学技术和教育水平的不断提高，强有力地推动了社会经济的发展，同时也推动着会计的发展。科学技术的每一次进步，都会对会计的发展进程产生意义深远的影响。

第一，先进科技用于生产经营过程，就可能改变企业的生产方式、工艺流程和经营方式，进而引起企业成本结构和消耗水平等多方面的变化，同时使生产经营的社会化程度也越来越高。这种变化对会计提出了新的要求，必然引起企业会计工作重点和方式的变化。会计学研究的领域也因之而进一步拓宽。

第二，科学技术为会计发展提供了物质条件。随着科技的进步，会计手段和会计技术也不断得以进步，从而有助于提高企业会计工作的效率和会计信息的准确性和有用性。如计算机的普及将会计的发展推进到一个新的时代。此外，其他学科的发展，尤其是企业管理理论和技术的发展，对会计也有重大影响。

第三，教育是培养会计人才的途径，也是发展会计理论的基础。而会计人员文化素质、职业道德和专业水平，直接制约着会计理论的进步程度及新兴会计方法和会计模式的实施程度，并直接影响到会计法规执行的深度。高素质会计人才的培养，对会计的未来发展也具有深远的影响。社会成员尤其是企业管理者和职工文化素质的提高，还直接影响着会计工作的地位和会计作用的发挥。

五、社会文化环境因素

社会文化环境主要是指不同的社会组织方式和一个国家、地区人民长期积淀的传统思维习惯、价值观念、行为方式以及人们对经济、会计的传统态度和看法等。

第一，社会组织方式一般有“横向联系型”和“纵向隶属型”两种。这两种社会组织方式对会计的影响，主要反映在会计报表的服务对象不同和不同的会计制度制定方式上。在“横向联系型”的社会组织方式下，如美国的会计报表服务对象不仅是政府，更多更重要的是广大的投资者、债权人。会计规范和政策的制定也实行分权，即一部分属于政府机关（如 SEC 等），另一部分属于民间机构（如 FASB）。在“纵向隶属型”的社会组织方式下，如过去我国实行计划经济体制时，每个企业都受政府有关部门领导，会计报表的编制主要是为了便于上报主管部门监督管理，会计规范（统一会计制度）是由财政部和各主管部门制定的。

第二，以研究文化环境对会计模式的影响这一问题而闻名于世的美籍荷兰学者何斯泰德（Hostede）把影响会计的文化环境因素分为四个方面：①个人主义相对集体主义；②权力差距大小；③对不确定性反应的强弱；④阳刚相对阴柔。比如：美国是一个崇尚个人主义的国家，社会的权力差距较小，强调人与人之间的平等，人们对不确定性因素反应较弱，容易接纳新生事物，是一个注重成就、英雄感、决断能力和物质上成功的阳刚社会。相应地，美国的会计模式呈现出以下特征：在会计管理上，强调行业自律，较少依赖法律和政策，政府在会计管理上的作用有限；在会计准则的制定和实施上，强调灵活性、可选择性和会计人员的职业判断；在会计职业上，会计人员社会地位高，专业水平也高，具有较高的权威性；在信息披露上，偏向于透明公开；在会计处理方法上，强调真实反映，保守程度较低。与此相反，我国的文化环境有以下特征：①推崇集体主义观念，强调社会价值的实现；②强调上下等级、长幼排序，社会权力差距较大；③对不确定性因素的反应较强，接受新生事物较难，冒险精神较差，偏向于传统保守；④不像美国那样偏重阳刚主义，强调精神享受和精神胜利，讲究中庸之道。与此相适应，目前，我国会计模式虽未定型，但已呈现出以下特点：在会计管理上，强调立法管理；在会计规范的制定和实施上，一贯偏向于指令性、强制性和统一性；在会计职业上，会计团体的规模和力量相对较弱，职业地位仍较低；在信息披露上，偏重于适当揭露，不够透明和公开；在会计处理方法上，强调统一性，并采取较保守的态度，严格遵循历史成本原则。

六、其他因素

第一，自然环境对会计的影响。首先，自然环境影响和制约了一国或一地区的经济结构，从而间接影响其会计模式；其次，自然资源的有限和日趋短缺，促进了物流会计、成本会计、资源会计的研究及其实务的发展；最后，对自然生态环境进行保护和对环境污染进行控制，促进了社会责任会计、环境会计实务的产生及其理论的发展。

第二，历史因素也是影响会计发展的环境因素之一。作为会计环境系统构成要素的政治、法律、经济、科技教育、社会文化等方面，都是随着时代的发展而发展变化的，从而使会计实务和会计理论既表现出历史继承性的痕迹，又富有当代特色。

第三，影响会计发展的环境因素中还有一个国际因素。首先，它表现在国家间的经济政治关系对会计实务的影响上。其次，随着国际经济联系的日益紧密，会计朝着国际化的方向发展。跨国企业间的经济联系，最终都要由会计反映出来。由于世界各国会计方法存在差异，因此要求进行国际会计协调。国际会计职业团体以及一些地区会计职业团体正在进行这方面的努力。上述会计环境因素交织在一起，纵横交错、互为条件、相互联系，形成对会计发展影响的合力，共同作用于会计。这种作用总是表现为促进和阻碍两个方面，作用的性质和力度大小又随环境变化而不同。每个会计环境因素又分别从不同的侧面对会计发展产生影响，从而决定某一国家或地区一定历史时期的会计特征。同时，会计工作对会计环境又起着一定的反作用。分析一个国家一定时期的会计特征，寻找会计改革的发展方向，都必须从会计环境的实际出发。

第二节　会计发展面临的挑战

一、高科技的迅猛发展对会计的影响

1. 高科技发展的基本概况

第二次世界大战之后，科学技术发展的速度和规模以及它们发挥的作用和影响，在人类历史上都是空前的。1946 年，诞生了第一台电子计算机，1947 年，发明了半导体晶体管。1957 年，人类发射了第一颗人造地球卫星，从而开辟了人类全球通信的新纪元。材料科学为电路集成提供了条件，新型光源大大扩展了光学应用的新领域，微电子学推动了信息技术的发展，生物遗传信息的破译开拓了按照人类意志组织新物种的前景。此后，人类在天体演化、生命起源、基本粒子科学的三大前沿进行了卓有成效的探索，伴随着信息技术、新能源、新材料、生物、海洋、空间这 6 大群体技术大规模应用于生产实践，从而使生产得以迅速发展。与此相适应，西方发达国家的大型企业进一步的集中，跨国公司大量的涌现，新兴工业如雨后春笋，生产经营日益复杂，

市场瞬息万变，竞争日趋激烈。这些新的情况和新的环境，对企业管理也提出了新的要求，即要求实现企业管理的现代化。在这样的形势下，企业管理的现代化，就要求为企业管理服务的会计信息和提供这些信息的信息系统也跟着实现现代化。

2. 高科技发展的基本趋势

从一般意义上来说，当代科学技术发展的趋势主要表现为：

①发展速度快。新科学新技术不断涌现、层出不穷，有人将其比喻为以几何速度增长。

②发展呈现综合化。现代科学技术是完全建立在现代科学理论基础之上的，现代科学装备了现代技术设备，科学与技术的关系密不可分，从而使科学技术化和技术科学化。

③与社会科学相结合。科学技术与社会科学相结合，解决了人类在当代所面临的高度综合化的问题。现代科学技术发展的结果：一是交通更加发达，加速了物质和人员的流动，二是通信和信息处理的进步，为实现政治经济的全球化创造了条件，例如通过几百个地球同步通信卫星，每个公司和每一个自然人都可以在地球的任何一个角落交换各种信息；三是产业发展的重心正在转向以信息部门为主的第三产业，这也将使得信息部门有一个长足的发展；四是出现了技术和资本密集型的产业。

上述高科技的出现对会计提出了多方面的挑战，迫使会计界摈弃那些已经过时了的价值观念和知识体系，并不断地用新的高科技的手段去武装和充实自己，以便与其他学科的发展同步。

二、信息技术革命对会计的影响

1. 信息技术的表现形态

信息技术是指以计算机技术、通信技术、传感技术、量子技术等为核心的一系列技术群。这一系列技术群的迅速崛起，正在使传统的纸张、笔墨、算盘等退出历史舞台。所以，也有人把信息技术称为“无纸技术”。无纸技术的诞生对于传统会计的影响除了会计技术方法上的革命以外，还表现在各个方面。更进一步来说，信息技术是指以语言、文字、图形、符号等方式而存在的技术。它集中表现为工艺、流程、规则、规章、制度等技术资料、管理政策和专利文献等。

信息技术的表现形态一般为：

①它既不同于物化技术，也不同于人化技术，而是一种以抽象的信息方式存在的技术。它表现为语言、文字、符号、图形等物质形体，如图纸、磁盘等。

②信息技术可以供给多人共同享用和反复的使用，而并不因为使用就贬值。

③信息技术存在方式的各种具体形态之间可以相互转换。因为技术并不是语言、文字、符号、图形本身，而是语言、文字、符合、图形所表达的语义。

④信息技术的功能一般来说，只能通过对活动主体行为的影响和对技术做相应的时间、空间的序列变化来实现。

2. 现代信息技术对会计的主要影响

近几年来，微软、苹果、华为等公司以他们优秀的、精良的开发技术称雄于全世界，他们依靠自己的软件代码开发技术，创立了国际互联网和手机新境界。现在，国际互联网及其在手机中的运用已经成了信息技术的化身。

当然，以国际互联网为核心的现代信息技术，对会计也产生了多方面的影响，其主要表现在以下几个方面：

①对会计基础理论产生的影响。国际互联网的全面使用，冲击了传统的会计假设，动摇了权责发生制和历史成本原则。例如：在国际互联网上出现了虚拟的公司，这就使得会计主体的概念大大延伸了；数字货币或者虚拟货币的出现，对货币计量这一假设也是一个冲击；网络公司为了完成一个目标，会在短期内联结起来，但是当目标完成以后，它们又可以解散，这当然对持续经营的假设也是个挑战。

②对会计报告产生的影响。国际互联网的使用使会计报告的形成和公布的时间发生了变化。例如：在世界范围内，有许多优秀的公司就是通过国际互联网来形成自己的会计报告（美国的中央联邦储备银行在实施监督、管理时，就是通过国际互联网来检查和收集会计报表的），同时，又通过国际互联网披露自己的会计报告。这既减少了编制会计报告的人力耗费，又节约了会计报告披露的时间和费用。

③对会计职能产生的影响。会计的职能主要是反映和监督，但是在现代信息技术与会计工艺结合之后，会计反映（核算）和监督职能的履行就变得很容易，而预测、参与决策和控制等职能就需要强有力的履行，甚至颠倒主次。

④对会计机构产生的影响。在国际互联网上做电子商务，企业与企业之间都是通过 IC 卡，即时地将业务录入电脑中，不需要人工录入，也不需要会计人员再处理，便会由计算机自动处理。这样一来，会计机构的设置将会受到影响，并且财务机器人的出现也使之变成了现实。

⑤对会计程序和方法的影响。由于现代信息技术与会计工艺的结合，使得会计信息处理可以自动地完成。过去我们使用的许多会计程序和计算方法，已经可以由计算机的软件来代替，而我们过去使用的笔和计算工具都会由计算机的硬件来代替。

三、现代管理要求对会计的影响

1. 现代管理的基本表现

第二次世界大战以后，从世界范围来看，政治、经济、文化、科学技术等方面都发生了巨大的变化，企业为了适应环境的需要，求得生存和发展，必须从科学管理转向现代管理。现代管理，可以说是一个十分复杂而庞大的知识体系。它主要是由“管理科学派”和“行为科学派”这两大理论学派组成的。所谓管理科学派，实际上是泰罗科学管理理论的继续和发展。它把动作研究、时间研究等发展到工业工程学和功效学；同时吸收了现代自然科学和技术科学的一些新成就，并采用了运筹学、系统工程学、电子计算机等科学技术手段。特别是运筹学的采用，根据现代数学原理和数理统计方法，通过建立许多数学模型和采用技术手段来帮助管理人员按照最优化的要求，对企业极其复杂的生产经营活动进行科学的预测、决策、组织、安排和控制，促使企业的生产经营实现最优化的运转，从而大大提高了企业管理的科学化、现代化水平及其竞争和适应环境的能力。所谓行为科学派，就是强调从社会学、心理学的角度，从人的目的、动机、相互关系和社会环境等方面，研究对企业生产经营活动及其效果的影响。它认为企业管理只重视物质技术条件而忽视社会条件的影响是片面的；因此，必须致力于社会学、心理学的研究，做好人的思想工作，处理好人与人的关系，激励人的积极性、主动性、创造性，以提高劳动生产率，减少消耗，最终使企业的利润最大化、最优化。

2. 现代管理的基本特点

现代管理的特点如下：

①树立现代管理科学的观念，主要表现在以人为中心的管理、开放型的管理、面向市场的管理、一业为主多种经营的管理、质量效益性的管理、以价值为中心的管理、重视对信息的管理、以战略为主的管理、以高层为主的管理、提高市场竞争力的管理、培育企业精神的管理、实行权变组织结构的管理。

②从系统出发，注重战略发展的研究，强调社会整体经济效益，实行全过程的系统管理。

③从社会化大生产出发，实行生产专业化和经营多样化。

④国家加强宏观调控，政府的经济管理部门要制定和执行宏观调控政策，制定各种中长期规划、经济政策和产业政策，发挥行政指导作用，搞好基础设施建设，创造良好的经济发展环境，对企业进行正确的引导。

⑤企业要加强内部管理，建立能满足企业内部经营机制要求的单位内部管理体制。内部管理要加强资金管理、成本和利润管理，以资金管理为中心，建立筹集资金、使用资金和收回资金的制度，实行资金的目标管理，严格资金的内控制度，优化资金结构，提高资金使用效益。

⑥从“以人为本”出发，重视行为科学的运用，加强职工培训，采用分权管理体制。

⑦运用计算机等现代技术手段，为管理的全过程服务。

上述现代管理的特点对会计也同样提出了挑战，从而迫使会计要提供能满足现代管理全过程所需的所有信息。

四、知识经济对会计发展的影响

在知识经济下，其服务对象和处理对象都发生了巨大变化，会计对人力资源、信息、知识产权等无形资产的处理，在会计系统中所占的比重越来越大。知识经济不仅要求会计越来越多地处理与物质资源有关的业务，也要处理与非物质资源有关的业务。以服务为主导的第三产业、以信息为主导的第四产业的会计问题也成为会计的新领域。知识经济的发展对会计理念产生了重大影响，主要表现在以下几个方面：

1. 更加注重战略管理

随着知识经济时代的到来，企业管理将会经历“增强协作、分散经营和建立智能基础设施”三大变革。企业需要注重平等、主动和创业精神，依靠信息共享和企业监督，不断创造优势，以谋求企业的增值效果。这就要求企业建立以战略管理为导向的会计支持系统，力促企业的发展战略与投资者的期望相一致。

2. 更加注重资源的有效配置

为了使企业的发展战略按照不断增加股东财富的目标去设计，并将这一设计要求体现在日常的会计管理中，最好的方法莫过于将有效配置资源的观念体现于会计管理的全过程。因为，资源的有效配置无疑是企业增值的源泉。以成本管理为例，在知识经济下由于科学技术的不断创新，传统的成本管理方法——制造成本法已不能合理表述知识经济下的产品组成。以作业基础管理为核心的成本控制系统将成为成本管理的主流。将资源配置与每一项作业的成本动因紧密地联系起来，无疑为增加企业财富开辟了新的空间。

3. 更加注重风险管理

在知识经济时代，由于信息等科学技术的迅速发展，信息传播、处理和反馈的速度大大加快，产品寿命周期不断缩短和国际金融市场的快速发展，大大地加大了企业的经营风险。特别是高科技项目，由于自身的竞争性和不确定性，面临的风险更大。这就决定了在知识经济下，会计必须实行风险管理。例如，加大提取科技开发费用的比重，提高风险准备金的比例，更加普遍地采用谨慎性原则，普遍采用加速折旧法等。

4. 更加注重信息披露

在知识经济环境下，以知识为基础的信息技术不但能够快捷地传递大量信息，而且也为用户提供了直接分析这些信息的手段。如果再单纯提供综合性信息，将影响信息使用者进行判断和决策。因此，会计工作应着重提供多种属性的报告：既包括最底层的原始数据，也包括高浓缩的综合信息；既包括定量信息，也包括定性信息；既包括历史信息，也包括预测信息等，使会计信息的披露更好地反映出相关性的特征。

5. 更加注重价值基础

随着知识经济的发展，以价值为基础的管理，已成为会计管理必备的理念。在风险和收益都极大化发展的知识经济下，它可以促使企业的会计管理观念从短期的利润视角到长期的价值创造的更新，引导企业管理当局直接面向投资者，以帮助人们清晰地把握价值动因，即股东财富=公司价值-负债，而公司价值=未来自由现金流量×加权平均资本成本贴现率。人们以此，发现价值增减的动因，进行以价值为基础的决策。

6. 增加了人力资源会计

知识经济的蓬勃兴起提醒着人们记住两个基本定律：一是科学技术是第一生产力，二是人力资源是比其他任何经济资源都重要的资源。历史已经证明并将继续证明，只有重视人力资本的投入，重视科学与教育，才能促进经济的繁荣与稳定。而对这种智慧的投资、贡献等做系统的计量与报告，正是人力资源会计的直接目的所在。

第十二章 新兴会计学科理论

由于社会的不断进步和纷繁复杂的经济环境的出现，会计学科向纵深方向发展，从而产生众多的新学科分支，包括通货膨胀会计、人力资源会计、社会责任会计、国际会计、环境会计、网络会计、衍生金融会计、碳会计等。本章主要对通货膨胀会计、人力资源会计、社会责任会计、国际会计、环境会计、碳会计、网络会计、法务会计等做简单介绍。

第一节 通货膨胀会计

一、通货膨胀会计概述

1. 通货膨胀会计的概念

通货膨胀会计是在通货膨胀条件下，根据一般物价指数或现时成本数据，将传统历史成本会计加以调整，借以反映和消除物价上涨因素对传统会计报表影响，或彻底改变某些传统会计原则，从而更真实地反映企业财务状况和经营成果的一种会计程序和方法。通货膨胀会计有时又称为“物价变动会计”，是指利用一定的物价资料，对企业传统的会计报表和会计模式做出调整修正，以反映或消除物价变动对会计信息的影响所采用的会计程序和方法。物价变动按变动的方面，可分为上涨和下跌两种情况。随着经济的发展，虽然个别商品价格会有所下跌，但绝大多数商品会持续上涨，因此，物价变动会计一般用通货膨胀会计来代替。

通货膨胀会计是西方财务会计的一个新领域，它的产生和发展有着深刻的历史背景。随着资本主义经济由自由竞争向垄断阶段的过渡，产生了周期性的经济危机。尤其是第一次世界大战后，西方国家出现了通货膨胀现象，商品物价飞涨，工人大量失业，经济运行过程中的平衡和稳定被打破，通货膨胀与失业并发、资源配置严重失调。这成为资本主义国家经济危机深刻化与复杂化的一种反映，阻碍了资本主义经济的发展。西方经济学界为了控制严重通货膨胀的爆发，进行了长期不懈地探索与研究，但一直无法从根本上消除通货膨胀现象。

2. 通货膨胀会计的特点

正是由于通货膨胀的出现，给企业界的财务会计信息带来了种种冲击，应用传统会计假设和会计原则处理会计事项显出许多弱点。在通货膨胀时期，企业的资产、负债和收益必然受到物价变动的影响。在通货膨胀时期，如以币值不变假设和历史成本原则去处理账务、编制会计报表，必然不能真实反映财务状况和经营业绩。尤其是包括几年数据的比较的分析报表不仅难以作为企业管理当局制定决策的依据，也会引起投资者、债权人和其他会计信息使用的误解。我们知道，长期以来，西方会计界均按照币值不变的基本假设和历史成本原则来处理会计事项。币值不变假设在西方财务会计中称货币计量假设。这种假设是以假定货币本身的价值稳定不变为基础的，它是会计的计量单位，称为名义货币计量单位。即使有变动，也是极其微弱，不足以影响会计计量和财务信息的正确性。正是因为币值不变假设本身所具有的特点，在通货膨胀环境下，这一币值稳定的假设就无法避免会计上所提供的信息背离经营的实际情况，有时甚至会出现虚盈的经营假象。在市场物价基本稳定的情况下，按照币值不变的基本假设和历史成本原则提供的会计信息基本上能反映实际经济情况，但出现通货膨胀后，尤其是持续的通货膨胀，历史成本较多地背离了资产的实际价值，会计信息不能给使用者带来真实的数据。为了解决和克服通货膨胀所带来的问题和影响，西方会计界提出了各种会计改革设想和模式，从而产生了为消除通货膨胀或为如实反映通货膨胀影响而采取的会计方法和程序，即通货膨胀会计。

二、通货膨胀会计的模式

在通货膨胀会计的研究和实践中，由于不同国家或地区的政治、经济、法律和其他社会环境的不同，通货膨胀的情况不同，因而在通货膨胀会计中所采用的计价单位、计价基准、会计方法、会计程序及其相互结合的方式不同，从而使得所研究和应用的通货膨胀会计形成四种不同模式：一般物价水平会计、现时成本会计、现时成本/等值货币会计和变现价值会计。①

1. 一般物价水平会计

一般物价水平会计是以期末名义货币为等值货币计价单位，以资产的历史成本和一般物价水平变动为计价基准，将传统财务会计报表中各项会计数据换算调整为按现时货币购买力计价的企业财务状况和经营成果的各项会计数据，反映和消除一般物价水平变动对传统财务会计信息影响的会计程序和方法。

2. 现时成本会计

现时成本会计是以名义货币为计价单位和以资产的现时成本与个别物价水平变动为计价基准，提供企业的财务状况和经营成果，以反映和消除通货膨胀中个别物价水平变动对传统财务会计数据影响的会计程序和方法。与一般物价水平会计比较，它不是以一般物价水平变动对传统财务会计报表数据进行换算和调整，而是在资产的计价、损益的计算及账户设置等一系列会计方法上有所创新，因而是对传统财务会计较大的变革。

① 李大诚. 高级财务会计［M］. 北京：中国财政经济出版社，2007：418.

3. 现时成本/等值货币会计

现时成本/等值货币是一种将一般物价水平会计和现时成本会计两种模式相结合，以克服各自缺点和全面反映通货膨胀影响的一种通货膨胀会计模式。这种会计模式是先按现时成本会计模式提供一套以名义货币为计价单位和以现时成本与个别物价水平变动为计价基准的会计数据；再将此数据换算成按一般物价水平变动为计价基准和以期末名义货币为等值货币计价的会计指标，从而全面反映和消除通货膨胀影响的一种会计模式。其所应用的会计程序和方法是前述两种会计模式的结合，因而较现时成本会计的程序和方法更为复杂。

4. 变现价值会计

变现价值会计是以名义货币为计价单位和以企业正常经营过程中资产的变现价值为计价基准，通过各会计期间扣除投资因素影响后的期末和期初净资产变现价值的变动，确定企业损益的一种会计程序和方法。资产的变现价值是指企业资产按现时销售价格计价销售后所能获得的收入净额，也就是将企业资产按现时销售价格销售后可能得到的收入的现金扣除其拆除运输等处置成本费用后的收入数额。这种会计模式彻底废除了传统财务会计的基本做法，改变了传统财务会计以收进成本作为资产的计价标准，也改变了以收入和成本费用配比确定收益的原则，因此是对传统财务会计以资产收进的历史成本为计价基础的会计模式的一种彻底改变。不过，这种会计模式只是西方会计学家对通货膨胀会计研究设计的一种新的模式，并未付诸施行。

通过以上通货膨胀会计的产生、发展及所形成的几种模式，我们可以知道，通货膨胀会计是在恶性通货膨胀条件下为更好地实现财务会计目标而产生的，反映和消除通货膨胀对传统财务会计信息的影响并提供更为有用的财务会计信息的多种会计模式的总称。由于通货膨胀会计的程序和方法不仅能反映和消除通货膨胀对传统财务会计信息的影响，也可以反映和消除通货紧缩对传统财务会计信息的影响，因此，又称物价变动会计。但由于这种会计模式主要产生和应用于通货膨胀的社会经济环境之中，在通货紧缩的情况下并不考虑和不予应用，在通货膨胀会计的四种模式中较为广泛应用的是一般物价水平会计和现时成本会计。

三、通货膨胀会计对传统会计理论的发展

1. 产生特有的会计假设

通货膨胀是产生和实行通货膨胀会计制度的先决条件，因此，通货膨胀会计实际上否定了传统财务会计的货币计价假设的重要条件——币值不变，同时又确立了通货膨胀会计的特有前提——币值不断大幅降低假设。也就是说，在通货膨胀的条件下，单位货币的价值在不断地大幅度降低，而由此引起资产的价格不断地大幅度上升。可见，货币单位价值大幅度降低是通货膨胀会计存在的先决条件，也是通货膨胀会计特有的假设。

2. 通货膨胀会计特有会计概念的产生

①名义货币和等值货币。名义货币是在现时流通的，单位名称虽然不变但其单位所含实际价值量不断改变的货币。在通货膨胀条件下，传统财务会计的计量中所用的货币单位即符合这一定义，是名义货币。等值货币是指不同时期单位货币所含价值量相等的货币，又称币值不变货币。单位等值货币的购买力是相同的，但在通货膨胀的

条件下，等值货币是不存在的，因此它只是在通货膨胀会计中为消除通货膨胀币值变动的影响，人为地通过参照一定标准换算为相对固定的价值量的货币。

②历史成本和现时成本。历史成本是指取得某项资产时的实际成本。在传统财务会计中，资产的计价遵循历史成本原则。但在通货膨胀的条件下则不然，资产以名义货币计量，取得同一项资产在不同时期的货币支出金额是不一样的，因而对企业资产的计价就产生了历史成本和现时成本的不同概念。现时成本是指在当前市场条件下为取得与现有资产相同或类似的资产，按现时价格所需付出的现金或其等价物。

③财务资本和实物资本。财务资本是以货币数量，即与其相当的购买力表示的资本。在物价变动的情况下，其以货币单位表示的数额应随反映购买力变动的一般物价水平相应变动。对此，我们可通过一般物价指数的变动计算出其以相应的现时名义货币计量的数额。实物资本是将资本看作所有者投入企业的实物生产能力或经营能力，或获得该项能力所拥有的资源或资金。它反映企业所拥有的一定生产能力或经营能力，以与其相当的实物量的现时购买力的货币数量表示。与两者紧密相关的两个概念是财务资本维护和实物资本维护。财务资本维护是指维护企业资本所拥有的购买力规模。实物资本维护是指维护企业资本所拥有的生产经营能力的规模。

④会计收益、经济收益、营业收益、持有资产收益。会计收益是以财务资本维护为基础所确定的收益，是在从本期收入中回收或维护了企业以货币计量的本期所耗资本的购买力后所确定的收益，它与传统财务会计实务确定收益的原则一致。经济收益是以所耗实物资本得到回收为计量基础计算确定的收益，它要求对经营过程中发生的耗费以所耗实物资本的现时成本计量和回收。营业收益是由企业在本期经营过程中销售产品或提供劳务而发生的各项收入和本期成本费用支出相抵后，使企业资产净额增加的收益。在物价稳定、币值不变和企业正常经营的情况下，企业收益全部由营业收益构成。在通货膨胀的经济环境下，不仅由于经营业务会产生收益，而在不经营业务的情况下，由于持有资产现时价格的上升，也会使企业净资产增加，产生收益。这种由于企业持有资产现时价格变动而使企业净资产增加的价值，被称为持有资产收益，又称资产置存收益或持产利得。持有资产收益反映企业持有的某项或某类资产价格水平变动给企业带来的收益，因此它实际是持有资产现时重置的附加成本。

⑤货币性项目和购买力损益。货币性项目是指企业持有的货币资金和将以固定或可确定的金额收取的资产或偿付的负债。在通货膨胀的条件下，企业持有货币性资产通常会遭到货币购买力下降的损失，持有货币性负债和权益会带来货币购买力下降的利得。这些持有货币性项目的资产、负债和权益因通货膨胀而给企业带来的损失和利得，被称为购买力损益。购买力损益反映了一般物价水平变动对企业持有的货币性项目的影响。

3. 对传统会计原则的改变

①建立资产负债的现时价格计量原则。这一计量原则是指当企业提出财务报告时，对企业各项资产负债的计价应以其现时的价格（包括现时重置成本、可变现净值、现值、公允价值等）为标准。此项会计计量原则是为适应在通货膨胀条件下币值不断降低、资产价格不断上升这一特定假设的规定。这一新的资产负债计量准则全盘否定了传统财务会计对资产负债的计价只限于历史成本的规定。

②变革某些传统财务会计原则的含义。第一，收入确认原则。在通货膨胀的条件

下，由于商品和劳务的价格不断上涨，就必须将报告期不同时点的产（商）品销售收入用一定的方法换算为提供报告时的现时收入额，才能准确反映各期收入数据的可比性。第二，配比原则。在通货膨胀的条件下，收入的价格是现时价格，而成本是历史成本。为正确计算企业的财务成果，进行科学的配比，通货膨胀会计必须采取一定的方法，消除成本费用与收入由于通货膨胀影响而造成的不可比因素，排除或弥补传统财务会计以历史成本和币值不变为计价基准的配比原则的不足，通过换算形成以同一计价标准为基准的收入与成本费用的配比，从而使之获得较为科学正确的结果。第三，谨慎性原则。在一些不同的通货膨胀会计模式中，为反映通货膨胀对企业财务状况和经营成果的影响，将由于通货膨胀使企业持有的实物资产带来的可能的收益并入企业资产负债表中权益的增加或利润表的收益项目之中，这在一定程度上否定了传统财务会计的谨慎性原则要求。

4. 赋予一些会计原则新的含义

①成本效益原则。通货膨胀会计有多种不同的模式，在确定采用何种模式时必须遵守成本效益原则，必须使采用的某种通货膨胀会计模式所带来的效益大于采用这种模式所产生的成本；否则，应当考虑并决定是否有必要采用模式。

②重要性原则。当通货膨胀严重，持续时间长，趋势不可遏止，对传统会计信息的正确提供和会计目标的全面实现有较大影响时，才考虑采用通货膨胀会计；反之，不考虑应用通货膨胀会计。

③客观性原则。通货膨胀会计在贯彻客观性原则上，不仅要求核算从实际出发，反映的经济业务事项以合法的会计凭证为依据，而且在确定对传统财务会计信息消除通货膨胀因素影响的物价资料取舍、核算方法的选择及调整项目的确定等方面，如消除通货膨胀对通货膨胀会计模式的选择、对资产现时价格的确定等的影响，亦要求尽量符合客观实际，避免主观决定，使最终提供的会计信息能真实地反映企业的财务状况和经营成果。

第二节　人力资源会计

一、人力资源会计概述

1. 人力资源会计的概念

人力资源会计是在运用经济学、组织行为学原理的基础上，与人力资源管理学相互结合、相互渗透所形成的一类专门会计学科，是对组织的人力资源成本与价值进行计量和报告的一种程序和方法，是会计学科发展的一个全新领域。人力资源会计与传统会计对人力资源的反映具有明显的优势，它承袭了传统会计学中的基本原理、基本方法，又在内容上有所创新变化，构筑出一套完整的新会计体系，更完整、更科学地反映了企业人力资源状况。

2. 人力资源会计的特点

人力资源会计由于反映的对象和采用的方法的不同，其与其他会计有不同的特点：

①传统会计平衡公式在人力资源会计中被引入人力资产、人力资本和劳动者权益

等概念后，变为“物力资产+人力资产=负债+劳动者权益+所有者权益”；

②创造了人力资源价值会计；

③强化了人力资产核算和劳动者权益核算；

④产生人力资产账户、人力资本账户、人力资产累计折旧账户、人力资产成本费用账户、人力资产损益账户、劳动者权益分成账户；

⑤提出了人力资源会计核算和报告体系。

因而有人认为人力资源会计是人力资本理论在会计学领域的深入与发展，甚至把人力资源会计定义将通过会计报告把企业人力资源整体状况完整地公示给财务信息使用者，公司股东、风险投资者、政府可以通过人力资源会计报告分析企业经营状况和发展潜力、前景。

二、人力资源会计的发展概况

1. 初创阶段（1964—1971 年）

1960 年，美国芝加哥大学教授舒尔茨（Theodore Schutz）在其题为《人力资本的投资》的演讲中就提出了人力资本理论。1964 年，美国密歇根州大学的赫曼森（G. Hermanson）在《人力资源会计》中最先提出人力资源会计的概念，并被引入会计学的研究之中。他提出：“人力资源构成了企业最有效的经营资产。为使会计报表更为完善，对企业管理更为有用，其内容应该包括人力资本。”1967 年，美国会计学会在美国密歇根州大学进行的实验取得了成果，利克特（R. Likert）教授在《人力组织——它的管理和价值》一书中设专章论述人力资源会计。他认为企业资产负债表中不包括人力资源项目，就像资产账面价值和实际市场价值之间存在巨大差异一样，会导致企业管理人员做出错误的决策。20 世纪 60 年代末 70 年代初，布诺默特（R. Lee. Brummet）、弗兰霍尔茨（Eric G. Flanmholts）等人在《会计评论》和《管理会计》等权威会计刊物上陆续发表了几篇有关人力资源会计具体实施的论文，论述了如何评估人力资源，提出了如何将人力资源会计纳入传统的会计体系的建议。

2. 迅速发展阶段（1971—1976 年）

英国、美国、澳大利亚和日本等国学术界和会计实务工作者都对人力资源会计进行了大量的学术研究，在会计和企业管理刊物上发表了计量人力资源、将人力资源会计纳入传统会计制度的文章。不仅人力资源会计理论发展迅速，而且历史成本法和现时重置成本法等人力资源会计的程序和方法也得到发展。此间，发生了两件重大事件：一是美国会计学会在 1971—1973 年成立了人力资源会计委员会，组织和支持一些人力资源会计项目的开发，发表了人力资源会计的研究报告，极大地推动了人力资源会计的发展；二是 1974 年，弗兰霍尔茨教授的专著《人力资源会计》问世。

3. 停滞阶段（1976—1980 年）

该阶段是会计界对人力资源会计兴趣减退的阶段。这主要是由于人力资源会计的初步研究工作已经完成，所剩下来的会计难题需要由少数会计学家解决，而且需要企业自愿继续做实验对象。而参与试行人力资源会计的企业组织必须花费相当大的成本，但其效益很难测量，因此企业的态度不够积极。这使人力资源会计的研究进入了一个低潮。

4. 推广应用阶段（1980 年至今）

自 1980 年后，人力资源会计得到复苏，并迅速在全球广泛运用。促使其复苏的原因主要有两个：一是美国政府要求研究增加劳动生产率的手段，人力资源会计研究的潜在贡献，对研究该课题的影响是不可忽视的；二是由于在国际市场上日本企业与美国企业的激烈竞争，促使美国企业非常关心如何提高企业职工的劳动生产率。通过对比研究，美国企业发现在传统上，日本钢铁和松下等日本大型企业视职工为“资产”，采用终生雇佣制；而美国钢铁和通用汽车等大型企业则经常临时解雇工人，视职工为“费用”。由于日本企业重视人力资源管理，因而企业职工具有较高的工作热情，对企业更为忠诚。最终得出的结论是，人力资源会计是提高职工劳动生产率的一个重要工具。1985 年，弗兰霍尔茨在《人力资源会计》第二版中，列举了 30 个应用人力资源会计的案例，阐述了企业管理人员需要应用人力资源会计信息于经营决策和人力资源管理决策。另外，他也阐述了企业管理中应用人力资源会计信息所取得的成果。如一个电子公司根据人力资源会计信息，了解企业职工离职的损失金额大得惊人，因此立即采取措施降低职工离职率；一个保险公司通过人力资源会计信息了解到培训核算员的收益金额，相当于培训费用金额的两倍；一个工业企业应用人力资源会计评估临时解雇职工的成本和效益，从而做出正确的人力资源管理决策。

由于人力资源会计的应用范围越来越大，人力资源会计学家认为人力资源会计已进入迅速发展的时期，其中既包括人力资源会计理论，也包括人力资源会计程序和方法，并且还认为它将使传统会计产生重大变革。

三、人力资源会计的内容

人力资源会计是把人作为有价值的组织资源，而对它的价值进行计量和报告的会计程序和方法。它的目的在于用人力资源创造能力来反映组织现有人力资源的质量状况，为企业管理当局和外部利害关系集团提供完整的决策信息。人力资源会计的基本内容包括人力资源成本会计和人力资源价值会计两个方面。

1. 人力资源成本会计

人力资源成本会计是指对取得、开发和重置作为组织的资源所引起的成本的计量和报告的程序和方法。有学者称其为人力资源投资会计，认为主要是研究企业人力资源投资的计量和摊销的程序和方法，并重点确认人力资产成本。① 人力资源成本会计是较早提出来的、比较成熟的人力资源会计模式。早在 20 世纪 70 年代美国会计学者弗兰霍尔茨就将人力资源成本会计定义为：“为取得、开发和重置作为组织的资源的人所引起的成本的计量和报告。”这种开始意义的人力资源成本会计模式所做的探索为人力资源会计和财务会计的相融合创造了条件。人力资源成本的会计信息能够在遵循公认会计原则的前提下通过传统会计程序变通取得。理论界对人力资源投资形成人力资源成本这部分内容已经论证得较为全面，并且基本达成共识。

2. 人力资源价值会计

人力资源价值会计主要是研究人力资源对企业的经济价值如何计量以及人力资源经济价值的决定因素问题，目的在于用人力资源的创造能力来反映组织现有人力资源

---

① 刘明辉. 走向 21 世纪的现代会计：中［M］. 大连：东北财经大学出版社，1996：195.

的质量状况，为管理当局和外部利害关系集团提供完整的决策信息。

人力资源价值是蕴含于人体内的能带来经济利益的潜在劳动能力，人在运用这种劳动能力的过程中可以创造出新的价值。人内在劳动能力的价值只能推测、判断而无法准确计量，但它创造出的外在价值可以计量。对人力资源价值的计量可以以过去创造出的价值为计量基础，人力资源会计是对人力资源本身具有的价值所进行的计量和报告。它所能反映的人力资源价值既可以是人力资源过去创造的价值，也可以是人力资源将来能够创造的价值。

随后，在人力资源价值会计的基础，又提出劳动者权益会计的观念。劳动者权益会计是在继承人力资源成本会计，并对人力资源价值会计进行改造的基础上提出的。劳动者权益会计通过对传统会计等式的重构，实现了人力资源价值会计与传统财务会计的相融合。它在承认人力资源是有价值的经济资源的基础上，更进一步提出人以劳动者的身份参与企业的生产经营，人对企业的贡献高于其他任何物质资源，所以他们应该同物质资源的所有者一样享有对企业新价值的分配权。

四、人力资源会计的计量模式

人力资源会计的计量模式一般有历史成本法、现时重置成本法、机会成本法、价值法四种。

1. 历史成本法计量模式

该模式对人力资源的计量与传统历史成本会计对厂房和设备等实物资产所采用的会计程序和方法基本相同，即将招聘、培训、组织和开发人才等一切资源方面的费用开支列为人力资产的投资，当职工退休或离职时，按传统的会计摊销程序摊销其成本，当某项专业技能或专业知识报废时，将其记录为资产损失。此种模式的优点是数据来源于历史成本，客观性和可验证性强。其缺点为：第一，人力资产的实际价值往往会高于历史成本，其信息会影响其经营决策；第二，人力资产的增值或摊销，并不与人力资产的实际生产能力的增减相关；第三，具有相同生产能力的职工所分摊的招聘和培训等历史成本可能并不相同，因而以历史成本法反映的人力资源信息缺乏可比性。

2. 现时重置成本法计量模式

由于历史成本法人力资源会计并不能够提供与经营管理决策相关的企业人力资源状况信息，因而有人提出用现时重置成本替代历史成本对企业的人力资产计价。这一模式认为，为了保证企业人力资产现有水平得到维护，从而使生产经营过程不致中断，在企业销售收入中所回收的应是人力资产的现时重置成本，而不是历史成本。例如：弗兰霍尔茨指出①，现时重置成本法的主要优点是可以反映人力资产的实际经济价值，而且数据比较容易估算。这一模式的主要缺点是：企业人力资产的现时重置成本仍然会小于经济价值；人力资产的现时重置成本的估价会带有主观因素，假如让企业管理人员估计企业人力资源的现时重置成本，不同的企业管理人员可能会得出完全不同的结果。

3. 机会成本法计量模式

机会成本法是以企业职工离职使企业单位所蒙受的经济损失，作为企业人力资产

① 所指的是其于1985年出版的《人力资源会计》第二版。

计价的依据。赫克曼（J. C. Hekimian）和琼斯（C. H. Jones）在1969年《会计评论》上所发表的《应将人力资产列入资产负债表》一文中，建议使用机会成本作为企业人力资产的计价基准，从而克服历史成本法和现时重置成本法的缺陷。他们认为，机会成本更近似于人力资产的经济价值，而且其数据比较容易获得，即通过企业下属各部门对所需职工的竞争性出价来确定，尤其是对工作中特别需要和具有较高业务能力的企业职工的出价。

4. 价值法计量模式

价值法计量模式是指以企业人力资源具有的经济价值，反映企业的人力资源状况。人力资产价值通常大于它的成本，因为它包括人力资产的自然增值因素。价值法人力资源会计不是以投入价值，而是以产出价值对人力资产进行计量。对人力资源价值计算的具体方法有未来工资报酬折现法、调整未来工资报酬折现法、指数法三种。

第三节　社会责任会计

一、社会责任会计的概述

1. 社会责任会计的含义

企业社会责任会计是以企业所承担的社会责任为中心开展的会计活动。它主要运用会计特有的理论和方法，同时借助经济学、社会学和伦理学等学科的研究成果，对企业履行社会责任的情况加以反映和控制，从社会效益的角度来衡量企业的生产经营活动和社会性活动及其成果，从而指导和控制企业在与社会利益一致的前提下开展活动，以维护一个国家和地区经济和社会各方面发展的协调进行。企业社会责任会计的根本特征是：同以经济责任为中心的传统会计相区别，将企业会计的反映和控制内容从狭义的经济责任扩展到广义的社会责任。从反映的内容上来看，企业社会责任会计包括狭义社会责任会计和广义社会责任会计，前者只反映社会责任，后者既反映经济责任也反映社会责任。

2. 社会责任会计的历史

社会责任会计研究起源于美国。美国会计学家林诺维斯（David F Linowes）于1968年率先提出了社会责任会计的概念，随后他在1973年完善了社会责任会计定义，提出“社会责任会计是衡量和分析政府及企业行为对社会公共部门所产生的经济和社会效果”。此后，学者们对社会责任会计的研究进一步加深。美国托尼·蒂克（Tony Tek）系统论述了社会责任的内涵、社会责任会计的产生背景以及信息披露的模式等内容。同时，西方其他国家的学者也在研究公司社会责任与公司绩效方面做出了一系列贡献。乌尔曼（Ullmann）（1985）、帕瓦（Pava）（1996）、格里芬（Griffin）和马洪Mahon（1997）均认为公司承担社会责任与财务绩效之间存在积极的正相关。由此可见，社会责任会计产生于20世纪70年代初，它是在传统会计模式上发展起来的一门新兴会计分支学科，其目的在于指导经济资源的最优配置，创造良好的社会环境，反映和计量企业对社会所做的贡献或产生的不利影响，终极目标是提高社会效益。

二、社会责任会计的目标和内容

1. 社会责任会计的目标

社会责任会计的目标可简单概括为：确认和计量会计主体在一定时期内对社会的净贡献，衡量企业准则和社会准则的一致性，以及尽可能多地为社会各部门提供企业的有关责任信息。此目标可进而分为两个层次，即基本目标和具体目标。

①提高包括企业的微观经济效益和宏观社会效益在内的整体效益是企业社会责任会计的基本目标。长期以来，企业的目标都是片面追求利润的最大化，只重视会计和经济利益的联系，而忽略了会计与社会效益的联系。以提高企业的整体效益为目标的企业社会责任会计的建立和发展，促使企业从整个社会的利益出发进行分析决策，进而带动社会各界不断参与、研究、重视已发生的社会问题，防范将发生的社会问题，为提高资源利用率、保护环境、提高劳动者素质和产品质量、发展社会公益事业、完善社会福利保障体系提供具体可行的办法。企业社会责任会计的不断完善与实施将极大提高整个社会的生活质量。

②提供社会责任信息就是企业社会责任会计的具体目标。它主要提供企业社会责任履行情况的信息，以便外部和内部使用者做出正确的决策。企业社会责任的履行情况最终体现在企业履行社会责任时产生的社会净收益，即社会效益减社会成本上。企业社会责任会计反映和控制的内容，即企业社会责任会计的对象就是社会责任，其内容主要有：企业对员工履行的责任、企业对生态环境保护的责任、企业对社会及本地区的责任、企业对消费者应履行的社会责任、企业应履行的其他社会责任。

2. 社会责任会计的内容

从社会责任会计的目标看，企业社会责任会计的内容应包括以下几个方面：

①企业收益目标的履行情况。尽管其他社会责任目标越来越受重视，但不应减少对企业收益的重视。收益目标是企业效率和素质的一个全面检验。任何一个企业组织如果不能获得财务上的盈余，就不可能持续地生存下去。因此，企业所应履行的社会责任，首先应是保证企业获得一定水平的收益，才能满足业主或股东的要求，亦有充足的财力履行其他方面的社会目标。因而收益不仅是企业的一个财务目标，也是一个企业的社会目标，应在社会责任会计报表中予以反映。

②发展人力资源目标的履行情况。为了招募、录用、培训、组织和开发人才，现代企业需要花费巨额资金。人力投资不仅对于提高企业职工素质具有重要意义，它对于整个社会来说，也具有极为重要的意义。人力资源是一个国家最宝贵的资源，是促进国民经济迅速发展的一个主要因素。企业在发展人力资源方面做了多种工作。其中包括招聘录用、技术培训、职务轮换和晋升、提高工薪水平、改进职工福利、改善劳动保护条件、美化企业环境，以及增进企业职工和管理人员的相互信任，促使职工和企业目标的协调一致等。近年来，由于人力资源会计的发展，企业能够更好地反映发展人力资源目标的实际履行情况。

③对社区财务支持目标的履行情况。由于企业享受所在社区的基础设施，例如交通、供水、电力和热力所提供的服务，所以，它也应支援本社区的建设事业。其中包括：提供财力或人力的支持，发展本社区的市政建设；支持本社区教育和慈善事业，对文化、教育以及慈善事业捐款；协助政府改善本社区贫困人民生活。

④改善生态环境目标的履行情况。企业的一个重要社会目标是改善生态环境，减少工业污染等公害。因而企业有责任采用有效的技术和设备防止废水、废气和废渣对环境的污染，尽量降低能源消耗，减少稀有资源的耗用。反映企业保护和改善生态环境所做出的成绩，已成为社会责任会计报表最重要的内容。

⑤提高产品和服务质量目标的履行情况。社会责任会计报表还需要反映企业产品质量方面的情况，例如产品的使用效能、产品的耐用年限以及产品的安全性。

履行上述社会责任对扩大企业产品销售额是非常重要的，但显而易见，披露这项社会责任的履行情况的主要目的并不是从扩大产品销售角度考虑的。

第四节　国际会计[①]

一、国际会计的含义

把国际会计作为一门独立的学科来进行研究，是从20世纪开始的。早在19世纪，人们就开始认识到各国会计之间的差异给跨国经济带来的不便，从而力图解决一些区域性的会计问题。发展到20世纪，区域性的协调已比较容易，但因经济发展迅速，需要在区域性协调的基础上进行全球性的协调。因而这一时期国际会计研究的重点主要发展到了跨国公司会计和研制国际会计准则以及国际审计惯例等方面。随着全球经济一体化发展的加快，国际会计研究的内容更加广泛，越来越多的国家加入国际会计的研究与应用行列，会计国际化成了国际会计研究的主课题。

关于国际会计的含义，理论界认识颇多。日本学者吉田宽和隅田一丰认为："国际会计是以各国会计制度相互联系的问题为对象。为此，国际会计的研究，要以各国会计、比较会计为前提，对国际社会上企业责任方面的会计方法进行研究，并从国际角度对财务会计、管理会计和社会会计进行研究。"[②] 美国学者韦里奇（T. R. Weirich）、艾弗里（C. G. Avery）、安德森（H. R. Anderson）等认为国际会计包括："①世界性的制度；②包括对所有国家的所有会计方法和准则的描述性和资料性探讨；③国外子公司及母公司的会计实务。"而乔伊和米勒则认为："国际会计把一般目的的、面向本国的会计在最广泛的含义上扩展到：①国际比较会计；②多国经营交易和多国企业经营方式中独特的会计计量和报告问题；③国际金融市场的会计需要；④通过政治、组织、职业和准则制定等方面的活动，对世界范围内会计和财务报告的差异所进行的协调。"[③] 以上三种观点中，第一种观点对国际会计的概念归纳总结较好，但在国际会计的内容方面介绍及区分不详。后两种观点虽对国际会计的内容介绍较为详细，并且做了细分，但并没有对国际会计的对象提出完整的概念。

综合以上观点，我们认为国际会计是由国际经济业务的发展引起的，并用于解决国际经济业务中不能单纯以某国会计来解决的会计问题的会计学分支，是解决会计的国际共性问题。其内容主要包括：①国际比较会计，是对各国会计制度进行比较分析；

---

① 莫云，姜永德. 关于国际会计几个理论问题的探讨［J］. 西部论坛，2001（3）：34-36.

② 隅田一丰. 国际会计概论［M］. 北京：中国财政经济出版社. 1995.

③ 乔伊，米勒. 国际会计［M］. 常勋，陆祖汶，葛方雯，等译. 北京：中国商业出版社，1991.

②国际会计协调，是对各国会计中的差异进行协调，使之在一定程度上达到统一和规范；③国际经济业务特殊会计问题，包括跨国公司和业务所引起的特殊会计；④国际会计准则，主要是为了寻求国际会计的协调与统一，建立统一的规范，建立为世界各国所接受的会计标准。

二、国际会计的内容体系

国际会计的理论研究自20世纪70年代以来，关于其内容体系的观点有多种。如上韦里奇、艾弗里、安德森等认为国际会计应包括“世界会计、国际会计、国外子公司的会计”。乔伊和米勒认为国际会计应包括“比较国际会计、国际会计标准的建立、经营性的国际会计、政治性的国际会计”。这两种观点都是从国际会计的适用与用途的方面来建立的，虽然其体系结构清晰，各部分界限分明，但分类的范围太大，不便于深入理解国际会计的内容结构。我们认为：国际会计的内容体系应依其理论研究和实务发展的现状和根据其目标的层次性来建立。具体构建情况如表12.1所示。

表12.1　国际会计的内容体系

- 国际会计
  - 国际比较会计
    - 会计环境比较
    - 会计模式比较
    - 外币业务会计比较
    - 通货膨胀会计比较
    - 所得税会计比较
    - 财务报表比较
  - 国际会计协调
    - 政府间的协调
    - 会计职业组织的协调
    - 其他组织的协调
  - 国际经济业务会计
    - 外币交易会计
    - 外币折算报表
    - 合并会计报表
    - 内部价格转移
    - 通货膨胀会计
    - 环境会计
  - 国际会计准则
    - 财务会计概念结构
    - 基本准则
    - 会计准则说明书等

1. 国际比较会计

有比较才有鉴别，要建立适应各国的优秀的国际会计，就必须首先对各国会计进行比较研究，分析异同，从中发现各自的优缺点与适用性，并探索产生差异的原因、背景及其对经济发展的影响，从而在全面了解的基础上取长补短，创建和推广标准的、科学的核算方法，为科学的国际会计体系的建立奠定基础。国际比较会计的内容主要包括会计模式比较、会计环境比较、外币业务会计比较、通货膨胀会计比较、所得税会计比较以及财务报告比较等专题。

2. 国际会计协调

世界各国会计标准不同，各国的财务报告实务也必然存在着别，本来这种国家间的会计差别对于一个国家的某个公司和国民经济影响不大，但是随着世界范围内的技术经济交流、国际投资的迅速增长以及跨国公司的不断扩大和某些国家经济一体化，会计资料在国际上利用的机会不断增多，因此情况发生了显著的变化。各国在会计标准与实务方面存在差别，使得财务报告在国际交流以及跨国公司财务报告的编制、合并、审计与解释变得十分复杂。为使各国会计报告能够便于国际经济交流，在国际会计未能完全使用前的很长一段时间内，对各国会计进行协调是非常必要的，是国际会计发展的必然形式，国际会计协调的形式有政府间的协调、会计职业组织的协调及其他组织与单位的协调。

3. 与国际经济业务有关的会计问题

从国际会计产生的背景及其影响因素可知，国际会计是适应国际互相联系的经济往来而产生的。因而国际会计在当前的形势下，主要适用于有国际业务往来的特定组织、企业或个人以及与之相关的组织或个人。在完全与国际业务无关的情况下，它将无用武之地。所以在进行国际会计研究时，我们不能不将国际经济业务中表现出来的会计问题进行具体的分析研究，从中找出好的解决方法，从而充实和完善国际会计。与国际经济业务有关的会计问题主要有：外币交易会计、外币报表折算、合并会计报表、内部价格转移、通货膨胀会计、环境会计以及金融工具会计等。

4. 国际会计准则

我们研究国际会计的目标就是建立各国均适用的国际会计体系，而建立这样的体系就必然要有一套通用的国际会计准则。因而可以说：制定完善、详尽的国际会计准则是我们国际会计研究的最终目标。从 1973 年国际会计准则委员会成立到 2001 年其改组成国际财务报告准则委员会，它一直致力于国际会计准则的研究与推广，并且取得了较大的成就。

第五节　环境会计

一、环境会计概述

环境会计又称绿色会计，它是以货币为主要计量单位，以有关法律、法规为依据，计量、记录环境污染、环境防治、环境开发的成本费用，同时对环境的维护和开发形成的效益进行合理计量与报告，从而综合评估环境绩效及环境活动对企业财务成果影响的一门新兴学科。它试图将会计学与环境经济学相结合，通过有效的价值管理，达到协调经济发展和环境保护的目的。

按照《现代会计百科辞典》① 收录的词条，环境会计是“从社会利益角度计量和报告企业、事业机关等单位的社会活动对环境的影响及管理情况的一项管理活动。它旨在指导最有效运用及最佳调配经济资源，以提高社会整体效益”。该辞典还收录了绿色会计词条，认为绿色会计是“在为了交易和促进公共福利，为了创造未来用途的财富以及保护资源时，根据资源者和资源所有者一致同意的惯例来核算、计量这些资源耗费情况的管理活动”。

一般来讲，国外将利用货币工具对环境问题进行管理的范畴统称为环境会计，包括宏观和微观两个方面。宏观环境会计主要着眼于国民经济中与自然资源和环境有关的内容，是运用物理和货币单位对国家自然资源的消耗进行的计量，因此，也常被称为自然资源会计。微观的环境会计主要反映环境问题对组织财务业绩的影响以及组织活动所造成的环境影响，一般分为环境差别会计和生态会计两大类。

---

① 于玉林. 现代会计百科词典［M］. 北京：中国大百科出版社，1994.

二、环境会计的发展历程

从18世纪60年代的英国工业革命开始，日益先进的现代工业在为人类社会提供丰富物质产品的同时，也造成趋严重的环境污染。人类社会发展所依赖的物质资源和生态环境，已呈现出日渐衰竭的征兆，从而使全球经济发展的自然物质基础被动摇。为解决这一矛盾，部分西方经济学家、环境学家、社会学家和生态学家自20世纪70年代开始，着手研究经济和环境的协调发展问题。1971年，比蒙斯（F. A. Beams）在《会计学月刊》上发表了《控制污染的社会成本转换研究》；1973年，马林（J. T. Marlin）在《会计学月刊》第2期上发表了《污染的会计问题》，从此绿色会计的研究和发展逐渐进入人们的视野。20世纪80年代英国等经济发达国家的会计学家对环境会计做了一些初步理论框架研究。20世纪90年代国际上更有大量的研究成果。1992年，世界环境与发展国家首脑会议通过了保护世界环境的四个纲领性文件，使环境问题受到关注。1998年，联合国国际会计和报告标准政府间专家工作组第15次会议讨论通过了《环境成本和负债的会计与财务报告》。1999年，联合国讨论通过了《环境会计和报告的立场公告》，形成了系统完整的国际环境会计与报告指南。美国财务会计准则委员会从1989年起，指定下属的紧急问题特别委员会（EITF）专门研究环境事项的会计处理问题，并发布了《EITF13 石棉消除成本会计》和《EITF90-8 污染处理费用的资本化》两个文件，基本表达了其对环境成本资本化的立场。1993年，它又提出《EITF93-5 环境负债会计》公告，要求将潜在的环境负债以一般或有负债项目加以估计并单独列报。加拿大1993年出版了《环境成本与负债：会计与财务报告问题》的报告；1992年欧盟就发表了《走向可持续发展》报告，认为会计必须改变它的大多数基本观念和惯例，以便把环境信息作为一个重要内容包括在决策信息之中。发达国家的政府和组织纷纷研究建立本国的环境会计体系。

随着我国经济的发展，环境问题日趋严重，甚至变成影响我国经济的最主要的因素。1994年，我国政府发布了《中国21世纪议程——中国21世纪人口、资源和环境白皮书》。2001年3月，我国成立了绿色会计委员会。2001年6月，经财政部批准，中国会计学会成立了第七个专业委员会——环境会计专业委员会。虽然至今我国尚未发布具体有关环境会计的法律法规，但在此先后制定和颁布了《中华人民共和国水污染防治法》《中华人民共和国大气污染防治法》《中华人民共和国森林法》等一列环境保护的法律法规，对我国环境会计的研究和发展提供了良好的基础。

三、环境会计的要素

关于环境会计要素的构成，主要有三种观点。第一种观点是1999年联合国国际会计和报告标准政府间专家工作组第15次会议讨论通过的《环境会计和报告的立场报告》，将环境会计要素分为环境资产、环境负债、环境成本；第二种观点是将环境会计要素分为环境资产、环境费用、环境效益；第三种观点是将环境会计要素分为环境资产、环境负债、环境资本、环境成本费用、环境收益、环境利润和环保基金等。下面对环境资产、环境负债、环境费用和环境收益四大主要要素做阐述。

1. 环境资产

环境资产有狭义和广义之分。狭义环境资产是指对企业生产经营活动和环境活动发挥有效作用的企业环境资产。对狭义环境资产的界定应符合两个标准：一是环境资产的所有权或使用权归企业所有，二是环境资产的存在对企业是必要的。广义的环境资产除了包括对企业生产经营活动和环境活动发挥有效作用的企业环境资产外，还包括对本企业不构成特别影响的其他环境优势，如水资源供应优势、交通便利优势、空气质量优势、城市绿化优势等。

2. 环境负债

环境负债是指企业发生的符合负债的确认标准并与环境成本相关的义务。环境负债主要产生于已经存在或预期可能发生的与环境破坏有关的损失，在多数情况下难以确切计量，所以常采用估计方式。在环境会计系统中，环境负债是对企业承担的环境责任的反映。这种环境责任主要是指环境保护法律和法规强制实施的义务。这种环境责任不但包括企业在生产中排放污染物应承担的相关责任，还包括生产结束后运输、丢弃有毒害物质造成公共场地污染而应在未来支付的污染治理成本、健康赔偿成本及污染调查研究费用等。美国财务会计准则委员会于 1993 年的第 5 号《环境责任会计》中指出企业在进行投资决策时就必须考虑（估计）为恢复环境而承担的环境义务，而且，如果为在将来恢复某一场地所需要的款项和以现金支付的数量及时间可以真实地测定的话，确认环境负债是适当的。但由于我国企业支付环境成本主要由法律强制实施实现，因而，在我国可将企业环境负债分为强制性与非强制性两种。强制性环境负债是指企业的生产活动较严重地污染了周围的环境，企业将要被罚款或强行要求治理时，被动地承担的环保义务。

3. 环境费用

环境费用是指某一主体在其持续发展过程中，因进行经济活动而付出或耗用资源的转化形式。理解环境费用应该把握两点内容。第一，环境费用可以由企业的经营活动产生，也可以由其他非经营活动产生的。一般来讲，会计主体的环境费用往往是由于企业经营活动的各类设备耗损和折旧产生的。第二，环境费用不仅包括经济成本，还包括社会成本、环境成本以及耗用资源和排污而被征收的生态环境补偿费、治理费、环境研究与开发费。

4. 环境收益

环境收益是指在一定时期之内，环境资产给人类带来的已经实现或即将实现的，能够用货币计量的效用，以及由于企业环保行为而获得的收益。一项环境效用应当符合以下几个标准，才能确认为环境收益：符合环境收益的定义、计量结果的准确性和可靠性、计量信息的相关性、计量结果的可靠性、未来经济利益流入企业的现实性。

四、环境会计的计量

1. 环境会计计量的理论基础

环境会计计量不仅要秉承传统会计“真实可靠”的信条，而且强调在计量属性上凸显相关性。环境会计要素的复杂性，使环境会计的计量更要关注和强调相关性，使环境会计的计量、记录、反映更接近客观真实，从而更能较好地坚持“真实可靠”这一会计信条。另外，由于自然环境资源具有效用性、稀缺性、替代性和非交易性等特点，其价值包括有形的资源价值和无形的生态价值。自然环境资源计量要求以劳动价值论与边际效用论相结合为理论基础；以环境标准为主要依据，结合应用会计学的现有计量方法与环境学的技术评价方法。环境资源的效用构成了环境资源的价值源泉，稀缺性决定了环境资源的价值，替代性决定了必须引进边际概念，非交易性决定了环境资源的价格必须借鉴数学方法。环境会计的计量方法可以考虑建立在劳动价值理论和边际效用价值理论的基础上。

2. 环境会计计量的基本方法

①市场价值法。该方法是将自然环境资源作为生产要素，根据其质量的变化导致生产率和生产成本变化，进而引进生产量与利润变化这一规律，利用市场价格计算自然环境资源变化发生的经济损失或实现的经济效益。例如，工农业产品因水质污染、大气污染造成的经济损失，就可以运用这个办法进行计量。

②资产价值法。其基本思路是观察环境条件的差别如何反映在不同的地价上，据此推算环境资源的价值。在具体应用时，常用回归分析法计算、测定环境特性量对地价的贡献度，该贡献度可视为环境资源价值。该方法适用于宅地周边的森林、草坪等环境效益的计量。

③人力资本法。该方法专门用于评估计量环境污染影响人体健康的经济损失。该方法将环境污染引起的人体健康经济损失分为医疗费、丧葬费等直接经济损失和护理费、陪住费等间接经济损失。

④机会成本法。因为自然环境资源的使用存在多种互斥备选方案，某种有限资源选择一种使用机会就将放弃其他使用机会，也就不能从其他方案中获得效益。该方法将其他使用方案中获得的最大经济效益作为所选方案的机会成本。当利用市场信息直接计算环境损失存在困难时，机会成本法不失为一种有效的方法，可用于因水资源短缺、废弃物占地等原因造成的经济损失计量。

⑤恢复费用法。当评价生态环境质量改善的效益较困难时，恢复费用法认为对环境质量的最低估计，能从为了消除或减少有害环境影响所需费用中获得，即将恢复或防护一种资源不受污染所需费用作为环境资源破坏造成的经济损失的最低估计。该方法适用于隔音、抗震等防护费用，消烟除尘、污水处理等治理费用，防治机构的监测、科研等管理费用的计量。

第六节　碳会计

一、碳会计产生的背景

2009 年 12 月，联合国气候大会（United Nations Climate Change Conference）在哥本哈根召开。会议前夕，许多国家尤其是发展中国家表示愿意单方面采取行动应对气候变化，并且宣布了具有进步意义的相关政策措施。尽管主流媒体一致认为该会议是一次失败的会议，各国在哥本哈根气候大会上所做的承诺依然被包含在当前协议文本中。

哥本哈根会议后，各国政府齐集墨西哥坎昆，继续推动建立国际监管制度，以应对气候变化。联合国大会正努力创造一个国际监管环境，以缓解气候变化，帮助人们更好地适应不断变化的环境，大会离目标的实现又更近了一步。在坎昆，各国政府同意尽力将全球气温升温值维持在全球平均水平的2℃以下。所有主要温室气体排放国在减排目标与行动上做出承诺。对于发达国家和发展中国家温室气体（GHGs）排放的监督、报告及核实工作，产生了大量的新要求。同时，协议还成立了一个绿色气候基金（GCF）①，旨在2020年前每年募集1 000亿美元资金，来资助减排与适应措施。

自1997年《京都议定书》起草以来，气候政策的发展与实施在很大程度上被看作发达国家的问题。在全世界范围内，新近制定的气候政策正得到讨论与执行。然而，哥本哈根和坎昆的气候谈判大大改变了气候行动的现状，并给予了这些政策新的实施动力。同时，许多政府正在考虑市场机制的作用，以给予拥有减排任务的实体或公司更多的灵活度。

欧盟2005年发起的碳排放交易计划（EUETS）是第一个经济层面的市场交易机制，交易对象是温室气体即二氧化碳。这个市场拥有超过1 000亿欧元的年度交易价值，并且在迅速发展。与其他政策例如指令和调控法规和碳税方案相比，该市场帮助企业以更低的成本实现减排目标。

碳排放交易计划是欧盟气候政策工具的基石，将得到长期实施。然而，在正常的财务报表范围内，该计划涵盖的企业应如何核算欧盟排放配额（EUAs）并没有确切的规定。欧盟排放配额由欧盟委员会发布，是碳排放交易计划的组成部分，允许排放1吨二氧化碳到大气层。这是根据温室气体减排项目进行交易的基本排放单位。

未来，碳价格有望成为大部分主要经济体系的重要组成部分②，但事实上，多数价格将由碳交易市场决定。碳定价可以通过降低清洁能源解决方案和低碳能源资源的成本，或提高温室气体密集性资源的成本等措施实现。除此之外，碳定价可以通过建立排放交易机制或征收碳税明确制定。清晰而明确的碳定价更容易在财务报告中反映出来。

无论从短期还是中期来看，碳定价或受政府征税意愿的影响，或受基于区域或国家需要的交易机制的影响，或受其他特殊情况的影响，很难得到统一。然而，如果各碳交易市场是碳定价机制的基础，那么它们可以最终合并为一个全球性的碳交易市场。拥有密切经济关系的国家很可能早已建立市场联系，甚至已经同时建立了多个碳交易市场。与此同时，还可以建立其他联系，旨在推动资本投向某个具体的目标或者某个理想的地区。

鉴于全球气候问题的性质和建立类似商品市场联系的历史经验，发展碳交易市场、最终实现市场间的相互联系，将花上数年时间。而从已取得进展的谈判进程表明，未来三十年内，建立全球温室气体排放的有效市场将可能实现。

随着多个碳定价机制的发展和碳交易市场全球化的初步显现，碳排放交易计划的

---

① 绿色气候基金（Green Climate Fund，GCF）是2011年11月28日至12月9日在南非德班召开的《联合国气候变化框架公约》第17次缔约方会议的核心议题之一。其构想是发达国家需在2020年前每年拿出1 000亿美元帮助发展中国家应对气候变化。2011年12月11日当地时间凌晨，德班气候大会通过决议，决定实施《京都议定书》第二承诺期并启动绿色气候基金。

② 宋鸿兵在其所著《货币战争2——金权天下》谈到，今后会产生世界统一货币——“黄金+碳货币”。他认为，与黄金的刚性相对应，碳货币更具有弹性，它可以弥补黄金与经济发展之间不匹配的问题。

碳财务会计业务和IASB/FASB排放交易机制项目①，将有越来越大的国际影响力。公共与私营部门应扩大参与对该问题的研究工作。

二、碳会计及相关概念

碳会计是以能源环境法律、法规为依据，通过货币、实物单位计量或用文字表达的形式对企业履行低碳责任、节能降耗和污染减排进行确认、计量、报告和考核，披露企业自然资本效率和社会效益的一门新兴会计科学。碳会计是会计学的一个新兴分支，它是涉及会计、生态、环境、资源等多个领域的知识的学科。碳会计的主要对象是“低碳经济”和“碳排放权交易”。

低碳经济概念最早是2003年由英国在《我们未来的能源——创建低碳经济》中提出来的。该报告指出，低碳经济是通过更少的自然资源消耗和更少的环境污染，获得更多的经济产出。低碳经济是创造更高生活标准和更好生活质量的途径和机会，也为发展、应用和输出先进技术创造了机遇，同时也能创造新的商机和更多的就业空间。随后，约翰斯顿（2005）、特莱弗斯（2005）、庄贵阳（2005）、游雪晴（2007）等学者以及气候集团都从不同角度对低碳经济有关问题进行了卓有成效的研究。②

碳排放权交易是发展低碳经济的一个很好的途径。碳排放权交易是指各国政府为实现《京都议定书》下的减排承诺，对本国企业控制二氧化碳排放额度并允许其进行交易，从而实现对二氧化碳排放总量的控制。即如果一个公司的二氧化碳排放少于预期，那么可以出售剩余额度，得到回报；而如果一个公司二氧化碳排放量超出限额，必须购买额外的许可额度，以避免政府的罚款和制裁。碳交易的本质是希望通过市场机制来有效调节温室气体在全球的排放总量。市场中的交易双方达成协议，把二氧化碳等温室气体的排放量变成一种商品进行交易，即“多排放多付费，少排放少付费”，多排放者可以通过向少排放者提供资金和技术来换取排放权，以鼓励节能减排。《京都议定书》规定，发达国家可以采用排放权交易、联合履行和清洁发展机制③等三种机制进行减排。这些机制促成了国际碳交易市场的产生，欧洲气候交易所、芝加哥气候交易所和澳大利亚气候交易所纷纷成立，国际碳交易在全球范围内迅速发展起来。清洁发展机制的核心内容是，发达国家出资金和先进的技术设备，在发展中国家境内共同

---

① 2004年12月，IASB发布了《国际财务报告解释公告第3号——排放权》（IFRIC3），该公告全面解释了有关排放权的会计处理，认为：“无论是从政府获得的还是外购的排放权都应按照历史成本初始确认为一项无形资产，按照（IAS38——无形资产）进行处理。但若历史成本低于公允价值，应按公允价值确认为无形资产，其差额作为政府补助确认为递延收益，随着碳排放权的使用，转销递延收益的同时确认为收入，按照（IAS20——政府补助）进行相关处理，在每期排放进行再确认时，以其排放配额的公允价值确认为预计负债，同时确认相关的排放权成本，按照（IAS37——准备、或有负债和或有资产）进行相关处理。在排放权交易期结束时，将排放权无形资产和预计负债进行对冲核销，差额计入利得或损失从而进行终止确认。”后因有关损益的处理存在重大争议，欧盟委员会建议推迟该公告的实施，IFRIC3于2005年6月被撤销。2007年，IASB又决定将排放权的会计处理加入议程，并决定同FASB联合开发一份共同准则。这就是IASB/FASB排放交易机制项目。

② 付允，马允欢，刘怡君，等. 低碳经济的发展模式研究［J］. 中国人口、资源与环境，2008（3）：14-19.

③ 1997年12月，在日本京都召开的《联合国气候变化框架公约》缔约方第三次会议通过了旨在限制发达国家温室气体排放量以抑制全球变暖的《京都议定书》。京都议定书规定，各发达国家必须完成一定的碳减排目标。其中一种减排方式即清洁发展机制（Clean Development Mechanism，CDM）。《京都议定书》第十二条阐释的CDM，允许工业化国家的政府或者私人经济实体在发展中国家开展温室气体减排项目并据此获得“经核证的减排量”（Emission Reduction Credit，简称CER），亦即获得碳排放权。

实施有助于缓解气候变暖的减排项目，由此获得经过核证的减排量，以抵消本国的部分碳排放量，作为其履行《京都议定书》规定的定量化限控和减排承诺的一部分贡献。2002 年，清洁发展机制项目进入中国。此后，我国与发达国家签订了很多减排项目，规模不断扩大。

三、碳会计的内容

碳会计中最大的问题是在碳交易市场中碳排放单位的会计计量的标准化问题。特许公认会计师公会与国际经济交流协会对欧盟碳排放交易计划主要排放国做了一项调查，并发布了权威报告《碳会计》。该报告指出，碳会计业务的多样化表明，尽管碳排放配额对于公司账目很重要，但大多数公司账目难以直接进行比较。欧盟排放许可权会计业务的两难境遇很大程度上意味着，欧洲范围内的企业评估并不能真正反映潜在的温室气体排放风险，缺少可比性。实行碳排放的财务会计规则将有益于加强碳排放交易计划的认知力与影响力。它还将改善运营良好的公司的财务状况，即根据方案优化减少温室气体排放。财务会计是碳排放交易计划的薄弱环节。在其他碳交易市场问题上，公私领域都积极参与、广泛讨论。与之相比，对于碳财务会计的探讨似乎只在小范围内的专家之间开展。碳会计业务通过衡量与评估气候变化对经济集团的影响，反映了欧盟应对气候变化的决心。同时，在实施碳交易机制的其他领域，《碳会计》也可以充作会计基准。

碳排放交易计划的重大变化出现在第三阶段（2013—2020 年）。最显著的变化是，欧盟决意不再免费分配欧盟排放许可权，而向拍卖方式转变。该变化将会对碳财务报告造成影响。因为，由此产生的相关费用会立即在财务报告中反映出来。欧洲委员会目前正在考虑怎样规范欧盟排放许可权的财务会计业务。它必须决定是更多地依靠欧盟金融市场法规，还是国际会计准则，或者将二者相结合。这些即将采用的规则将对碳排放交易计划、其利益相关者以及全球碳交易市场的形成产生深远的影响。尽管全球气候监管机制正在发展之中，实现全球碳交易市场乃至温室气体的全球定价，还有数十年的路要走。然而，目标的长远性不一定意味着当前国家、国家内部和地区的碳定价机制需要受到限制。

四、碳会计在国外的发展情况

以碳排放及交易为核心的温室气体排放会计问题被纳入排污权会计框架内进行探讨。国际会计准则理事会和美国财务会计准则委员会均出台过排污权交易会计的相关处理草案或准则，试图对包括二氧化碳等温室气体排放的会计问题进行一揽子的规范。IASB 下辖的财务报告解释委员会依据国际财务报告准则的框架性要求，在 2003 年 5 月发布了关于管制与贸易机制的会计处理征求意见稿“Draft 1 排放权”。2003 年 12 月，财务报告解释委员会在征得国际会计准则理事会同意后，对 IAS. 38 进行了修改，把按公允价值计量的排放权包括在无形资产科目中。2004 年 12 月，财务报告解释委员会在 Draft 1 的基础上正式对外推出一项崭新的解释——IFRIC 3 排污权正式规范“总量管制与排放交易”下的排放权交易会计处理。2007 年 12 月，IASB 再次启动排污权交易项目，在新项目中 IASB 采用与 FASB 合作的方式，重新系统地设计会计准则，其目的在于提出排污权交易（包括碳排放）业务会计处理模式。出台这些规范或草案，推进了温室气体排放、交易及管理等业务规范的建设，为独立的碳会计规范的发布奠定了良好的基础。①

随着碳排放、交易及披露等问题日益受到关注，有学者提出，把温室气体排放引起的会计事项仅仅局限于传统的排污权框架内已不能满足实际需要，而需同时设置一个类似于社会会计中的碳账户对其风险和不确定性进行处理，也有学者将鉴证及碳固业务纳入其中。② 2008 年，斯图尔特·琼斯（Stewart Jones）教授等学者将碳排放、交易及鉴证等会计问题综合到一起称之为碳排放与碳固会计，即碳会计。从此，碳会计作为一类重要而又特殊的会计事项开始受到业界的关注和重视。国外的研究成果认为，碳会计主要涉及如下交易或事项：碳排放配额的会计处理、与碳排放相关的风险核算与报告、与碳排放相关的不确定性核算与报告、碳排放信息披露及管理等。③

基于以上资料，可以总结出“碳会计”方面的准则或规范有两个聚焦点：第一，企业的碳排放如何进行会计处理和其碳管理信息该如何披露；第二，如何将碳排放和交易会计规范与其他相关准则进行协调。

五、碳会计在中国的研究和发展情况

国内关于碳会计的研究主要体现在碳排放权的会计确认与计量方面。在碳排放权的会计确认方面，由于学者们的认识角度不同，国内会计界的主要观点有确认为存货、金融资产、无形资产和作为环境会计组成部分核算四种。④

张鹏认为：“碳排放权在我国只是对清洁发展机制（CDM）项目所产生的核证的减排量（又有译为温室气体的减排量，CERs）一个代称。就目前中国的清洁发展机制项目来说，碳减排量只是为了执行销售合同而持有，其最终目的是销售。所以，碳减排量符合存货定义，应作为存货在会计上进行确认，并分别指出了碳排放权的确认条件、初始计量、期末计量和出售等问题。”⑤ 王艳等认为：“碳排放权是一种特殊的经济资源，它具有自由交易市场，拥有具体产品的定价机制，并始终以公允价值计量，其价值变动直接增减资产价值。所以它属于金融衍生产品，根据《企业会计准则第 22 号——金融工具确认与计量》中金融资产的定义，应将其确认为金融资产。”⑥ 而彭敏认为，由于金融市场的不完善，相关法律的缺失和金融工具会计法规的局限，在会计确认上将碳排放权作为金融工具来处理很不现实。她认为碳排放权具备无形资产的特征，不具有实物形态，但可以单独出售或转让，在企业持有过程中带来未来经济利益的情况不确定。因此，应作为无形资产在会计上进行确认。⑦ 邹武平认为碳排放权的总量是有限制的，自身无法完成减排任务的企业只能在市场上购买其他企业的排放权，这类似于我国现行的土地使用权。碳排放权与一些国家把垂钓权、进口配额等确认为无形

① 涂毅，郝玲. IASB 温室气体排放权交易会计处理回顾及影响［J］. 财会通讯，2008（7）：100-101.

② BEBBINGTON J, GONZALEZ C L. Carbon Trading: Accounting and Reporting Issues［J］. European Accounting Review，2008（4）：697-717.

③ 周志方，肖序. 论国际碳会计的最新发展及启示［J］. 中国能源，2009（9）：19-23.

④ 笔者认为碳排放权还可确认为政府补助。这主要是基于我国碳排放减排会获得政府补助。

⑤ 张鹏. CDM 下我国碳排量的会计确认和计量［J］. 财会研究，2010（1）：39-41.

⑥ 王艳，李亚培. 碳排放权的会计确认与计量［J］. 管理观察，2008（12）：122-123.

⑦ 彭敏. 我国碳交易中碳排放权的会计确认与计量初探［J］. 财会研究，2010（8）：48-49.

资产的原理是类似的。[①]

综上所述，碳会计在国外发达国家的研究已经较成熟。但是在中国学者们对碳会计的研究还处于初期阶段，对于碳会计的基础知识没有一个统一、规范的认知，理论研究中也没有权威性的报告。理论是实践的基础。在理论研究如此匮乏的状态下，中国碳会计的实证研究就更少了。没有坚实的理论基础和丰富的实证经验做支撑，碳会计的实施就无法顺利进行，更谈不上协调经济效益和环境效益了。因此，中国需要大力研究碳会计，培养既有深厚会计学知识和处理能力，又有资源、环保知识的复合型人才。

第七节　网络会计

一、网络会计概述

1. 网络会计的含义

网络会计是指在互联网环境下对各种交易和事项进行确认、计量和披露的会计活动。同时，它也是建立在网络环境基础上的会计信息系统，是电子商务的重要组成部分。它能够帮助企业实现财务与业务的协同远程报表、报账、查账、审计等远程处理，事中动态会计核算与在线财务管理，支持电子单据与电子货币，改变财务信息的获取与利用方式，使企业会计核算工作走上无纸化的阶段。

2. 网络会计的目标

网络会计的目标是会计系统运行的定向机制，是指人们通过会计实践所期望达到的目的或境界。在会计实践中，会计目标又决定了会计的程序和方法，按照信息系统论的观点，会计是一个信息系统，自然有其目标，以达到指引系统运行方向的作用。同时，会计信息系统是为企业服务的，是企业会计工作中必不可少的组成部分，因此会计信息系统的目标应服从于企业、信息系统、会计三者的目标。企业的目标是通过提供客户满意的服务获取更多的利润；信息系统的目标是向信息系统的使用者提供决策有用的信息；会计的目标是提高企业的经济效益，以获取更多的利润。由此，会计信息系统的目标可以确定为向企业内外部的决策者提供需要的会计信息及对决策有重要影响的其他非会计信息，它确定了会计信息用户可以得到的信息的内容和质量。因此，网络会计作为一种会计信息系统，其目标就是向企业内外部信息使用者提供决策有用的信息。计算机技术的快速发展，使计算机的处理速度、存储能力等实现了质的飞跃。同时，随着计算机相关的各技术的发展，如通信技术，特别是远程通信技术、互联网技术等，也为实现网络会计的目标创造了技术条件。网络会计的在线机制大大扩展了会计信息需求范围和内容，使信息提供更及时，也更多地考虑相关决策信息，包括不确定的未来信息、风险信息、各类非财务信息，同时更多地考虑企业内部管理的信息需求。

---

① 邹武平. 低碳经济下碳排放权会计问题探讨［J］. 商业会计，2010（7）：12-13.

二、网络会计的特征

网络会计作为网络技术和会计应用相结合的高科技产物，相对于传统会计，有着许多突破性的特征。

1. 会计信息的更新和交换速度加快

传统的会计处理的信息实时反馈能力不强，财务状况和经营成果一般要到当月会计业务结束之后才能从账上反映出来。网络会计实现了实时跟踪功能，可以动态地跟踪企业的每一项业务变动，给予必要的披露。外部信息使用者可以通过上网访问企业的主页，随时掌握企业最新的及历史财务信息，从而减少其决策风险。而企业管理者可以充分利用电子化服务技术，自动查找、跟踪各网站上会计信息资源，获取本企业及相关企业的有关财务指标，及时做出正确预测及决策，有效地避免社会性的资源浪费。另外，在电子商务交易中，买卖双方可以利用电子数据交换以电子文件形式签订贸易合同，与银行、运输、税务、海关等方面进行电子单证交换。交易后，双方可以通过电子商务服务器跟踪发出的货物，银行按照合同处理双方收付款进行结算，出具相应的银行单据等。在交易过程中，企业的会计信息系统可以及时地通过与电子商务软件的接口获取数据、提供信息，满足交易的需求和企业内部管理控制和决策的需求，从而提高会计信息的获取、更新和交换的速度。

2. 会计信息的获取更加便捷

会计信息使用者要求获得全面正确反映企业的财务状况和经营成果的会计信息，但由于有限的篇幅，当前的会计报表无法反映非数量化的信息，也无法反映报表数字处理的会计程序和方法等方面的信息。网络会计的在线数据库则包括了企业所有的财务及非财务信息，并采用网上报告的方式，有效地扩大了会计报表及附注的信息容量。通过在线访问，企业内外信息使用者可以随时获取所需信息。因此，网络会计使得会计信息的获取更加方便快捷。

3. 会计信息更具个性化

传统会计报表由于其固有的限制，只能按照一定的格式提供，内容也面向所有的用户，而无法考虑信息用户的偏好，即无法根据阅读者的类别和兴趣，灵活选择相应报表项目。网络实时财务报告能够按用户类别引导读者阅读他们最感兴趣的地方。计算机网络所提供的人机对话，一改以往会计信息使用者被动地接受统一格式的局面，使信息的获取过程具有交互性。在计算机网络中，使用者可以根据自己的需要获取相关会计信息，并可对这些信息进行进一步的处理。例如：若按报表项目建立索引，就相当于根据自己的需要生成一个简化的财务报告；若按部门建立索引，就可获得企业的分部报告；若按时间建立索引，就可以获得各个时期的财务报告。

4. 会计业务的分布式处理

在网络会计中，一项复杂的工作可以划分为许多部分，由网络上不同的计算机同时分别处理。在不同的工作站上录入，在同一服务器上存储，这既可以保证凭证的及时录入，又可以保证数据存储的统一，还能大大减少单机系统造成的数据冗余。

5. 计算机资源的共享

①硬件共享。单机系统的共享性差，常常出现系统中有的机器忙得不可开交，有的却负荷不足；或者一些高档设备如高速打印机、大容量存储设备等由于不能共享，

而使设备闲置，造成浪费。在配有一台高性能的服务器后，其他工作站配置要求可大幅降低，若干台普通工作站可在网上共享 CPU 的高速度，文件服务器大容量的内存、硬盘、光盘等。硬件共享降低了成本，提高了性能。

②软件共享。网络会计将打破单一的财务软件的购买和使用方式，网上计算机可省去购买、安装过程及软件的运行维护，从而提高企业资源的使用效率和经济效益。

三、网络会计的优势与弊端

1. 网络会计的优势

网络会计的产生与发展提高了会计核算的充分性，改变了会计信息的载体和信息存储方式，加快了信息处理、披露和使用的及时性，增强了信息的共享性，因而具有传统会计不可比拟的优势。

（1）核算的充分性和信息的无纸性。

传统会计核算的对象仅仅是一个独立的核算单位，但随着电子商务的发展，企业的经营越来越多地依赖于客户、供应商、行业经济、区域经济甚至全球经济的变化，虚拟企业将成为越来越常见的企业组织形式。缺少上述各个方面的重要信息，管理者、投资者和政府部门的投资和决策活动就无法进行。因此，网络会计的对象将扩展到相关客户、供应商及虚拟企业。传统会计受货币计量假设的限制，反映和披露的信息绝大部分是财务性的。大量非财务性信息，以及产生财务性信息所依据的会计过程和方法等方面的信息则被摒弃在外。网络会计下，以货币形式反映的价值信息更不足以成为决策的主要依据。非货币性信息（经营业绩信息），如创新能力、客户满意度、市场占有率、应变能力、服务质量、虚拟企业创建速度等表现企业竞争能力方面的指标，更能代表一个企业未来的获利能力。利用计算机储存量大这一特点，网络会计充分扩大了会计主表、附表、附注的信息容量，更加全面地反映企业的财务状况和经营成果。传统会计由于受到核算范围、手段、数据载体及成本效益原则的制约，提供的信息量是非常有限的。网络会计下，计算机强大的运算和传输功能，扫除了手工处理信息成本高的障碍，提高了信息的质量。

（2）信息处理、披露和使用的及时性。

传统会计下，受会计期间假设以及核算手段的限制，财会部门信息实时反馈能力不强，计划的执行情况、投资的获利情况等信息，一般要到会计期末才能从账上反映出来，而传递到用户手中更是需要一段或长或短的时间。然而，在知识经济时代，定期编制的财务报表可能在它发布之前早已失去作用。网络会计重点突破了速度问题，使会计核算从事后转为实时。企业的生产、销售、人事、仓储等各业务部门借助于企业内部网可以将各种信息实时传输到财务部门，财务部门可以随时对这些信息进行加工、处理并将相关信息反馈回去，从而同各个部门处于随时的信息沟通之中，最大限度地发挥会计的反映与控制各类交易的职能。网络技术可动态跟踪企业每一项变动，并予以必要揭示。

（3）信息的交互性、资源的共享性和传递的网络性。

传统会计下，通用财务报表虽然能基本满足所有用户的共同需要，但无法做到面面俱到。网络会计可以实现信息的双向传递。利用电子数据处理系统、决策支持系统，用户可以根据自己的需要，选取不同的会计处理方法，生成不同的会计报表，从而满足更具体、更个性化的要求。同时，企业也可以根据统计资料了解用户所需要的信息，为将来制定会计政策提供依据。

资源共享是网络会计特有的优越性，单机系统的独立性使它所拥有的各种软件、硬件资源只能被它自己占用。而网络会计除了服务器外，其他终端都可以共享服务器的各种软硬件资源，并可进行实时处理，既提高了资源的使用效率，又减少了投资费用。另外，在网络环境下，在线数据库还拥有网上所有企业的信息，企业依此可以科学地进行预测和决策。因而，会计信息资源能做到充分共享。

2. 网络会计的弊端

（1）会计信息的非安全性。

会计信息安全直接关系到企业经营管理活动的科学性和其他要素（系统资源、资金、财产物资）的安全，是电子商务安全交易的关键，是网络会计安全的核心，是会计监督的安全保障。然而，由于下列一些因素的作用，网络会计信息的安全性着实令人担忧。计算机网络的发展，使各种计算机系统互相连接，从而使系统间的数据流动性很大。但计算机系统本身是脆弱的，病毒的感染、计算机硬件的故障、用户的误操作等都会危及网络系统的安全性。

网络会计是一个开放系统，其开放性不仅体现在会计的业务范围、会计的信息披露上，还体现在企业的决策数据上。网络会计系统的开放性与企业会计运作所要求的某些信息的保密性和安全性产生了较大的冲突。网络会计主要依靠自动数据处理功能，而这种功能又集中，即使发生微小的干扰或差错，都会造成严重后果。商业机密有可能在无形中向外开放，落入未被授权的人员手中，若被竞争对手获取则无疑是致命的。在客户和服务器之间传递的一些私人信息有可能被未授权的人员截获并非法使用、改动。黑客可能恶意攻击网络会计系统，通过非法截取、恶意修改，或通过嵌入非法的舞弊程序，致使系统瘫痪，从而给公司带来不可估量的损失。尤其是跨地区、跨国传送的数据，安全问题更是难以保证。

随着会计信息网络化，电子符号代替了会计数据，信息的载体已由纸介质过渡到磁性介质和光电介质。这些介质的保存有较高的要求，易受到高温、磁性物质、剧烈震动的影响。再加上计算机软硬件更新换代频繁，隔代兼容的问题还未解决，因而档案能否安全保存的风险性还很大。

（2）会计信息的非真实完整性。

传统会计下，会计信息的真实完整性和经济责任的明确是通过白纸黑字的会计记录、相关会计记录中的签字盖章、审计制度及内部控制制度来确保的。而在网络会计中，在网络传输和保存中对电子数据的修改、非法拦截、窃取、篡改、转移、伪造、删除、隐匿等可以不留任何痕迹。财务数据流动过程中签字盖章等传统确认手段不再存在。网络计算机集成化处理促使传统手工会计中内部控制制度的效力逐步削弱，传统的组织控制功能弱化。网络系统的开放性和动态性加大了审计取证难度，加剧了会计信息失真的风险。

（3）会计从业人员的不适应性。

网络会计下的会计从业人员应当熟悉计算机网络和网络信息技术，掌握网络会计常见故障的排除方法及相应的维护措施，了解有关电子商务知识和国际电子交易的法律法规，具备商务经营管理和国际社会文化背景知识，精通会计知识。目前，这样的复合型人才在我国还非常缺乏。大多数会计人员文化程度普遍较低、英文底子较薄、视野较窄、新事物接受能力较差，限制了电子商务在我国发展的前景以及会计信息系统在企业的普及和有效利用。

四、网络会计面临的问题

1. 对会计人员素质的新要求

网络技术的发展要求高素质人才，它要求会计人员不仅要有一定的职业道德，掌握扎实深厚的业务知识，如要懂财务会计、管理会计、财务管理和审计知识，而且还应具备相关的经济法律、财政税收、货币银行、国际金融、国际贸易、生产工艺等。网络会计要求会计人员应有计算机知识和掌握计算机应用技术。

2. 信息资产的计量问题

由于信息的增值能力正在超过资本的增值能力，随着资产从有形到无形的发展过程，域名也开始成为一种新的信息资产。网络经济中，一个网址代表一个企业，无论是虚拟企业还是实体企业，只有通过域名网址，企业才能在网上交流，从事跨国交流和经营。

3. 信息传递的完整性问题

在网络环境中，信息的传递要借助于网络完成。但是，如何保证信息从传递到接受的真实性、可靠性成为网络会计发展的难题。在网络会计中，电子符号代替了会计数据，磁介质代替了纸介质，传统的确认手段——签字盖章已不存在，因而从网上得到的信息真实性受到质疑：财务信息是否真实、可靠；财务信息是否被篡改；财务机密是否被泄露等。

4. 网络系统的安全性问题

由于网络上任意一台计算机都可获得其他计算机的信息资源，所以企业在网上进行贸易时，也易处于风险之中，如网上黑客的恶意攻击等非法操作。病毒也是网络安全的一大劲敌，要采取适当的防病毒措施。

随着计算机技术、网络技术、会计理论的不断发展和完善，网络会计这一新兴学科，必将为国民经济的发展发挥越来越重要的作用。

第八节　法务会计

一、法务会计概述

1. 法务会计的概念

法务会计是特定主体综合运用会计学与法学知识以及审计方法与调查技术，旨在通过调查获取有关财务证据资料，并以法庭能接受的形式在法庭上展示或陈述，以解决有关的法律问题的一门融会计学、审计学、法学、证据学、侦察学和犯罪学等学科的有关内容为一体的边缘科学。

美国著名会计学家贝洛各尼与林德奎斯特这样定义：所谓法务会计，就是运用相关的会计知识，对财务事项中有关法律问题的关系进行解释与处理，并给法庭提供相关的证据，不管是刑事方面的还是民事方面的。

从历史渊源来看，法务会计最早于20世纪70年代末80年代初在美国产生，它是随着内部股票舞弊案和储蓄信贷丑闻的大量出现而产生的行业，慢慢地，在经济发达国家和地区，这个专业服务得到了认同。其服务范围包括公司内贪污调查、电子商务交易真实调查、商标注册权调查等，几乎涵盖了所有你能想到的与财务有关的问题。

那么，法务会计是否就是会计审计加上司法调查呢，这个说法显然过于简单了。一位加拿大特许商务评估师这样归结："在财务会计领域，你接触的是对事实的记录和计量，而在调查与法务会计领域，你关注的是线索，你得理解所收集证据之后的问题，同时在法庭上使用这些证据。"和司法调查不同，法务会计所有能掌握的线索都来自财务报表的数据。①

2. 法务会计产生的历史背景

法务会计是西方国家在市场经济实践中逐步发展起来的新领域。随着全球经济的一体化，经济组织规模日益庞大，现代金融工具不断创新，企业经营环境瞬息万变。与此同时，各国为了加强对各项经济活动的监管力度，颁布了许多会计制度和会计准则。在这样的背景下，经济犯罪、经济纠纷的形式呈现出多样化和复杂化，而且几乎所有的经济行为与会计和审计有关。而通过法律来调节市场经济行为是现代经济的主要特征，对每一个市场经济主体来说，法律诉讼将成为保护自身权益的有效途径。法务会计就是在这样的背景下产生的，它是一种既不同于一般会计工作，也不同于一般审计工作的特殊会计工作，因其主要是涉及会计和法律的特殊领域，而被称为法务会计。

法务会计始于20世纪70年代的美国，我国对该领域的研究始于20世纪末，近几年在理论界和实务界都得到了显著发展，但是涉入法务会计领域的人士往往对其根本性的概念问题存在模糊的认识。我国的法务会计的概念是根据我国实际情况进行定义的，即我国的法务会计是指以会计理论为基础，运用审计方法和侦查措施，分析并解决法律实践中有关问题的一门科学。我国法务会计既应是会计学的一个分科，又应是法庭科学的重要组成部分。

法务会计是特定主体综合运用会计学与法学知识以及审计方法与调查技术，旨在通过调查获取有关财务证据资料，并以法庭能接受的形式在法庭上展示或陈述，以解决有关的法律问题的一门融会计学、审计学、法学、证据学等学科内容为一体的交叉学科。我国经济建设的高速发展及法制建设的不断完善，要求企业的高级主管律师、优秀律师等必须懂得会计知识，企业的总会计师、财务总监、注册会计师等必须熟知法律知识。

我国法务会计职业进入人才短缺阶段，中国政法大学民商经济法学院以其独特的法学优势，并与复旦大学、国家会计学院、西安交通大学、天津财经大学、美国普莱斯顿大学合作，率先在我国开办法务会计的科研与培训工作。为满足广大法律与会计人员学习法务会计的迫切需要，在充分调研的基础上，它精选了一整套既符合当今国际法务会计潮流又适合我国国情的法务会计系列课程，以精良优异的师资配备、热情周到的教学服务为大家提供一个良好的学习环境。

① 佚名. 法务会计：下一个热门职业［J］. 中国会计电算化，2004（12）：5.

二、我国法务会计的研究对象及任务

1. 我国法务会计的研究对象

①书证。它主要包括会计凭证、会计账簿、财务报表以及经济合同、统计资料、经济业务记录等。

②物证。它主要货币资金、存货、固定资产、有价证券等。

③财务违法舞弊行为。

2. 我国法务会计的任务

我国法务会计包括下列任务：

①为认定犯罪事实提供科学依据。法务会计对涉案的会计事项进行调查分析，做出科学鉴定结论，为司法诉讼、审判认定被告的犯罪事实，以及定罪和量刑提供科学证据。

②为解决经济纠纷提供科学依据。在一些经济纠纷中，需要法务会计对会计事项进行分析鉴定，做出科学的鉴定结论，为司法机关正确处理经济纠纷提供科学依据。

③为维护企事业单位自身权益提供有力保护。企事业单位在做出重大决策时，有相关法务会计人员参与，就会了解哪些行为合法、哪些行为违法，以避免风险，最大限度维护企事业单位利益。

三、法务会计与司法会计的关系

1. 法务会计与司法会计的联系

①两者都是会计学与法学的边缘学科。法务会计与司法会计既不是单纯的会计学分支，也不是单纯的法学分支，而是两者的结合体。无论是理论研究，还是实务操作，两者都需要操作者有较强的会计理论知识和尽可能多的法律常识。

②两者都是为法庭的诉讼活动服务的。法务会计人员与司法会计人员工作的最终价值都是在法庭上体现出来的。其最终目的都是法官能够根据自己提供的报告对整个诉讼案件做出公平、公正、合理的判决，以维护法律的尊严，确保社会安定团结的政治局面，为经济的腾飞保驾护航。

2. 法务会计与司法会计的区别

①概念不同。所谓法务会计是指特定机构接受委托对经济犯罪、经济过失、经济纠纷案件等经济活动进行会计调查与取证，为法庭和诉讼当事人提供专门服务的一种特殊会计工作。司法会计是指司法机关在涉及财务会计业务案件的侦查、审理中，为了查明经济案件或其他案件中的有关财务问题，对案件所涉及的财务会计资料及相关财务进行检查，以收集所需要的会计资料证据，以便划清案件的经济责任，证实案件事实的一种法律诉讼活动。

②执行主体不同。法务会计一般由注册会计师来执行；而司法会计的实施主体可以是司法机关设置的司法会计专职人员，也可以是受聘于司法机关从事司法会计工作的人员。

③目的不同。法务会计的目的是提供会计学证据，以利于自己的当事人，并做减轻或免除责任的辩护；而司法会计的目的是鉴定司法活动所需证据，以使诉讼活动得以顺利进行。

④作用结果不同。法务会计为案件审理提供重要的依据，所得结论可作为诉讼证据使用；而司法会计产生的后果是法律后果，直接涉及对案件的判定结果。

⑤性质不同。法务会计是一项会计咨询服务，而司法会计是一种诉讼活动。

四、法务会计的发展现状

在英、美、加拿大等国家，法务会计的需求已节节上升。“9·11”事件之后，美国甚至在反恐调查中也大量动用了法务会计。加拿大特许会计师协会证明，当下银行、金融机构和大型企业纷纷开始聘用法务会计来防治公司欺诈和其他不道德行为。而一些大的国际性会计师事务所纷纷在内部设置了法务会计部门，大量增加法务会计人员。

法务会计最成熟发达的地方在美国；而在中国，我国香港地区显然已经早走一步，下一阶段，中国内地在这个领域会有很大的市场机会。

律师、会计师作为当今社会最引人注目的两个职业，他们共同支持着我们经济社会的运行秩序。律师捍卫着我们的权利、会计师照料着我们的利益。20世纪以来，伴随着由会计师与律师作为共同合伙人的跨专业合伙的出现，一种融会计师和律师为一体的新兴职业——法务会计师从哈佛开始登上历史舞台，并立即引起人们的广泛关注。《美国新闻与世界报道》完成了对美国18种“热门职业”的追踪调查，并根据调查结果评出了该世纪18种热门行业中的18种“热门职业”。法务会计排在第一位。

随着全球经济一体化的发展，各类涉及复杂财务会计问题的经济案件时有发生，发生纠纷的当事人需要专业化的法务会计代理，对法庭做出的判决进行判断和申诉。因此，业内专家普遍预计法务会计的市场需求将越来越大。

第十三章 边缘会计理论

边缘理论，又称交叉学科，是对在两个或两个以上不同学科的边缘交叉领域生成的新理论的统称。随着会计理论研究的不断深入，会计与其他学科或领域的知识交叉运用不断得到发展，从而产生众多的会计边缘理论，包括会计史学、会计哲学、会计伦理学、会计行为学、会计心理学、会计法学、会计数学等。本章简要对会计史学、会计哲学、会计伦理学、会计行为学和会计文化学进行介绍。

第一节 会计史学

一、会计史学的界定

会计史学是研究人类会计行为，会计思想产生、发展过程及其一般规律的学科。它是会计学与历史学特别是经济史学交叉结合的成果，是会计学科体系的史学分支。会计史学理论也是会计理论的一个重要组织部分。其研究对象是人类会计的发生、发展过程及其规律性，其主要任务在于通过研究，揭示会计的本质及会计演变的一般规律，并预测未来会计的发展趋向。关于会计史学有两种定义。定义一是研究和阐述人类社会会计发展的具体过程及其规律性的专业历史学科，全称“会计历史学”。会计史学是会计学和经济史学的组成部分。定义二是会计史学以辩证唯物主义和历史唯物主义为指导，以会计历史为研究对象，采用历史研究的技术方法，坚持“史”“论”结合，按照历史顺序，揭示和阐明会计的本质及其历史发展的客观规律；总结会计发展的历史经验与教训，为现代会计提供历史借鉴，达到古为今用的目的、依据会计发展的客观规律，科学地预测会计的发展趋势，促进现代会计的发展。会计史研究起始于19世纪初，大体经过了三个阶段：19世纪初至19世纪中叶，是利用会计史料阐明会计理论问题的阶段；19世纪末至20世纪初，为专题研究阶段；20世纪初以后，为有组织有系统研究阶段。

二、会计史学的内容

会计史学除了遵循历史学研究的一般规律外，由于研究的角度、出发点、基本内容和时期不同，会计史学有不同的研究对象和成果。

（1）按研究的区域范围分，可分为世界会计史和各国会计史。

世界会计史是研究整个世界会计产生、发展过程及其一般规律的会计史学分支。按会计整体发展过程，人类会计又可划分为古代会计、中世纪会计、近代会计和现代会计四个阶段。

古代会计大约指5世纪以前的会计发展历史，其内容基本上是原始的文字叙述式会计记录方法和单式簿记的产生和初步运用。

中世纪会计大约指5世纪至15世纪的会计发展。其又分为两个阶段：第一阶段是5世纪至13世纪初，其主要内容是单式簿记和官厅会计的发展与完善；第二阶段是13世纪中叶至15世纪末，其主要特点是借贷复式记账法在商业和银行信贷交易中孕育、产生并初步在意大利部分城市推广运用。

近代会计大约指15世纪末至20世纪初的会计发展阶段。这一阶段主要是以卢卡·帕乔利《数学大会》问世作为起始的标志，主要内容包括四个方面：①复式簿记的产生、传播、发展与完善；②财务会计基本理论体系的建立与发展；③企业会计的发展；④会计职业的产生和发展。

现代会计通常指20世纪初至今的会计发展。其主要标志是公认会计原则的产生和信息技术在会计领域的广泛运用。

（2）按研究的会计主体性质划分，可分为官厅会计和民间会计。

官厅会计是指现今的政府会计，是专门研究古代和近代以国家财政收支为核算对象的会计发展历史。

民间会计是指现今的企业会计和非营利组织会计，包括古代和近代民办商业、手工业、农业、金融业、宗教团体等的会计发展历史。

（3）按照会计方法的历史演进，人类会计发展史可划分为原始计量记录时期、单式簿记运用时期、复式簿记运用时期和计算机信息技术运用时期。

三、会计史学研究的基本历程

在西方，最早研究会计史学的文献记载是荷兰数学家西蒙·斯蒂文在1605年出版的《传统数学》一书中专辟第七章“古代簿记探测”，试图对此前的会计历史进行回顾与总结。这形成了早期文献中的会计史学研究成果，开始了人类社会对自己的会计行为历史有意识的探讨。1933年，美国会计学家利特尔顿出版的《1900年以前的会计发展》一书，对20世纪以前的会计发展历史进行了系统研究，成为会计史学发展史上的标志性成果，由此奠定了会计史学学科的基础。20世纪后半期，许多国家先后建立会计史研究组织，创办发行会计史刊物，从事会计史学术研究活动。各国的会计史研究组织还联合组建了国际会计史学家协会，召开会计史国际会议，交流会计史学术研究成果，加强各国会计史研究组织之间的学术交往，不断地推动着会计史学研究的进程。

中国自20世纪30年代起，也开始了对会计史学的研究活动。当时已有一些学界中人从事会计史专题研究，并取得了相应成果，如冯抑堂的《吾国古代之会计研究》、林道俊的《我国古代政府会计制度之演进研究》等论文见清朝会计刊物，成为中国早期的会计史研究成果。

20 世纪 70 年代后期，我国开始进行系统的会计史学研究，迄今已经取得多方面的显著成果。自 20 世纪 80 年代初开始，中国会计史学研究取得一批具有较高学术水平的研究成果，主要代表包括：

①关于中国会计史综合研究的成果有：《中国会计史稿》（郭道扬，1982）、《中国会计发展简史》（高治宇，1985）、《中国会计简史》（李宝震、王建忠，1986）等。

②关于中国会计史分期研究的成果有：《中国古代会计审计史》（赵友良，1992）、《中国近代会计审计史》（赵友良，1997）、《延安时期财会工作的回顾》（陈俊岐，1985）、《1949—1992 年中国会计制度的演变》（杨时展，1998）等。

③关于中国会计史资料汇编的成果有：《中国会计史料选编（中华民国时期）》《中国会计史料选编（东北根据地和东北大行政区时期）》等。

④兼及中国和外国会计史综合研究的作品有：《会计发展史纲》（郭道扬，1984）、《会计史教程》（郭道扬，1998）、《会计发展概论》（王海民，1988）、《会计发展史》（王建忠，2007）等。

⑤关于外国会计史综合研究的成果有：《文明古国的会计》（文硕，1986）、《西方会计史（上）》（文硕，1987）、《简明西方会计发展史》（杨宗昌，1992）等。

⑥外国会计史著作的中文译本有：查特菲尔德的《会计思想史》、索科洛夫的《会计发展史》、海渥的《会计史》等。

⑦关于会计史专题研究的作品有：《中外会计史比较研究》（李孝林、姜永德等，1996）、《新中国会计思想史》（陈信元、金楠，1998）、《会计思想史探索》（王海民，1999）等。

⑧在一些大、中型会计工具书中设有专门的分部，反映会计史的内容，如《中国现代会计手册 · 中华人民共和国会计大事记》《经济大辞典 · 会计卷 · 会计史》《中国会计百科全书 · 会计史》《会计全书 · 中国会计史、西方会计史》《现代会计百科辞典—国会计史 · 世界会计史》《会计百科全书 · 会计发展史》。《会计辞典 · 会计史》《会计法规知识大全 · 中国会计法史知识》等。

除上述会计史专著以外，尚有为数众多的会计史专题论文散见于各种会计刊物，对于宣传会计史知识、扩大会计史研究的社会影响力发挥了重要作用。

第二节　会计哲学

一、会计哲学的界定

会计哲学是介于会计学与哲学之间的一门边缘学科。在哲学学科体系中，它属于一门新兴的应用哲学学科，在会计学科理论体系中，则是会计理论研究的最高层次。会计哲学是研究现代会计的最普遍的本质和最基本的规律体系，研究会计信息系统和会计控制系统在社会经济大系统中的地位和作用，研究基本会计现象间的本质联系，研究人们对会计的根本观点和方法论，并加以系统化和理论化，从而为人们从事会计实践工作和会计理论研究提供认识论和方法。

“哲学”一词来自希腊文 philosophia，由“爱”和“智慧”两词组成，意为“爱智慧”。哲学的经典定义是对世界总的看法和根本观点，是系统化和理论化的世界观。会计理论是采用一定逻辑形式对会计客体的本质及其规律具有综合性和条理性的理性认识。从概念可以看出，哲学和会计理论都是一种认识，但是哲学的认识范围更广，抽象程度更高，更具有普遍的指导意义。哲学的思想、哲学的方法以及哲学的理论无时无刻不在影响会计理论发展。会计理论研究中的许多争论涉及哲学世界观与方法论的问题。

近年来，我国的一些学者提出了会计哲学概念，但对会计哲学如何界定尚未达成共识。有学者认为，会计哲学是一门以马克思主义哲学的科学认识论和方法论在会计理论研究和会计实践活动中的具体应用的科学。① 有学者认为：会计哲学是关于资金运动记录和反映方法的内在关系及其规律的科学；会计哲学，从形式上说，就是会计学与哲学相结合而形成的边缘学科；从内容上来说，是哲学的一般原理渗透到会计学这一特殊领域而形成的一门应用科学；从本质上说，是研究资金运动记录、反映方法的内在联系及其规律的一门科学。② 还有学者认为，会计哲学是关于会计的世界观，是人们对会计的基本认识。以上关于会计哲学的定义都值得进一步商榷。③

为了进一步阐明会计哲学的含义，我们首先要了解哲学的体系。哲学的学科体系可以分为三个层次。第一个层次，即最抽象的层次。这一层次主要研究整个世界最一般最普遍的规律，即研究自然界、社会和人类思维这三大领域的最一般的本质和普遍规律，该层次的哲学一般被称为“元哲学”。第二个层次，即次抽象层次，该层次主要研究自然界、社会和人类思维这三大领域中各自的一般本质和普遍规律，具体包括关于自然的哲学（自然观、自然哲学）、关于人类社会的哲学（社会历史观、社会历史哲学）和关于思维的哲学（思维哲学、认识论）。第三个层次，最低的抽象层次，这一层次的特点是抽象程度低、应用性强。这一层次的哲学主要是研究三大领域中具体科学的普遍本质和一般规律，实质上是应用哲学，属于这一层次的有：物理哲学、数学哲学、艺术哲学、教育哲学、文化哲学、军事哲学、经济哲学、生物哲学、语言哲学和行动哲学等。从哲学体系的三个层次来看，很显然，会计哲学应该属于第三个层次，会计哲学所反映的应该是会计领域中的普遍本质和最一般规律。因此，笔者认为，会计哲学可以表述为：会计哲学是关于会计活动的最一般本质和普遍规律的科学，是对会计活动本质和规律的最高抽象，是会计领域中相当于哲学层次的东西，而非哲学的一般原理的具体应用。

二、会计哲学与哲学及会计理论的关系

1. 会计哲学与哲学的关系

依据上述笔者关于会计哲学的定义可以看出，会计哲学与哲学是既有区别又有联系的两个概念。它们的区别主要表现在三个方面。第一，两者的抽象程度不同。会计哲学是会计活动的本质和最一般规律的抽象，具有应用性强的特点；而哲学是关于整个世界的抽象，或者说是建立在所有科学基础上的抽象，具有极强的抽象性特征。第

① 王正德. 会计哲学概论［M］. 昆明：云南科技出版社，1998.
② 杨俊亮. 会计哲学：会计本体论的哲学沉思［M］. 沈阳：东北大学出版社，1994.
③ 于玉林. 现代哲学概论［M］. 北京：经济科学出版社，2002.

二，两者的研究对象不同。会计哲学的研究对象是会计活动，它是整个社会活动的一小部分，而哲学研究的是整个世界，包括了自然、社会和人类思维。第三，两者对会计实践的指导程度不同。会计哲学更贴近会计实践，能够直接有针对性地指导会计实践；哲学距离会计实践则比较远，虽然也能从方法论上为会计实践提供指导，但与会计哲学相比要抽象得多。当然，两者之间的联系也是十分密切的，主要表现在四个方面。第一，它们都是哲学体系的组成部分，在会计哲学体系中，哲学处在最高的层次，而会计哲学则处在最低的层次。第二，它们具有共同的本质属性，会计哲学与哲学尽管在研究对象上存在差异，但它们的本质是一致的，两者都是研究事物的本质和最普遍规律。第三，哲学对会计哲学有指导意义，由于哲学是对自然、社会和人类思维的最高概括，揭示它们的最一般的规律，对所有的具体科学的发展都有指导意义，对会计哲学同样具有指导意义。第四，会计哲学能够促进哲学的发展，哲学的发展必须以具体科学为基础，会计哲学作为具体科学的组成部分，它的研究和发展必将促进哲学的发展。

2. 会计哲学与会计理论的关系

会计理论是指采用一定逻辑形式对会计客体的本质及其规律进行的系统而全面的并具有条理性和综合性的理性认识。会计理论也可以是对会计本质的认识和会计规律的总结，它的内容十分广泛。根据我们对会计哲学的含义的界定，会计哲学研究的是会计活动本质和最普遍的规律，而会计的本质和最普遍规律则是在具体规律的基础上抽象出来的。因此，会计哲学应该是在这些具体规律的基础上的进一步抽象，亦即对会计理论的进一步抽象，比会计理论高一个层次。会计哲学与哲学、会计理论和会计实践的关系可以用图 13.1 表示。

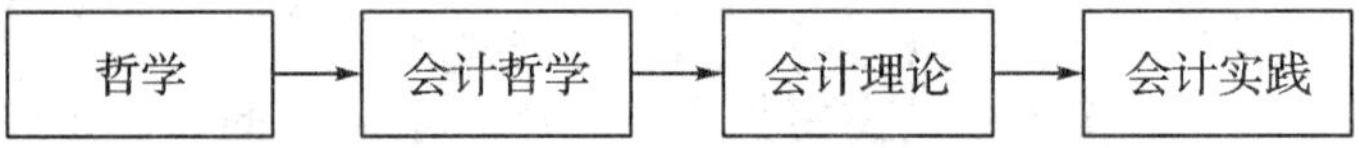

图 13.1　会计哲学与哲学、会计理论和会计实践的关系

3. 会计哲学内容的构成

关于会计哲学的内容，国内已有一些会计理论工作者进行了探讨。有人认为，会计哲学包括认识会计领域、认识路线、会计的认识主体、会计的认识客体、会计客体的时空性、会计系统、会计信息、会计实践、会计本质、会计结构、会计规律、会计的原因与结果、会计的必然与偶然、会计的可能性与现实性、会计的现象与本质、会计的形式与内容、会计事业的发展、会计事业发展的目标性、发展会计事业的现实性、会计事业发展的过程性、会计控制、会计协同性、会计耗散结构性、会计矛盾性、会计的量变与质变性、会计的肯定与否定性、会计理论的发展、会计工作的发展、会计教育的发展、中国会计发展的特色。[①] 也有人认为，会计哲学包括会计研究方法、会计对象的哲学探讨、会计职能的哲学探讨、会计形式的哲学探讨、会计的时空观、会计的意识论、会计本质的探讨、会计学科体系的建设问题、会计改革的哲学探讨。[②] 还有人认为，会计哲学包括会计本质论、会计内容论、会计形式论、会计关系论等。[③]

---

① 于玉林. 现代会计理论实务与教育研究［M］. 北京：中国财政经济出版社，2000.

② 王正德. 会计哲学概论［M］. 昆明：云南科技出版社，1988.

③ 杨俊亮. 会计哲学——会计本体论的哲学沉思［M］. 沈阳：东北大学出版社，1994.

第三节 会计伦理学

一、会计伦理学的界定

1. 会计伦理学的含义

会计伦理学是研究会计领域内的道德现象及其发展规律的学科。建立会计伦理学，不仅对推动会计学科的发展，完善伦理学科体系具有重大作用，而且对推动培养会计道德行为和会计事业深入发展具有重要的现实意义。会计伦理学的内容丰富，有其自身的结构和体系。它包括会计伦理学的对象、任务和研究方法，会计道德的内容、特点、职能和作用，会计道德规范体系，会计道德现象，会计道德活动，会计道德和会计法制的关系等。

会计伦理学的研究对象，简言之为会计活动中的道德现象，是通过会计活动中道德现象的全面研究，科学地揭示会计道德本质、作用及其发展规律的学科。会计活动的道德现象，是会计工作领域中道德关系的具体表现。道德关系是被经济关系决定的一种个人与个人、个人与集体之间的社会关系，道德关系随经济关系的改变而改变，它是第二性的，而道德意识、原则、规范则是对这种道德关系的认识和反映，某一社会制度下的会计道德关系由这一社会制度的经济关系决定。这些道德现象包括会计道德意识现象、会计道德规范现象和会计道德活动现象。

会计道德就其适用范围而言，可分为会计职业道德和社会会计道德。前者是在会计人员中间倡导推行的会计行业的行为道德，作为调整会计人员行为的准则和规范，它是会计人员在职业生活中的社会关系的反映。而后者则要求不能仅仅将会计道德视为职业道德，而应将其看作社会道德的组成部分，以便使社会公众能理解、接受、遵守会计道德标准，并监督其实施。总之，会计道德的产生和发展是历史的必然，是不以人们意志为转移的。也正是由于这个原因，我们必须把会计道德作为对象来开展会计伦理学的研究。因而会计伦理学的基本任务是不断探索、揭示会计道德的形成和发展规律，制定切合实际的具体会计道德规范，开展会计道德教育，提高会计当事人的道德水平。因此会计伦理学的具体任务主要是以下两个方面：一是批判和清除会计领域中旧的道德影响和不正之风，树立良好的会计道德风尚，由于旧的道德观念及落后意识在会计工作中时有发生，因此，会计伦理学的当务之急是大力加强会计道德的直传，提高会计当事人的道德水平；二是增强会计当事人明辨是非、善恶的能力，提高他们会计道德修养的自觉性。

2. 会计道德的功能

会计道德是会计领域中因会计活动引起的道德现象以及由此归纳出来的道德理论的总称。[①] 会计道德由社会会计道德和会计职业道德两部分组成，它主要具有以下基本功能：

①调节功能。会计道德具有纠正人们会计行为和指导社会经济实践活动的功能。

① 刘明辉. 走向21世纪的现代会计：上［M］. 大连：东北财经大学出版社，1996：351.

会计道德调节以使人们的经济行为实现由“现有”到“应有”的转化为目标。

②导向功能。在社会经济活动中，会计道德可以指导社会公民和会计当事人自愿地选择有利于消除各种矛盾，调整相互关系的会计道德行为，改善会计领域内人与人之间以及个人与国家之间的关系。同时，会计道德通过社会舆论和会计当事人的职业道德表现，影响、引导会计科学的发展方向。

③教育功能。它是指会计道德具有通过造成社会舆论、形成会计道德风尚、树立会计道德榜样等方法深刻影响人们的会计道德观念和会计道德行为的功能。

④认识功能。它是指其能够通过会计道德判断会计道德标准和会计道德理论等形式，反映会计当事人与他人、社会的利益关系，向人们指明会计当事人在与现实世界的价值关系中的方向，提供进行道德选择条件的知识。

⑤促进功能。它有两方面的意思：一方面，会计道德能促使会计当事人从善而行之；另一方面，其对提高社会道德水准有强大的影响。这主要表现在：第一，会计道德通过会计当事人参加各种社会活动直接影响社会道德；第二，会计道德通过会计当事人与服务对象的联系间接影响社会道德；第三，会计道德可以通过会计当事人的家庭生活影响社会道德。

二、会计道德的内容

会计道德的内容主要包括会计道德规范、会计道德范畴、会计道德现象、会计道德活动、会计道德境界等。

1. 会计道德规范

会计道德规范是一定社会或阶段根据社会道德原则提出的，要求会计当事人在处理个人与其他人以及社会关系时应普遍遵循的具体行为准则。它对会计当事人的行为产生倡导作用和约束作用，是会计道德行为的选择指南与善恶判断准绳。根据会计道德的分类，会计道德规范由社会会计道德规范和会计职业道德规范两大部分组成。社会会计道德规范对与会计工作有关的其他社会成员从思想观念和意识角度加以规范，旨在为会计道德建设的实施创造良好的外部环境。它包括政府机关、各种团体、公民等对会计职业的看法、对会计工作的理解和态度、对会计法制的遵循、对会计地位的认识与认可等。它是对与会计工作有关的其他社会成员从思想观念和意识形态角度加以约束，是会计道德的培育与实施的外部环境。对于一般公民来讲，强调社会会计道德规范的核心问题，有利于帮助他们建立正确的会计思想观念，端正和形成科学的会计认识。会计职业道德规范则对从事会计工作的会计工作人员从行动的遵守、执行角度加以规范，旨在保证会计道德的实施。它主要是指在会计人员中倡导、推行的适用于会计行业的调整的会计人员行为的准则和规范。

2. 会计道德范畴

会计道德范畴是反映会计活动中最基本、最普通的道德关系和行为调节方向的基本概念。它主要包括会计道德义务、会计道德良心、会计道德荣誉和会计道德情操等。会计道德义务是会计当事人在一定的内心信念和会计道德责任感的支配下，在会计行为中自觉履行对社会、对他人的责任。会计道德良心是会计当事人在履行对社会、对单位、对他人的义务过程中形成的会计道德责任感和自我评价能力。它是会计道德观念、情感、情绪在会计当事人意识中的内在统一，是会计道德原则、道德规范体现为会计当事人内心动机、信念和情感的一种自我审度的能力。会计道德荣誉包括两个方面：一方面是对会计当事人的职业行为形成的社会舆论，也就是对会计当事人在会计行为中履行了社会义务的公认和奖赏；另一方面是会计当事人在工作中的自我意向，也就是由于履行了会计工作中的社会义务所产生的道德感情上的满足和自我意识。会计道德情操体现很强的阶段性和社会性，包括含有坚定正确的政治信仰、强烈的爱国主义精神和民族气节、坚定正确的会计思想等。

3. 会计道德现象

会计道德现象表现有会计道德行为和会计道德品质两个方面。会计道德行为是在一定的会计道德意识支配下发生的有利或有害于他人和社会的，涉及会计当事人个人利益与他人利益、个人利益与社会利益之间关系的，并能进行会计道德评价的行为。它包括会计道德的行为和会计不道德的行为。前者是一种有利于他人、集体及社会的行为，是善行；后者则是一种有害于他人、集体及社会的行为，是恶行。会计道德行为的特征在于：第一，会计道德行为必须是基于对他人和社会的利益关系的自觉认识而表现出来的行为；第二，会计道德行为是行为主体在其会计道德意识支配下所做出的抉择，是经过他们自愿选择的结果。会计道德品质就是会计的行为习惯或习性。会计道德品质，从其构成内容来讲，包括会计道德认识、会计道德情感、会计道德意志、会计道德信念和会计道德习惯等基本要素。其特点主要表现在：一是会计道德行为的综合表现；二是不仅仅是一种会计道德习惯或习性，还是一种自觉的意志行动过程，是凭借意志的选择而得的习性；三是会计道德行为整体中表现的稳定特征和倾向。

4. 会计道德活动

会计道德评价、会计道德教育和会计道德修养是会计道德活动的三种形式。会计道德评价的对象是会计行为，包括会计当事人之间和社会对会计行为的评价和会计当事人对自身的评价。会计道德的职能和作用的发挥，主要是依靠会计道德评价来实现的。会计道德评价的作用主要表现在：①会计道德评价是会计道德原则和规范的捍卫者；②会计道德评价是使会计道德原则和规范转化为会计道德行为和道德品质的“杠杆”。不同的社会有不同的道德评价标准，会计道德评价的根据涉及会计道德行为的动机和效果。社会道德评价的方式有三种：社会舆论、传统习俗和内心信念。前两者是会计道德评价的客观方式，后者是会计道德评价的主观方式。会计道德评价就是通过这些方式对人们的会计道德行为进行优劣判定，从而对会计当事人的思想和行为产生重大影响。会计道德教育是根据会计工作的特点，有目的、有组织、有计划地对会计当事人施加会计影响，促使会计当事人形成良好会计道德，履行会计道德义务的活动。它的作用在于：把社会意识中得到反映和论证的一定的会计道德原则、规范和观念灌输到会计当事人的意识之中，引导会计当事人既能够实行自我监督，调整自身行为，也能够参与社会行为的调整过程，对其他会计当事人提出道德要求和进行道德评价。会计道德教育是会计道德职能作用得以发挥的重要途径。会计道德修养是会计当事人进行自我道德教育的课堂，它直接关系到会计道德品质的形成。会计道德修养和会计道德评价紧密相连，会计道德修养要通过自我会计道德评价的方式来实现，会计道德评价的展开可促使会计道德修养的提高。在会计道德修养中，评价的因素往往是同时与道德理想的选择、追求紧密联系在一起的，并且始终服从于这种选择和追求。会计道德修养和会计道德教育是相辅相成的。会计道德修养是会计道德的职能和社会作用得以顺利实现的重要基础，是会计道德教育的内在课堂，是会计道德教育的重要目标。

5. 会计道德境界

会计道德境界是会计当事人在社会生活和会计实践工作中，按照会计道德原则和规范去行动所形成的道德觉悟水平，以及处于这种道德觉悟水平所表现出来的思想感情和情操。会计道德境界大致可分为三层。①"雇佣型"的境界。在这种境界下，会计当事人用雇佣观点对待自己的会计工作，看待本职工作中人与人之间的关系。②"尽职型"的境界。处在"尽职型"道德境界的会计当事人以做好分派给自己的会计工作为最高的追求，他们缺乏远大的道德理想，不能自觉地认识到自己从事的工作的伟大意义。③"献身型"的境界。所谓"献身型"的境界是指会计当事人在本职工作中始终做到工作第一，他人第一，全心全意为人民服务。在这里，会计道德的自我评价和社会评价达到统一，会计道德教育收到成效，他们的会计道德修养达到完美的境界。以上分析表明，三个层次的会计道德境界是递进的，而不是并列的，每个会计当事人都可以从较低层次的道德境界向较高层次的道德境界转化。社会主义会计道德评价、教育和修养的目的是推动会计当事人从"雇佣型"境界向"尽职型"境界转化，从"尽职型"境界向"献身型"境界转化、升华。应该看到，会计道德境界既是有止境的，又是无止境的。

第四节 会计行为学

一、会计行为学的界定

行为科学是研究人与环境、人与人、人与群体之间相互依存、相互作用的关系，即人的一般行为及其规律科学。行为科学最早产生在美国，它是运用心理学、社会学、社会心理学、人类学及其他研究人类行为的有关学科的有机结合，是研究人类行为一般规律的综合性学科。由此推论，会计行为学可以定义为研究会计行为及其规律的一门科学，有人也称为行为会计行为管理学和行为会计学①。这里的会计行为是会计行为主体为了实现一定的目标所进行的会计实践活动。因而，具体而言，会计行为学的研究对象就是会计行为主体与会计行为客体、会计环境之间相互制约、相互推动的关系。会计行为主体是指具有能动性，并在会计实践活动中认识和改造会计行为客体的"会计人"。它既包括会计个人，也包括会计集体。会计行为主体要成为会计实践的主体，就必须以会计行为客体即会计对象的存在为前提条件，并作用于会计行为客体；而会计行为客体要成为现实的客体，就必须进入会计行为主体认识和改造的领域。会计行为主体认识和改造能力的不断提高，必将使会计行为客体被使用的范围及深度不断扩展；而会计行为主体这种主观能动性的发挥，不是随意的，要受到会计行为客体的制约，因为不同社会、不同历史阶段的会计行为客体虽具有一般性，但也有特殊性。正是由于会计行为主体与会计行为客体同时存在并彼此之间相互制约、相互促进，才使会计行为得以形成和发展。而会计行为在其形成和发展的过程中，始终要受到会计心

① "行为会计学"之称主要来源于西方的行为会计学派，主要见之于刘明辉的《走向21世纪的现代会计》、王世定的《行为会计研究》、徐国君的《行为会计核算与管理模式设计》、简建辉的《国外行为会计研究概要》。

理的支配和会计环境的影响。会计心理作为会计行为主体在会计实践中产生和形成的各种心理现象的总和，是引发和支配会计行为的内在动因；而会计行为则是会计心理活动及特征的外在表现。会计环境是会计行为形成和发展的多种外部条件的总和，而会计行为则是会计行为主体对会计环境的影响所做出的能动反应。

综上，会计行为既是会计行为主体受其心理因素支配而作用于会计行为客体的一种社会实践活动，同时也是会计行为主体受其外部环境的刺激而做出的各种反应和对策。可见，会计行为有其自身的规律性。它既取决于会计行为主体的心理因素，这是会计行为主体形成和发展的内在动因；又取决会计行为客体的性质、运动形式以及被作用的现实范围，这是会计行为形成和发展的客观基础或前提条件；还取决于会计行为主体所处的外部环境，这是会计行为形成和发展的外部条件。总之，会计行为的形成和发展，离不开会计行为主体、会计行为客体和会计环境，是这三个要素相互依存、相互作用的结果。

二、会计行为学的内容

（1）会计行为学的基本理论。它包括会计行为学的研究对象、任务、性质、特征、范畴、研究方法及其与其他相关学科的关系等。

（2）会计行为的基本内容。它包括会计行为的产生和发展、会计行为的主体和客体、会计行为的目标、引发会计行为的心理因素、影响会计行为的环境因素、会计行为的本质及特征、会计行为的结构等内容。实际会计行为就是会计行为学的具体研究对象。

（3）会计个体行为。它包括会计个体行为的规律、会计个体行为的动机和效果分析、会计职业期分析、会计个体行为的挫折分析等内容。它具体包括会计人员的人格与行为、会计人员的动机与行为、会计人员的认知与行为、会计人员的态度与行为、会计人员的学习与行为、会计人员的情绪与行为、会计人员的挫折与行为等。

（4）会计领导行为。它包括会计领导行为的内容，会计领导行为的模式，会计领导的决策行为、计划行为、协调与沟通行为、分权与授权行为、激励行为、监督行为等。

（5）会计集体和组织行为。它包括会计行为规范、会计人际关系、会计集体的内部冲突、会计集体的内聚力、会计组织行为分析等内容。其具体内容包括集体和组织行为的基本内容、会计集体与组织的功能与结构、组织与文化体系、会计集体的团队精神与冲突等。

三、会计行为学与相关学科的关系

1. 会计行为学与管理心理学的关系

管理心理学是研究管理活动中人的心理及其规律的一门科学。它和会计行为学既有联系也有区别。两者的联系主要是：由于心理与行为之间存在着密切的联系即心理支配行为，行为表现心理，因此管理心理学在侧重研究心理及其规律的同时，也不能不结合行为问题展开研究；同样，会计行为学在侧重研究会计行为及其规律的同时，也不能不结合会计心理问题加以研究。正是由于这种联系，管理心理学的某些理论和方法，可被会计行为学应用，成为建立和发展会计行为学的重要理论基础之一。两者的区别主要是：管理心理学的对象是所有管理活动中人的心理及其规律，而会计行为学的对象则是会计行为及其规律；管理心理学是心理学的一个分支，属于一门理论研究科学，侧重于理论研究，而会计行为（管理）学则是行为学的一个分支，属于应用科学，侧重于理论的应用和具体方法的研究。

2. 会计行为学与行为科学的关系

行为科学是研究人类行为及其规律的一门综合性学科。它与会计行为学的联系主要是：会计行为学是行为科学的基本知识和原理，在会计工作管理领域里的具体应用。两者的区别主要是：行为科学的研究范围极为广泛，是人类行为的一般，而会计行为学的研究范围则仅限于会计实践活动的主体；行为科学在研究行为的诸学科中处于基础地位，侧重于基础理论研究，而会计行为学是一门应用性很强的学科，侧重于应用理论和具体方法的研究。

3. 会计行为学与会计学的关系

两者的区别主要是：会计学的对象是会计实践，主要是研究如何遵循会计准则，应用会计方法和技术，系统地反映整个经济活动过程及其结果，以及如何通过预测、决策、分析与控制等环节完成对经济活动的全面规划和控制；而会计行为学的对象是会计行为主体，主要是研究如何提高会计人员素质，使他们积极工作，如何设计有效的会计工作组织，使它发挥最佳的整体效率。两者的联系主要是：会计学以会计实践为研究对象，研究会计理论和方法，其目的是为会计行为主体提供认识和改造会计对象的理论和方法；而会计行为学则以会计行为主体为对象，其目的在于优化会计行为主体，使之能够较好掌握和应用会计理论和方法，将其有效地作用于会计对象。

4. 会计行为学与行为会计的关系

行为会计作为一门独立学科，在20世纪50年代就已在西方国家形成，发展到至今已经十分成熟。这门学科主要是运用行为科学的原理指导会计工作，研究企业各级人员的行为，督促他们采取最佳的行为方式，提高经济效益。它与会计行为管理学有着明显的区别，主要是：行为会计的对象是企业各级人员行为的有效性，这是传统会计对象的扩展，而会计行为管理学的对象是会计行为主体的行为及其规律；行为会计的目的是调动企业各级人员的积极性，督促他们选择最佳的行为方式，提高经济效益，而会计行为学的目的则是提高会计人员素质，调动他们的积极性，设计有效的会计工作组织，实现会计行为合理化。这些区别说明，行为会计与会计行为学是两门不同的学科，两者之间不能画等号。但两者之间也有一定的联系，如两者所运用的主要科学原理相同，都是行为科学的原理；两者都需要研究会计环境与会计系统之间的相互影响。

第五节　会计文化学①

一、会计文化的概念

1. 会计文化的含义

国内会计界有关会计文化的认识不尽相同。刘开瑞先生认为："会计文化是在一定的政治、经济、道德等社会历史环境下，会计人员在会计管理过程中，逐渐创造和形成的观念形式和文化形式的总和。"② 刘骏先生认为，会计文化是"在长期的实践活动中，逐步形成并为专家认可、遵循，带有会计特色的价值取向、行为方式、会计反映和监督作风、会计精神、道德规范、发展目标和思想意识等因素的总和"③。毛伯林教授认为："会计文化是在特定的社会、经济、文化的背景下，从长期中外会计实践中创造、形成的，为会计人员所共享，具有引导、凝聚激励、约束会计群体、体现民族特色，从而增进会计活动，推动会计管理现代化进程的会计物质财富和精神财富的总和。"

一般认为，会计文化需要从广义和狭义两个方面定义。从广义上说，会计文化是指企业在社会实践过程中所创造的物质财富和精神财富的总和；从狭义上讲，会计文化是指企业在经营过程中所形成的独具特色的思想意识、价值观念和行为方式。

2. 会计文化的特征

一是时代性。会计文化的形成和发展必须与时代精神相适应，应是时代精神的反映，它的内容和形式体现着特定社会和时代的特征。二是服务性。会计的最终目的是

---

① 首次提出"会计文化学"一词的应是劳秦汉，其在2010年出版《会计文化学概论》一书中，不仅完整提出会计文化的概念，并且详细阐述了会计文化学的构成。该书的主要特点和内容是：①由于会计文化学是交叉性边缘学科，会计人对它开展的研究尚属起步阶段。虽有一些论文发表，但几乎是针对会计文化的某一方面或某一问题的探讨，对会计文化学做系统、全面的研究，特别是对整个会计文化学体系展开研究并出版专著的还不曾见过。该书对会计文化学体系构建的尝试虽然还存在某些不足，但难能可贵地起到了填补空白的作用。②该书所构建的会计文化学，作为应用文化学的一个重要分支学科，它的理论结构与它所存在的理论区间是紧密联系的，包括两个既相互区别又相互联系的层面：一是文化形而上的研究——关于会计文化的"道"，即会计文化总体性的深层理论研究，通过这一研究确立了会计文化学中的文化研究范围及其对会计研究进行引领指导的必然性与必要性；二是会计文化价值的研究——关于会计文化的"器"，即会计文化从发生、存在到发展的整个实践过程中，所体现出来的会计文化主体会计人的需要与会计文化客体属性之间具体效用的研究，通过这一研究，确立了会计文化学中的会计研究范围和会计的文化意义之所在。这就成为该书的一个较为显著的特点。③研究会计文化学的视野和触觉必须广阔深透。该书不仅从会计学、文化学角度，还从人类学、历史学、考古学、社会学、心理学、哲学、存在论、结构论、价值学等多学科的视角去研究探讨问题，而且在会计文化发生、存在、比较等问题上往往采用了较为深入的历史文献资料和考古材料互相参照印证的实证方法，以求观点和结论的合理性、准确性与实践性。这也就是该书的另一显著特点。④该书在很多的章节中，如对会计计量记录起源问题的看法上、会计文化"时态结构一览表"和"会计文化主体人格维度及其人格特征表"的设置上、世界范围内主要国家会计文化模式的分类上、中西会计实务与会计理论的比较上、会计文化未来发展的总体设想上等，都有一定的创新之处。⑤该书的立论、论证、论述，都是建立在世界范围的会计文化，尤其是中西会计文化的背景之下的，且指导思想明确、参阅文献众多。如除引用马列经典著作外，对中西方的历史文献资料、考古材料，以及一些重要的会计学、文化学、人类学、哲学、社会学、心理学等著作也都做了广泛的引用。总之，该书除具有对会计人时代生存与历史命运的人文关怀外，还体现出较为鲜明的会计著作人的独特个性。

② 刘开瑞. 会计文化初探［J］. 四川会计，1990（2）：39-41.

③ 刘骏. 试论会计文化［J］. 当代财经，1992（5）：40-43.

提高企业或其他经济组织的经济效益。会计对生产经营过程及结果，系统、连续地进行核算，全面、综合地反映和监督，并根据核算资料进行分析、利用和检查，都是为最终目的服务的，因而，服务性是会计文化的重要特征之一。三是非凡性。会计文化存在着民族和国别的差异，也存在着行业和部门的差异，从而形成了各具特色的会计文化。四是融合性。一个国家的会计文化总是要继续、汲取一切营养来与自己本国会计文化融为一体，使之更加充实、完善和先进：从不同民族、不同国家的宏观文化中汲取营养，从不同行业的微观文化中汲取营养，从各基层会计机构、会计人员的会计治理实践中汲取营养。

二、会计文化的功能

会计文化的功能如下：

①导向功能。会计文化是一个“方向盘”。一方面，它通过会计理论、方法、技术、制度法规、传统等指导会计实践活动；另一方面，它可利用人的价值取向、道德准则、生活信念等引导会计行为。

②凝聚功能。会计文化是一种强力黏合剂，它引导会计人员为实现共同的目标理想去开拓进取、奋勇拼搏，使整个会计系统最大限度地发挥出巨大的整体效应。

③约束功能。会计文化是无声的号令、无形的管制，即不论在人前或人后，不管领导在与不在，不管检查与不检查，会计人员都能使自己的思想、感情和行为与会计整体保持相同的取向。

④激励功能。会计文化是企业会计青春的“激发剂”，企业活力的“加压泵”。它通过尊重、关心、理解、爱护去启发、诱导、刺激会计人员的潜在热情、干劲、能力和智慧，因而能最大限度地激发全体会计人员的积极性、主动性和创造性，使之为实现会计的根本目标和具体目标而努力奋斗。

⑤辐射功能。会计文化是一团很好的“酵母”、一种热力强大的“辐射源”，它通过三条途径发挥作用：一是会计文化对会计所在企业（或其他群体）的企业文化场的辐射，二是会计文化对会计所在行业的行业文化的影响，三是会计文化对其他社会文化场的影响。

⑥稳定功能。会计文化是企业会计工作稳定发展的“长寿药”，它一经建立即渗透到整个会计活动之中，蕴涵在广大会计人员的内心深处，从而在会计工作中持续稳定地发挥出应有的作用。

三、会计文化的内容

会计文化作为一个系统，从宏观角度考察，应当包括四个要素：会计活动过程要素、会计活动结果要素、会计精神现象要素、会计精神本质要素。从微观角度考察，会计文化应当包括五个基本要素，即种子（或核心）要素、催化要素、品质化要素、物质化要素、习俗化要素。在上述丰富、广阔的会计文化领域中，会计的价值观、道德观、法制观、英雄观是会计文化中最典型的四个方面，其中价值观是会计文化的核心。

会计文化主要包括三个方面的内容：会计物质文化、会计制度文化、会计精神文化。这三种文化在会计文化内部形成一个具有层次性的结构体系：

①最外层，即会计的物质文化层。它包括各种社会物质生活资料，会计生活工作环境、生活设施，文教卫体等基本设施设备，它外显会计文化发达程度。这些有形物构成会计的硬文化，是会计精神文化的物质体现和外在表现。

②中间层，即会计的制度文化层。它主要包括各种规章制度、职业道德规范、会计工作和生活的结构模式、群体行为准则、交际和娱乐方式、风俗习惯、礼仪等。会计的制度文化是会计物质文化与精神文化的中介。

③最内层（核心层），即会计的精神文化层。会计的精神文化层，包括用以指导企业会计工作的各种行为规范和价值观、企业的群体意识和职工素质等构成的企业软文化。会计的精神文化即会计文化的核心，比如会计的思想意识、精神面貌、心理素质、会计反映和监督哲学、审美观念。

参考文献

［1］葛家澍，林志军. 现代西方会计理论［M］. 厦门：厦门大学出版社，2001.

［2］汤云为，钱逢胜. 会计理论［M］. 上海：上海财经大学出版社，1999.

［3］财政部会计事务管理司. 国际会计准则［M］. 北京：中国财政经济出版社，1992.

［4］诺布期. 会计［M］. 王塑源，张蓓. 译. 上海：外文出版社，上海远东出版社，1997.

［5］常勋，李百龄，李登河. 西方财务会计［M］. 北京：中央广播电视大学出版社，1989.

［6］郭道扬. 中国会计史稿［M］. 北京：中国财政经济出版社，1982.

［7］郭道扬. 会计发展史纲［M］. 北京：中央广播电视大学出版社，1984.

［8］查特菲尔德. 会计思想史［M］. 文硕，董晓柏，王骥，等译. 北京：中国商业出版社，1989.

［9］文硕. 西方会计史：上［M］. 北京：中国商业出版社，1987.

［10］陈今池. 现代会计理论［M］. 上海：立信会计出版社，2005.

［11］亨德里克森. 会计理论［M］. 王澹如，陈今池，译. 上海：立信会计图书用品社，1988.

［12］于玉林，李端生. 会计基础理论研究［M］. 北京：经济科学出版社，2001.

［13］劳秦汉. 会计理论方法体系概论［M］. 北京：中国财政经济出版社，2002.

［14］陈国辉. 会计理论体系研究［M］. 大连：东北财经大学出版社，1997.

［15］贝克奥伊. 会计理论［M］. 杨进，王海民，刘韬，等译. 西安：陕西人民出版社，1991.

［16］阎达五. 会计理论专题［M］. 北京：中央广播电视大学出版社，1985.

［17］利特尔顿. 会计理论结构［M］. 林志军，黄世忠，译. 北京：中国商业出版社，1989.

［18］美国会计学会. 会计基本理论［M］. 文硕，王效平，黄世忠，译. 北京：中国商业出版社，1991.

[19] 乔伊，米勒. 国际会计［M］. 常勋，陆祖汶，葛方雯，等译. 上海：立信会计图书用品社，1990.

[20] 姜永德. 会计理论：比较、借鉴、思考［M］. 成都：西南财经大学出版社，2014.

[21] 魏明海，龚凯颂. 会计理论［M］. 大连：东北财经大学出版社，2006.

[22] 葛家澍，杜兴强，胡念梅，等. 会计理论［M］. 上海：复旦大学出版社，2007.

[23] 美国财务会计准则委员会. 论财务会计概念［M］. 娄尔行，译. 北京：中国财政经济出版社，1992.

[24] 孙芳城，孔庆林，李孝林，等. 会计理论比较研究［M］. 上海：立信会计出版社，2011.

[25] 罗勇，李定清. 会计理论体系研究［M］. 重庆：重庆出版社，2003.

[26] 刘峰. 会计准则研究［M］. 大连：东北财经大学出版社，1996.

[27] 李定清，罗勇，姜永德，等. 会计基本理论研究［M］. 成都. 西南交通大学出版社，2014.

[28] 刘仲文. 会计理论与会计准则问题研究［M］. 北京：首都经济贸易大学出版社，2000.

[29] 李孝林，孙芳城，邓腾江，等. 会计基本理论比较［M］. 上海：立信会计出版社，2002.

[30] 瓦茨，齐默尔曼合. 实证会计理论［M］. 黄世忠，陈少华，刘海彬，等译. 北京：中国商业出版社，1990.

[31] 李孝林，孙芳城，丁时勇，等. 会计基本理论比较研究［M］. 北京：科学技术出版社，1997.

[32] 吴大军，牛彦秀. 管理会计［M］. 4 版. 大连：东北财经大学出版社，2017.

[33] 冯巧根. 管理会计［M］. 2 版. 北京：中国人民大学出版社，2013.

[34] 于增彪. 管理会计［M］. 北京：清华大学出版社，2014.

[35] 周亚力. 管理会计——理论、方法、案例［M］. 上海：立信会计出版社，2006.

[36] 温素彬. 管理会计：理论·模型·案例［M］. 北京：机械工业出版社，2014.

[37] 杨公遂. 战略成本管理会计理论与实务［M］. 大连：东北财经大学出版社，2013.

[38] 郭复初. 中国特色财务理论研究［M］. 成都：西南财经大学出版社，2010.

[39] 周守华，汤谷良，陆正飞，等. 财务管理理论前沿［M］. 北京：中国人民大学出版社，2013.

[40] 汪平. 财务理论［M］. 北京：经济管理出版社，2008.

[41] 王斌. 公司财务理论［M］. 北京：清华大学出版社，2015.

[42] 干胜道. 财务理论研究［M］. 2 版. 大连：东北财经大学版社，2014.

[43] 傅元略. 财务管理理论［M］. 厦门：厦门大学出版社，2007.

[44] 麦金森. 公司财务理论 [M]. 刘明辉, 薛清梅, 译. 大连: 东北财经大学出版社, 2011.

[45] 崔润花. 财务管理理论研究及实务探讨 [M]. 北京: 北京师范大学出版社, 2010.

[46] 成兵. 财务管理理论与实务 [M]. 北京: 北京大学出版社, 2012.

[47] 于玉林. 现代会计方法学 [M]. 上海: 立信会计出版社, 1997.

[48] 吴溪. 会计研究方法 [M]. 北京: 中国人民大学出版社, 2012.

[49] 林聚任, 刘玉安. 社会科学研究方法 [M]. 济南: 山东人民出版社, 2014.

[50] 周新华. 科学研究方法与学术论文写作——理论·技巧·案例 [M]. 北京: 科学出版社, 2012.

[51] 张晓琼. 社会调查研究方法教程 [M]. 济南: 山东人民出版社, 2014.

[52] 风笑天. 社会研究方法 [M]. 北京: 高等教育出版社, 2006.

[53] 风笑天. 现代社会调查方法 [M]. 武汉: 华中科技大学出版社, 2005

[54] 欧阳康, 张明仓. 社会科学研究方法 [M]. 北京: 商等教育出版社, 2001.

[55] 贝尔纳. 历史上和科学 [M]. 伍况甫, 译. 北京: 科学出版社, 1959.

[56] 丁强. 科研方法与学术论文写作 [M]. 昆明: 云南科技出版社, 2008.

[57] 高汪和. 学术论文写作 [M]. 南京: 南京大学出版社, 2002.

[58] 刘晓华, 任迁崎. 毕业论文写作导论 [M]. 北京: 科学出版社, 2004.

[59] 王嘉陵. 毕业论文写作与答辩 [M]. 成都: 四川大学出版社, 2003.

[60] 郝大海. 社会调查研究方法 [M]. 北京: 中国人民大学出版社, 2005.

[61] 周璐. 社会研究方法实用教程 [M]. 上海: 上海交通大学出版社, 2009.

[62] 张彦, 吴淑凤. 社会调查研究方法 [M]. 上海: 上海财经大学出版社, 2006.

[63] 徐经泽. 社会调查理论与方法 [M]. 北京: 高等教育出版社, 2010.

[64] 风笑天. 社会调查中的问卷设计 [M]. 天津: 天津人民出版社, 2001.

[65] 刘明辉. 走向 21 世纪的现代会计: 上 [M]. 大连: 东北财经大学出版社, 1996.

[66] 刘明辉. 走向 21 世纪的现代会计: 中 [M]. 大连: 东北财经大学出版社, 1996.

[67] 刘明辉. 走向 21 世纪的现代会计: 下 [M]. 大连: 东北财经大学出版社, 1996.

[68] 李大诚. 高级财务会计 [M]. 北京: 中国财政经济出版社, 2007.

[69] 陶德雄. 现代会计研究 [M]. 北京: 中国经济出版社, 1991.

[70] 万寿义, 刘顺明. 人力资源会计理论与实践的探索 [M]. 北京: 中国财政经济出版社, 1999.

[71] 汤云为. 重置成本会计论 [M]. 上海: 上海人民出版社, 1989.

[72] 欧阳林. 中国社会责任会计研究 [M]. 北京: 中国财经经济出版社, 2005.

[73] 胡承德. 企业社会责任会计研究 [M]. 长沙: 湖南大学出版社, 2009.

[74] 陈今池, 沈小凤. 国际会计与通货膨胀会计 [M]. 上海: 中信出版

社，1992.

［75］王立彦，蒋洪强．环境会计［M］．北京：中国环境出版社，2014.

［76］袁广达．环境管理会计［M］．北京：经济科学出版社，2016.

［77］魏素艳．环境会计：相关理论与实务［M］．北京：机械工业出版社，2006.

［78］齐兴利，王艳丽．法务会计学［M］．北京：中国财政经济出版社，2011.

［79］熊细银，熊晴海．网络会计［M］．北京：清华大学出版社，2006.

［80］姜灵敏．网络会计安全问题研究［M］．成都：西南财经大学出版社，2002.

［81］王爱国．碳交易市场、碳会计核算及碳社会责任问题研究［M］．桂林：广西师范大学出版社，2017.

附录 学术论文写作方法

学术论文的应用相当广泛，它既是对科学研究成果的描述和记录，又是人类进行科学技术交流的工具。学术论文的写作，对于检验科研工作者的科研水平、科研能力，乃至对于各国间的科学技术和文化的交流，都具有十分重要的意义。因此，撰写学术论文也是一种重要的研究方法，是每一个科研工作者的必修课程。

一、学术论文概述

学术论文是对新观点、新见解、新发明的一种表达与反映。真正有价值的科研成果，总是要通过学术论文的形式表达出来。

（一）学术论文的性质

1. 学术论文的概念

学术论文，也称科学论文、科研论文，简称论文，是对某一学科领域中的的问题做比较系统、专门的研究和探讨，表述科学研究成果的理论性文章。

学术论文包括各学科领域中专业人员写的论文和学业论文（学年论文、毕业论文、学位论文）以及报告类论文。学术论文的显著特征是论文必须要有新发现、新发明、新创造或新推进。总之，要有新的科技信息，否则就不是严格意义上的学术论文。

人们对于某种事物或知识的本质认识总有一个过程。追溯人类写作的历史，早期文体单一，其后逐渐丰富多样。20 世纪以来，人类知识迅猛增长，写作对象逐渐增加，文体在发展中也逐渐分化，形成更多的独立的写作学科，如从文学中分化出新闻写作、秘书学写作等。因此，可以给学术论文下一个定义，那就是：对社会科学和自然科学领域中的某些现象和问题进行系统的研究，以探究其本质特征及其发展规律的理论性文章。学术论文实际上是对科学研究成果的一种描述与反映，是科研活动中的一个重要环节，又是进行国际、国内学术交流的重要工具。因此，在这里，也可以给学术论文写作下一个定义：学术论文写作是人们在研究人类社会科学技术的发展历史、现状以及未来的基础上，探索、研讨对科学技术的规律、特点以及对研究成果进行表述的专门知识和技能。

科研人员都有一个共识：如果有条件，可以选择两门学科的交界处来进行科学的“边缘”研究。恩格斯说过：科学在两门学科的交界处是最有前途的。维纳也说过：在科学发展上可以得到最大收获的领域是各种已经建立起来的部门之间被忽视的无人区。2008 年，在诺贝尔奖获得者的北京论坛上，华人图灵奖得主姚期智指出：当不同的学科、理论相互交叉结合，同时一种新技术达到成熟的时候，往往就会出现理论上的突破和技术上的创新。例如半导体科学就是在导体和绝缘体之间发展起来的一门边缘科学。又如我们会计学科里的会计史学、会计哲学、会计伦理学、会计行为学等，是会计学科与历史学科、哲学、伦理学、行为管理等结合而产生的，而学术论文写作本身也是一门跨学科的学科，它要求论文撰写者既要有广博的科技知识，又要有较高的文学语言修养。它是科学技术与文学语言创作的结合。这种结合，从某种意义上讲，形成了列宁所言的“自然科学奔向社会科学的强大潮流”。学术论文写作也正是在自然科学和社会科学相互交叉的地带，生长出来的一系列新生科学中的一种，即交叉学科中的一种专门文体，这就是科学地图上的“空隙地”。①

综上所述，可将学术论文的定义归纳整理为以下内容：

《学位论文编写规则》（GB/T 7713.1—2006）及《科技报告编写规则》（GB/T 7713.3—2009）对学术论文所做的定义是：学术论文是某一学术课题在实验性、理论性和观测性上具有新的科学研究成果或创新见解和知识的科学记录；或是某种已知原理应用于实际中取得新进展的科学总结，用以提供学术会议上宣读、交流或讨论；或是在学术刊物上发表或作其他用途的书面文件。

2. 学术论文的种类

学术论文按研究领域、研究对象来划分，可以分为人文社会科学论文和自然科学论文两大类。

人文社会科学论文，如哲学、经济学、军事学、法学、文艺学、语言学、史学等学科都属于人文社会科学领域。它的任务是研究并阐述各种社会现象及发展规律，在前人研究的基础上有所发展、有所创新。自然科学论文，是研究自然的物质形态、结构、性质和运动规律的科学论文，如数学、物理学、化学、生物学、天文学、气象学、海洋学、地质矿产学等基础学科以及能源科学、医药学、材料科学、应用技术科学都属于自然科学领域。自然科学是人类认识社会、改造大自然的实践经验的总结。

按照《学位论文编写规则》，可将学术论文分为以下几种。

（1）科研论文。

科研论文是记述创新性研究工作成果的书面文章。它指各学科领域中专业人员的科学研究成果；是某些实验性、理论性和观测性的新知识的科学记录；也包括某些已知原理应用于实际并取得新进展的科学总结经验。这种学术论文主要用于期刊公开发表或在学术会议上公开宣读。这种学术论文的显著特点是内容必须有新发现、新发明、新创造和新推进。它要求反映出各学科领域中的最新学术水平。这种学术论文对促进科学事业的发展具有极其重要的作用。

（2）学业论文。

学业论文主要是指在高等院校的大学生、研究生在大学期间为了完成学业而写的论文。它主要包括两类：

一是学年论文。学年论文是高等院校各个年级对学生布置的一种独立完成的作业。

---

① 周新华. 科学研究方法与学术论文写作——理论·技巧·案例［M］. 北京：科学出版社：2012：25.

撰写学年论文要在教师的指导下进行。教师指导学生写作学年论文是高等院校教学过程的重要环节之一。本科大学生在校学习的4年，每学年都要学习本专业的相关知识，各学年都有不同程度的侧重点。因此，写好学年论文，能使学生在每个阶段所学专业知识得到运用，并初步掌握科学研究方法。部分专业课程安排的课程论文，亦属此类论文。

二是毕业论文。在高等学校中，毕业论文是实现本科培养目标的重要教学环节。这一环节，既是培养学生综合运用所学知识解决实际问题的教育过程，也是对学生素质的全面检验。时代的发展要求高等教育更加重视培养大学生的实践能力和创新精神，重视提高学生的综合素质，这对毕业设计（论文）工作也提出了更高的要求。撰写毕业论文的目的是总结在校学习期间的学习成果，培养学生综合运用所学知识分析问题、解决问题的能力，并使他们受到科学研究的基本训练，为毕业后较好地工作奠定基础。同时，毕业论文完成后，学生需要进行答辩，并由指导教师评定成绩，合格后颁予相应的学位。

（3）学位论文。

学位论文是指为了获得所修学位，按要求被授予学位的人所撰写的论文。就在校学生而言，平日的学习多限于书本知识，不利于能力提升。学位论文的写作要求作者综合运用所学的基础理论、专业知识、基本技能去分析与解决实际问题。这对于引导学生把知识转化为能力、学以致用意义非凡。又由于学位论文是具有学术性、科学性和创新性的较高形态的文章样式，因此学位论文对培养学生严谨的治学态度、独立思考的习惯，创造人生的品格，提高自身的综合素质同样意义重大。

由于学位论文本身的内容和性质不同，导致研究领域、研究对象、研究方法和表现方式也不同，因此学位论文有不同的分类方法。按内容性质和研究方法的不同，可以把学位论文分为理论性论文、实验性论文、描述性论文和设计性论文，理工科大学生可以选择的论文形式主要是后三种，文科大学生则是以理论性论文为主；按研究问题的大小不同，可以把学位论文分为宏观论文和微观论文；按论文的综合性则可把学位论文分为专题型、论辩型、综述型和综合型四大类。学位论文是高等院校毕业生用以申请授予相应学位，而提出作为考核和评审的文章。《中华人民共和国学位条例》把学位论文分为学士、硕士、博士三个等级。

学士论文是合格的本科毕业生撰写的论文，是大学本科毕业前夕的一次综合性练习，应在教师的指导下独立完成，篇幅一般在1万字左右，能反映出作者掌握大学阶段所学的专业基础知识，综合运用所学知识进行科学研究的情况。本科生撰写的毕业论文（或称学士学位论文）的优劣，是学校评定学生毕业论文成绩的重要依据，也是评定是否授予学士学位的必需条件。

硕士论文是攻读硕士学位的研究生所撰写的论文，应在导师的指导下完成，但更强调个人的独立思考，篇幅一般在3万字左右。它应能反映作者对专业基础知识的掌握程度，是否具有独立进行科学研究的能力，对所研究的题目是否有新的、独立的见解。论文具有较好的科学价值，对学生的本专业学术水平的提高起着积极作用。

博士论文是攻读博士学位的研究生所撰写的论文。它要求作者独立完成，篇幅一般在5万字以上，相当于学术专著的规模。它要求作者能够自己选择潜在的研究方向，开辟新的研究领域，掌握相当渊博的本学科有关领域的理论知识，具有相当熟练的科学研究能力，对本学科提供创造性的见解。论文具有较高的学术价值，对学科发展具有重要的推动作用。

3. 学位论文的特点

学位论文虽属学术论文中的一种，但和学术论文相比，又有自己的特点：

一是指导性。学位论文是学生通过大量的思维劳动而提出的学术性见解或结论。学生在收集材料和进行研究的过程中都是在具有该课题专长的导师指导下进行的，这些人都是本单位本门学科的学术带头人，正从事或指导较高水平的科研工作。学生为了写好毕业论文，必须主动地发挥自己的聪明才智，刻苦钻研，独立完成毕业论文的写作任务。

二是习作性。学生应学好专业基础知识，为撰写学位论文打下坚实的基础。学位论文的写作是对学生所学专业基础知识的运用和深化。大学生撰写学位论文就是运用已有的专业基础知识，独立进行科学研究活动，分析和解决一个理论问题或实际问题，把知识转化为能力的实训。写作的主要目的是培养学生具有综合运用所学知识解决实际问题的能力，为将来作为专业人员撰写学术论文做好准备。所以，它实际上是一种习作性的学术论文。

三是层次性。毕业论文与学术论文相比要求较低。专业人员的学术论文，是指专业人员进行科学研究和表述科研成果而撰写的论文，一般反映某专业领域的最新学术成果，具有较高的学术价值，对科学事业的发展起一定的推动作用。大学生的学位论文由于受各种条件的限制，在文章的质量方面要求相对低一些。

（二）学术论文写作的意义

1. 体现自己劳动的价值

科学研究是一种创造出新知识的活动。撰写学术论文，可以记录新的科学研究成果，将新的科学研究用语言文字记录下来，储存在人类科技宝库中，体现出科研水平的继承性，在全社会共享作者的科研成果的同时，也就体现出科研工作者自身的劳动价值。

不管是人文社会科学工作者，还是进行自然科学研究的学者，甚至是在校学生，在生活和学习中都会遇到文章撰写工作。例如：科技管理人员要经常草拟、审定各种计划、报告、条例、简报、合同、协议等科技文书；科研人员要经常草拟报告，撰写学术论文、实验报告、科研简报、提要、文摘等学术论文；工作人员会经常草拟各种生产计划、评定职称报告、设计方案、施工方案、技术总结、产品说明书、技工操作指南以及培训讲义等；高等院校教师要经常编写讲义、教材和指导学生写报告和论文等；学生（包括学士、硕士、博士）要写出有创造性的论文。以上种种都能体现论文作者的劳动价值。

2. 学术和技术交流工具

任何一个科研工作者都不是从零开始，他们首先在前人研究成果的基础上进行研究和探索，经过不断地琢磨、思考、实践、提炼，一旦有所发现，就能够及时地写出思路清晰、结构严谨、论证有力、文笔流畅的论文报告。科学研究成果，特别是社会科学研究成果大都是以文献的形式反映出来的，而在所有的学术文献中，可以说，学术论文又是反映研究成果的最简便、最适用的工具。

一个有所成就的科研工作者，要使科学研究的社会效益得以实现，就必须凭借一定的外在形式将其反映出来，如果不能及时地、恰到好处地把成果发表出去，得到同行的支持并交流传播出去，这不仅对个人是很大的损失，对国家，甚至对人类都是一个极大的损失。因为学术论文不仅有储存信息、传递情报的功能，而且能使人们从中汲取知识，并在此基础上不断地创造和发明，从而具有“再创造”的功能。学术论文的公开发表，能够交流与推广科研成果，促进向现实生产力的转化或推动科学技术的发展。正因为学术论文的发表不受时间和空间限制，所以，它是国内、国际进行学术和技术交流的有力工具。

3. 记录科学研究的成果

文字的出现，是人类进化过程中的划时代的里程碑。“言传”逐渐替代了“意会”式的思维方式，使人能通过语言符号记载研究对象活动的历史经验，以便于总结成败得失，指导其劳动实践。学术论文最直接显著的功能，即在于有条理地记录人类认识并改造自然、社会及自身的创造成果。历史上有许多新的见解、新的创造，都是借助学术论文这个研究手段与描述工具表现出来，并储存在人类科技宝库中的。口头传说将无济于事。学术论文的发表是研究成果公之于世，从而得到社会认可的一种最有效的记录方式。

4. 促进科研工作的深化

被马克思誉为“现代实验科学真正始祖”的弗朗西斯·培根在其《人生论》中说：“我写书不是为了消磨空闲时间和供人们娱乐消遣，我所关心的是人类生活中的各种问题和困难，这是我愿意借助于正确健全的理智思考来加以改进的。”他在自己的求职信中又说：“我无意于功名利禄，升官发财。我只希望能得到个职业来谋生，并有足够的业余闲暇使我从事我所热爱的科学研究……我想清扫那些无意义的哲学争论，而探索一种可以通过观察、思考和发现，去达到真理的新途径，使人类知识得到进步。”我们从中不难发现，科学研究的任务是揭示事物发展的客观规律，探求客观真理，引导人们认识世界，指导人们改造世界。作为科学研究的一个有机组成部分，学术论文必须具备科学性，这是由科学研究的任务决定的。无论是社会科学还是自然科学都必须根据科学研究这一总的任务，对本门学科研究的对象进行深入的探讨，揭示其规律。通过论文的写作，科研工作者往往可以发现自己科研工作的不足，补充或继续深入地进行研究。这样，既能进一步提高研究水平，又能促进自己科学素质的提高，甚至开拓新的研究领域。

5. 益于培养和发现人才

回顾历史，无论在社会科学领域，还是在自然科学领域，许许多多卓有见识的科学论著在人类历史发展过程中起到了重要作用。而许多思想和观点、创造和发明，没有学术论文这个研究手段与描述工具的帮助，是无法思考和表达出来的。因此，撰写论文水平的高低也直接反映了一个科研工作者思想和学识的优劣，这样既方便用人单位发现寻找人才，也给予研究者一个展示自我的平台。

进行科学研究、撰写学术论文不仅是高校在校学生的事情，而且是科研工作者、各行各业有志青年的事情。因此，撰写学术性学年论文、毕业论文和其他各种论文，有助于培养青年知识分子对科学研究的热情和对工作的责任感。学术论文的创造性是衡量学术论文价值的根本标准。各行各业的科研人员将科研成果、创造发明用学术论文的形式写出来、发表出来，为社会所承认，转化为社会知识的组成部分，转化为社会生产力。这也是青年知识分子学有所成、学以致用的标志。

6. 晋升学位和职称评定

一个科研工作者撰写的论文或发表的学术论文的数量和质量，事实上已经成为考核其业务成绩、晋升学位和职称评定的重要的公认的标准。因此，无论从个人角度，从单位角度，还是从国家的角度来看，都需要培养和提高科研人员写各类学术论文的能力。

对于一名知识分子而言，写论文是他毕生从事的最重要的工作之一。他在做好科研工作的同时，也应该撰写论文，将自己的科研成果发表出去。不论大学生、研究生将来从事什么研究，无论将来从事什么职业，也无论职位的高低，都要经常地、或多或少地写些东西。论文水平的提高能为他们带来许多好处，使他们终身受益。

（三）学术论文的特点

1. 内容的科学性

科学性是学术论文的灵魂。学术论文可以推翻某一学科领域中某些旧观点，提出新的见解；也可以把分散的材料系统化，用新观点和新方法加以论证，得出新结论；还可以在某个学科领域中，陈述新的见解和主张，传播科学知识，表述科学观点。

科学研究的任务是探求客观真理，达到正确认识世界、改造世界的目的。作为表达科学研究成果的学术论文，如果没有了科学性，也就丧失了学术论文的基本品格，不仅不能发挥应有的社会效能，还会给社会造成危害。学术论文要具有科学性，一般要做到以下几点：

①要求论文观点正确、材料真实、论证严密。这一切又缘于科学的思想方法，要求作者用辩证唯物主义和历史唯物主义的态度和方法去观察问题、分析问题，做到实事求是，不感情用事，客观公允，不主观臆断。因此，研究者必须具备良好的科学素养、一定的理论水平和严谨的治学精神。

②要求作者在立论上要客观，不得带有随意性，不得带有任何个人偏见。这与一般的议论文任意表达作者的观点是截然不同的。

③要求作者在论据上要有说服力，不得凭空捏造，要通过作者缜密地观察、调查、实验、研究，尽可能多地占有材料，以最充分的事实、确凿的证据、可靠的数据作为立论的依据。

2. 理论的逻辑性

科学对象或现象的复杂性，决定了学术论文写作必须运用科学的概念、判断、推理、证明或反驳等手段，来分析、表达在实验、理论、观测方面的研究成果或见解。而由于其科学性，学术论文写作要求作者经过周密的思考、严谨而富有逻辑的论证。

学术论文在使用论据上必须选择使用那些确凿的、典型的事实。事实不确凿，没有广泛的代表性，不仅会使文章缺乏说服力，有时还会导致论点的片面或模糊，甚至会得出错误的结论。引用实践检验的理论材料作为论据时，必须注意引文本身的精神含义，注意材料与观点的统一，否则也会缺乏说服力，得出错误的结论。

论证，就是用论据来证明论点的过程。论证的目的在于论点与论据之间的逻辑关系。这些，就是理论的逻辑性。

3. 结果的创新性

科学的本质是创造，科学研究的生命是创造。文贵创新，学术论文尤其如此。学术论文的创新性，就是继承原有的、研究现代的、探索未知的、发现那些尚未被人认识的客观规律。有价值的学术论文往往是探索某一学科领域中前人未提出过或没有解决过的问题。步前人的后尘，承袭与重复别人的观点称不上科学研究。

学术论文要创新，必须做到两点：一是要认真查阅资料、积累知识，主要是了解他人在这个领域中已经有了哪些发现、哪些成果；二是要有积极的思索，思索必须有的放矢，要在前人已有的观点中接受启发，找出自己的独有见解，这种见解才是创新。

学术论文要求作者有独自的见解，有创造性。创新性大，其价值就高；创新性小，其价值就低；如果没有一点创新性，就没有必要写学术论文。这是学术论文必须具备的一个条件。

科学研究是处理已有信息，并获取新信息的一种创造性的精神劳动，需要不断开拓新领域、探索新方法、阐发新理论、提出新见解。由于科学研究的复杂和艰巨，不可能每篇学术论文都涉及新的发现和发明内容。因此，学术论文不是每篇都要有新发现、发明的内容。事实上，每篇论文，只要有一点新的东西就称得上有独立见解了，即新观点（或评论他人的观点）、新论据，如调查结论、实验结果、未公开的典型资料数据、新研究方法、新研究角度等。

4. 表达的简明性

语言是人们用以交流思想的工具。语言原是用以进行思维活动，并表达思维的结果的。思维是否合乎逻辑，决定着语言是否得当，这就是问题的实质。

写文章最基本的要求，即读者能看懂。有人说，对一篇文章看不明白，这是最大的缺欠。这是很有道理的。写出来的文章，人家看不懂，那写它还有什么用处呢？特别是学术论文的写作，要描述相当复杂的科学道理，这就要求要写得容易理解。要尽量做到不仅本学科的专家看了能懂，就是只有一定知识文化的人看了也很清楚。这将有利于普及科学知识和学科的发展。

思维不借助语言不可能进行，更不能表达，但决定语言水平的是思维。因此，从论文语言就可以鲜明地反映作者的研究水平和思维深度。对于语言的简明性可以用两个词来概括：言简意赅、深入浅出。语言精练而浅近，内容深刻而完备。

5. 论述的专业性

学术论文选题都是专业性的，作者都是有关的专业人员。每一门学科，无论是人文社科还是自然科学，都有自己的专门研究。论文的交流、发表等，也都带有明显的专业性。

学术论文主要是运用专业术语或专业性图表、符号来表达内容。它的阅读对象大都是研究同仁，只要把学术问题表达得简洁、正确、规范就可以了，因此学术论文专业术语较多，论述具有专业性。

6. 格式的规范性

如果说过去是靠权威证明学术结论，现在则是靠规范化的学术过程、详尽的文本来证明。这种规范化的证明过程，已经发展成为各学者的学术人格，并且得到越来越多人的认同和遵守。

从某种意义上说，没有规范就没有学术论文，没有规范就会损害学术论文的学术地位，影响学术论文的交流。为了适应文献信息传播现代化的需要，1987 年以来，国家标准化管理委员会发布了《科学技术报告、学位论文和学术论文的编写格式》《文后参考文献著录规则》和《科学技术期刊编排格式》等一系列国家标准规范文件。

这些规则，对学术论文的内容、论证步骤、写作的规范、参考文献的规范、标点符号的规范、注释形式及作者署名等都有相应的规定。在撰写论文时，必须严格遵守这些规定。学术论文写作，特别是学士、硕士、博士学位论文写作，是学术规范训练的第一步。表面上，学位论文在内容上追求创新，在形式上遵循规范；但在更深刻的层次上，学术论文在形式和内容上都是“规范”的，只有通过这种“规范”和“程序”，知识才成为知识。一方面，最大的“规范”就是“创新”；另一方面，“创新”必须以技术层面的“规范”为前提。

二、科研课题的选题

（一）课题的意义

科学研究可以分为两类：一类是开创性研究，也叫探索性研究，就是研究别人没有研究过的问题；另一类是发展性研究，就是在已有的研究成果的基础上做进一步的研究。与之相对应，科学研究的课题也分成两大类型：一类是别人不曾涉及过的问题，即开创性研究的课题；另一类是已有人做过探讨的问题，即发展性研究的课题。选题是论文写作的第一步，其意义主要表现在以下几个方面：

1. 选题可以规划文章的方向和规模

我们在检索和研究资料的过程中，随着资料的积累，思维思考的逐渐深入，会有各种各样的想法纷至沓来，这期间所产生的思想火花、大脑瞬时闪光点和各种念头，对选题而言都是十分宝贵的。但是，我们不能把它们统统拿过来，因为这些想法、看法尚处于分散的状态，还难以确定它们对论文主题是否有用和用处大小。因此，对它们还必须有一个鉴别、选择、归纳、确定的过程。在这期间，我们应将从对个别事物的个别认识上升到对一般事物的共性认识，从对象的具体分析中寻找彼此间的差异和联系，从输入大脑的众多信息中提炼，形成属于自己的观点，并使之明确下来。正是在这个从个别到一般、从分析到综合的认识过程中，写作意图与写作方向在头脑中逐渐产生并明晰起来，论文的着眼点、论证的角度以及大体的规模也初步建立起来。当然，此时形成的选题并不十分理想，它往往还需要补充、纠正、推敲，有时甚至可能推翻。但是，这个环节是十分重要的，否则我们就不可能做到有的放矢。

2. 选题能够决定论文的价值和效用

论文的成果与价值，最终当然要由论文的客观效用来评定。选题对论文有着不可轻视的作用，因为选题不仅仅是给文章定个题目或简单地定个范围，同时也具有一定的预测性，能够提前对文章做出基本的估计。选择、确定论文论题的过程，就是初步进行科学研究的过程。选择一个好的论题，需要经过作者多方思索、反复推敲、精心策划。一个好的论文选题，还必须提前对文章做出基本的估计。这是因为，在确定论题之前，作者总是先大量地接触、收集、研究和整理资料，从对资料的分析、选择中确定自己的研究方向，直到定下题目。在这一研究过程中，客观事物或资料中所反映的对象与作者的思维运动不断发生冲撞，产生共鸣。正是在这种对立统一的矛盾运动中，作者产生了思想的火花和认识上的飞跃。这种飞跃必然包含着合理的成分，或者是自己的独到见解，或者是对已有结论的深化，或者是对不同观点的反驳，等等。总之，这种思想火花和认识飞跃对于将要着手撰写的论文来讲，是重要的思想基础。

3. 合适的选题能保证写作的顺利进行

如果论文的选题过大或过难，作者就难以完成写作任务；反之，选题过于容易，作者又不能较好地锻炼科学研究的能力，达不到写作论文的目的。因此，选择一个难易、大小合适的题目对于保证写作的顺利进行就显得十分重要。

选题也有利于提高作者自身的研究能力。通过选题，作者能对所研究的问题由感性认识上升到理性认识，再加以条理化和初步系统化；通过对所研究问题的历史和现状研究，可以找出症结与关键。这不仅可以使作者对问题有比较清晰的认识，而且对论文的写作也更有信心。一般来说，科学研究要以专业知识为基础，但专业知识的丰富并不一定表明该研究者研究能力很强。有的人书读的不少，可是忽视研究能力的培养，结果是写不出一篇像样的论文来。实际上，在从开始选题到确定题目的过程中，从事科学研究的各种能力都可以得到锻炼与提高。在选题前，作者需要对某一学科的专业知识下一番功夫，需要学会查阅资料、收集与整理等研究工作方法；在选题过程中，作者要对已学的专业知识反复、认真地思考，并从一定角度和某个侧面深化对问题的认识，从而使自己的归纳和演绎、分析和综合、判断和推理、联想和发挥等方面的思维能力和研究能力都得到锻炼和提高。这些能力的培养将利于之后论文的写作。

4. 选题有利于调动人的主观能动性

选题是研究工作的第一个里程碑而不是研究的终结，因此如果所选论题不是从认真思考中得来的，这种选题就会限制主观能动性的发挥，束缚手脚。反之，作者对问题的思考能力就会大大增强，主动性得到充分发挥，更容易走向新的认识领域。打个比方，撰写论文好比是登山，选题好比是登山的路径。当你费尽周折，花了很长时间之后，终于找到了路径的入口，此时，找到路径带来的热情，就会一下子使你把疲劳忘得精光，倍增勇气和力量。

从科研论文的写作过程来看，有这样一些特点：一是必须在限定时间内完成，而且尽可能拿出自己认为是较好的成果；二是按学术性文章的通常写法进行撰写；三是作者与指导教师积极、主动地配合，真实反映出自己对某一方面知识掌握的程度和运用的能力；四是尽量做全新或部分新的工作，不能做重复性的无效劳动。在这个过程中，非常需要发挥作者的积极性、创造性。因为在科学研究中，一项科学实验的设计，一项科研成果的完成，都需要有主观认识的指导与规范。

（二）课题选择的原则

课题的选择，必须有一个标准和依据。选题原则，就是衡量课题、决定弃取的标准和依据。课题有意义、作者有见解，是保证论文质量的两个关键因素。选择一个有意义的课题，是写好论文的前提，但前提不能代替结果，假如作者对此无法提出有价值的观点，就难免使论文内容过于平庸，甚至不能完成论文。在选题时，无论忽视了哪方面的因素，都可能导致论文写作的失败，使作者的创造才能无从发挥。

1. 需要性原则

需要性原则就是科研选题首先要满足社会需要和科学自身发展需要。选择研究课题的眼界一定要投向生气勃勃的社会实践的需要和日新月异的科学发展的需要。研究课题必须面向实际，它可以分为两个层次：一是科学外部的社会生产、经济和其他方面的实际需要，二是科学内部知识的发展状况的实际需要。

2. 科学性原则

科学性原则也叫方向性原则，是指所选课题必须符合科学理论及客观规律，具有明确的指导思想和科学根据。因此，迷信荒诞的课题不选，从根本上违反科学原理的课题不选。科学实践一再证明行不通的课题就不宜再去选了，否则就不是进行科学研究，而是伪科学的研究。科学无禁区，选题有限制。也就是说，科研课题的选择要遵循科学性原则，才能保证科研方向和路线正确无误，保证研究获得成功。

3. 创造性原则

创造性是科学研究的灵魂，它包含着两层意思：一是要保证课题本身内在的先进性、新颖性，即该课题确定是前人或他人没有或没有完全解决的科学问题；二是要保证课题预期结果的独创性、突破性，即通过对该课题的研究，能够发现或充实前人或他人没有发现的真理，或已经发现但不完全的真理。重复原有的理论、复制原有课题的课题不能作为科研课题。要贯彻和坚持选题的创造性原则，首先，要弄清和确定课题本身所蕴含的新颖的实质内容上。一个学科领域内的研究课题，实质上应该最终反映出该学科研究对象中尚未查明的部分。其次，在选题中应妥善地把继承和创新结合起来，要有不惜代价地追求新的科学真理的气概，不能迷信和简单重复现成的真理。富有创造性的课题本身就是继承和创新的辩证统一，不继承前人的成果和思想，就谈不上创造。最后，科学研究的创造性、探索性，还往往表现出一定的冒险性。要想在选题上突破原有的科学理论的局限，有所创新，就要有一种敢冒风险、不惜代价去追求新的科学真理的精神。

4. 可行性原则

可行性原则是指具备一定主客观条件的选题才有预期成功的可能。从主观条件来看，研究人员在选题时应当充分考虑自身的条件，做到量力而行、扬长避短。科研人员一般都应当具备合理的知识结构、较强的研究能力、良好的心理素质、科学的思维方法、灵活的战术技巧等。从客观条件看，充分注意和考察研究课题是成功的物质技术基础，故应从人力、物力、财力和时间上给予保证。这包括承担课题的科学研究组织及其能力结构，科研人员的科技水平；完成课题的文献情报资料、实验仪器、设备、材料；保证课题顺利进行的研究经费和研究时间；等等。

5. 经济性原则

经济性原则有两层含义。一是对基础科研课题来说，因为它的成果不可能马上转化为生产力，例如国家自然科学基金项目，其经济效益主要表现在对此类课题投资后，在理论上取得成果的效益，即投资与成果大小及研究效率。此类课题要经过严格的论证后才能批准，我国现行的经济状况下，要尽量避免大量的研究课题重复，以防浪费国家人力、财力、物力和宝贵的时间。二是对应用研究和开发研究的课题来说，要求投资少，见效快，经济效益显著。例如我国星火项目中的课题就属此类。此外，还要能合理支配资源，做到节约和降低消耗，综合利用和保护生态环境。

6. 行情性原则

行情性原则，就是在了解情况的基础上选择研究课题，即所谓“知己知彼、百战不殆”。了解行情，就是要摸清楚自己所要研究的课题以前是否有人研究过。如果研究过，其水平如何？有哪些地方需要补充和修改？是否还有遗留下来的问题需要进一步探索？了解行情的渠道很多，主要是大量的国内外专业性科技文献、情报资料，同行之间互通信息和社会实践等。要通过一切可能的渠道，仔细调查、分析，从中确定自己所研究课题要达到的目标，从而找到科研课题的突破口。在了解行情时，既要了解人家做什么，更重要的是还要了解人家不会做什么。

7. 优势性原则

优势性原则是指在科研选题时，要从本国、本省市、本地区、本单位及个人的长处出发，充分发挥自己的优势，扬长避短，量力而行，以保证科研工作尽快地完成，并达到最好的效果。我们应从宏观优势和微观优势两个方面加以考虑。前者指本国、本省市、本地区、本单位的地理环境、自然资源等条件；后者指课题组科研人员的结构、素质、知识、技能及创造性等。要想保持优势性，一般应从以下几个方面去把握：申请者所在的科研团队的研究基础是否具有优势；已取得的科研成果是否具有系列性；研究成果的应用情况如何；科研人员的结构是否合理；申请的课题是否具有深入、拓展、做大的潜力。

8. 发展性原则

发展性原则是指在科研选题时，要考虑该课题是否具有发展前途，即课题是否具有推广价值、普遍意义和持续的创造性。有发展前途意味着当课题完成后将会对科研、社会、经济的发展产生重大的积极影响，或可促进一系列相关问题的解决。对科研课题的选择不能鼠目寸光，当一个课题完成后就山穷水尽了。有经验的科学家在完成课题后，往往能引出更多的问题，提供有关问题解决的方法或途径。

（三）选题的途径

选题是一种创造，是在丰富的知识储备、大量的社会实践和积极思考中形成的。课题的来源是广泛的，发现一个有价值的课题，是一个创造性的思维过程，也是一项灵活的研究艺术。科研工作者首先要进行调查研究，然后分析综合，最后选择出有意义有价值又适合自己的研究课题。科研选题有多种来源、多条渠道，我们可从各种角度进行课题的选择。一般来讲，科研课题的选择途径如下几个方面：

1. 从社会生产实践中提出问题

根据马克思主义的基本观点，实践是认识、知识产生的根源和发展的动力。人类在实践中所提出的问题，始终是科学的首要课题。科学发展史显示，许多极其重大的发明、创造，都是来自实践中萌生出来的研究课题。例如：著名数学家欧拉，为了制造海洋船舶，他就研究力学，成为分析力学的创始人之一；为了用天文方法来确定船只在海洋中的位置，他就研究月球运动并写出《月球运动理论》等科学著作；为了天文观察的需要，他还研究了光学及望远镜等，取得了多方面的成就。

2. 从日常的生活中寻找选题

在现实生活中，我们遇到的问题面广量大，选题的内容极为广泛，大至世界政治、经济、文化艺术，小至日常生活中的吃穿住用行，只要深入探索，不难发现值得研究的课题。科研选题并不是那些表面的肤浅的问题，而是那些有价值的问题，这需要一定的思考甚至调查研究才会发现。现实的需要，是科研课题的首选目标。每个人都生活在一定的社会环境中，只要做有心人，逛街散步有选题，左顾右盼有选题，听、说、读、看有选题，可以说，选题在生活中无处不存在。

3. 从专业心得体会提炼选题

在大学学习过程中，大学生对某些课程内容会有着自己的心得体会。他们或是对课程内容有独到的理解；或是对课程内容的发展、延伸有了新的发现；或是对课程内容做不同角度的审视；或是将课程内容与现实进行联系，挖掘其现实意义，甚至对课程内容提出不同意见；等等。这些心得体会和评论，往往是科学研究的生长点，在此基础上形成的论文选题，可以加深论文作者对所学知识的综合理解，提高论文撰写的效率。此外，他们也能做到有感而发，观点鲜明，避免思想苍白、内容空洞。

从本质上讲，心得体会、评论还只是思考，要使它上升为论文选题，还必须经历将此思考理论化、系统化并抽象成为学术命题的过程。不过，在真正开始这一过程之前，必须加上一个检索、调查文献资料的过程。因此，论文作者有必要先建立论文选题的背景知识体系。具体做法是：首先，论文作者将自己的观点、见解与建议等按学科、主题或问题性质，置于各自所属的学科、主题或问题领域，全面了解该领域的基本知识，这些知识就是论题的背景知识；其次，论文作者在背景知识的学术范畴和知识框架内，对各种观点、见解与建议进行审视，确定其所要解决的问题性质，用凝练的语句表达，从而确定论文的题目。

4. 从自己有兴趣的地方去寻找选题

兴趣是一种心理品质，也是一种非常重要的非智力因素。这里所说的兴趣，并非日常生活中对事物的一般兴趣爱好，而是专指在知识领域或科研领域对某一学科的热爱、迷恋而产生的强烈的追求与探索精神。这种追求与探索精神会促使自己沿着选定的研究课题去孜孜不倦地钻研，一旦有所收获，就会更加勤奋地求索。有兴趣的选题，会使你在收集、整理资料乃至整个写作过程中都充满快乐，这样的论文写作就是一次愉快的劳动。

5. 从综述论文中寻找选题

综述论文通过对已发表材料的组织、综合和评价，以及对当前研究进展的考察来澄清问题。在某种意义上，综述论文具有一定的指导性，包括以下内容：对问题进行定义；总结以前的研究，使读者了解研究的现状；辨明文献中各种关系、矛盾、差距以及不一致之处；建议解决问题的后续步骤。综述论文的组织形式是按逻辑关系，而不是按研究进程。综合述评是对某一特定课题科技发展水平的叙述分析、综合以及评论的情报性的科技研究产品。述评惯用的表达方法有先述后评和边述边评两种方法。科技综合述评的作者多是著名学者、专家和专职情报研究人员。

6. 怀疑已有理论观点和结论

许多科学家敢于用批判的眼光看待已有的理论、传统的观点和结论，寻找它们的缺陷和矛盾，再设法证明这种怀疑是否正确。他们推翻前人或他人的理论、观点或结论而取得了成功。

人类认识是无限发展的，理论的真理性只是相对的，理论与事实之间的矛盾总是存在的，理论体系的完备性也不是永恒的。即便是曾经得出结论的理论观点，随着实践和认识的发展，也需要不断扩展和深化。因此，用探索批判的眼光去看待已有的、传统的理论观点，常会从中发现新问题。那些自相矛盾的理论问题，是应该引起注意的课题，通过研究，分析为什么会产生矛盾，矛盾的焦点在哪里，后一个结论对前一个结论是发展还是修正。例如伽利略正是怀疑亚里士多德“物体降落速度由物体重量决定”理论而取得重大突破。

7. 学术争论中所提出的问题

学术争论在科学史上从来就没有间断过，也正是这种争论推动了科学自身的发展。对于同一对象、现象或过程，存在着不同观点、不同学派之间的学术争论，这是科学发展过程中常有的事情。因此，在文献调查中，注意有争论的问题，是发现研究课题的一个重要途径。争论时，双方都拿出一定的事实依据和理论依据，了解这种争论的历史、现状及争论的焦点乃是发现问题的重要途径。许多科学家对一些问题的研究常常是从有争论的问题开始的。

8. 对前人著作或理论的讨论

前人或他人在科学上提出的开创性理论，常吸引一大批研究人员对其进行详细的讨论或检验。如果在所研究的领域内，有人提出了重要的理论并做了开创性贡献，或有人提出了某种理论并论述了其适用范围，我们就要不失时机地抓住这种理论或假说中感兴趣的问题进行讨论，或对其中的论据进行检验，这样就有可能提出自己独立的见解或新的结论。华罗庚主张：弄斧到班门，下棋找高手。

9. 从新的角度认识已有成果

从新的角度对已有成果进行研究，可以在现有成果的基础上使某些不尽圆满的问题更加深入，更加明朗化，以至彻底解决；还可以使长期悬而未决的问题较快得到解决。对于同一个研究课题，从新的角度去思考、研究也可以形成新的研究课题。

10. 研究工作中的反常现象

我们在研究工作中常会遇到一些反常现象——出现的问题是预先实验设计中不应出现，或操作失误而出现的不正常现象。遇到这种反常或异常现象时，我们首先要检查是否由于实验设计本身的问题或操作不当，如果多次反复仍然出现这种异常，就要仔细分析，不要放过每一个细节，也许就会发现问题。这里所说的异常或反常，实际上只是相对于传统理论、习惯见解、流行看法的异常。在科学研究中，我们不仅要有严谨的治学作风，而且要善于捕捉那些意外现象中蕴藏着的规律性东西。我们有时会在这些所谓非预料或反常现象中发现问题，形成课题。因此，科研人员要有敏锐的观察能力和直觉思维能力。

11. 结合工程项目设计选题

科研课题或学术论文的选题，直接或间接地来源于工程实际，是国民经济活动中急需解决的问题，具有较强的实践性、综合性。若研究者具有较强的工程设计实践能力，熟悉行业规范规程和生产实际，这种选题最为合适。

12. 学科交叉所产生的空白区

科学发展史表明，不同学科之间的边缘问题、交叉问题从来都是科学上的重要生长点。因为这种问题原先是各门学科未能顾及的，是认识上的空白地带，也是科学尚未开垦的处女地。如果善于在这里进行科学耕耘，我们必定能采集到新的认识成果。

13. 科学史上记载的未解难题

历代科学家对大自然的探索和研究，解决了许多科学难题，同时也留下许多的难题。人们对客观世界的认识总会遇到困难，因此总会在文献中记载他们没有解决的问题。即使是已经解决了的问题，也不见得十全十美。随着科学的发展、研究手段和思维方式的不断改进和更新，许多难题就会变得可以解决，而且即使是以前觉得十分完善的课题，如今也值得怀疑。

14. 从学科发展的前沿去选题

理论总要不断接受实践的检验，倾听实践的呼声。原有理论一旦解释不了新的事实就暴露出它的局限性。此时，如果研究人员抓住时机，敢于进行突破旧理论的新探索，往往能够取得重大的创新突破。

15. 从跨学科中获得新的启示

不同的学科对同一问题的看法，角度不一，研究方法也各异，思维方法也不同。因此，这种讨论往往能给人一些新的启示。课题的来源，没有一个固定的模式。对问题，我们要善于思考、选择，同时还要联系实际、量力而行，才能形成科学问题。对同一个课题，即使是已经做过的，我们还可以从新的角度去研究。另外，对古老经验事实的理论解释，对失败的研究从反面或侧面提出问题重新探索等，都可以构成研究课题。

16. 导师的意见或待研究课题

成熟的科学家经过多年的研究和探索，不断形成了自己的研究方向，他们在自己的研究方向内有一系列的研究课题。在科学研究中，认真听取导师意见是很重要的，导师的这种宝贵经验财富，往往是选题中最有效的，因为他们这些丰富的经验是在几十年的实践中总结出来的，因此，这种选题往往容易成功。有时候在请教导师时，我们会得到令人满意的课题。符合自己研究方向的选题比较容易出成果，因为有先前的课题成功的经验和失败的教训作基础，这样会使认识更客观一些，同时，所选课题又能作为今后进一步研究的出发点。

（四）选题的步骤

1. 确定论文的选题方向

选题是对研究课题的“定向”，是为科研活动确立一个研究的对象和范围。选题目标的确定是进行论文选题的起点，选题的最终目的就是要达到既定的目标，目标确定的不明确或不合理，将会导致选题失误。在日常工作、生活和学习中，我们往往会发现有很多问题需要解决，这时选择哪些问题作为选题目标，就是选题首先要确定的问题。目标选得对、方向准，才能扬长避短，取得有价值的成果。否则，就会导致问题过于宽泛、庞杂，容易出现大题小做的情况，使论文内容不深不透、流于肤浅。

科学研究是一个综合性的大系统，可供研究的领域很多。可以说，科学技术越发展，需要研究的领域就越多，只有在自己所熟悉的专业领域，才能具有较强的优势；同时，论文选题还应注意抓住当今社会政治、经济、文化发展的主流，尽量选择那些热点研究领域。现代科学发展呈现高度分化又高度综合的趋势，交叉学科正是一块培养创新学术思想的沃土，应重视相关学科领域的相互渗透和交叉。因为当今任何重大的社会、经济和文化、科技问题都是相当复杂的综合性问题，任何单门学科的知识都难以解决，而需要跨学科或跨方向的综合性知识。

2. 研究历史与研究进展

广泛收集有关选题所需要的一切资料是实现选题目标的基础和前提。客观上拥有大量的资料，了解目前已有的研究成果，做到心中有数，才能从实际出发，为最后的选题做好充分准备，较好地完成论文工作。不掌握相关的资料信息，将会使选题处于盲目被动之中。收集、掌握资料信息的途径和渠道是多方面的：国内外各种相关学科的研究资料、学术会议的论文、国家有关部门的统计资料、企业的统计资料与情报、情报部门整理的参考资料、经实际调查获得的第一手资料等。一旦收集到了相关资料，我们就应对其进行认真的整理、分析与归纳，对资料去粗存精、去伪存真，筛选出可用性强、可信度大的资料，为确定最后选题做好准备。除此之外，我们还可以进行计算机查询、访问专家学者等方式获得活的信息。

3. 勤于思考且认真论证

在查阅和整理文献资料的过程中，大脑的思维机器实际已经开始工作了。有时，某些题目会触发确定某一课题。这个思考过程不能消极、被动地接受那些资料的触发，而是要充分运用自己的大脑进行思考，发挥创造性的想象力，使兴奋点与注意力侧重或集中到某些问题上，并对它积极进行加工。这样，下一步自然会在有兴趣、有价值的问题中选出一个新的、自己的题目。积极思考固然重要，但在思考基础上产生的选题是否正确、合理，还有一个认真论证的过程。

4. 选定论文的具体题目

选题是对论文的“定性”。它决定着论文的价值，关系着论文的成败。如前所说“题好文一半”，这句话道出了选题的真谛。所谓“题好”，包括两层含义：一是指选题与客观需要相符合，二是指选题与研究状况相适应。前者可以保证选题具有实际意义，而选题有意义，对课题的研究才会有意义，反映研究成果的论文也才会有价值；后者可以保证研究者有能力、有条件对问题展开研究，使研究工作顺利进行，并取得成功。

因此，选好了论题也就为成功的研究、成功的写作打下了良好的基础；也只有选好了论题，才能确定论文的主要内容，体现出论文的独特性。

（五）选题的常规方法

选题方法按科学活动的方式可分为两大类：一是以科学工作者个人活动方式进行的选题方式，如比较寻疑法、追溯验证法和实践应用法；二是以科学工作者集体活动方式进行的选题方式，如智力激励法、集体启发法和德尔斐法。个人离不开研究集体，集体活动有赖于个体的创造性思维。

1. 比较寻疑法

从事科学研究，总需要在对某一研究领域有了基本了解之后才开始。比较寻疑法，就是研究者对自己所拥有的文献材料广泛阅读、认真筛选，经过咀嚼消化，在比较鉴别中，寻找到具有研究探讨价值的“疑点”，进而确定选题的方法。例如在同一类型的科学研究成果中，常常发现这类用语：“在一定条件下”“在相当程度上”“在某种范围内”“存在这样那样的联系”“多种多样的形式”等。那么，究竟在什么条件下？在多大程度上？在何种范围内？存在怎样的联系？有哪些不同形式？这些都可以构成进一步研究的子课题。对这些子课题的探讨，都可能产生新的研究成果。科学研究必须有“疑点”。当在对文献材料阅读、接受、分析与比较的过程中遇到了疑问时，我们应紧紧抓住这些问题深入探究下去，就会形成自己的选题。这种在比较中寻到的“疑点”多种多样，可能是解说不完备或难以自圆其说，也可能是文献材料中就某一问题的不同观点，还可能是发现了某一学科领域中的空白点。总之，在对文献材料的阅读比较中寻找“疑点”，再由对“疑点”的探究形成选题，是许多研究者常常采用的选题方法。

采用比较寻疑的选题方法，一般按以下步骤进行：

①浏览资料。在浏览过程中，我们应随时记下对的纲目和其中对自己影响深刻的观点、论据、论证方法等，记下自己脑子中涌出的点滴体会。

②回味咀嚼。在广泛浏览文献资料之后，我们应对自己从大量资料中所获取的有价值的内容以及点滴体会，分别进行简单梳理、认真思考、反复咀嚼，体味到其中的异同交叉、深浅远近。

③求疑选题。在完成了上述工作之后，我们可以把自己的体会与资料分别加以比较，进行分析鉴别，寻找出在同一研究对象中尚有的“疑点”，并进一步进行推演思考。这样，选题的目标就自然明确了。

2. 追溯验证法

追溯验证法是一种先有主观的“拟想”（即对研究课题和方法的假设），而后以此为出发点，沿着一定方向通过查阅相关文献资料或做必要的调查实验，从而达到验证“拟想”的选题方法。当然，这种“拟想”绝不能是凭空想象，而必须是建立在自己对某一领域的研究现状有所了解的基础上，且已经掌握一定文献资料或现实材料，由此而产生“拟想”。运用这种选题方法时，应注意以下几个方面：

①经过追溯，确定自己的“拟想”是否具有开创性、突破性。如果自己的拟想，前人从未涉及，或者是与通说、前人见解根本不同的，同时自己又能以足够的论据或条件对其做出证明，那就可以作为选题确定下来；反之，则应舍弃。

②通过追溯，确定自己的“拟想”是否对通说或别人的观点有补充作用。如果答案是肯定的，则可以作为选题；反之，也应放弃。

③确定“拟想”是否与别人重复。如果自己的想法完全与已有的研究成果一样，那就应另辟新路；如果是部分内容与别人的研究成果重复，那就应当变换角度，避开重复，确定选题。此外，在追溯验证的过程中，还要善于捕捉一闪之念，不可放过阅读或调研过程中突然产生的一些思想火花。尽管这一时的想法很简单，但如能及时捕捉，顺势追溯下去，也极有可能形成自己的观点，成为选题的引子。

3. 实践应用法

实践应用法既不是从阅读大量文献材料出发，也不是从自己的主观“拟想”出发，而是从现实需要出发，从自己的社会实践中去发现值得研究的问题，把自己掌握的理论知识应用于解决现实问题的研究之中。很显然，这样的选题方法，在应用研究和自然科学领域运用较多。但是，基础研究方面也同样可以选用。此外，向专家请教，向有关部门咨询，研究者互相交流启发等，都有助于确定论文的选题。根本上，选题所要达到的目的，就是寻找出在理论上或实践上未被发现、概括、揭示、解释，或者是概括、揭示、解释尚且不够，适于作为自己研究课题的问题和角度。

凡是能达到此目的的选题方法都可使用。当然，最根本的还是了解学科研究的历史与现状，了解现实理论和实践上的需求，正确估计自己的主观能力与水平。

4. 智力激励法

智力激励法是找一些对某一领域有知识、有见解的专家，让他们掌握大量科学情报，从科学发展的趋势，对有关领域的未来课题，自由地发表各种意见、设想和方案，最后由决策者综合起来，进行挑选。其主要规则是：

①允许自由地提出任何设想和方案，严禁批评和指责，避免节外生枝，转移话题；

②鼓励无拘束联想，思想越奔放越好，无论多么富于幻想的怪诞意见都要记录

下来；

③提出的设想和方案多多益善，会上不做结论；

④提倡与会者把各种思想组合起来，完善和发展别人的设想和方案。

这种方法如使用恰当，将会创造和谐的会谈气氛，敞开思想，相互激发，极易导致思想的连锁反应，提出一系列意想不到的课题方案和解决问题的奇特设想。这种方法是美国学者奥斯本提出来的，也被人们形象地称为“智囊团法”和“头脑风暴法”。

5. 集体启发法

集体启发法和智力激励法相似，也是以集体探讨方式预测和提出课题方案的。不同之处在于：会议主持人或决策者通过提问和提出有价值的情报来启发与会专家，使他们大致围绕某个问题做一般性讨论，而又不披露主题。当讨论接近中心议题时，主持人应立即点破问题的症结所在，引导与会者借助“类比的启发”，定向地进行“课题转换”，集中酝酿和提出课题方案及解决方案的种种设想。这种“转换”须利用下列几项类比：

①个人类比。把自己本身的情感和性格，与拟定课题情景的某种要素加以类比，来寻求相似点。

②直接类比。在已知的领域里寻求未知领域的类似过程，即把未知变为已知。

③象征类比。暂不理睬自然规律，借助童话的幻想和诗歌的形象来比喻和描述问题，把习惯的变为生疏的，如设想去掉地心引力、使光线弯曲等。

它是集体智慧和个人思维展开相结合的方法，是由美国心理学家戈顿提出来的，又称为“群辩法”。

6. 德尔斐法

德尔斐法是由专家集体私下填写意见征询表，来预测和提出研究课题的方法。该方法是由戈顿和美国兰德公司提出和倡导起来的，具体做法是由一组专家不直接出面，而间接通过填写意见表的方式来预测未来的方法。其要点是：

①找一组专家，让他们对可能的各个课题、方案及实现的时间，提出意见和想法；

②将预先根据某些情报或专家商定的特定研究项目的意见征询表分发给专家填写，但不记名；

③把搜集的意见表整理后返回专家手中，但意见来源予以保密；

④再由专家填写空白表，对前一次整理意见重新提出看法，如此多次反馈，大多数专家意见逐渐集中，最后趋于统一，但少数意见还可能不一致，这就要由决策者做出判断和决策。对中间意见和最后意见的整理，均可做出专家意见的实验分布曲线。比较各个方案或课题专家意见的分布曲线与统计参数，即可对最佳方案或课题及其实现时间做出预测和判定。

由于德尔斐法能够把众多专家对选题的直觉估计进行整理，并逐步求得较为一致的结果，因而说明形式上的主观意见蕴涵着一定的客观意义。该方法比较简单，无须花费太多时间和经费，因此得到广泛的应用。

三、学术论文的写作步骤

学术论文的写作过程大体可分为拟定提纲、写作初稿、实施论证、修改论文与论文定稿五个环节。按照学术论文的研究方法的不同，学术论文的写作形式和格式也有所不同，但其写作规律或写作过程基本相同。

（一）拟定提纲

提纲的拟定是进一步完善论文构思的过程。提纲是论文写作的蓝图，是全篇论文的框架结构。拟定提纲的过程，就是理清思路、形成粗线条的论文逻辑体系、构建论文框架的过程。按照编写好的提纲来展开文章结构，是组织文章的一种有效方法。

1. 提纲的作用

提纲是论文的前期形态和简化形式。编写提纲的主要作用是帮助作者从全局着眼，树立全篇论文的基本骨架，用序号和文字显示出论文的主要内容及逻辑体系，明确层次和重点，使文章简明具体、一目了然。作者通过提纲，把自己初步酝酿形成的思路、观点、想法用文字固定下来，写起来就会全局在握、目标明确、思路开通，避免松散零乱、脱节游离，甚至“下笔千言，离题万里”。依据提纲行文，随着文思的畅游和思路的深化，作者会有许多新的想法、新的发现，会使原来的想法得到修改、补充，甚至扬弃，文章就可能更为理想、更为完善。

拟定写作提纲，可以为论文的写作发挥重要作用，是作者思路定型的过程，是作者借助文字符号使思路系统化、定型化的过程；是把论文格局形态化的过程，从而形成一个中心突出、层次井然、疏密适宜、结构严谨的论文框架体系；为论文的写作和修改提供依据与参照，会使作者更清楚地意识到行文中存在的不足与缺陷，找到修改的恰当方法。

2. 提纲的要求

（1）提纲的内容。

主题和材料是论文的内容，结构和语言是论文的形式。为了表现主题、展示思想，必须合理安排内容结构。提纲要根据主题需要，勾勒出文章结构的大块图样，并把材料分配到文章的各个部分。提纲的拟写要项目齐全，能初步构成文章的轮廓，尽量写得详细些。

提纲的具体要求和内容包括：题目（暂拟）、论文的宗旨目的、中心论点、所隶属的各个分论点、各个分论点所隶属的小论点、各个小论点所依据的论据材料（理论材料和事实材料），以及每个层次采取哪种论证方法、结论和意见等。这样的提纲纲目清楚、主题明确，较全面地写出了文章的观点。在拟定提纲时，作者还要考虑各部分含意是否相当，相互之间是怎样联系的，各部分在文中起什么作用，该用多大篇幅，并且要注意拟写提纲的详略。有些作者对思考比较成熟的部分在提纲中写得详细，对尚未成熟的问题则写得很简略，这样就发现了薄弱环节，进而可对提纲进行补充和修改。因此，提纲一般来说是由略到详，经过反复思考、逐步修改完成的。

（2）内容的详略。

从内容要求出发，论文提纲有详细与简略之分。两种提纲的采用，既和论文涉及内容的范围、复杂程度和篇幅长短有关，也和作者的喜好、习惯相关，作者可以根据实际需要去选择，但是一般说来，论文的提纲宜详不宜简。

3. 提纲的方式

（1）从提纲的格式来看主要有纵贯式、并列式、递进式三种。

纵贯式提纲是以进行研究的先后顺序，或以事物发展变化的前后时间为依据来罗列各个部分的。在自然科学研究中，这种提纲格式用得多一些。

并列式提纲是根据表达中心论点的需要，从课题的不同角度、不同层面来组织安排、平等列出各个部分的内容。

递进式提纲又可称为“三段论”式，是围绕中心论点，依据阐明事理必须遵循的逻辑推理关系，逐层深入地列出各部分内容。

（2）从提纲的内容来看有标题式和提要式两种。

①标题式提纲。它是以简短的语句或词组构成的标题形式，扼要地提示论文要点，编排论文目次。这种写法简洁、扼要，便于短时间记忆，是应用得最为普遍的一种写法。

②提要式提纲。提要式提纲又叫中心句提纲，是把提纲中每一内容的要点用一句或几句话概括，对论文全部内容做粗线条的描述。提纲里的每一个句子都是正文里某一个段落的基础。这种提纲概括地写出各个层次的基本内容，其写法具体、明确，实际上是文章的雏形或缩写。

总的来说，提纲的写法有定则，也无定则，应根据论文的学科特点、复杂程度和个人的写作习惯来确定。拟定提纲的意义在于启发作者的主动性和创造性。写作时，作者既要遵循提纲，又不要过分受提纲的束缚，要边写边思考，不断拓展思路。对于初学论文写作的大学生，由于驾驭材料的能力和熟练程度不高，应尽可能编写内容详细一点的提纲。

（二）写作初稿

1. 写作初稿的作用

提纲拟定之后，接下来就要进入主体的行文写作了。初稿的写作就是依据提纲，将课题研究获得的结果、形成的结论，用书面语言按照学术论文要求的规范表述出来。拟定提纲时，更多思考的是如何构建论文的骨架，如何安排论证的逻辑关系和具体环节。待执笔写作时，更多考虑的则是如何按照学术论文写作的格式恰当地使用材料，如何运用多种论证方法严谨而又充分地表述自己的观点。

初稿的写作是论文形成过程中最艰苦的工作阶段。它既是对论文内容精雕细琢的过程，又是作者思想认识不断深化的过程。初稿的目的是要把所有想写的内容全部表达出来，对全部实验数据和资料进行详细的分析、归类。从初稿的写作过程中，作者还可及时发现前期的研究工作有无不足或错误。从这个意义上讲，初稿写作是研究工作的重要部分。

2. 写作初稿的方法

写作初稿的方法主要有严格顺序法、分段写作法和重点写作法。

（1）严格顺序法。

严格顺序法是论文的一般的和最常用的写法，即作者按照研究课题的内容结构，根据一定的顺序，如论文的结构顺序、研究内容顺序等逐一展开论述。作者一般先提出问题，然后进行论证，最后给出结论。运用严格顺序法时不必担心文章篇幅太长，因为论文的最后形成还有待修改、加工。

（2）分段写作法。

分段写作法是指作者从最先考虑成熟的内容开始动笔，先完成此段内容的写作，其余内容在考虑成熟或进一步研究后再行写作。全文写完后，作者再进行前后对照检查，使前后文风格保持一致，层次间衔接紧凑、自然，避免冗余。当论文的主要论点已经形成，但论点的说明或阐述需分若干段落、层次，则可采取分段写作法形成初稿。用这种写法，每一次最好完成一个完整的部分，以便下次接着往下写时，大体考虑一遍已写过的内容，就可顺势写下去。

（3）重点写作法。

重点写作法指从论文的核心章节开始的写作。若作者对论文的主要论点及论据已经明确，但一气呵成的条件还不十分成熟，则可采用重点写作法。这种写法不是按论文的自然顺序写，而是根据自己的构思，分解出主次，分别写作，最后组装成篇。尽管作者对资料经过反复研究、精心设计布局，但在动笔时，很难对全篇内容的每一细节想得十分透彻、周密。因此，可以先把最想写的重点内容写出来，再对各个细节逐一补充，使全文“有血有肉”。

3. 习作初稿的注意事项

①初稿内容要尽量充分。要尽可能在初稿中把自己事先所想到的全部内容写进去，即使有些重复也不要紧。如果初稿写得单薄、瘦弱，就会给修改增加麻烦。当然，也要防止不加分析地进行资料和数据堆砌，形成“材料仓库”。

②行文要符合论文规范。论点、论据、论证等内容，应项目齐全、纲目分明、逻辑清楚、详略得当。论文中量的符号、单位、图、表、公式的书写也要符合规范要求。

③成熟见解顺利地表达。写初稿应该放开胆量，那种“十步九回头”，过于在枝节上花费心思的写法，反而容易打乱思路，影响全文的周密思考和组织安排。

④书面应写得干净清楚。为便于日后修改，也便于指导审阅、提出意见，初稿若是手写稿，最好使用页面字数不多的稿纸，四周有足够的空白之处，或者使用活页纸，便于以后增删和修改。

（三）实施论证

1. 论证的作用

论证是用论据来证明论点或反驳谬论的推理形式和思维过程。从逻辑学上讲，论证是用一个或几个真实命题来确定另一个命题真实性的逻辑形式。这是写学术论文必不可少的环节，也是引用其他已知为真的判断，来确定某一判断的真实性或虚假性的思维形式。论证过程是论文的核心，论证是否有力关系着论文的成败。

2. 论证的要求

（1）论点和论据相统一。

论点和论据的统一是对学术论文进行论证的最基本的要求。只有论点和论据紧密结合，得出的结论才会有足够的说服力。

要做到论点和论据统一，必须把握好论证这个重要环节，所有论证都必须在论点所包容的特定范畴内，要剔除那些游离于论点之外的论证。论点是统领论据的“灵魂”，论据是为论点服务的，要重视论据的选择。做到论点和论据的统一，要充分挖掘论据的内涵，使论据尽可能全面地为论点服务，让论据的作用得到全面发挥；还要做到论点和论据一致，相辅相成，相得益彰；在运用例证时，需要对所用事例进行仔细地分类整理，排列适当的顺序，一定要避免事例的混乱。

论点和论据不统一的情况有：有观点而无材料，有材料而无观点，观点与材料不统一、不严密。较难克服的是最后一种情况。

（2）步骤分明、逻辑严谨。

学术论文的论证逻辑性相当强：一要考虑论证顺序，周密安排，这种安排要把握所论问题的内部层次间的联系，从中寻找论证的突破点；二要符合人们认识问题、解决问题的思维规律，按一定顺序由浅入深地进行论证。具体讲，需要注意以下两点：

一是要抓内部层次间的联系。我们通过了解事物本身所含矛盾间的联系，从而把握事物的本质，抓住具有稳定性的特殊矛盾。我们在安排论证时，应突出这种特殊矛盾，从事物间的对立统一中找到内在的规律性，这样论证的过程便容易安排了。

二是要由浅入深善于推理。人们认识问题一般都是由易到难、由简单到复杂。抓住了这一轨迹，论证时可以逐层深入，最后推出论点也就水到渠成。

此外，要注意运用逻辑思维，使论证环环相扣，使条理变得清晰。

保持论点和结论的一致性是做到层次清晰的前提。在同一思维过程中，每个思维对象必须保持内容统一，所用概念、判断都必须保持其自身内容的确定性，不能任意改变。论题如果随意变换，前后不呼应，文章层次清楚就无从谈起。

3. 论证的原则

论证本身有一定的规律，因而我们要遵守一定的法则，否则就会犯错误，使整篇论文的写作前功尽弃，论点难以成立。学术论文追求科学的逻辑力量，而科学的逻辑力量必须依赖充分的论证来体现。有的论文，观点也新，论据也不少，然而却没有说服力，原因就是缺乏严密的逻辑性，论证不充分。因此，论证时要坚持以下原则：

①忌论点不明确。论点是学术论文的思想灵魂，没有一个明白、确切的论点，其他便无从谈起。论点若含糊不清，就犯了“论题不明”的逻辑错误。论点不明还存在中心论点和分论点关系混乱的问题，它同样会让人不知所云。

②忌偷换论点。论点必须贯穿全文，前后要保持高度的一致。在论证过程中，要围绕同一中心论点证明，不能任意扩大或缩小论点范围，更不能偷梁换柱。

③忌论据虚假。论据必须是真实可靠的，绝不能为论证而不加鉴别地乱用。假论据是得不出真结论的。

④忌循环论证。循环论证就是用论据证明论点的同时，又用论点来证明论据的可靠性，或用论点的变相说法做论据。显然，这种论证不过是绕圈子，实际上什么也不能证明，论证只能以失败告终。

⑤忌草率论证。论证过程就是推理过程，论点必须从逻辑推理中获得，论据应是论点的充足理由。当然，论证还要遵循辩证逻辑的推理规则，按辩证逻辑思维方法分析和研究事物的矛盾及发展，切不可草率从事，匆忙下结论。

4. 论证的结构

议论文的基本结构模式是：提出问题（引论）→分析问题（本论）→解决问题（结论）。重点是本论部分。根据本论结构的不同，又可分为以下几种：

（1）并列结构式。

并列结构式本论的主要部分是并列、平行的关系。一般来讲，这类结构都有若干个小标题，这些小标题相互独立，都有各自的基本观点，共同阐述论文的中心论点，从理论到事实，从具体到抽象，从个别到一般，形成一个完整的论证体系。这些小标题也横向地反映了论文内在的逻辑关系。并列结构式的优点是显而易见的，它使本论条理清晰、结构分明，便于作者论证和读者理解。同时，作者采用这种结构把总论点分成若干分论点，便于向深度挖掘，触及事物的本质。

（2）递进结构式。

这种结构是采取一种直线推动、层层深入的方式进行论述。作者可先提出中心论点，然后逐层剖析、步步推进，最后得出结论。本论部分各分论点是层层深入的纵向关系。使用这种结构时，作者要把握两点：

一是对各分论点进行全面分析。作者需把复杂的事物分解为简单要素，并分别加以研究。这种分析不能点到为止，而要深入事物内部，了解各要素的性质和特点。

二是处理好各分论点之间的关系。各分论点之间是一种递进关系，作者论述时要注意它们的连贯和内在逻辑关系。这并非各分论点的简单相加，而是在分析研究的基础上，依照它们的有机联系，从总体上寻找事物的本质和规律，得出中心论点。

（3）综合结构式。

本论写作多是综合运用上面讲的并列和递进两种结构来论证的。这种综合结构尤其适用于篇幅较长的论文。本论的结构形式各异，但都必须服从于内容的需要。事实上，本论的安排和论证层次有严密的逻辑性、论点和论据的联系、论述的先后顺序、文章的层层推理，都要根据研究对象的内在规律，并考虑论证效果来组织安排。因此，单纯运用并列式或推进式有时不能全面地论证中心论点，需要综合运用并列、递进结构才能取得好的效果。

运用综合结构式要注意两点：

一忌混乱。采用这种结构的论文都较长，分论点也会较多，并列和推进两种结构套用，容易造成混乱。因此，作者在运用时一定要理清顺序，合理地根据内容要求安排，不能玩花架子或乱了方寸。

二忌空洞无物。结构再好仅是一种形式，重要的是内容充实、论证有力。作者运用综合式结构可以辅助论证，但绝不能代替确凿的材料、严密的推理。

（四）修改论文

1. 修改的作用

修改是作者对论文初稿所写的内容不断加深认识，对论文表达形式不断优化选择直至定稿的过程。“不改不成文。”这句话说明了修改在论文形成全过程中的重要作用。一篇论文的修改，不仅仅是在语言修辞等枝节上下功夫，更重要的是对全文的论点及论据进行再次锤炼和推敲，使论文臻于完美。学术论文的写作过程就是一个不断修改的过程，即使运用电脑写作，随写随改，也仍然需要最后通篇阅读、修改。一篇论文，只有经过反复推敲、修改和誊清定稿后，才算是最后完成。因此，论文修改是科学研究的继续与深入，是提高论文质量的有效措施，是科学研究者严谨的科学态度与对读者和社会高度负责的体现。

2. 修改的对象

由于修改的目的是使文章能够更准确、更鲜明地表述研究成果，因而修改的对象就是作者所发现的问题。具体地说，内容上包括修改观点、修改材料；形式上包括修改结构、修改语言。

（1）修改观点。

观点体现着论文的价值，是修改时应该首先注意的问题。要注意修正错误的观点、主观片面的观点和陈旧的观点。

修改观点应从两方面进行：

一是观点的修正。作者应检查全文的论点及由它说明的若干问题是否带有片面性或表述不够准确，并进行反复斟酌和推敲。如发现问题，作者应重新查阅资料，对实验方法及数据进行增补、改换。

二是观点的深化。作者应检查自己的论点是否与别人雷同，有无新意。如果全篇或大多数观点都是别人已经阐述过的，没有自己的见解和新意，则应从新的角度提炼观点，形成自己的见解；否则，宁可“报废”，也不勉强凑合成文。

（2）修改材料。

初稿中的材料一般只是按序罗列。修改材料就是通过对这些材料的增、删、改、换，使文章“骨肉”丰满、观点明确、论点和材料达到和谐统一。

“增”是为了使支持和说明观点的材料更充分。作者需要运用多种层次、多种属性的材料做多方面的论证。如果材料单薄、属性不全，则论点立论就不稳，应当再次选材、增加内容、弥补缺陷，使之丰润饱满。例如。对于实验性论文，不能仅靠很少的几个实验数据，便展开主观想象或得出希望得到的实验曲线，这种做法是违背科学规律的。如果发现这种情况则应及时增补实验内容，获取更多的实验数据，使论点立于不败之地。

“删”即净化和精炼材料，突出重点。成功的论文不是材料的堆砌。若干观点所用材料如果有相似的情况，作者应适当归类合并，保留精华，去掉累赘。最后纵观全文，所用的材料应该是充分而必要的，质量可靠、数量适度的。

“换”即初稿中的材料一般并不都是最令人满意的、最恰当的，为了使所用材料更准确、更有说服力，可对材料进行适当改换。一是改换材料在全文中的位置，使各部分材料强有力地支持论点，增加论证的逻辑效果；二是改换新的材料，丢掉不甚典型、不甚新颖和说服力不强的材料，使文章内容精练、中心突出。

（3）修改结构。

结构是论证的逻辑展开形式，也是论文内容的组织安排形式，它反映了作者对论题的思考步骤和推理逻辑过程。因此，结构的修正，就是要理顺作者的思路，使全文各部分间脉络清晰、层次井然、详略得当、逻辑严密、中心突出、主题明确。

初稿完成后，首先，作者要看初稿是否符合论文的结构要求、是否举纲辑要；论点、论据、论证三要素是否全部具备、得当，是否层次分明、脉络清楚。其次，作者要看结构的各部分安排是否妥当。如发现中心论点或分论点需要变化，层次不够清楚，段落不够规范，内容松散无力，则应进行修改。如果论文准备投送杂志发表，作者应按照所投刊物的要求，再次检查论文的标题、署名、单位、摘要、关键词（或主题词）、正文、参考文献、外文摘要等各个部分是否符合该刊要求。但是，不论怎样，结构是为表现内容服务的，修改结构要从大处着眼，抓住主要矛盾，务必以鲜明、准确地表现文章的内容为基本准则。

（4）修改语言。

作者要想把自己的研究成果很理想地描述出来，就必须在语言修辞上反复斟酌、修改。学术论文对语言的要求首先是准确性，其次才是可读性。因此，论点及论据的表述均应实事求是，切忌夸张；对自己的成果或结论，作者不应做出过多评价。

在对论文语言锤炼时，作者使用字词必须准确，富有文采；要注意句段的修改，切忌出现语法错误；并力求句式富于变化，长短相间，具有气势，增强感染力、说服力；同时，应注意语言的规范和书写格式的合理。

此外，修改论文时，还应修正注述，并注意按学术论文的规范要求调整、修改其他各个组成部分。图表是学术论文的特殊语言，在进行语言修改时，作者还应检查一下文章中图表数据是否可靠、形式是否规范、符号是否符合要求、标点是否合理等。

总之，修改语言的目的是使文章的观点得到准确、鲜明、简练、生动的表达。

3. 修改的方法

修改论文很难有一个固定的方法，每个人的思维方式、写作习惯不同，修改的方法自然不同。根据学术论文的特点，一般有效的修改方法有下列几种：

（1）整体着眼，通篇考虑。

修改时，首先应反复阅读初稿，注意从大的方面发现问题，不要被枝节上的毛病纠缠住。所谓大的方面即指论文的基本观点、主要论据是否成立；全文布局是否合理；论点是否明确；结论是否自然恰当；论证是否严谨；全文各个部分是否形成了一个有机的整体。

（2）逐步推敲，精细雕琢。

初稿完成后，可逐字、逐句、逐段审阅，挑瑕疵，找毛病，发现问题及时解决。一般地讲，这种修改方法需要事先对全文作大体上的通读，对文中各个部分的表述基本上做到心中有数，如果盲目进行，则效果甚微，甚至会越改越乱，越改越不称心。

（3）虚心求教，请人帮助。

初稿写成后，作者头脑里已经形成一个定式，修改时自己很难从这个框框里跳出来。同时，作者对自己煞费苦心写出的初稿往往十分偏爱，很难割舍，这种心理是正常的。这时，为了保证论文的质量，最好的办法就是虚心向别人求教，把自己的稿子送给同行专家或导师看，请别人提意见。然后，认真分析所提意见，再做修改。实践表明，这种方法可以避免较大的失误。

（4）暂时搁置，日后再改。

这是一种灵活的修改方法。初稿写完，头脑往往仍处于高度兴奋状态或者疲惫不堪，思想常常陶然于论文的内容，或者混沌不清。此时急于修改，往往不容易发现主要问题。一个有效的方法是先把原稿搁置起来，让紧张的头脑暂时轻松一下，以后再改。

（五）论文定稿

1. 定稿的要求

学术论文的初稿写成以后，必须经过反复修改，才能最后定稿。就是电脑写作，仍然需要最后通篇阅读、修改。文不惮改，反复修改的过程，其实是科学研究的继续和深入，是提高论文质量的有效措施，也是科学研究者严谨的科学态度和对读者和社会高度负责的体现。因此，学术论文的写作过程，不能轻视这一重要环节。初稿起码应达到以下几点方能定稿：观点正确，富有新意，论据充分可靠，论述层次清楚，逻辑性强，语言准确、生动，具有感染力，能为读者所接受。简单地说，论文修改的理想效果，首先是自己满意，其次是能让读者满意。

2. 初稿的压缩

学术论文一般有字数规定，并不是越长越好，所以常常要对初稿进行压缩，即对论文做进一步的提炼、精简。一般来说，压缩可从以下几个方面入手：

①压缩引言。撰写论文时，往往会在引言中先交代课题研究背景、研究动态、写作目的及主要研究方法和手段，这对支持论点是有重要作用的，但毕竟不是全文的核心。因此，引言的语言应力求简练；否则，会有喧宾夺主之感。一般而言，引言部分只要起到辅助论点的作用即可。

②压缩图表。图表是学术论文常用的一种特殊语言。好的图表，应当是结构合理、项目清楚、大小合适。一般在初稿写作中很难达到这个要求，这就需要进一步修改、压缩、调整。图表不宜过大，文字尽可能清晰好看、言简意赅。图表中已表达清楚的内容，一般不再作过多的文字叙述；过分简单的图表，则应改为文字描述，避免图表排版的困难。

③压缩论证过程。学术论文不是教科书，对论点的论证不必从基本的原理说起。有的作者唯恐读者看不懂，或担心论证有漏洞，在论证时，不惜笔墨从基本知识讲起，原想使论文天衣无缝，结果却恰恰相反，降低了论文的学术价值。一篇好的论文，其论证应是简洁有力，读后使人耳目一新、心服口服。因此，对初稿中那些被公认的事实，要尽量压缩。

④压缩参考文献。参考文献是论文的一个组成部分，它可以使读者从不同的角度对论文观点进行分析、鉴别。但是，参考文献也不是越多越好，过多反而使读者无所适从。一般应录入对论点、论据、方法及结论等有关联作用的文献。

⑤压缩正文。对正文中那些含糊不清、模棱两可、重复哆嗦的字句也要尽量删改、压缩。压缩的方法主要有自己压缩和请别人压缩两种。自己压缩需要一定的勇气，要忍痛割爱。实际上，自己喜欢的东西，别人看了并不一定都满意，此时作者应当考虑到读者的心理和需要，把读者最需要的东西保留下来；请别人压缩，则主要是通过指导教师和责任编辑（投稿时）审阅原稿后提出压缩意见，再由作者执笔压缩。

总之，压缩的目的是使论文变得更加简练、明了。围绕这个目的，作者可采取多种方法压缩，根据体裁合理取舍。当然，有时在最后的定稿过程中，在做初稿压缩的同时，也可能会存在补充或扩展内容的情况。

定稿是学术论文写作的最后程序。稿件经过反复修改后，作者已经感到符合有关要求，便可定稿。现在，无论是期刊论文还是学术论文一般都要求提交打印稿，因此，定稿的学术论文要严格按照有关的规范清稿、打印，并复制电子文件留存。